高等教育国家级教学成果奖一等奖

"十二五"普通高等教育本科国家级规划教材

北京高等教育精品教材
BEIJING GAODENG JIAOYU JINGPIN JIAOCAI

新编21世纪市场营销系列教材

消费者心理与行为

第8版·数字教材版

丁 瑛 江 林 编著

Consumer Psychology and Behavior

中国人民大学出版社
·北京·

内容简介

本书立足中国市场，关注中国企业，援引民族品牌案例，结合中国消费者的特点检验西方理论的有效性，旨在推动中国自主的消费者行为理论体系的学理化和系统化发展。

第 8 版修订内容包括：

• 聚焦国家战略，提升价值引领。重点论述了近年来我国消费者行为学科取得的重要成果，囊括了中国学者在该领域的重要研究发现和理论创新；每章均有素养园地专栏和素养提升阅读材料，聚焦国家最新的战略方针，相关章节结合党的二十大报告、新质生产力、品牌中国、绿色发展观等进行内容优化。

• 关注代际转换，描绘消费趋势。对新生代消费者进行画像，介绍Z 世代的年轻消费者在需求和动机上的特色与差异，为消费发展趋势指出新方向。

• 梳理理论前沿，迭代知识图谱。增加人工智能与消费决策、健康消费行为与偏好、数智消费行为与元宇宙营销等内容，展现学术前沿和业界发展。

作者简介

丁　瑛　中国人民大学商学院市场营销系副教授、博士生导师，商学院党委委员，《营销科学学报》专业主编（编委会副主任），中国管理现代化研究会营销管理专业委员会常务理事，多家国内外知名学术期刊匿名评审专家。研究方向为消费者心理与行为科学。研究成果发表于国际顶级学术期刊*Journal of Consumer Research*（UTD 24）、*Production and Operations Management*（UTD 24）、*Journal of Consumer Psychology*（FT 50）、*Journal of the Academy of Marketing Science*（FT 50），以及国内核心期刊《心理学报》《营销科学学报》等。主持国家级研究课题三项，出版学术专著两部。

江　林　中国人民大学商学院市场营销系教授、博士生导师，中国高等院校市场学研究会常务理事，中国市场学会常务理事；曾在克莱姆森大学、俄克拉何马州立大学、温莎大学任访问学者及客座研究员。长期致力于消费者行为、市场营销领域的教学科研工作，出版专著、教材、译著40余部，发表论文100余篇，承担国家社科基金、教育部人文社科基金、北京市社科基金等国家级、省部级及相关科研项目30余项，荣获高等教育国家级教学成果奖一等奖及全国工商管理专业学位研究生教育指导委员会第二、四、六届全国百篇优秀管理案例等奖项。

前言

1997年《消费者心理与行为》第1版出版，在过往的28年里，历经7次修订。作为国内最早出版的消费者行为领域的专业教材之一，《消费者心理与行为》长期被国内近百所知名高校选为专业必修课教材，受到学界与业界的广泛好评，在我国消费者行为学的教学、科研乃至营销实践领域均产生了深远影响，见证了一代又一代营销学子的成长与发展，为构建具有中国特色的消费者行为理论体系打下了坚实的基础。

当前全球经济增长分化加剧，地缘冲突不断升级，资本和货物的自由流通面临前所未有的挑战。在此背景下，2024年我国经济平稳运行、稳中有进，国内消费市场规模持续扩大，消费结构持续优化，社会消费品零售总额同比增长3.5%。随着改革进入深水区，中国的消费市场出现了一系列新现象与新问题，中国消费者的消费习惯和偏好也在发生代际变化。立足这一重要的历史节点，我们开启了《消费者心理与行为》第8版的修订工作。本次修订秉承“守正创新”的教学理念，在习近平新时代中国特色社会主义思想引领下，以党和国家的重大战略、路线、方针为纲领，结合中国式现代化发展现状，立足中国市场，关注中国企业，援引民族品牌案例，结合中国消费者的特点检验西方理论的有效性，旨在推动中国自主的消费者行为理论体系的学理化和系统化发展。相较于《消费者心理与行为》的上一版，第8版修订的主要内容如下：

第一，聚焦国家战略，提升价值引领。为梳理中国特色的消费者行为理论的发展脉络与核心成果，本次修订在第1章专门新增一个小节，重点论述近年来我国消费者行为学科取得的重要成果，囊括了中国学者在该领域的重要研究发现和理论创新，凸显中国自主的学科知识体系与理论特色。此外，每章均有素养园地专栏和素养提升阅读材料，聚焦国家最新的战略方针，相关章节结合党的二十大报告、新质生产力、品牌中国、绿色发展观等进行了内容优化。

第二，关注代际转换，描绘消费趋势。随着我国市场核心消费群的迭代以及不同世代消费理念的冲突与转化，目前Z世代在消费市场上扮演着日益重要的角色。故此，本次修订在第7章“消费者的需要与购买动机”新增一个小节，对新生代消费者进行画像，重点介绍Z世代的年轻消费者在需求和动机上的特色与差异，为未来的消费发展趋势指出新方向。此外，由于部分章节中所关注的消费群体和所使用的理论有更新，故本次修订相应删减了原第11章中关于消费习俗和原第12章中关于社会角色的内容。

第三，梳理理论前沿，迭代知识图谱。结合近几年人工智能的飞速发展，对第9章第4节“人工智能与消费决策”进行了重要补充和修订。对第15章的内容进行重点增补，替换较为陈旧的体验心理与行为、投资理财心理与行为、资源稀缺情境以及疫情下的消费行为等内容，其中“神经营销学与消费者行为”小节适当进行精简。与此同时，根据最新的学术研究和业界发展，在第15章新增“健康消费行为与偏好”“数智消费行为与元宇宙营销”等内容，对大健康消费、人工智能与元宇宙等领域的前沿研究成果进行梳理和介绍。本次修订也精简了原书中与本教材体系和知识框架不再匹配的营销组合章节，使得全书更加聚焦消费者心理与行为。

第四，聚焦民族企业，丰富案例形式。本次修订重点聚焦中国企业和民族品牌的成功营销案例，包括国产首款3A游戏《黑神话：悟空》、小米SU7新车发布、蜜雪冰城、传音手机、胖东来、小红书等。此外，采用微案例、辅助阅读材料、多媒体教辅材料、章节大案例等相结合的方式多方位升级和丰富案例的呈现形式，提高案例的可用性与可读性，让理论通过鲜活的中国企业案例得到实践验证。

第8版修订由中国人民大学商学院丁瑛副教授和江林教授共同负责，两位作者对相关目录和内容进行了更新和调整，并负责最后的统稿工作。在本次修订工作中，多位国内营销领域的学者和博士生积极参与了资料收集与初稿修订等工作，其中包括河南财经政法大学工商管理学院副院长李志兰教授（负责第12、14、16章）、中央民族大学管理学院副教授樊亚凤（第8、10、11章）、集美大学工商管理学院副教授杨晨（第4、5、6、7章）、暨南大学管理学院助理教授钟嘉琦（第7、15章）、中国人民大学商学院博士生许孙旭（第9、13章）、刘艳筝（第1、2、3章）等。此外，中国人民大学商学院博士生周植参与了稿件核对与参考文献整理等工作。在此谨向所有参编人员致以诚挚的谢意。本次修订能够顺利完成并如期出版，离不开中国人民大学出版社各位编辑的细致工作与倾力支持，也特别向他们表示衷心感谢。

二十八载春秋匆匆而过，由衷感谢各位从事消费者心理与行为研究及教学的学者、教师、学生和企业营销界同人对本教材一如既往的关注。其间历次修订都伴随着中国经济改革的重要历史节点，修订内容也力求与国际接轨的同时彰显中国特色，并将理论与实践进行有机整合。限于作者能力和篇幅，我们深知无法将消费者心理与行为领域的所有理论与知识点穷尽且逐一呈现，惟愿以此书为窗口，带领读者进入消费者心理与行为的知识领域，领略其中的理论之美与实践之路。“文以载道”，由衷希望本教材能激发各位读者对于消费者行为领域的学习热情，共同为推动我国消费者心理与行为领域的进步革新而努力！

丁瑛　江林

于中国人民大学明商楼

目录

第 9 章 消费者的决策偏见与非理性行为

第 10 章 家庭生命周期、角色分工与购买行为

第 11 章 群体消费心理与行为

第 12 章 社会文化与消费者行为

第 13 章 品牌消费心理与行为

第1章
绪　论

价值引领

- 理解消费是人民美好生活需要的直接体现。
- 分析当前中国消费结构升级的趋势，探讨消费提质升级的动因。
- 了解中国市场的特点与发展潜力。
- 明确建构具有中国特色的消费者行为理论体系的重要性和必要性。

消费者心理与行为是市场经济条件下影响市场运行和企业营销策略效果的关键因素。加强消费者心理与行为研究对于我国发展社会主义市场经济和企业开展营销活动具有极为重要的理论与现实意义。为深入研究消费者心理与行为的特点及其规律，有必要首先了解消费者心理与行为的基本内容、有关理论研究的历史演进过程、学科性质及发展趋向以及该研究领域在我国的发展与应用状况。

第1节　消费者心理与行为的研究对象和内容

一、消费、消费者与消费者行为

（一）消费与消费者

1. 消费的概念

广义的消费包括生产消费和个人消费。生产消费指生产过程中工具、原材料、燃料、人力等生产资料和活劳动的消耗。它包含在生产之中，是维持生产过程连续进行的基本条件。个人消费指人们为满足自身需要对各种物质生活资料、劳务和精神产品的消耗。它是人们维持生存和发展、进行劳动力再生产的必要条件，也是人类社会最大量、最普遍的经济现象和行为活动。在社会再生产过程中，生产消费与个人消费处于完全不同的地位。如果将前者作为这一过程的起点，后者则是这一过程的终点，即个人消费是一种最终消费，马克思称之为“原来意义上的消费”。通常情况下，狭义的消费专指个人消费。

2. 个人消费的二重性

（1）消费的自然性。消费的自然性指人们消费生活资料及服务以满足自身生理和心理需要的自然过程。为维持自身生存和发展，人们需要消费各种物质生活资料与精神产品来满足多样化的生理和心理需要，如消费食物以解除饥饿，消费衣物来抵御寒冷，消费影视产品以愉悦精神，这些都反映了消费的自然过程。

（2）消费的社会性。消费的社会性指人们的消费活动不能脱离社会孤立地进行，总是在一定生产关系下进行的。正如马克思所说：“我们的需要和享受具有社会性质。”生产关系的性质和表现形式不同，消费活动的内容和形式也有所不同。特定生产关系下的经济体制对消费有直接影响，在不同的经济体制下人们往往形成不同的消费观念和消费方式。

3. 消费者的概念

消费者与消费既紧密联系，又相互区别。如上所述，消费是人们消耗物质生活资料和精神产品的行为活动。消费者是指从事消费行为活动的主体——人。由于研究角度不同，对消费者概念的界定也有广义和狭义之分。

广义的消费者是指所有从事物质产品和精神产品消费活动的人。在一定意义上，社会上的每一个人，无论其身份、地位、职业、年龄、性别为何，都是消费者，因此，消费者是等同于总人口的最大社会群体。

狭义的消费者是从市场需求的角度界定的。将消费者放到市场需求的框架中加以考察，消费者就是指那些对某种产品或服务有现实或潜在需求的人。由于对产品或服务的需求表现不同，狭义的消费者又可以分为现实消费者和潜在消费者。

现实消费者指对某种产品或服务有现实需求，并实际进行产品或服务购买或使用活动的消费者。潜在消费者指当前尚未购买、使用或需要某种商品或服务，但在未来可能对其产生需求并购买及使用的消费者。例如，青少年消费者大多对厨房炊具用品缺乏现实需求，但将来独立组建家庭后就会对其产生现实需求，因此，青少年是厨房炊具用品的潜在消费者。

通常消费者需求的潜在状态是因缺乏某种必备的消费条件所致，诸如需求意识不明确、需求程度不强烈、购买能力不足、缺乏有关产品或服务信息等。一旦所需条件具备，潜在消费者随时可能转化为现实消费者。

显然，对企业而言，更有实际意义的是狭义的消费者，因为没有任何一个企业能够面对等同于总人口的所有消费者，满足其全部消费需求，只能从中选取对本企业特定产品或服务有现实及潜在需求的消费者，通过满足其现实需求并促进潜在需求向现实需求转化，实现产品或服务销售及盈利。消费者在消费过程中，不但是产品或服务的直接购买者或使用者，还可能是倡议者、决策者和影响者。这些角色可能是同一个人承担，也可能由不同的人来承担。本书主要从狭义角度研究参与到购买和使用产品或服务过程中的所有消费者。

（二）消费者行为

1. 消费者行为的定义

20 世纪 80 年代以来，西方学术界围绕消费者行为的定义展开了较长时间的讨论，迄今为止还没有一个统一的、普遍接受的定义。

对消费者行为的定义有不同的立论观点。决策过程论把消费者行为定义为消费者购买、消费和处置的决策过程。体验论认为消费者行为是消费者的体验过程，往往是一种感性的行为——消费者是在体验中购买、在体验中消费、在体验中处置。刺激一反应论认为消费者行为是消费者对刺激的反应，从消费者与刺激的关系中去研究消费者行为。平衡协调论认为消费者行为是消费者与营销者之间的交换互动行为，是双方平衡的结果。目前较常用的消费者行为的定义有恩格尔、莫温、所罗门和美国市场营销协会（AMA）等所作的定义。

恩格尔（Engel）把消费者行为定义为“为获取、使用、处置消费物品所采取的各种行动以及先于且决定这些行动的决策过程”。这个定义强调了购买决策的心理过程以及获取、使用、处置商品的行为过程。

莫温（Mowen）认为消费者行为是购买单位（包括个人和团体）在获取、消费和处置商品时发生的交换过程。这个定义强调了消费者行为学的研究对象、购买单位及发生的交换过程。

所罗门（Solomon）认为消费者行为“是对一系列过程的研究，这一系列过程是由于个人或团体在选择、购买、使用或处置商品、服务、计划和体验以满足消费者的需求和欲望时所引起的”。这个定义强调了消费者行为的目的是满足消费者的需求和欲望。

美国市场营销协会的定义被认为较为全面地体现了消费者行为的丰富内涵。该定义为：消费者行为是“感知、认知、行为以及环境因素的动态互动过程，是人类履行生活中交易职能的行为基础”。这一定义至少有三层含义：(1) 消费者行为是动态的。这表明消费者行为会随着历史的变迁和社会经济环境的变化而发展变化。(2) 它涉及感知、认知、行为以及环境因素的互动作用，也就是说，消费者行为实质上是消费者心理（感知、认知）、行为（购买时间、方式）与外部环境（参照群体、社会阶层、社会文化）交互作用的结果。(3) 它涉及交易的过程。交易是消费者行为的主要部分，也是营销中必不可少的重要环节，对交易行为的强调使得消费者行为与市场营销的概念取得了一致。广义的观点强调交易涉及消费的全过程，包括购买前、购买中和购买后影响消费者的所有问题。图1-1描述了从消费者和营销者的角度看消费过程各阶段的一些问题。

2. 消费者的外在行为与内在心理

无论是广义或狭义的消费者，消费者首先都是作为人而存在，因此消费者必然具有人类的某些共有特性，如有思想，有感情，有欲望，有喜怒哀乐，有不同的兴趣爱好、性格气质、价值观念、思维方式等。所有这些特性，构成了人的心理，也称为心理活动或心理现象。心理活动是人脑对客观事物或外部刺激反映的活动，是人脑所具有的特殊功能和复杂的活动方式。心理活动处于内在的隐蔽状态，不具有可以直接观察的现象形态，因此无法从外部直接了解，但是心理活动可以支配人的行为，决定人们做什么、不做什么以及怎样做。换言之，人的行为尽管形形色色、千变万化，但无一不受到心理活动的支配。因此，观察一个人的行为表现，即可间接了解其心理活动状态。

人作为消费者在消费活动中的各种行为也无一不受到心理活动的支配。例如，是否购买某种商品，购买何种品牌、款式，何时、何地购买，采取何种购买方式，怎样使用

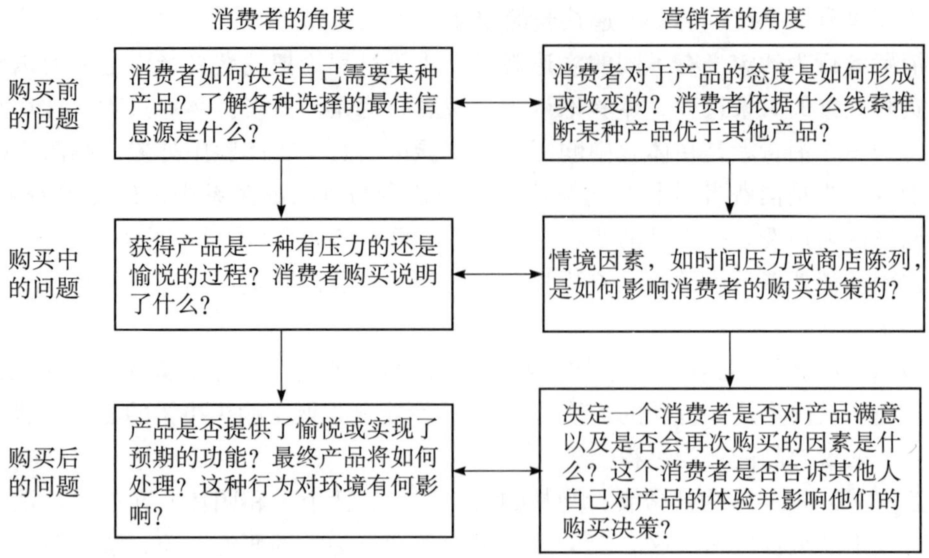

图 1-1　消费过程各阶段的一些问题

资料来源：迈克尔·所罗门．消费者行为学：第 12 版．北京：中国人民大学出版社，2018：6.

等，其中每一个环节、步骤，消费者都会作出相应的心理反应，进行分析、比较、选择、判断。因此，消费者行为都是在一定心理活动支配下进行的。这种在消费过程中发生的心理活动即为消费者心理，又称消费心理。消费者行为则是消费者在一系列心理活动支配下，为实现预定消费目标而作出的各种反应、动作、活动和行动。

二、研究对象和内容

消费者行为作为一种客观存在的社会经济现象，同其他经济现象一样，有其特有的活动方式和内在运行规律。对这一现象进行专门研究，目的在于发现和掌握消费者在消费活动中的心理与行为特点及其规律，以便适应、引导、改善和优化消费者行为。

消费者心理与行为以消费者在消费活动中的心理和行为作为分析对象。这些心理和行为表现形式多样，涉及消费者个人心理特性、行为方式、群体心理与行为、企业市场营销、社会文化环境等诸多方面和领域。关于消费者心理与行为的研究对象具体可分为以下几个方面。

（一）消费者的心理活动基础

心理活动基础指消费者进行消费活动的基本心理要素及其作用方式，包括感知、记忆和学习、个性心理、态度的形成与改变、消费需要和动机、消费者满意与忠诚等。通过对消费者心理活动过程中各种心理要素的分析，把握其心理活动的一般规律，进而揭示消费者行为表现及其差异的原因，为购买行为的研究奠定基础。

（二）消费者的购买决策与行为

购买行为是消费者心理活动的集中外现，是消费活动中最有意义的部分。在消费者行为的研究中，将消费者的心理因素与其行为表现紧密联系起来，深入探讨消费者的购买行为过程、购买决策的制定以及态度、偏好、逆反、预期等特定心理活动对购买决策与行为的影响。通过对购买过程中产生消费需求和购买动机、收集商品信息、进行比较选择、制定购买决策、实际进行购买、评价所购商品等阶段及其相互联系的逐一考察，抽象出消费者购买行为的基本模式。

（三）消费者群体心理与行为

消费在直接形态上表现为消费者个人的行为活动，但从社会总体角度看，消费者行为又带有明显的群体性。在现实生活中，某些消费者由于年龄、性别、职业、收入水平、社会地位等相同或接近，在消费需求、消费观念、消费习惯以及消费能力等方面表现出很大的相似性或一致性，由此形成一定的消费者群体。消费者群体是社会消费活动的客观存在。研究不同消费者群体在消费心理和消费行为方式上的特点与差异，有助于从宏观角度把握社会总体消费的规律，同时对商品生产者和经营者准确地细分消费者市场，制定最佳营销策略具有重要的指导意义。

（四）消费者心理与社会环境

在现实当中，消费者及其所进行的消费活动都是处在一定的社会环境之中。一方面，无论个人或消费群体，其心理活动及行为反应在很大程度上受到社会环境因素的影响和制约；另一方面，消费者在适应环境的同时，也会以不同方式影响和反作用于环境。因此，切不可忽视对消费者与环境的关系的研究。具体分析各种社会环境因素（诸如社会文化及亚文化、参照群体、社会阶层、家庭、舆论导向等）对消费者心理与行为的影响和作用方式，有助于了解消费者心理与行为的成因，掌握其规律。

（五）消费者行为与市场营销

在现代市场经济条件下，消费者大量接触、受到影响最深和直接的就是企业的市场营销活动。市场营销是商品生产者和经营者围绕市场销售所从事的产品设计、包装、命名、定价、广告宣传、分销、促销、销售服务等一系列活动，其目的在于满足消费者的需要，激发其购买欲望，促成购买行为，实现商品的最终销售。市场营销的一切活动都是围绕消费者进行的，对消费者心理与行为有直接影响。同时，企业所采取的全部营销策略、手段又必须以消费者心理与行为为基础，最大限度地迎合消费者的需求、欲望、消费习惯、购买能力等。换言之，市场营销活动的效果大小、成功与否，主要取决于其对消费者心理与行为的适应程度。由此可见，消费者心理与行为和市场营销之间有着极为密切的内在联系，二者相互影响、相互作用。市场营销既是适应消费者心理的过程，又是对消费者心理加以诱导、促成消费行为的过程。探讨消费者对各种营销活动作出何种反应，怎样针对消费者的心理特点改进营销方式，提高营销效率，是消费者心理与行为的主要研究对象和内容之一，也是其研究的目的和任务所在。

随着社会经济的发展，消费者心理与行为呈现许多新的特点，对消费者心理与行为的研究也不断扩展深入，开辟了诸多新的研究领域，如顾客满意与顾客忠诚、品牌心理、消费者个人理财行为、体验消费心理、绿色消费行为等。特别是随着互联网在消费领域的全方位渗透，消费者的认知方式、信息搜索方式以及购买方式正在发生颠覆性变化，在线消费中企业与消费者之间、消费者与消费者之间呈现全新的关系形态，网络消费心理与行为正在成为新的研究重点和主流趋势。

第2节　消费者心理与行为的学科性质和特点

一、消费者心理与行为的学科性质与来源

学科性质决定学科的发展方向。对消费者心理与行为的研究是在普通心理学基础上形成和发展起来的，是一门涉及多门学科（如心理学、社会心理学、社会学、人类学、经济学及市场营销学等）的边缘学科。作为一门独立的学科，消费者心理与行为从其他学科中吸收了大量的理论和方法，从而促进自身的成长与发展。消费者心理与行为的主要学科来源如图1-2所示。

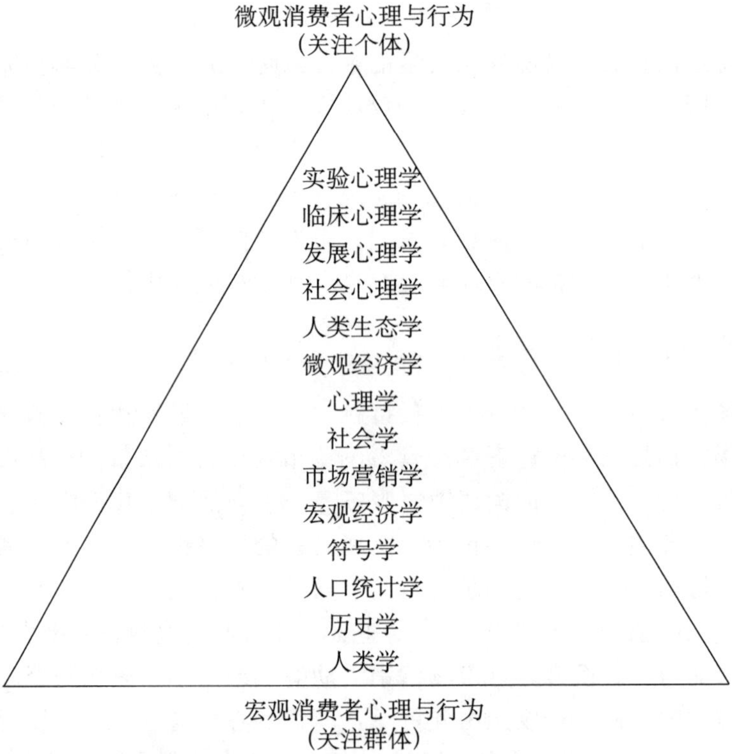

图1-2　消费者心理与行为的主要学科来源

资料来源：迈克尔·所罗门．消费者行为学：第12版．北京：中国人民大学出版社，2018.

消费者心理与行为的主要学科来源包括以下学科。

（一）心理学

心理学的理论体系包括心理过程、心理特征（包括个性心理、角色心理、群体心理

等)、心理倾向、认知理论、学习理论、态度理论、需要与动机理论等。这些理论为消费者心理与行为研究提供了最为重要的理论基础和方法指导。比如,心理过程实际上是消费者购买决策过程的基础;心理特征和心理倾向的研究成果可以用来解释许多消费者心理与行为现象,并作为市场细分变量;学习理论中的条件反射理论可以为广告促销提供理论依据;需要与动机理论为消费者研究奠定了重要基础。此外,心理学研究采用的实验室研究为消费者心理与行为研究提供了重要的方法指导。通过模拟消费场景、控制消费环境变量等,我们可以研究企业制造的消费刺激与消费者行为之间的因果关系。

(二)社会心理学

社会心理学是心理学的一个分支,它研究特定社会文化情境中个体与他人、群体和社会的相互作用及其心理活动的发生、发展和变化规律,是介于社会学与心理学之间的一门学科。[①] 与心理学研究个体的心理活动不同,社会心理学研究的是个体在与他人、群体的互动过程中产生的特有的心理和行为现象。社会心理学家在消费者心理与行为研究中主要关注的是哪些社会、群体因素影响消费者个体的行为,这些影响因素又是如何相互作用、相互影响的。例如,对消费者形成某种态度的过程及影响态度改变的因素进行分析;通过对特定社会文化环境和社会生活条件的考察来研究个体与群体的关系、群体对个体的影响;探讨信息是如何在群体内和群体间传播的;典型的社会心理因素,如从众、感染、模仿和暗示等是怎样影响消费者行为的;等等。

(三)社会学、人类学

消费既是一个经济问题,又是一个社会问题。社会学特别是人类学有更广泛的研究领域,这些学科的研究成果有的可以作为一种资料直接充实到消费者心理与行为的研究中,有的可以作为一种方法帮助研究消费者心理与行为。社会学的独特研究角度和对文化、年龄、性别、婚姻、家庭、社会群体、民族、城市化等的研究成果,可以为消费者心理与行为研究提供方法和资料。社会学和人类学也为消费者心理与行为研究提供了成熟的研究方法。社会学常用的社会调查方法具有成本低、调查范围广、外部效度高等优点,与实验室研究方法可以相互补充;人类学常用的民族志法可以为消费者心理与行为研究的理论建立与拓展提供重要的定性研究方法。

(四)经济学

经济学,特别是消费经济学的研究成果与心理学密不可分,但经济学更强调经济意义。边际效用价值、需求的价格弹性、各种收入假定、消费者均衡、恩格尔定律等,对消费者的消费倾向、消费结构、具体购买数量的确定和变化,有很好的解释和预测功能。此外,随着行为经济学研究的发展,消费者心理与行为研究和经济学的关系更加紧密。前景理论、博弈论等相关经济学的理论与方法在消费者心理与行为研究中得到大量的应用。

---

① 俞国良.社会心理学.北京:北京师范大学出版社,2007:6.

（五）市场营销学

既然消费者心理与行为研究主要是为企业的市场营销活动服务的，那么市场营销学的许多关注点也就成了消费者心理与行为的主要研究角度与内容，如品牌、产品、价格、包装、广告与促销等，只是消费者心理与行为的研究重点在于上述市场营销活动作用于消费者的心理基础和行为特点。由此，市场营销学中较为成熟的理论，如市场细分理论与方法，也成为分析影响消费者心理与行为因素的理论和方法。

以上诸学科分别从不同角度揭示了社会环境中人的心理与行为的一般规律，从而成为消费者心理与行为领域不断丰富和发展的重要理论基础和主要学科来源。

二、消费者心理与行为的学科特点

作为现代经济与管理学科的一个重要组成部分，消费者心理与行为的研究具有综合性、经济性、发展性、应用性等特点。

（一）综合性

在现实生活中，消费者心理与行为纷繁复杂、变化多端，其影响因素更是多种多样。如果从单一角度，运用单一学科的知识进行研究，很难完整准确地把握其全部特点和规律，有关学者不断尝试运用多学科的理论和方法对消费者心理与行为进行综合研究，因此，该学科自创立伊始就带有明显的多元化特征，成为一门在多学科交叉融合的基础上形成的综合性、边缘性学科。一般而言，消费者心理与行为的研究涉及心理学、社会心理学、社会学、人类学、符号学、历史学、经济学、人口统计学、市场营销学等多门学科的许多研究成果，并直接借鉴采用了这些学科的部分研究方法。特别显示其综合性学科特点的是，根据研究者的兴趣不同，一个特定的消费现象能够以不同的方式、在不同的层次进行研究。表 1－1 说明了消费者心理与行为跨学科的综合性。

表 1－1　消费者心理与行为跨学科研究重点

学科	研究重点
实验心理学	产品在感知、学习和记忆过程中的作用
临床心理学	产品在心理调节中的作用
微观经济学	产品在个人或家庭资源分配中的作用
社会心理学	产品对个人作为社会群体成员时的行为的影响
社会学	产品在社会制度和群体关系中的作用
宏观经济学	产品在消费者与市场关系中的作用
符号学	产品在语言和视觉传播中的作用
人口统计学	产品在人口可测量特性中的作用
历史学	产品在社会变迁中的作用
人类学	产品在社会信仰和实践中的作用

资料来源：迈克尔·所罗门．消费者行为学：第 12 版．北京：中国人民大学出版社，2018：16.

（二）经济性

消费者行为学是一门有自己独立研究范围的学科，就其性质来说属于经营管理学的范畴。该学科主要是从社会经济运行角度出发，把人作为市场活动的主要参与者和消费活动的主体加以研究，目的是从消费者心理与行为的层面揭示社会再生产过程中消费的内在规律，从而引导和促进生产、流通与消费的协调发展。

现代经济学是一个范围极其广泛的研究领域。随着生产力的迅速发展和人类知识水平的提高，该领域的学科不断细分，出现了宏观经济学、微观经济学、管理学、经营学、市场营销学等一系列分支学科。其中对消费活动的专门研究分两个领域：一是侧重于从宏观角度探讨消费在社会再生产过程中的地位和作用、消费总量与构成、消费方式以及发展趋势等，但对消费活动的主体——消费者很少做深入分析；二是专门以消费者为研究对象，剖析消费者的心理与行为。经济学研究通常集中于前一领域。从这一意义上说，消费者心理与行为研究弥补了经济学对消费者研究的不足，并因此在现代经济学的庞大学科体系中占有一个重要位置，成为不可或缺的组成部分。

（三）发展性

消费者心理与行为作为一门独立的学科正式形成于 20 世纪 60 年代，历史并不长。该学科虽然有长足的发展，但在体系设置、理论构造、研究方法等方面尚有待完善，尤其对消费者心理与行为规律的探索还远未达到穷尽的地步。由于消费者心理与行为研究的理论来源于其他多学科，随着各相关学科的发展，消费者心理与行为学科借鉴的某些理论、观点被补充和修正，甚至被否定和替代，某些新的理论、观点不断充实到原有的研究体系中，这一状况使得消费者心理与行为的研究对象、范围和内容处于不断更新、扩大和发展之中。

不仅如此，随着社会环境和消费者自身条件的变化，消费者的心理倾向和行为表现也会相应改变。旧的消费观念、消费方式不断被新的观念、方式取代，消费需求的内容不断更新，趋于多样化、复杂化和个性化。因此，人们对消费者心理与行为的探索是无止境的，其研究内容将随着时代发展和环境变化而不断发展变化。凡此种种，都决定了消费者心理与行为本质上是一门发展中的学科。

（四）应用性

消费者心理与行为的研究目的是帮助商品生产者和经营者掌握消费者心理与行为的特点及一般规律，并运用这一规律预测消费变化趋势，及时采取最佳营销手段，激发消费者的购买欲望，促进有效购买，在满足消费者需要的基础上提高企业的经济效益。因此，该学科的有关研究必须具有实用性，即能够给商品生产者和经营者以实际的指导和帮助。为此，消费者心理与行为在基本原理的基础上，特别注重对具体方法、措施、手段的研究。例如，采取何种方法激发消费者的消费欲望；通过哪些措施诱导消费者的购买动机；如何运用各种促销手段促成消费者的购买行为；怎样运用心理学、社会学、社会心理学等研究消费者的需求、动机，测量其消费态度等。

上述研究可以帮助企业营销人员掌握满足消费者需要、引导消费者行为的方法与技能，提高市场营销活动的效率和效果。可见，消费者心理与行为是一门注重和强调紧密联系营销实践，为实践提供理论和方法上的有效指导的应用性学科。

第 3 节　消费者心理与行为的学科演进和发展

消费者心理与行为成为一门独立的学科，经历了漫长的理论与实践的积累和演进过程，理论研究每前进一步，都始终与社会经济发展的进程以及相关学科的不断完善紧密相随，因此，二者构成消费者心理与行为学科产生和发展的坚实基础。

一、消费者心理与行为的研究历史

消费者心理与行为的研究历史大体可以分为四个阶段。

（一）消费者心理与行为研究的萌芽阶段（19 世纪末至 20 世纪 20 年代）

消费者心理与行为作为一门独立的、系统的应用学科，是在资本主义工业革命后，随着商品经济的快速发展、市场供求矛盾日益尖锐、竞争不断加剧而出现的。从 19 世纪末到 20 世纪 20 年代，有关消费者心理与行为研究的理论开始出现并有了初步发展。

19 世纪末 20 世纪初，各主要资本主义国家尤其是美国在工业革命后劳动生产率大幅度提高，生产能力开始超过市场需求，导致企业之间竞争加剧。在这种情况下，一些企业开始注重刺激消费者需求和商品推销，推销术和广告术在这一阶段登上了企业的竞技舞台。与此同时，一些学者根据企业销售的需要，开始从理论上研究商品需求与销售之间的关系以及消费者心理与行为同企业销售之间的关系。

最早从事这方面研究的是美国经济学家和社会学家凡勃伦，他在 1899 年出版的《有闲阶级论》（*The Theory of the Leisure Class*）一书中，提出了炫耀性消费及其社会含义，否定了传统经济学认为的消费者是理性的说法，提出了研究消费者心理与行为的必要性。以他为代表的消费者心理研究引起了心理学家和社会学家的兴趣，也受到了企业的密切关注。

1900 年，美国心理学家哈洛・盖尔的《广告心理学》一书问世，系统地论述了在商品广告中如何应用心理学原理提升广告的宣传效果，引起消费者更大的兴趣。1901 年，美国著名社会心理学家斯科特首次提出在广告宣传上应用心理学理论。1903 年，斯科特将有关理论进一步系统化，出版了《广告原理》一书。1913 年，德裔美国心理学家闵斯特伯格出版了《心理学与工业效率》一书，阐述了在商品销售中橱窗陈列和广告对消费者心理的影响。另外，在一些市场营销学、管理学的论著中也介绍了有关消费者心理与行为的问题，比较有影响的是“行为主义心理学之父”约翰・华生的刺激-反应理论（即 S-R 理论）。这一理论揭示了消费者接受广告刺激与行为反应之间的关系，广泛应用于消费者心理与行为研究。

不过，这一时期仍处于消费者心理与行为研究的初始阶段，研究的核心是促进产品销售而非满足消费者的需求。另外，这一时期的研究也仅限于理论层面，还没有应用到企业营销活动中，尚未引起社会的广泛重视。

（二）消费者心理与行为研究的起步阶段（20 世纪 30—50 年代）

20 世纪 30 年代的经济大萧条使得消费品需求成为西方企业面临的首要问题，市场推广成为重要的课题。越来越多的心理学家、经济学家、社会学家开始关注消费者心理与行为问题，大大推动了消费者心理与行为的研究。

从 20 世纪 50 年代开始，西方企业对有关消费者心理与行为的研究越来越感兴趣，更多的理论研究者加入这一研究领域。1950 年，美国心理学家梅森·海尔的关于“家庭主妇为什么不买速溶咖啡”的出色研究，将大家的注意力引向消费动机，研究者开始关注消费者购买决策背后的深层动机。美国经济学家科普兰提出消费者的购买动机可分为感情动机和理智动机，其结论在今天仍有重要意义。美国学者盖斯特和布朗进行了关于消费者品牌忠诚度的研究，他们试图找到促使消费者重复购买同一品牌产品的有效方法。

著名的马斯洛需求层次理论也是在这一时期提出的，他创造性地将人的需要分为五个层次，它们共同构成一个金字塔形的需要层次图。他认为只有较低层次的需要满足之后，较高层次的需要才会出现并要求得到满足。他的理论至今还不断被引用。

（三）消费者心理与行为研究的快步成长及成熟阶段（20 世纪 60—90 年代）

进入 20 世纪 60 年代，物质产品和精神产品开始丰富起来，消费者心理与行为研究呈现加速发展的态势。1960 年，美国心理学会正式成立了消费者心理学分会，从而确立了其学科地位。到 60 年代中期，消费者行为学作为一门独立的课程出现在美国的一些大学。1968 年，俄亥俄州立大学的恩格尔、科拉特和布莱克威尔合著的《消费者行为学》成为该领域的第一部教材。1969 年，美国的消费者研究协会（Association for Consumer Research）正式成立。消费者心理与行为作为一门新兴学科引起了广大学者的关注，各种研究相继展开。

20 世纪 60 年代是消费者心理与行为研究丰产的时代。美国密歇根大学研究小组提出的期望与消费者态度理论、哥伦比亚大学提出的人格影响理论、哈佛大学对于知觉风险的研究、中间范围理论、低度参与过程与高度参与过程的理论、群体问题的研究等，都极大地丰富和发展了消费者心理与行为研究。

20 世纪 70 年代以后，消费者心理与行为研究得到更快的发展。70—90 年代是该学科发展中的重大转折时期。这一时期有关消费者心理与行为研究的文献数量激增，质量不断提高，研究方法也越来越科学。许多新兴学科如网络技术、经济数学、行为科学、生理学、神经学、人类生态学等应用到消费者心理与行为研究中，研究内容和领域有了重大突破。

著名消费者行为研究专家雅各比（J. Jacoby）将这一阶段的发展状况总结为：

第一，理论性更强、更科学。

第二，研究的重点转变为以消费者为中心，并注重宏观方面的探索。

第三，从单纯记述变量和关系朝解释性研究和对因果关系探讨的方向转变。

第四，行为科学的概念、方法的运用越来越精确，学科间的渗透与交叉更为鲜明。

（四）消费者心理与行为研究的广泛应用阶段（21 世纪初至今）

消费者心理与行为的理论研究和实际应用一直相伴而行。进入 21 世纪，众多学者和几乎所有企业对消费者心理与行为的关注达到了前所未有的高度。市场导向、以消费者为中心、顾客第一的理念等反映了人们对消费者心理与行为研究和应用的重视程度。

首先，这一时期消费者心理与行为研究的范围从原来的消费者本身拓展到对消费的伦理道德、生态环境、社会文化、相关法律法规等更大范围的研究。随着社会经济的发展，人们获取和消费的欲望也迅速膨胀，以至于对财、物的获取和消费成了被普遍接受的追求成功和幸福生活的重要目标。物质主义价值观和资源稀缺的影响得到了许多学者的关注。学者们不仅关注企业如何应对消费文化的变化，还试图探索消费文化背后的形成机制以及对普通消费者造成的负面影响。研究发现，物质主义会使人们减少与家人相处的时间，减少对社会问题的关注，过度消费会破坏生态环境，破坏公民的责任感，甚至导致偏见和种族主义。对处于变革中的中国而言，消费者心理与行为研究关注物质主义和资源稀缺，可以为政府制定公共政策来引导消费者树立正确的消费观念提供理论支持和参考依据。

其次，消费者心理与行为研究涉及的学科也由原来的心理学、经济学、社会学等延伸到伦理学、文化人类学、法学、环境学等相关领域。一方面，多学科研究带来了研究方法的多样化和学科成果的交融，对促进消费者心理与行为研究起到了积极作用；另一方面，消费者心理与行为在借鉴其他学科研究方法的基础上，也有了适合自己的改进和创新，研究成果在各个领域得到广泛应用。

研究前沿

数智时代消费者行为学的创新方向

（1）将消费者置于消费者行为学研究的中心地位，拓宽消费者行为研究范畴。数智时代消费者行为学要通过坚持消费者在学科的中心地位，强化学科立身之本。首先，要研究购买行为之外的其他产品获得方式，如共享、租赁等。其次，要研究购买行为发生之前营销信息对消费者福利的影响，如市场供给方（企业）发出的产品与营销信息和对消费者的营销操纵行为。再次，要研究人们使用数智产品的行为，如数字媒体资讯的消费体验、提供即时满足的劣性内容（如娱乐趣闻），以及提供长期知识收益的优性内容（如科学报道）。最后，要研究消费者产品处置行为，如分享行为。

（2）加快研究揭示新型消费者行为现象本身的特性。数智时代涌现众多新型消费者行为现象，迫切需要加快认识其现象本身的特性，以便推动数智时代消费者行为理论和实践创新。新型数智消费者行为现象不断涌现，刻画数智消费者行为现象本身的特性成为优先研究选题。

（3）将计算机科学作为消费者行为学新的相邻基础学科。一方面，计算机科学能推动数智时代消费者行为学实现理论突破。机器心智、机器学习、机器凝视等计算机科学基本理论为数智时代消费者行为学研究提供了新理论视角。另一方面，计算机科学为新型消费者行为数据分析提供了新方法或工具。消费者行为学研究需要分析消费者跨平台的海量行为轨迹数据，它们多以图像、视频等新的非结构形式存在，计算机科学的图像识别、机器学习等方法就显示出了优势。

（4）重视多学科交叉融合研究。一方面，树立多学科交叉融合研究理念，能让不同学科发挥各自优势，共同解决新出现的复杂社会问题。另一方面，多学科交叉能带来研究技术路线突破。例如，先运用机器学习、自然语言技术从数字平台抓取消费者行为海量数据并作分析，求证变量之间强相关关系，再以数字平台为情境执行自然行为实验，揭示因果关系。这种交叉融合的数据收集与分析技术，远优越于传统的线下或线上问卷收集数据方法以及中介效应与调节效应分析范式。

资料来源：王海忠．消费者行为学历史演进及其对全国统一大市场建设的借鉴．中山大学学报（社会科学版），2024，64（6）：429－438.

二、消费者心理与行为的研究趋势

纵观近年来消费者心理与行为的研究状况，可以发现如下发展趋势。

（一）研究角度趋于多元化

长期以来，人们一直从商品生产者和经营者的单一角度研究消费者心理与行为，关注点集中在帮助企业通过满足消费者需求来扩大销售、增加盈利。目前，这种单一角度被打破，学者们开始把消费者心理与行为同更广泛的社会问题联系在一起，从宏观经济、环境保护、消费者利益、生活方式、信息与网络技术等多种角度进行研究。例如，研究作为买方的消费者的行为对市场供求变动的影响，各种宏观政策对消费者的心理效应，政府部门在制定经济政策时将消费者心理作为重要考虑因素等。又如，顺应消费者权益保护运动，许多学者注重从消费者利益角度研究消费者心理，帮助消费者提高消费能力，让消费者学会保护自身权益不受损害。再如，开展有关生活方式的专门研究，即把消费者作为“生活者”，研究不同类型消费者生活方式的特点及其与消费意识、消费态度、购买行为的关系，从而帮助消费者提高生活质量。21 世纪，随着信息化和网络时代的到来，越来越多的消费者参与到网络消费活动中来，因载体、空间、渠道及手段不同，消费者在网络消费中呈现出与传统消费明显不同的心理特点与行为方式，如网上信息搜索、在线评价、B2C 在线互动、网络社区传播等。上述探索与发展为消费者心理与行为研究开辟了更新、更广阔的角度和领域。

（二）研究参数趋于多样化

在最初的研究中，人们主要将社会学、经济学的有关变量作为参数变量，根据年龄、性别、职业、家庭、收入等人口统计因素来分析和解释消费者心理与行为的差异。随着研究的深入，与心理因素和社会心理因素有关的变量被大量引入，如需要、动机、个性、参照群体、社会规范、人际沟通等。今天，由于社会环境急剧变化和消费者素质的提高，消费者心理与行为比以往任何时期都更为复杂，已有变量很难对其作出全面的解释。例如，为什么作为世界经济大国的日本，国民仍崇尚节俭，储蓄率居发达国家之首，世界首富的美国，国民却寅吃卯粮，热衷于“借债消费”。为准确把握日益复杂的消费行为，研究者开始引入文化、历史、地域、民族、道德、传统、价值观、信息化程度等一系列新的变量。新变量的加入为消费者心理与行为研究的精细化提供了可能性，同时也使参数变量在数量和内容上更加丰富多样。这正是对消费者心理与行为研究的多学科、综合性趋势进一步加强的反映。

（三）研究方法趋于定量化

新变量的加入使各参数变量之间的相互关系更加复杂，只对某一消费现象进行经验性判断和定性分析显然不够。为此，当代学者越来越倾向于采用定量分析方法，运用统计分析工具、信息处理技术以及运筹学、动态分析等现代科学方法和技术手段，揭示变量之间的内在联系，如因果关系、相关关系等。使用定量分析使建立更加精确的消费者行为模型成为可能。各种精确模型的建立，又进一步推动了对消费现象的质的分析，把消费者心理与行为的研究提高到一个新水平。

除上述研究趋势外，近期的消费者心理与行为研究在内容上更为全面，理论分析更加深入，学科体系趋于完善，研究成果在实践中得到越来越广泛的应用。以上趋势表明，有关消费者心理与行为的研究已经进入更成熟的发展阶段。

第 4 节 具有中国特色的消费者行为理论体系

中国特色的哲学社会科学是涵盖各个领域、包含多个学科、分为不同层级的学科体系，其中每一个学科都由学术体系和话语体系统一构成。2016 年 5 月 17 日习近平在哲学社会科学工作座谈会上指出，“不同学科有自己的知识体系和研究方法”“每个学科都要构建成体系的学科理论和概念”。构建具有中国特色的消费者行为理论体系，对于推动中国自主的知识体系构建及中国特色社会主义事业的发展具有重要意义。一方面，这一理论体系的建立能够深入挖掘和阐释中国独特的消费文化和社会心理，为准确理解和把握中国特色社会主义的实践经验和理论成果提供坚实的基础，从而更科学地指导社会主义市场经济的健康发展。另一方面，中国特色的消费者行为理论体系能够根据中国的实际国情和现代化建设的需要，提出有针对性的理论框架和政策建议，为实现中华民族伟大复兴提供更加符合中国发展方向的理论支撑。

本土文化与根消费、科技发展与数字化消费以及社会心理与消费动机，共同构成了具有中国特色的消费者行为知识体系。它们不仅揭示了中国消费者在不同情境下的独特消费模式，还深刻反映了中国社会的历史传统、经济结构以及文化价值观如何塑造了当代的消费者行为。这种知识体系体现了中国社会在全球化进程中的特殊性，并展示了中国独特的社会、经济、文化背景对消费者行为的深远影响。

一、本土文化与根消费

根消费是中国消费者心理与行为中的一个独特现象，它深受中国传统文化和民族认同的影响。这种消费模式体现在对传统仪式与节庆的重视、对代际传承的追求以及对国潮文化与民族认同的关注上。在中国，根消费不只是物质层面的消费，更是一种文化和情感的表达。例如，祭祖消费、仪式消费等都是根消费的具体表现，这些消费行为旨在延续家族血脉、维护家族荣誉和传承文化价值观。根消费的文化背景不仅塑造了消费者的购买行为，还促进了文化产品和服务的创新。例如，传统节日的庆祝活动、文化遗产的保护和利用，以及传统手工艺品的复兴，都是根消费背景下的具体表现。

（一）仪式与节庆消费

在中国传统文化中，仪式与节庆扮演着极其重要的角色，象征着生命的各个重要阶段和一年年的循环更替。这些活动不仅是家庭和社会的庆祝活动，更是一种文化和精神的表达。例如，春节、清明节、中秋节等节日都是中华民族文化记忆中的重要节点，这些节庆代代相传，凝聚了丰富的情感和意义。仪式与节庆通常伴随着特定的消费行为，如购买年货、祭祖用品、节日礼品等，这些消费行为背后是对传统文化、家庭关系和社会秩序的深刻认同。通过参与这些仪式，消费者不仅履行了社会义务，也加强了与文化根源的联系。

1. 年节消费

在春节、中秋节等传统节日期间，根消费表现得尤为突出。春节期间的红灯笼、春联等象征性消费品，不仅代表了对新年的祝福，也象征着对家庭和睦、美好生活的期望。中秋节的月饼、团圆饭则象征着家庭团聚与亲情传承。在节日期间，人们通过对传统食品和用品的购买，表达对家庭根基的重视和对文化根源的认同。

2. 祭祖与礼仪消费

在清明节和其他祭祖仪式中，根消费表现为对祖先的缅怀和对家族历史的追溯。购买祭品、纸钱和香烛等用品的消费行为，承载着对祖先的敬意和对家族延续的期望。这种消费不仅是一种仪式性的行为，也是一种情感寄托和文化传承的方式，强化了家庭和社会的凝聚力。

3. 婚礼与生育礼

婚礼与生育礼是家庭延续和新生命到来的重要时刻的庆祝活动，也是根消费的重要体现。在婚礼中，人们通常会重视传统礼仪，如准备聘礼、嫁妆，表达对家族和文化传统的尊重与传承。在生育礼中，满月酒、百日宴等传统仪式中的消费行为，承载着对新生命的祝福和对家族延续的期待。这些仪式性消费，不仅是家庭内部的行为，更是一种社会认可的仪式。随着时代的发展，根消费也在不断演变。传统的仪式与节庆消费形式得到了延续，同时现代消费文化也赋予这些传统行为新的意义。例如，随着电商的发展，年货的采购变得更加便利，而传统节庆礼品也得到了更为广泛的创新和推广，带动了新的消费热潮。在现代社会中，根消费不仅局限于传统节日的仪式性消费，越来越多的人通过旅游和文化体验等方式重新连接自己的文化根源。例如，许多人在春节期间选择返回祖籍地或访问具有历史意义的文化遗产地，通过这种文化旅游消费来追寻和重温家族历史和民族文化。

（二）代际传承

从代际传承的视角来看，根消费不仅仅是物质的传递，更是文化身份和社会地位的传承。家长通过对教育和文化活动的投资，期望子女能够继承和发扬家族的文化遗产。在中国，家长通常会在重要节日或特殊场合，将一些具有历史意义的物品传递给子女。这些物品可能包括祖传的玉器、家族的书画作品、古董家具等。虽然这些物品在市场上具有一定的经济价值，但更重要的是它们承载了家庭的历史和文化。通过这些物品的传递，家庭成员不仅保护了家族文化遗产，也强化了家族的文化认同感。代际传承的根消费还包括传统礼仪和习俗的教育。例如，家长会教导子女遵循传统的节日习俗、餐桌礼仪等。这种传承不仅涉及具体的行为模式，还包括对文化价值观的内化和尊重。家庭中传承的家规家训、习俗习惯、传统用具等，都承载着文化的精髓，使得根消费在日常生活中得以延续和发展。在许多地区，传统工艺的传承和消费也是根消费的体现。传统工艺品的消费不仅满足了实用需求，还支持了文化传承。消费者通过购买传统工艺品，如瓷器、刺绣产品、竹编产品等，连接了历史与文化。这些工艺品不仅具有实用价值，更承载了丰富的文化内涵和历史。

（三）国潮文化与民族认同

国潮文化是一种以中国传统文化为基础，通过现代设计与创新重塑和推广中国文化的潮流现象。这一文化潮流不仅在时尚和消费品领域表现得淋漓尽致，还深刻地影响了生活方式和价值观的表达。国潮文化的崛起标志着中国传统文化的现代化再造，推动了具有中国特色的消费模式和品牌的兴起。国潮文化的核心在于将传统文化元素与现代设计理念相结合，创造出既有文化深度又符合现代审美的产品。这种融合不仅体现在产品设计中，更体现在整体消费体验上。例如，将传统的中国风元素与现代时尚设计结合，形成了独特的商品，满足了消费者对传统与现代兼顾的需求。国潮文化还强调中国传统文化的价值，体现了对民族文化的自信和认同。

总的来说，中国的根消费不仅体现了对传统文化的认同，还在现代消费中不断创新。从仪式与节庆消费，到代际传承的文化延续，再到国潮文化的现代化融合，这些展示了对自身文化的自信和独特的消费模式。随着这些趋势的发展，中国的根消费将继续在全球市场中展现其独特的文化魅力和影响力。

二、科技发展与数字化消费

在中国，科技的飞速发展极大地改变了消费行为，在线消费与移动支付、社交媒体与直播带货、隐私保护与让渡等方面，展现出明显的中国特色。这种改变不仅推动了中国消费市场蓬勃发展，也形成了具有独特文化背景和市场环境的消费模式。

(一) 在线消费与移动支付

根据中国人民银行2023年公布的数据，中国的移动支付普及率达到了86%，位居全球第一。中国已建成技术领先的5G网络，实现了“市市通千兆”“县县通5G”，形成了全球最大的数字消费市场。2023年中国网上零售额达到15.42万亿元，连续11年居世界首位；移动支付业务金额达555.33万亿元；软件业收入突破了12万亿元，连续23年保持两位数增长。中国的在线消费和移动支付在全球范围内处于领先地位，展现出强烈的中国特色。这不仅改变了中国消费者的购物习惯，也塑造了全球电子商务的发展趋势。

一方面，在线消费呈现快速增长的态势。随着阿里巴巴、京东等电商巨头的崛起，中国的在线消费市场迅速扩展。“双十一”购物节已成为全球规模最大的在线购物狂欢节，反映出中国消费者对在线消费的高度依赖。中国的农村电商也在快速发展，许多偏远地区的消费者通过网络购物享受与城市消费者相同的消费体验。这种城乡融合的消费模式，体现了中国独特的社会经济结构和城乡一体化的趋势，线上购物不再仅仅是城市居民的专属，而是全国范围内的普遍现象。

另一方面，移动支付在中国的全面覆盖更是全球罕见。中国的移动支付普及率在全球首屈一指，支付宝和微信支付已经深入日常生活的方方面面。从大城市到小镇、农村，无论是超市购物还是街头小摊贩，移动支付都成为首选的支付方式。这种无现金社会的形成，不仅提升了消费的便捷性，还推动了金融科技在中国的快速发展。移动支付的普及，降低了交易成本，简化了支付流程，极大地促进了小微企业的发展，激发了整个社会的经济活力。多样化的移动支付方式对消费者行为也产生了独特的影响。比如，通过人脸识别等场景，消费者会更加关注自我形象，增强对现实自我与理想自我之间差距的感知，从而对自我提升类产品表现出更高的偏好。这种行为趋势不仅反映了中国消费者的心理变化，还体现了科技进步对消费习惯的影响。

(二) 社交媒体与直播带货

中国的社交媒体生态系统与直播带货对消费行为的影响极大，形成了与西方国家截然不同的消费文化。在中国，社交媒体如抖音、微信、小红书等，不仅仅是社交工具，更是强大的消费引导平台。消费者通过这些平台获取产品信息、参与社群讨论，并分享购物体验。这种社交驱动的消费模式在中国尤为突出，尤其是KOL（关键意见领袖）和KOC（关键意见消费者），进一步放大了社交媒体对消费行为的影响力。

除了社交媒体的强大影响力，中国的直播带货行业也展现出显著的发展优势和独特性。网经社电子商务研究中心发布的《2023年中国直播电商市场数据报告》显示，2023年中国直播电商市场规模达到49 168亿元，同比增长40.48%，直播电商渗透率（即直播电商交易规模占网络零售交易规模的比值）达到31.9%，显示出直播电商在电商领域的重要地位。首先，中国拥有世界上最大的互联网用户群体，为直播带货行业提供了巨大的市场潜力和广泛的消费基础。庞大的用户数量不仅扩大了市场规模，也为品牌和商家提供了更多的商业机会。据网经社数据，直播电商用户规模在 2023 年达到 5.4 亿人，同比增长 14.16%；2023 年直播电商行业企业规模达到 2.4 万家，同比增长 28.34%。此外，中国互联网技术的发展速度极快，尤其是在移动支付和 5G 网络等领域的创新，为直播带货行业提供了坚实的技术支持，使得直播带货在互动性、用户体验和交易便捷性方面领先全球。

中国政府对直播带货行业持鼓励和支持的态度，出台了一系列政策规范市场秩序，保护消费者权益，并促进行业健康发展。例如，2023 年中共中央、国务院印发《质量强国建设纲要》，要求规范发展直播电商；杭州、上海发布相关合规指引，禁止签订“最低价协议”；广东等地发布相关行动方案，促进直播经济发展。这些政策不仅为行业的可持续发展提供了保障，也增强了市场信心。此外，人工智能、区块链、大数据和云计算等前沿技术的应用，极大地提升了直播带货行业的运营效率，优化了用户体验，推动了行业的持续创新。中国在这些技术的结合应用方面展现出全球领先的创新能力。

中国直播带货行业的独特优势还体现在其高度重视内容和用户互动体验。主播不仅是商品的推销员，更是消费者的朋友和顾问，他们通过分享使用心得、展示商品特点和优势，以及实时回答观众的问题，建立了深厚的信任感和亲近感。通过社交媒体平台，主播积累了大量粉丝，这些粉丝在直播中积极参与购买，并通过分享和评论进一步推广产品，形成了巨大的社交传播效应，从而扩大了直播带货的影响力。此外，中国直播带货行业还拥有强大的供应链管理能力，确保商品的质量和供应速度，大大提升了消费者的购物体验。这些优势使得中国的直播带货在全球范围内展现出强大的竞争力。

（三）隐私保护与让渡的独特平衡

随着数字化消费的普及，中国消费者在享受科技便利的同时，也面临着隐私保护与让渡的独特挑战。随着《中华人民共和国个人信息保护法》的实施，中国消费者的隐私保护意识逐渐觉醒。他们在享受移动支付和在线消费便利的同时，开始更加关注数据安全和信息泄露的风险。政府和企业也通过制定严格的隐私保护政策，努力在科技便利和个人隐私之间找到平衡。

中国消费者在隐私让渡与便捷性之间表现出一种独特的权衡倾向。他们普遍愿意在一定程度上让渡隐私以换取更便捷的服务。例如，电商平台通过基于大数据的精准推荐系统分析消费者的购物习惯，提供个性化推荐。这种“用数据换服务”的模式在中国得到了广泛接受，反映出消费者愿意牺牲一定的隐私来获得更好的购物体验和生活便利。

总的来说，中国的科技发展和数字化消费不仅改变了消费者的日常生活，也塑造了具有鲜明中国特色的消费行为模式。这种隐私保护与让渡之间的独特平衡，不仅展现了中国在全球数字经济中的重要地位，也将随着科技的不断进步，继续引领全球消费趋势的发展。

三、社会心理与消费动机

中国消费者的消费行为深受社会心理因素的影响，尤其是在“面子”和“关系”方面。这些心理需求不仅驱动着消费者的购买决策，还反映了中国独特的文化背景和社会结构。

（一）面子消费

在中国，面子不仅是个人声望和地位的象征，更是深嵌于社会关系和文化结构中的重要因素。面子在中国社会中具有关键的社会功能，是个体在社会交往中维护个人形象和提升社会地位的重要手段。尤其是那些具有权力或地位的个体，往往通过展示自己优秀的一面来获取和维持面子，这种展示通常以消费行为为主要途径。

"面子文化"作为中国文化中的重要部分，不仅影响个人的社会行为，还深刻地影响着消费决策。在现代消费社会中，消费行为不只是满足物质需求，更成为彰显身份、地位和成就的重要方式。人们通过购买特定的产品和服务，向他人显示自己的社会地位和文化品位，而他人则通过这些消费行为来判断一个人的社会身份和地位。因此，面子在中国消费者的购买决策中起着重要的作用。在实际的消费场景中，中国消费者往往通过精心选择情境背景、穿着打扮以及其他外在形式来凸显他们的财富、学识、身份和美貌等特征。这种所谓的"面子功夫"不仅是对个人身份的表达，也是向外界传递地位、品位等特定信息的重要方式。在公共场合，个体所展示的外在形象和消费品选择往往被视为其社会经济地位的象征，因此，面子消费在中国文化中占据了重要的位置。

学者们根据面子文化对消费行为的影响，将面子产品偏好归纳为几类，其中之一是地位象征产品偏好。这类产品在一定程度上可以直接反映购买者的社会地位。例如，选择阅读《经济学人》杂志的消费者可能被认为具有高经济学素养或从事相关领域工作，这种特定身份所带来的面子使得消费者愿意通过消费特定产品或服务来提升社会形象。此外，面子意识越重，消费者在购买决策中追求独特性的动机也越强。一些限量款奢侈品或能够彰显身份地位的产品满足了面子意识强烈的消费者对独特性和稀缺性的追求，因此他们更倾向于购买这类具有地位象征的产品。

（二）关系消费

在中国，"关系"作为社会交往和商业活动的重要组成部分，对消费行为产生了深远的影响。关系消费不仅是满足个人需求的经济活动，更是维系和拓展人际关系网络的重要方式。这种消费行为与社会关系密切相关，涉及家庭、亲戚、朋友、同事等多个群体，通常表现出互惠性和情感表达的特点。通过关系消费，消费者不仅可以表达关怀和尊重，还能增强社会关系网络中的信任与合作。

关系消费的深厚社会文化背景深受儒家文化的影响，特别是对"面子"和"关系"的重视。在这种文化背景下，消费行为不仅是经济上的交换，更是社会交往的重要工具。例如，送礼和宴请在中国社会中不仅是表达个人情感的方式，也是维护和增进社会关系的必要手段。这种现象反映了中国社会中价值观、道德观和审美观的复杂交织。

随着社会的发展，关系消费逐渐演变为更加复杂、多样化的形式。例如，现代的关系消费包括网络红包、礼品定制等，这些新形式不仅使得人情消费更加便捷和个性化，而且顺应了现代社会对绿色、环保的追求，推动低碳、环保消费的趋势。关系消费受到多种因素的影响，包括经济状况、收入水平、社会文化、技术发展、全球化及政策环境等。这些因素共同作用于消费者的决策过程，塑造了中国特有的消费模式。例如，社会群体、文化传统和价值观等社会因素都会对人们的消费行为产生影响，使得关系消费在中国社会中占据重要地位。

总而言之，面子消费和关系消费都是中国消费者独特的消费行为模式。这种独特模式不仅反映了中国的文化传统和社会结构，也展现了现代消费社会中的复杂心理动机。在中国社会，消费不仅仅是个人的经济活动，更是维系社会关系和展示个人身份的重要手段。

第 5 节　研究消费者心理与行为的重要性

一、研究消费者心理与行为对消费者个体的作用

（一）提升消费者自制力

自制力是指人们能够自觉地控制自己的情绪和行为的能力。消费者的自制力弱表现在购买和消费过程之中，就是消费者无法抵挡商家的营销刺激和产品本身的诱惑，作出不符合自身目标的行为。自制力弱的消费者更容易产生冲动性购买、购买后后悔等行为。为了减小自制力弱的负面影响，消费者需要主动进行自我调节，提高购买和消费的自制力。个体自我调节行为取决于自我调节动机和自我调节能力。自我调节动机是指个体如何对情境中的信息以及情境所引发的价值、信念、标准、目标和情绪状态进行编码和建构。自我调节能力主要是指有助于个体实现目标的认知和注意机制。自我调节能力和自我调节动机会直接影响行为调节的主动性。

通过学习消费者心理与行为，了解消费者的内在动机和外在因素，消费者可以增强预见性、提高自制力，避免短视行为。消费者的自我调节能力受个体认知资源的影响，一般而言，个体认知资源越丰富，自我调节能力越强。消费者对冲动性购买行为以及商家的营销手段有足够的了解之后，可以避免情绪对决策的影响，真正透过现象看本质，不会去花费大量的精力处理无用信息，从而提升自我调节能力。此外，通过学习消费者心理与行为，个体会主动将相关知识应用到实际生活中，以判断自己决策的正确性，个体有足够的动机进行自我调节。

（二）规避消费者不理性的决策行为

经济学上讲的理性主要是指对称信息下的效用最大化。在实际生活中，我们很难实现信息的完全对称。在信息不对称的情况下，消费者购买决策的依据往往是有偏差的，进而导致不理性的决策行为。

不理性的决策行为背后的原因有很多，具体来讲，首先，决策的依据是信息，理性经济人假设认为个体可以获得决策所需要的所有信息，事实上这种假设是错误的。消费者并不完全了解商家和产品的优缺点，只能通过一些信息辅助决策。其次，消费者在决策过程中需要消耗大量的认知资源，这并不符合消费者决策的目标。人们总是希望花费

最小的成本做出正确的决策。实际上，大部分的决策并非最优，只是满意而已。再次，消费者在决策的过程中总会受到周围人的影响。最后，消费者的偏好具有复杂性和多变性，在购买前、购买中和购买后，消费者的偏好会不断发生改变。

通过学习消费者心理与行为，个体可以了解购买决策过程，理解决策过程中的每个环节可能会受到自身和环境的影响。个体可以尽可能避免决策陷阱，尽量使用全面正确的信息或者信号辅助自己进行购买决策。

素养园地 消费提质升级，满足人民对美好生活的新期待

二、研究消费者心理与行为对企业营销实践的作用

企业的利润主要来源于两类顾客：一类是新顾客，即企业在市场调研的基础上，充分了解顾客需求，利用营销组合手段刺激初次购买的那部分顾客；另一类是老顾客，这部分顾客已经购买和使用过企业的产品，用后并未产生抱怨和不满，愿意重复购买该企业的产品。

（一）吸引新顾客

新顾客对企业的产品并不熟悉，购买决策更多依赖他人推荐和企业宣传。因此，面对新顾客，企业应该了解其内在动机和偏好。新顾客更容易受到营销刺激的影响。企业可以从营销组合的多个角度对新顾客进行刺激，提升其购买意愿。具体而言，企业在开发新顾客时，首先要进行大规模的市场调查，主要包括潜在顾客当前的购买习惯、消费习惯、信息获取习惯、口碑分享习惯等。顾客习惯的养成需要时间，也就意味着转变习惯需要花费较高的成本。企业通过了解潜在顾客各个方面的习惯，可以更好地把握其消费心理，制定相应的营销组合策略，降低顾客的转换成本。

开发新顾客需要大量的财力、物力和人力支持，这意味着单位产品成本大幅度提高，企业盈利相对就会减少。让老顾客再次购买则不需要上述环节。

（二）管理和留住老顾客

在企业营销活动中，有相当一部分企业只重视吸引新顾客而忽视留住现有顾客。这些企业将管理重心置于售前和售中，其售后服务中存在的诸多问题却得不到及时有效的解决，导致现有顾客大量流失，企业为保持销售额，必须不断补充新顾客，如此不断循环，这就是著名的“漏斗原理”。

与吸引新顾客不同，管理和留住老顾客更需要关注其内在心理动机。老顾客对企业和产品有很深的了解，企业的宣传和包装很难从感性层面上刺激其消费。老顾客的购买决策是依据过去自身的消费体验，相对理性。企业的营销策略应该从心理和情感诉求的角度切入，让老顾客感受到品牌忠诚带来的切实利益。首先，企业可以为老顾客提供量身定做的产品或服务。由于与老顾客建立了长久的联系，企业可以从数据库中获取老顾客过往的消费记录和消费习惯，这让定制化服务成为可能，企业提供的老顾客专享产品

（服务）会让其感受到企业用心，提升顾客的产品（服务）感知价值。其次，企业应该给予老顾客价格上的优惠。在当前移动互联网时代，企业可以按照消费习惯更加精准地区分老顾客，为不同消费习惯的顾客提供相应的优惠。

企业把握消费者心理与行为对企业进行客户关系管理具有重要的作用，尤其在互联网时代，企业获取顾客的消费数据已经不再只依靠售后记录，移动互联网和物联网可以让企业随时随地“监控”顾客的消费行为，准确把握消费者心理与行为，进而及时调整自己的营销策略。

三、研究消费者心理与行为对社会的作用

中国人非常看重“面子”和“关系”，正确引导消费者的面子观，可以避免铺张浪费，避免攀比。随着生活水平的提高，温饱已经不再是消费者关注的主题，很多消费者开始提升消费档次。正确引导消费者的消费观念，让消费者更加理性，真正关注自身真实的需要。当下，我国社会的主要矛盾已经转化为人民日益增长的美好生活需要和不平衡不充分的发展之间的矛盾。消费者健康的消费理念对环境保护、经济可持续发展具有重要意义。环保、绿色消费有利于经济与社会、人与自然之间平衡发展。

通过把握消费者心理与行为，政府以及其他非营利组织等可以引导人们产生积极的亲社会行为。孟子曰：“人皆有不忍人之心”。这种不忍人之心即为同理心。研究表明，在社会比较情境中，个体进行向下社会比较之后会产生更强的感同身受的体验。① 因此，政府以及其他非营利组织等需要积极引导消费者健康消费，为整个社会的和谐发展提供有益支持。

素养园地　多措并举增强内需主动力

基本概念

消费者行为 consumer behavior　　消费者研究 consumer research

消费者心理 consumer psychology　　定量研究 quantitative research

定性研究 qualitative research

思考题

1. 准确理解消费、消费者及消费者行为的概念。
2. 消费者心理与行为的研究内容主要包括哪些？
3. 如何理解消费者心理与行为的学科性质和特点？
4. 消费者心理与行为研究的产生和发展经历了哪几个阶段？
5. 学习消费者行为学应掌握哪些研究方法和分析工具？

---

① 郑晓莹，彭泗清，彭璐珞．“达”则兼济天下？社会比较对亲社会行为的影响及心理机制．心理学报，2015，47（2）．

6. 具有中国特色的消费者行为理论体系包括哪些内容？

7. 学习和研究消费者心理与行为有何现实意义？

案例

疯狂“收割”年轻人，元气森林爆红的秘密

炎炎夏日，一杯可乐是许多年轻人“续命”的关键，但是高糖、高卡路里的饮料势必会让人在畅饮的同时有些“罪恶感”。凭借“无糖零卡”的健康概念以及清新的日系风格包装，元气森林迅速从一众饮品中脱颖而出，实现品牌估值从0到40亿元的跨越。

中国有超过3亿年轻客群的消费支撑。在相对富足环境中成长的他们，是互联网第一代原住民，他们不再那么崇洋媚外，对本土文化更有自信心和自豪感，更具活力，也更善于表达，他们更愿意为个性和悦己买单。元气森林正是把握住了这个时代的机遇，精准捕捉到消费人群变化衍生出的新诉求，围绕用户快速推出新产品，也重视为品牌增添价值观与仪式感。

“新消费时代”的到来，用户发生了变化，企业更需要满足“年轻的味蕾”。具有与众不同消费观的Z世代，他们的消费需求、消费态度都有了较大的变化，既要健康，又要好味道，不仅要颜值，还要品牌是自己喜欢的。当下年轻人从心底里树立了更深的民族自信心和自豪感，对国外品牌的仰视心理发生了本质上的变化，这也为国货崛起奠定了基础。此外，消费渠道和场景以及消费意义也发生了变化，消费者更强调兴趣、悦己、自我实现以及个人体验和个性的释放。

基于此，元气森林舍弃了传统消费品的营销套路，而是选择先用户后品牌，一切围绕用户来做。聚焦为年轻用户打造集品质、健康、口味、颜值为一体的产品。

第一，以健康无糖的差异化优势打开年轻人市场。近年来，消费者的需求发生了极大变化，具有原生态、有机、无添加、非油炸、非转基因、纯天然、无公害等健康概念的商品销量增长迅速。随着人们的消费观念由追求感官刺激到追求身体健康的转变，健康化需求成为食品饮料消费的新趋势。但无糖茶饮千千万，元气森林突围则在于产品上的创新。消费者喜欢无糖饮料，并不意味着他们真的不要甜味，无糖的苏打水饮品已经有了上百年，但始终是一个很小的子品类。如何无糖又好喝？元气森林使用天然提取的赤藓糖醇作为代糖，在实现零糖零脂零卡的同时，满足消费者对口感的要求。为了满足年轻人对于奶茶的强烈需求，元气森林顺势推出乳茶系列，同样以无糖零脂的差异化优势加持，再度打开年轻人市场。

第二，高颜值＋好味道，以差异化有效区隔竞品。在设计上，元气森林简约时尚的设计能在消费者走过货架时吸引其目光。元气森林直接截取两大爆品“元気水”“燃茶”品牌名称中的“元”“気”“燃”三个字，将其进行偏日系化的符号化设计，形成了元气森林品牌自身的品牌符号，毛笔书写的字体很有辨识度。其中，“元気”代表精神、活力，“燃”给人一种斗志昂扬的感觉，无形中唤醒了消费群体对健康的共鸣。元气森林的产品包装设计，从瓶盖到瓶身，全部采用统一的颜色，中间以品牌名＋水果图案作为主视觉图案，给人以青春活力的感觉。元气森林将日系风的设计应用到包装上，强化清爽感的冲击，用艺术与美味碰撞出新潮流。

在口味上，对于年轻人来说，市面上的无糖茶饮大部分都寡淡无味。元气森林则不同，作为当前市场上口味“甜得最自然/最甜”的无糖饮料，恰到好处的甜度也是它成功的关键。

第三，玩转场景化营销，精准击中消费心理。在商品大量同质化的时代，企业所追求的不仅仅是流量的增长，更是消费者对于品牌、产品本身的深度体验，由此延伸出强烈的品牌忠诚，因此企业更加注重多元化、场景化的营销体验，元气森林的营销成功秘诀正在于此。在B站和综艺节目这两块年轻人活跃的阵地上，元气森林活跃度很高，它赞助B站《生活如沸》《人生一串》和《最美的夜》等热门栏目，还牵手火爆综艺节目《种地吧》，进行各种花式植入。

在“国潮”盛行的大背景下，元气森林也非常善于利用品牌资源，通过跨界营销，实现多圈层流量共享。比如，和国货美妆品牌稚优泉进行联合推广，用口红配饮料的形式对消费者实现更有力的触达。在社交媒体上，元气森林先通过微博崭露头角，后又抓住以女性为主的“种草”社区——小红书实现流量变现。可以说，通过小红书、抖音、微博上的意见领袖的日常曝光，借由意见领袖的推荐收割了一批又一批流量。

元气森林抓住了消费者注重产品的口味、成分、健康以及颜值等特点，从设计理念到产品研发都契合了新消费趋势。通过深刻洞察消费者需求和心理，不断推出人气爆款饮品，元气森林以独有的精准眼光，在饱和的市场里开辟出了新的赛道，于一片红海中挖掘出属于自己的蓝海。

资料来源：疯狂“收割”年轻人，元气森林爆红的秘密．长江商学院（微信公众号），2020-12-23. 被误解的元气森林．赵继成频道（微信公众号），2020-07-06. 3年估值40亿，元气森林们何以霸屏这个夏季？. NewMediaLab（微信公众号），2020-07-17.

素养提升阅读材料

第2章
影响消费者行为的因素体系

价值引领

- 利用新发展格局，理解重要消费发展趋势，挖掘消费新增长点。
- 了解消费升级背景下有助于消费提质扩容的环境因素。
- 了解数字化发展如何更好地为不同群体服务。

现代消费者无论是在消费方式，还是在消费内容、消费意识等方面都有了质的飞跃，其消费行为已经形成一个极其复杂多样、庞大纷繁的系列。透过形形色色的行为现象，我们会发现千差万别的消费者行为受到某些共同因素的影响。这些因素是什么，它们又如何影响消费者行为，正是本章所关心的内容和研究重点。了解影响消费者行为的因素体系，有助于从总体上把握消费者心理与行为形成和变化的基本规律。

第1节　消费者行为的基本模式

一、人类一般行为模式

20世纪以来，心理学家、社会心理学家和生物学家对探索人类行为奥秘产生了浓厚的兴趣，纷纷致力于人类行为研究，试图揭示隐藏在复杂行为背后的客观规律。在众多研究成果中，美国社会心理学家库尔特·卢因（Kurt Lewin）关于人类行为模式的研究引起广泛关注。卢因的人类行为模式表示如下：

$$B = f(P——P_1, P_2, \cdots, P_n, E——E_1, E_2, \cdots, E_n)$$ ①

式中：B（behavior）为个人的行为；

P（personal）为个人的内在条件和内在特征；

P_1，P_2，…，P_n 为构成内在条件和内在特征的各种生理和心理因素，如生理需要、

① Lewin K. Principles of Topological Psychology. Munshi Press，2014.

生理特征、能力、气质、性格、态度等；

E（environment）为个人所处的外部环境；

E_1，E_2，…，E_n 为构成外部环境的各种因素，如自然环境、社会环境等。

该模式表明，人类的行为是个人与环境相互作用的结果。该模式还表明，人类的行为方式、指向和强度主要受两大类因素的影响和制约，即个人内在因素和外部环境因素。其中，个人内在因素包括生理和心理两类基本因素，外部环境因素包括自然环境和社会环境两类因素。

卢因的人类行为模式在一定程度上揭示了人类行为的一般规律，对影响行为的多种因素作出了基本的归纳和划分，其结论具有高度概括性和广泛适用性，因此得到普遍重视和认可。

二、影响消费者行为的因素体系

消费者行为是人类行为的重要组成部分，因此卢因关于人类行为模式及其基本影响因素的研究，也适用于对消费者行为及其影响因素的分析。这里，我们可以将影响消费者行为的因素同样分为两大类，即个人内在因素和外部环境因素，其中又分别包含若干具体因素。这两大类因素相互联系、相互作用，共同构成影响消费者行为的因素体系。

影响消费者行为的个人内在因素具体包括消费者的生理因素与心理因素，外部环境因素包括自然环境因素和社会环境因素。总体来说，消费者行为是消费者个人与环境交互作用的结果，其行为方式、指向及强度，主要受消费者个人内在因素与外部环境因素的影响和制约。

第 2 节　影响消费者行为的个人内在因素

在现实生活中，消费者行为表现千差万别、各种各样，但究其本质，无不以某些共同的生理和心理活动为基础。消费者的生理和心理活动及特征是决定其行为的内在因素。探讨内在因素体系构成，可以揭示出消费者行为的共同生理与心理基础与特性。

一、生理因素

生理因素是指消费者的生理需要、生理特征、身体健康状况以及生理机能的健全程度等。人体解剖学的研究表明，人类的生理构造与机能是行为产生的物质基础。任何行为活动都是以生理器官为载体，在一定的生理机能作用下形成的，消费者行为亦是如此。因此，可以说消费者的每个行为都是以生理活动为基础，并且通过生理机能的整体协调运动来发生和完成的。

（一）生理需要

在影响消费者行为的生理因素中，生理需要是对消费者行为影响最为直接的一个因素。心理学意义上的需要是指客观刺激物通过人体感官作用于大脑而引起的某种缺乏状态或未获满足的主观感受状况。这种主观感受状况会引起人的不适和紧张，并促使人们千方百计地去缓解或克服这种不适和紧张。例如，在炎热的夏季，当人们大汗淋漓、口渴难耐时，首先会想到通过喝水来解决这种不适的感觉。

人的需要是多方面、多层次的，生理需要是最基本、最本质的需要。马斯洛在需求层次理论中将生理需要作为基础（见图 2－1）。

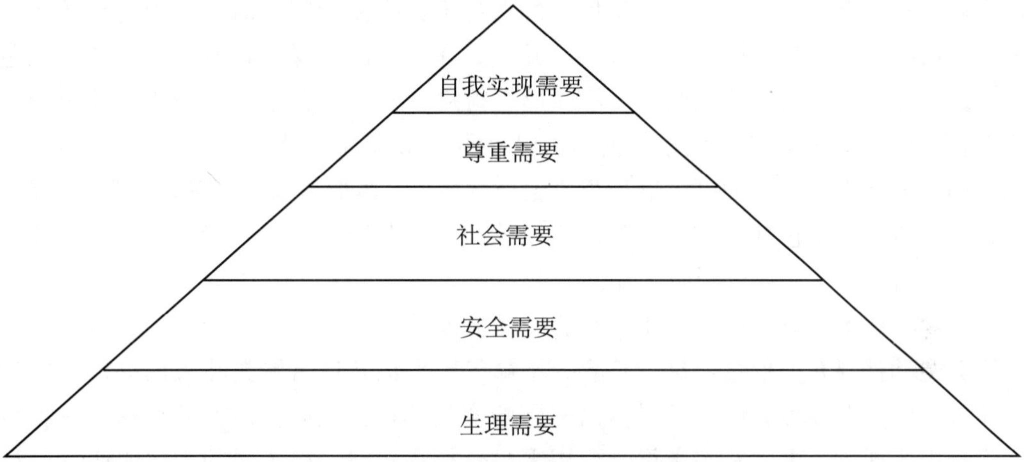

图 2－1　马斯洛的需求层次理论

资料来源：亚伯拉罕・马斯洛．动机与人格．江西：江西美术出版社，2021.

生理需要是指人们在衣、食、住、行、休息、健康、性等方面的要求。生理需要是人类为维持自身生存和繁衍后代所必须满足的基本需要。可以说，满足自身生理需要，是人类一切行为活动的原动力，也是消费者行为的首要目标。在人们形形色色的消费活动中，消费者首先对衣、食、住、行等基本生存资料进行消费，使生理需要得到满足，然后才有可能进行旅游观光、娱乐休闲、文化教育、智力开发等享受和发展的消费。人类的生理特点决定了生理需要具有延续性的特征，它是循环往复、重复发生的。因此，消费者为满足生理需要而进行的消费活动也是没有止境、永远不会终结的。从这个意义上来说，生理需要对消费者行为起着主要的支配作用，构成了消费活动的基本内容。

生理需要的具体内容和形式并非一成不变。随着经济的发展和社会的变迁，它也会呈现出不同的特点。例如，同样是“民以食为天”，原始人茹毛饮血，现代人则要求食品营养健康，进入 21 世纪，消费者对饮食有了更高的要求，如食品应具有 9F 特征：健康（fitness）、高纤维（fiber）、快速加工（fast）、新鲜（fresh）、功能分装（function）、趣味（fancy）、外国风味（foreign）、可玩的（fun）、著名商标（famous）。可见，同样是满足吃的需要，不同时代有很大差异。

（二）生理特征

生理特征具体包括人的身高、体形、相貌、年龄、性别等方面的外在特征，以及耐久力、爆发力、抵抗力、灵敏性、适应性等方面的内在特征。这些生理特征是先天遗传的，也受到后天环境的影响。生理特征的差异可以引起不同的消费需求，导致不同的消费者行为活动。需要指出的是，这些特征并非孤立发生作用，经常以组合方式对消费者行为产生影响。

1. 外在特征

（1）身高、体形。人的身高、体形等身材特点的差异对消费者行为的影响显而易见。以选购服装为例，有的人身材魁梧、体形壮硕，有的人身材矮小、体形瘦弱，他们的购买倾向就有很大差别。首先，在服装尺寸的选择上，毫无疑问，前一类人选择的服装尺寸较大，后一类人选择的服装尺寸较小。其次，在颜色的选择上，前者多会选择深色服装，如黑、蓝、绿、灰等冷色调，以使体形显得瘦一些，后者多会选择浅色或色彩强烈的服装，如白、淡黄、橙、红等暖色调，以显得体形高大强壮一些。另外，身材高大、体形壮硕的消费者对食物的摄入量和花费比身材矮小、体形瘦弱的消费者通常要多得多。

（2）相貌。相貌包括五官、皮肤、毛发等。消费者受自身相貌特征的影响，往往会进行一些带有个性化倾向的消费活动。所谓“爱美之心，人皆有之”，五官端正、躯体正常的消费者一般不会进行诸如矫正、整容、戴假发等特殊的消费活动，相貌有缺陷的消费者则会主动搜寻有关信息，进行整容、增高等整形消费或者购买相关商品。五官的大小、位置高低的差异也会使消费者做出不同的商品选择。例如，西方人喜欢使用斜口瓷杯，这是由于西方人大多是高鼻梁，当用平口瓷杯喝水时，杯子里的水还未喝完，鼻子就与杯口碰上了，斜口瓷杯则恰好能避免这一尴尬。

（3）年龄。不同年龄的消费者因生理机能与社会经历的差异，具有不同的消费心理，并产生不同的消费行为。按照年龄大小，通常可以将消费者分为四个不同年龄阶段的消费群：少年儿童消费群，即14岁及以下的消费者；青年消费群，即15～35岁的消费者；中年消费群，即36～60岁的消费者；老年消费群，即60岁以上的消费者。

年龄差异对消费者行为的影响体现在各消费群之间在消费特点与消费内容上存在明显的不同。例如，少年儿童是儿童玩具、文具、书籍、乐器、运动器材、儿童食品、营养品、少儿服装等商品的主要消费者，他们的消费特点是具有好奇性及随意性；中青年人是手机、电脑等数字产品的主要消费者，他们喜欢时尚的商品，引领消费潮流；老年人则是保健食品、医疗服务等的主要消费者，他们大多消费谨慎，注重实效。年龄差异引发了不同的消费需求，因此企业常常将年龄作为细分市场的主要依据，把市场划分为少儿市场、中青年市场及老年市场，并分别命名为“向阳市场”“活力市场”“银色市场”。

（4）性别。性别的差异对消费者行为的影响是与生俱来的，具有内在稳定性。由于遗传的原因，男性和女性呈现出不同的消费心理特征。心理学研究表明，男性与女性的消费行为差异主要体现在消费需求、购买动机、购买决策、购买过程、购买时机等方面。男性大多粗犷、豪爽，需求单一，对商品不太挑剔，购买商品较多地关注商品的功能与效用，购买决策自主，速度快，需要时才购买；女性则天生细腻、谨慎，需求多样，对商品的选择认真、挑剔，易受商品的外观以及自身主观情感的影响，购买决策被动，速度慢，时间长，经常即兴购买。

2. 内在特征

生理内在特征包括耐久力、爆发力、抵抗力、灵敏性、适应性等。耐久力是指人体持续进行一项活动所能承受的最长时间限度的能力；爆发力是指人体在最短时间内使器械（或人体本身）移动到尽量远的距离的能力；抵抗力是指人体能够抵御外界致病因素侵害的能力；灵敏性是指人体在外界条件突然改变时能够迅速协调和改变身体运动的能力；适应性是指人体在面对环境压力时，通过行为反应、生理反应等方式应对压力，协调与外界环境的关系，继续生存的能力。消费者的这些内在特征受到其心血管系统、呼吸系统、神经系统等的影响和制约。

（三）身体健康状况

身体健康状况表明消费者的身体素质水平，通常分为良好、一般、较差几种情况。每个消费者都向往健康的生活，希望充分享受健康带来的幸福与快乐，健康消费已成为现代消费者新的消费选择，健康消费的内容和方式直接取决于消费者的健康状况。体质衰弱或患有严重疾病的消费者，不仅消费内容有诸多限制，如糖尿病患者忌食高糖类的食品，晚期食道癌、胃癌患者几乎难以下咽任何食物，而且在购买活动范围和方式上会受到各种阻碍，如健康状况极差、长期卧病在床的消费者难以进行旅游、健身等消费活动。

（四）生理机能的健全程度

消费者生理机能的健全程度会直接影响消费活动。生理性残疾的消费者，在购买对象的选择上，需要一些具有特殊辅助功能的商品来克服残疾带来的困难与不便。例如，腿部残疾的消费者需要轮椅、拐杖、假肢等帮助行走的工具；手部残疾的消费者需要方便穿戴的服装；视力残疾的消费者，需要可以增强视力的商品；听力残疾的消费者需要助听器等辅助听力。另外，生理机能状态不稳定的消费者如精神疾病患者，其行为会受不同程度的限制，有时不能实现正常的购买与消费。

二、心理因素

除生理因素外，消费者行为还受到心理因素的影响。心理因素主要指消费者的心理活动。心理活动是人类特有的高级活动，也是世界上最精细、最复杂的活动之一，消费者在消费过程中也会有这一复杂精细的活动。心理活动是在生理演进基础上人脑所形成的特殊机能，与生理因素相比，心理因素对消费者行为的影响更深刻、更复杂。

心理因素在影响消费者行为的诸因素中处于支配地位。在消费过程中，消费者首先受到某种信号的刺激，内心产生消费欲望与需求，需求达到一定强度后，会引发指向特定目标的购买动机，在购买动机的驱使下，消费者搜寻相关的商品信息，然后根据个人偏好，从商品质量、价格、品牌等方面对商品进行分析比较，最后做出购买决策，采取购买行动，购买后，消费者还要根据自己的感受进行评价，形成购买经验。在上述过程中，需要、动机、偏好等心理因素支配着分析、选择、决策、购买、评价等一系列消费者行为。此外，消费者对某种商标、品牌喜爱或厌恶，对广告宣传拒绝或接受，消费态度是从众还是保持个性，购买动机是追求时尚还是注重传统等，无一不是心理因素的体现和作用结果。

影响消费者行为的心理因素主要包括心理过程和个性心理两个方面，其中又包含若干具体心理因素。

（一）心理过程

心理过程指消费者心理活动的共性过程，包括认识、情感、意志三个相互联系的具体过程。认识过程是人脑对客观事物的属性及其规律的反映，具体表现为感觉、知觉、注意、记忆、想象、思维等多种心理现象。在现实生活中，消费者的消费活动首先是从对商品或服务等消费对象的认识过程开始的。情感过程是指人在认识客观事物时所具有的情绪和情感体验。消费者在认识消费对象时并不是淡漠无情的，而是有鲜明的感情色彩，如喜欢、欣赏、愉悦、厌恶、烦恼等，这些感情色彩体现消费者的情绪或情感。意志过程指人们自觉确立行为的动机与目的，努力克服困难以实现目标的心理过程。在消费者行为中，意志过程表现为消费者根据对消费对象的认识，自觉确定购买目标，并据此调节行为，克服困难，努力实现目标的过程。

认识、情感、意志是统一心理过程的三个方面，它们相互联系、相互作用，共同支配着消费者行为。人类的心理过程具有普遍性，是所有消费者在消费活动中必然经历的共同过程。

（二）个性心理

由于先天遗传因素及后天所处社会环境不同，人与人之间在心理活动过程的特点和风格上存在着明显差异。每个人所独有的心理特点和风格构成了他们的个性心理。对于消费者而言，他们的个性心理主要表现在个性倾向性与个性心理特征两个方面。个性倾向性包括兴趣、爱好、需要、动机、信念、价值观等；个性心理特征是指人的能力、气质与性格等。正是由于个性心理千差万别，面对同一消费对象或环境刺激时，不同的消费者会产生完全不同的心理反应，并有不同的行为表现。

第3节 影响消费者行为的外部环境因素

一般而言，心理活动带有鲜明的个人特点，是一种主观性活动。心理活动的主观性并不是绝对的，即它所反映的对象是客观事物，或者说，客观事物构成心理活动的对象和内容。就这一意义而言，客观事物通过心理活动间接参与并影响人们的行为。因此，消费者行为除受自身生理与心理因素的影响外，还要受到客观事物或外部环境的影响和制约。

影响消费者行为的外部环境因素复杂多样，几乎涉及人们生活的各个层面和领域。按其性质划分，我们可以将外部环境因素分为自然环境因素和社会环境因素两大类。

一、自然环境因素

自然环境因素包括地理区域、气候条件、资源状况和理化环境等。自然环境直接构成了消费者的生存空间，在很大程度上促进或抑制某些消费活动的开展与进行，对消费者行为有明显的影响。

（一）地理区域

受所处地域的地理经纬度以及地形地貌的影响，南方与北方、城市与农村、内陆与沿海、高原山地与平原水乡的消费者，在消费需求和生活习惯上存在多种差异。例如，在饮食习惯方面，南方人偏爱甜味，北方人则偏爱咸味；在酒类偏好上，北方人喜欢辛辣的白酒，南方人则偏爱甜而醇厚的黄酒，以至于国内酒类市场一直保持“南黄北白”的消费格局。

居住在城市或农村的居民对商品的种类、数量和购买方式也有明显区别。以购买渠道为例，受到经济发达程度不同和地域差异等因素的影响，在我国农村大型专卖店和购物中心的数量远不及城市，购买渠道相对单一，农村消费者大多从便利店、小超市购买商品。资料显示，2024 年，中国网上零售额达 15.52 万亿元，其中，农村网上零售额达到 2.56 万亿元，和城市相比还有很大差距。我国农村地区广阔，各地区经济发展水平差距较大，东部发达地区和中西部不发达地区的农民在购买商品的种类和购买方式上也有显著差异。

（二）气候条件

不论是地域性的气候条件，还是全球的气候环境，都在很大程度上制约着消费者行为。可以说，“天”与“人”休戚相关。从地域角度看，不同气候地区的消费者的消费活动呈现出诸多差异。例如，炎热多雨的热带地区与寒冷干燥的寒带地区相比，消费者在衣食方面的消费明显不同。同样是冬季，热带地区的消费者需要的是毛衣、夹克等轻微御寒的服装，寒带地区的消费者则需要厚重保暖的大衣、皮衣、羽绒服等；热带地区的消费者喜欢清爽解热型饮料，寒带地区的消费者则偏爱酒精度高、能御寒的白酒。

从全球角度看，工业化给人类社会带来了前所未有的繁荣与富足，同时也带来了令人担忧的日益严重的气候变暖问题。近年来地球表面温度不断升高，温室效应成为 21 世纪人类面临的最大威胁之一。气候模型显示，到 21 世纪末全球平均气温将达到自最近一次冰河期结束以来的峰值。气候变暖不仅会导致冰川消融、海平面上升，还将对全球的湿地沼泽、沿海低地、珊瑚礁及温带寒带的大量物种造成毁灭性打击，引发飓风、洪水、干旱、暴雪、热浪、寒潮等极端天气现象频繁发生。显然，气候变暖对消费者的消费活动具有广泛而深刻的负面影响。

（三）资源状况

自然资源是人类社会赖以生存的物质基础，也是社会生产资料的主要来源。自然资源的开发、利用程度及储量与消费者的消费活动关系极为密切。例如，煤炭、石油、水电、太阳能、风能乃至核能的广泛应用，为消费者提供了众多的新型消费品，带来消费方式的变化和更新。自然资源的储量对消费者具有直接影响。一些重要的资源出现短缺，将抑制消费者的某些需求，引发其他消费需求。例如，我国水资源总量虽居世界第6位，但人均水资源量仅为世界平均水平的35%，且时空分布不均，北方及西北地区缺水严重。政府利用价格杠杆调节水市场需求，最直接的效应是使消费者懂得了"慎用水、节约水"，不仅可以提高广大居民的饮水质量，而且有利于水资源的合理配置。另外，随着水价上调，像节水器、节水马桶、节水洗衣机等节水产品也深受消费者欢迎。

我国坚持把建设资源节约型、环境友好型社会作为加快转变经济发展方式的重要着力点，深入贯彻节约资源和保护环境的基本国策，节约能源，降低温室气体排放量，发展循环经济，推广低碳技术，积极应对气候变化，促进经济社会发展与人口资源环境相协调，走可持续发展之路。

（四）理化环境

理化环境主要是指人为因素造成的消费者生存空间的优劣状况，如空气、水的洁净程度，噪声的强弱程度等。理化环境的优劣直接关系到消费者的身心健康，对消费者行为有重要影响。例如，我国大城市人口急剧膨胀，导致严重缺水，市政依靠抽取地下水供市民饮用，但一般而言，地下水存在水质偏硬、细菌超标等问题，并受洪枯季的影响，水质很不稳定，于是净水器以及与净水有关的设备在大城市畅销，消费者也大量购买桶装水或瓶装水。

二、社会环境因素

与自然环境因素相比，社会环境因素对消费者的影响更为直接，也更加广泛，具体包括人口环境、社会群体环境、经济环境、政治法律环境、科技环境、文化环境等。

（一）人口环境

构成人口环境的因素有人口总数，人口密度及分布，人口的年龄、性别、职业与民族构成，人口素质等。

1. 人口总数

一个国家的人口总数与该国人均收入水平密切相关，因此人口总数对消费者的购买力水平、购买选择指向和消费方式有直接影响。根据国家统计局数据，2024年我国国内生产总值（GDP）达到1 349 084亿元，是仅次于美国的世界第二经济大国。2024年我国人均GDP为95 749元，在全球排第68位[①]。导致GDP总量与人均排名悬殊的直接原因是人口总数庞大，2020年我国总人口达14.08亿人，经济总量被人口基数摊薄。我国人均GDP相对较低，意味着人均可支配收入较少，居民家庭的消费内容与消费数量必然受

① 因统计方式不同，数据有所差异，也有显示第71位、第75位的。

到限制。

2. 人口密度及分布

人口密度及分布状况关系到消费者的消费活动空间是否适宜。一些大城市人口集中，密度过大，出现住房拥挤、交通拥挤、环境污染等一系列“大城市病”，严重影响消费者的日常生活和消费活动。例如，像北京、上海这样的超大城市，常住人口数均超过 2 000 万，北京和上海的房价收入比分别为 47.71 倍和 44.79 倍（2024 年数据），过高的房价必然制约购买需求，工薪阶层“望房兴叹”。合理的人口布局成为中国未来发展面临的一个首要问题。

3. 人口的年龄、性别与职业与民族构成

年龄、性别、职业、民族构成等人口统计变量直接影响消费者的需求结构和购买方式。随着经济的发展，我国人口结构逐渐老龄化。人口老龄化趋势的加快使得保健型消费品的购买量迅速上升，形成了独特的“银色市场”。性别对于消费具有显著影响，男性和女性在消费决策、消费偏好、消费习惯等方面都存在明显的差异。

职业的差别使人们在衣、食、住、行等方面的消费有显著不同。通常不同职业的消费者在衣着的款式、档次上会做出不同的选择，以符合自己的职业特点和社会身份。不同民族由于文化传统、思维方式、生活习惯不同，在消费上表现出很大的差异。

4. 人口素质

受教育程度是人口素质高低的重要标志。随着受教育水平的提高，消费者文明消费、自主消费的意识以及筛选信息、选择决策等能力也必然相应增强。

目前，国外对于以人口特征为基础进行的消费者研究越来越重视。有学者在传统的社会阶层与消费者行为分析中增加了地理和社会经济的消费者数据，试图建立各变量之间的内在联系，以此创造出“地理人口系统”(geodemographic system)。这一系统将社会经济和人口统计因素（职业、教育、收入、家庭生命周期、住房等）结合起来，以特定的地理区域为基础，建立人口资料数据库，为企业实现精准营销提供依据。围绕人口细分，企业还有很多可以挖掘的市场细分空间。

素养园地 关于发展银发经济增进老年人福祉的意见

（二）社会群体环境

社会群体环境包括消费者所处的家庭、社会阶层、社会组织、参照群体等因素。

1. 家庭

家庭是与消费者关系最为密切的初级群体。家庭的规模、类型及所处生命周期不同，消费者的购买内容、购买意向也会有明显差异。在我国，家庭是消费的重要单位，家庭规模大小对消费内容和数量有直接影响。历届人口普查资料表明，我国家庭户均人口 20 世纪五六十年代为 4～5 人，1982 年人口普查时为 4.43 人，1990 年第四次全国人口普查时减少为 3.96 人，2000 年第五次全国人口普查平均每个家庭户的人口为 3.44 人，2006 年平均每个家庭户的人口为 3.39 人，2010 年第六次全国人口普查平均每个家庭户的人口为 3.10 人，2020 年第七次全国人口普查平均每个家庭户的人口为 2.62 人。可见我国家庭规模在缩小，子女同父母分户独居迅速增加。家庭规模的缩小导致家庭数量增加，对住房和耐用消费品的需求也随之增加。

我国家庭消费方式正从封闭、半封闭转向开放、社会化，即将家庭的部分劳务改由社会专业服务部门来完成，以使家庭成员有充足的时间学习、娱乐等。例如，在食品消费上，越来越多的家庭直接购买熟食、半成品或在外就餐；在衣着上，绝大多数家庭以购买成衣为主；在日常家务方面，请家庭服务员或社会服务机构代为处理家务劳动正在成为许多家庭的生活模式。此外，家庭形式的多元化使得消费者行为呈现出相应的多样性特点。

随着社会经济的迅速发展和收入水平的不断提高，我国居民家庭消费出现了新的热点，家电、旅游、住房、汽车、信息、教育、保险、医疗健康等消费已成为我国居民家庭当前和今后一段时期的重点消费指向。

2. 社会阶层

社会阶层是由具有相同或类似社会地位的社会成员组成的相对恒定的群体。处于不同社会阶层的社会成员，由于其收入水平、受教育程度以及职业特点不同，在价值观、生活方式、审美标准以及社会活动方式等方面存在明显差异。

在社会生活中，每个消费者均处于一定的社会阶层。同一阶层的消费者在消费观念、消费态度和购买方式等方面具有同质性，不同阶层的消费者在这些方面存在较大差别。因此，研究社会阶层对于深入了解消费者行为具有重要的意义，一方面可以研究不同阶层的消费者在信息收集、品牌偏好和购买动机等方面具有哪些独特性；另一方面有助于了解哪些消费者行为被限定在某一特定阶层之内，哪些消费者行为是各阶层共有的。例如，同样是买牛仔裤，低收入的消费者可能看中的是耐用性和经济性，高收入的消费者可能注重时尚性和自我表现力。又如，打高尔夫球被视为富人的休闲健身活动，旅游则是具有全民性质的休闲娱乐活动。事实上，对于不同类型和档次的产品与品牌，消费者会自觉或不自觉地按社会阶层加以区分和选择。

3. 社会组织

社会组织如机关、学校、军队、企业、医院、协会等，是消费者参与社会实践活动的主要场所，社会组织的工作性质、组织结构及活动内容同样会给人们的消费生活带来某些影响。近年来蓬勃发展的网络社区突破传统社会组织的边界，借助网络将具有共同兴趣爱好的网民组织起来，形成虚拟的社交群体或网络社区。其中某些基于消费活动的网络社区如车友会等，由于成员具有类似的消费观念和消费偏好，加之成员之间的互动和相互影响，这样的网络社区更具商业价值。研究社会组织，特别是网络时代虚拟社区对消费者行为的影响，有助于企业锁定目标顾客，加强沟通，实现精准营销。

4. 参照群体

参照群体分为个人期望归属的向往群体和个人拒绝接受的疏远群体。消费者心理与行为研究关注的主要是向往群体。各种参照群体通常会对消费者产生示范或诱导作用，参照群体还会通过群体压力，使个人行为与群体趋向一致。消费者往往会有意识或不自觉地模仿、追随参照群体的消费方式，指导自己的购买选择。如曾有一段时期韩剧、日剧风行，一些走在时尚前沿的少男少女努力使自己的穿着装扮与韩日歌星、影星一样，各种韩式、日式服饰及发型十分流行。

(三) 经济环境

经济环境包括宏观经济环境与微观经济环境。从国民经济发展水平、市场供求状况、政府经济政策、宏观调控等各种宏观经济因素，到企业的产品设计、广告宣传、销售服务以及商品质量、款式、价格、品牌、包装等微观经济因素，都会对消费者心理与行为产生直接影响。这是由于一切经济活动归根结底都是围绕消费活动进行的，并通过消费者的商品购买及使用活动来体现其最终价值。

从宏观角度看，对消费者心理与行为影响最直接的是消费体制以及相关的消费政策。消费体制是整个经济体制的重要组成部分。计划经济体制下，我国实行的是低工资下的福利型消费体制，城镇居民的住房、医疗、教育、养老等都由政府补贴和直接分配，不进入个人消费，国家的消费政策奉行“高积累、低消费”的方针。由于商品短缺型的卖方市场居于主导地位，消费者长期限于被动式、无选择的消费方式，消费观念停留在初级层次，如奉行个人消费靠国家、重实物消费、轻服务（精神）消费，把鼓励合理消费与勤俭节约对立起来等观念。

改革开放以后，我国逐步确立了社会主义市场经济体制。随着国民经济的持续高速发展，物质产品越来越丰富，由卖方市场向买方市场转变。我国城乡居民的收入不断提高，消费者的消费观念与消费方式也发生了根本性变化，消费结构逐步升级。政府相继制定和出台了一系列刺激消费、扩大内需的政策措施，如家电下乡、以旧换新、节能产品优惠补贴等，积极引导消费者转变观念，鼓励居民消费升级，培养科学合理的消费方式。近年来，我国消费规模持续扩大，消费结构不断优化，新型消费蓬勃发展。

从微观角度看，消费者在消费活动中之所以购买某种商品而不购买其他商品，选择 A 品牌而不选择 B 品牌，在这家商店购买而不在别家商店购买，很大程度上取决于商品的效用、质量、价格、款式、外观、广告宣传、商家信誉、售后服务等各种微观经济因素。这些由企业营销活动构成的微观环境状况，会直接影响消费者的消费选择。

(四) 政治法律环境

政治法律环境涉及一个国家的政体、社会制度、政府更迭、社会稳定性以及相关法律法规等因素，这些因素都直接或间接地影响消费者的消费心理，进而影响其消费行为。政治环境不稳定，如政党纷争剧烈、政策朝令夕改、社会动荡不安，消费者就会产生各种疑虑和不安全感，消费信心下降，对未来预期悲观，进而谨慎消费，甚至抑制消费。

对消费者而言，法律是由国家明文规定并强力执行的行为规范，消费者只能在法律规定范围内行使消费权利，从事消费活动。所有国家的法律都明令限制或禁止某些特殊物品的买卖，如毒品、文物、野生或濒危动植物等。很多国家的法律规定禁止向未成年人出售香烟。美国癌症协会在第 11 届世界烟草大会上发布的资料表明，在世界 196 个被调查国家中，一半国家的法律规定禁止向未成年人出售香烟，1/3 的国家有戒烟机构或渠道，1/3 的国家规定必须在香烟包装上印刷警告性图案。

（五）科技环境

科学技术的迅猛发展，对消费者的消费内容、消费数量及消费方式影响极大。一方面，科技发展促进了消费方式多样化，人们的消费活动不再受时间和空间的限制。例如，消费者可以到商场购物，也可以通过邮寄购物、电视购物、网上购物等途径购买到商品。另一方面，科技发展使人们的消费内容极大丰富，任何一类需求都可找到不同档次、不同性能、不同价格、不同品牌的商品。

随着信息技术、生命科学、新材料、新工艺、新能源等当代最新科学技术的发展和应用，消费者迎来了新一轮的“消费革命”。然而，科学技术的飞速发展也使消费者的购买决策增加了难度。面对层出不穷的新产品，消费者会因知识滞后、能力不足而无所适从，难以选择，这也在一定程度上抑制了商品消费。

（六）文化环境

文化环境对消费者心理与行为的影响是潜移默化且根深蒂固的。不同国家、民族、地区的消费者，由于文化背景、宗教信仰、道德观念、风俗习惯以及社会价值标准不同，在消费观念及消费行为上具有明显差异。例如，中国人视勤俭节约、量入为出为美德，注重储蓄，居民储蓄率较高；美国消费者则恰恰相反，他们更重视个人价值的实现和当前需要的满足，习惯负债消费，追求“花明天的钱圆今天的梦”，以至于美国居民储蓄率不断下降，家庭负债率持续上升。正是由于文化对消费观念、消费态度及消费行为方式有深刻影响，文化环境和消费者心理与行为的关系研究越来越被人们重视。通过表 2-1、表 2-2 我们可以比较中国文化的价值观与美国文化的价值观。

表 2-1　中国文化的价值观

价值观	表现形式
人道主义	仁爱、非攻
先义后利	“先义而后利者荣，先利而后义者辱”“正其义不谋其利，明其道不计其功”
理性优先	“君子谋道不谋食，君子忧道不忧贫”
诚信知报	“言必行，行必果”“投桃报李”
贵和尚中	不走极端，维护集体利益，求同存异，保持人际关系的和谐
修身养性	确立人格理想，追求人格完善
自强不息	“天行健，君子以自强不息”
求真务实	“知之为知之，不知为不知”

资料来源：符国群．消费者行为学．北京：高等教育出版社，2015.

表2-2 美国文化的价值观

价值观	总体特征	相关的消费者行为
获得和成就	只有努力工作才能获得成功	你值得这么做
活动	工作紧张不利于身体健康	工作时间减少，休闲时间增多
效率和实用性	对那些能解决问题（如节约时间和精力）的产品的喜爱	刺激那些运行良好并且节约时间的产品的购买
过程	人们会自我提高，明天会更好	期望获得新的、改善的产品
物质	丰盛生活很好	产品奢侈，生活更好
个人主义	以自我为中心	获得能够表现自我的产品
自由	选择的自由	鼓励生产多种多样的产品
外部一致	期望被接受	对他人拥有的产品感兴趣
人道主义	关心他人，关心弱者	支持敢于参与竞争的公司
年轻	心理和外表都年轻	接受提供给年轻人的产品
合适和健康	关心身体健康	接受对身体有利的食品、行为

资料来源：符国群．消费者行为学．北京：高等教育出版社，2015.

随着经济全球化的发展以及国家之间频繁的文化交流，全球消费文化渐渐成为消费领域的一个重要议题。例如，随着我国改革开放和对外交流的深入，很多跨国公司出现在中国市场上，它们在销售产品和服务的同时也带来了其消费文化，如奢侈品品牌文化中体现的个性和自我，运动品牌中耐克倡导的冒险精神和追求成功的价值观，软饮料品牌中百事可乐的青春活力等。这些消费文化的流入使得中国消费者尤其是青少年的文化价值观和自我构念发生了变化。① 最新的研究表明，中国消费者逐渐由依赖型自我向独立型自我转变，消费者的自我构念在地域和年龄上存在差异，大城市的青少年更偏向于独立型自我，乡镇的青少年更偏向于依赖型自我，相对于中年人，青少年更倾向于依赖型自我。

研究前沿

电商直播对消费者购买意向的影响因素体系

在电商直播中，商品因素、主播因素和直播情境因素均对消费者参与电商直播有影响，并会在消费者参与直播的基础上通过影响消费者的认知态度和情感态度，最终影响消费者的购买意向。同时，消费者个人的内在因素在商品因素、主播因素和直播情境因素对消费者参与直播的影响过程中起调节作用。

（1）商品因素、主播因素、直播情境因素对消费者参与直播的影响。商品因素主要包括商品价格、商品质量、商品信息论据、商品口碑和商品信息失真。主播因素主要包括主播性格、主播身份、主播影响力、主播颜值、主播活跃度、主播能力、主播

① 张红霞，丁瑛，Lee A Y，徐菁．依赖VS独立？中国消费者自我构念的地域和年龄差异及其对广告诉求偏好的影响．营销科学学报，2013（1）：50-61.

口碑和主播风格。直播情境因素主要包括直播体验感、直播直观性、直播抢购压力、直播互动性、直播氛围。电商直播的情境不但给消费者提供了了解商品信息、购买商品的环境，还可以作为娱乐体验的节目，对消费者有休闲娱乐的功效。

(2) 商品因素、主播因素、直播情境因素在消费者参与直播的基础上影响消费者的认知态度和情感态度，进而影响其购买意向。消费者在不同的商品因素、主播因素和直播情境因素的影响下，会主要以目的性参与、随机性参与和习惯性参与三种形式参与电商直播。消费者在直播中对来自商品因素、主播因素、直播情境因素的信息进行接收和加工处理，从而产生包括正面和负面的认知态度和情感态度，进而影响其购买意向。

(3) 个人内在因素在商品因素、主播因素、直播情境因素对消费者参与直播影响中的调节作用。在消费者参与直播的过程中，由于不同的消费者存在个人因素，电商直播的商品因素、主播因素、情境因素对消费者参与的影响存在一定的差异。消费者对商品信息等相关因素的接受程度以及对主播和直播情境等因素的认可程度，受其自身内在因素的影响。消费者个人对不同产品的需求、喜爱和熟悉程度，个人对不同主播的信任、喜爱和熟悉程度，个人在不同时段的可支配收入等，这些因素都会调节消费者参与直播的行为。

资料来源：刘鲁川，刘承林．电商直播对消费者购买意向的影响：基于扎根理论的研究．管理评论，2023，35 (12)：182-189.

基本概念

影响因素 influential factor

生理因素 physical factor

自然资源 nature resources

全球变暖 global warming

人口老龄化 aging of the population

社会群体 social group

思考题

1. 谈谈你对卢因人类行为模式的理解。
2. 影响消费者行为的个人内在因素有哪些？
3. 影响消费者行为的外部环境因素有哪些？
4. 结合实例分析消费者行为受到哪些因素的影响。

案例

Z世代成为潮流消费的中坚力量

潮流消费是指那些融合独特概念、前卫风格与创意美学，并强调沉浸式体验的产品、内容或消费场景。这种消费形式不仅体现为一种商品类别，更是一种融合创意、个性与审美体验的综合性消费文化。其涵盖领域广泛，包括国潮时尚、街头文化、潮玩手办、盲盒经济、沉浸式餐饮娱乐等，展现出强烈的文化融合性、趣味性与参与感。

近年来，中国潮流市场迅速扩张，潮玩产业尤为突出。根据 Statista 数据，2024 年潮玩市场规模达 764 亿元，预计在 2026 年将增至 1 101 亿元，年复合增长率高达 20%。消费者数量在 2015 年为 1 900 万人，预计在 2025 年增长至 4 000 万人。在这股热潮背后，Z 世代逐渐成为主力军。据得物 App 数据，潮流消费人群中"95 后"Z 世代占比高达 85%。由于成长于移动互联网与个性表达并重的时代，Z 世代年轻人的消费行为展现出强烈的文化认同、情绪价值诉求以及社群参与倾向。

首先，Z 世代的消费行为呈现出对本土文化价值和个性表达的双重追求。他们一方面对中国传统文化认同；另一方面借助消费来展示自身的风格与态度。这一趋势为以"国潮"为代表的本土品牌提供了前所未有的发展机遇。"国潮"作为融合中国传统文化元素与现代设计语言的潮流形态，正好契合 Z 世代对"文化寻根"与"个性表达"的双重诉求。在 Z 世代的消费路径中，从信息获取到情感共鸣再到最终购买，文化认同始终是关键驱动因素。例如，泡泡玛特推出的《山海经》系列盲盒，将上古神话与现代潮玩结合，激发年轻人对传统文化的兴趣与收藏热情；李宁"悟道"系列与故宫联名款在国际时装周亮相，以东方美学重塑"中国设计"的潮流形象；新茶饮品牌如喜茶、奈雪的茶通过与非遗剪纸、古典纹样等 IP 联名打造限时主题门店，增强消费者的文化沉浸体验。这些案例表明，Z 世代对"国潮"产品的热情，实质上是一种文化身份认同与个性主张的融合表达。

其次，随着物质水平提升，Z 世代的消费重点已从功能导向转向情绪满足与审美体验。他们更加重视消费过程中所获得的情感共鸣、参与感与视觉愉悦，不再仅仅关注产品的实用价值，而是倾向于选择那些能够提供情绪价值与沉浸式体验的潮流产品与消费场景。这一消费心理在潮玩与空间体验类产品中表现尤为明显。例如，泡泡玛特的 Labubu 系列之所以在年轻消费群体中爆火出圈，不仅因其"童趣 + 怪趣"的外观形象切合 Z 世代的反叛与个性审美，还在于其所承载的情绪投射与心理慰藉功能。一方面，Labubu 形象既有童话般的可爱，也带有怪异与孤独气质，恰好呼应了 Z 世代在现实压力与自我探索中的情绪矛盾，它既是"反主流"的审美反映，也是一种柔软脆弱情绪的安全出口。另一方面，Labubu 通过故事化设定和系列化角色构建，激发用户的情感投入与收藏欲望，满足其"赋予物品情感价值"的心理机制。此外，LINE FRIENDS 等品牌将线下门店打造成"打卡式"沉浸空间，成为消费者表达情绪、记录生活的社交场域；YOHO！STORE 与泡泡玛特共同推出的快闪空间，则通过独特布景和互动装置，提升"玩 + 拍 + 发"的一体化体验感，进一步激发用户的参与和传播欲望。Z 世代对"潮感"与参与感的追求，实则体现了他们将消费作为情绪释放、自我认同与追求生活美学的一种行为方式。

最后，Z 世代的潮流消费具有高度的社交性。他们善于通过社交媒体平台获取信息、表达态度、构建认同，消费行为已不再是孤立的个人选择，而是社群互动与圈层文化的一部分。例如，在小红书、得物 App、微博等社交平台上，Z 世代不断"种草"与"被种草"，形成以兴趣、认同和表达为核心的消费社群。此外，明星代言、达人种草、短视频开箱等内容形式大幅提高了产品的传播效率与情绪感染力。Labubu 的全球爆红便是典型例子，贝克汉姆等明星纷纷在社交平台展示 Labubu，带动全球粉丝模仿打卡。Labubu 开箱、DIY 改装等短视频在国内外广泛传播，成为"社交货币"的一部分。这种现象说明，Z 世代的消费行为已超越个体选择，转而成为参与文化潮流、构建圈层认同的方式，通过社交互动赋予产品更多意义与价值。

总体而言，Z世代正在成为潮流消费的中坚力量，并且开始重塑潮流消费的价值结构。他们以文化认同为基础，以情绪体验为核心，以社群互动为扩散机制，推动潮流消费从传统商品交易向情感共鸣、身份建构与社交参与的综合过程转变。

资料来源：Z世代消费潜力爆表，品牌如何捕获95后的心？.（2024-12-19）. https://36kr.com/p/3085054131517569.

素养提升阅读材料

第3章

消费者的注意与知觉

价值引领

- 理解新质生产力背景下如何更好地推动消费细分和市场供需匹配。
- 思考新质生产力如何指导和优化营销策略。
- 了解数字消费等新型消费如何影响消费者的注意与知觉。

第1节　知觉的特性

一、知觉概述

在认识过程中，消费者不仅借助感觉器官对商品的个别属性进行感受，而且能够将若干个别属性联系、综合起来，这种人脑对直接作用于感觉器官的客观事物个别属性的整体认识，就是知觉。

感觉是指我们的感受器（眼、耳、鼻、舌、皮肤）对光、声音、气味、味道、质感等基本刺激物的直接反应。知觉是指对这些感觉进行选择、组织和解释的心理过程。知觉与感觉既紧密联系又相互区别。知觉必须以感觉为基础，因为任何客观事物都是由若干个别属性组成的整体，事物的整体与个别属性是不可分割的，消费者只有感觉到商品的颜色、形状、气味、重量等各方面属性，才有可能形成对商品的整体知觉。感觉到的个别属性越充分、越丰富，对商品的知觉就越完整、越正确。但是，知觉不是感觉数量上的简单相加，它是对事物个别属性之间相互联系的认识，是对建立在若干个别属性内在联系基础上的事物的完整映像。此外，知觉是在知识经验的参与下对感觉到的信息加工解释的过程。没有必要的知识经验，就不可能对客观事物的整体形成知觉。因此，知觉是比感觉更为复杂深入的心理活动，是心理活动的较高阶段。

在现实当中，消费者通常以知觉的形式认识商品等消费对象，不是孤立地感觉它们的某个属性。例如，人们认识苹果、皮箱而不是红色的圆形或黑色的长方形。因此，与感觉相比，知觉对消费者的影响更直接，也更为重要。知觉决定消费者对商品信息的理解和接受程度；知觉的正误偏差制约着消费者对商品的选择比较；经知觉形成的对商品的认识，是购买行为发生的前提条件。

二、知觉特性

知觉是消费者对消费对象的主动认识过程。这一过程受到消费对象特征和个人主观因素的影响，表现出某些独有的特性，具体表现在选择性、理解性、整体性、恒常性以及偏差性等方面。

（一）知觉的选择性

现代消费者置身于商品信息的包围之中，随时受到各种消费刺激，但是消费者并非对所有刺激都做出反应，而是有选择地把其中一部分刺激作为信息加以接收、加工和理解，这种在感觉基础上有选择地加工处理信息的知觉的特性，即知觉的选择性。

对于知觉的选择性的影响，首先是感觉阈限和人脑信息加工能力的限制。凡是低于绝对感觉阈限和差别感觉阈限的较弱小的消费刺激，均不被感觉器官感受，因此也不能成为知觉的选择对象，只有达到足够强度的刺激才能被消费者感知。受人脑信息加工能力的限制，消费者无法在同一时间内对所有感觉到的信息进行加工，只能对其中一部分加以综合解释，形成知觉。详见图 3－1。

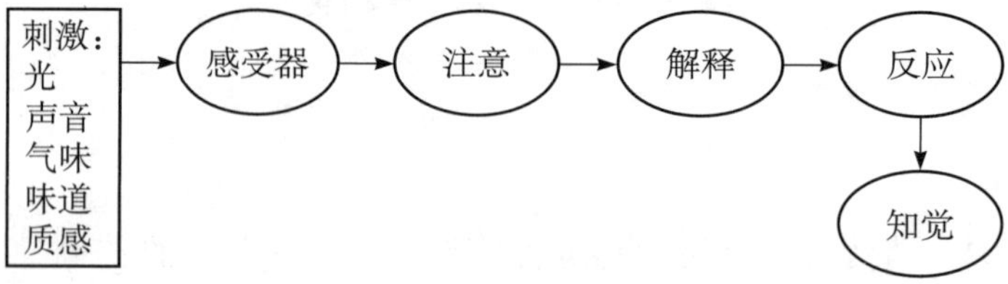

图 3－1　对刺激的选择、解释与知觉过程

资料来源：符国群. 消费者行为学. 北京：高等教育出版社，2015.

其次是消费者自身的需要、欲望、态度、偏好、价值观、情绪、个性等对知觉的选择性也有直接影响。凡是符合消费者需要、欲望的刺激物，往往成为消费者首先选择的知觉对象，与需要无关的事物则经常被忽略。当消费者对某种商品抱有明显好感时，消费者很容易在众多商品中迅速感知到该商品；反之，对不喜欢甚至持否定态度的商品，消费者则感知缓慢。从情绪状态看，一般在欢乐的心境下，消费者对消费刺激的反应灵敏，感知深刻；心情苦闷时，消费者则可能对周围的事物听而不闻，视而不见。价值观的差异使消费者对同一商品表现出不同的感知反应，注重物质享受的人对奢侈品、消遣品感知深刻，崇尚节俭勤奋的人对此可能印象模糊。就个性而言，独立型、性格坚定的人通常对事物的感知深刻，选择明确；顺从型、性格懦弱的人对事物知觉模糊，容易盲从。

此外，防御心理也潜在地支配着消费者对商品信息的知觉选择。趋利避害是人的本能，当某种具有伤害性或于己不利的刺激出现时，消费者会本能地采取防御姿态，关闭感官通道，拒绝信息的输入。

（二）知觉的理解性

知觉是在知识和经验的基础上形成的。消费者在以往的生活实践中积累了一定的商品知识和经验，借助这些知识和经验，消费者才能对各种信息加以选择和解释，进而理解这些信息。知识和经验对于知觉理解性的作用主要是通过概念和词语来实现的。概念和词语是知觉对象的标志，如电视机、音响、汽车、软饮料等。人们借助各种概念和词语，把商品的个别属性联合为整体。如果缺乏必要的知识和经验及相应的概念和词语，消费者就不能形成对商品的正确知觉。例如，20 世纪 70 年代以前，我国大多数消费者从未接触过甚至听说过冰箱、彩电、洗衣机、音响等家用电器，因此即使面对这些商品，也很难作出准确判断。由于消费实践和知识、经验水平不同，消费者之间在知觉理解能力和程度上有差异。知识和经验不足将直接导致消费者对商品的知觉不准确和不完整。

（三）知觉的整体性

心理学研究表明，尽管知觉对象由许多个别属性组成，但是人们并不把对象感知为若干相互独立的部分，而是把它们感知为一个统一的整体。如图 3－2 所示，人们在看这两个图时，并不把它们看成虚线组合或者圆圈组合而是看成圆形和三角形。

在认知商品的过程中，消费者经常根据消费对象各个部分的组合方式进行整体性认知。之所以如此，是因为整体性认知可以加快认知过程，并且可以获得完整、圆满、稳定的良好心理感受。知觉整体性的表现形式有：（1）接近性——在空间位置上相互接近的刺激物容易被视为一个整体；（2）相似性——刺激物在形状和性质上相似，容易被当作一个整体感知；（3）闭锁性——刺激物的各个部分共同包围一个空间时，容易引起人们的整体知觉；（4）连续性——当刺激物在空间和时间上具有连续性时，易被人们感知为一个整体。如图 3－3 所示，IBM 的标志设计利用了连续性形式，非连接的线条在空间上的连续使得人们形成整体性感知，将图形认知为三个字母。

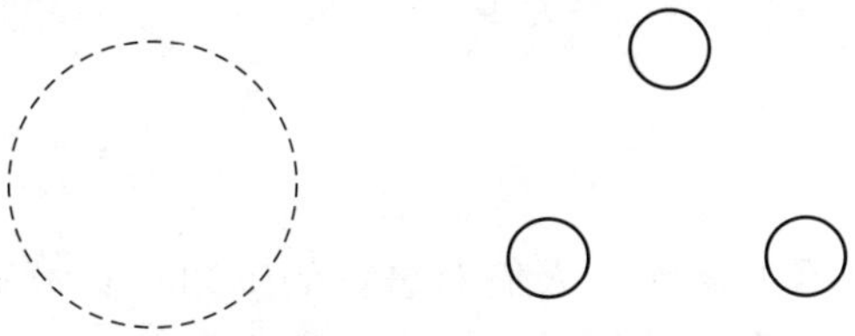

图 3－2　对圆形和三角形的整体知觉

图 3－3　连续性形式的应用

除根据消费对象各部分的组合方式进行整体认知外，知觉的整体性还表现在对消费对象各种特征的联系与综合上。人们通常把某种商品的商标、价格、质量、款式、包装等因素联系在一起，形成对该商品的整体印象。评价一家商店时，顾客依据的不是某一单项因素，而是对商品种类、档次、服务质量、购物环境、企业信誉等多种因素加以综合考虑。知觉的整体性使消费者能够将某种商品与其他商品区别开来，当环境变化时，消费者可以根据消费对象各种特征间的联系加以识别和辨认，从而提高知觉的准确度。

（四）知觉的恒常性

由于以知识和经验为基础及知觉整体性的作用，人们对客观事物的认知更加全面深刻。即使知觉的条件发生变化，知觉的映像仍能保持不变，即具有恒常性。知觉的这一特性使消费者能够避免外部因素干扰，在复杂多变的市场环境中保持对某些商品的一贯认知。有些传统商品、名牌商标、老字号之所以能长期保有市场份额，不被众多的新产品、新企业淘汰掉，重要原因之一就是消费者已经对它们形成恒常性知觉，在各种场合和条件下都能准确无误地加以识别，并受惯性驱使连续购买。因此，保持品牌视觉形象的统一和稳定，已成为一些世界知名品牌维系消费者的重要策略。例如，可口可乐在其百年发展历史中虽然多次更换标识和包装，但Coca Cola的名称、书写字、红色罐和弧形瓶等基本元素始终不变。知觉的恒常性可以增加消费者选择商品的安全系数，减少购买风险，但同时也容易导致消费者对传统产品形成心理定式，阻碍对新产品的接受。

（五）知觉的偏差性

知觉的上述特性为消费者正确全面地感知商品提供了保障。在现实当中，消费者并不总能准确无误地认知商品。由于某些因素的影响，人们的知觉经常会偏离事物的本来面目，导致知觉偏差。常见的知觉偏差有以下几种情况。

（1）首因效应。人们对事物形成知觉的过程中，信息出现的顺序有重要作用，最先出现的信息影响最大，称为首因效应。

（2）晕轮效应。个体对认知对象一旦形成某种倾向性的知觉，就会用它评价认知对象的其他特性。

（3）刻板效应。人们根据自己的经验形成对某种事物较为固定的知觉。

（4）近因效应。人们最容易记住最后接触到的刺激物，并在知觉解释中赋予其更大的权重。

（5）投射效应。一个人将自己的价值观与情感好恶映射到外在世界的人、事、物上的心理现象。

（六）错觉

错觉是歪曲的知觉，即由于某些特定因素的影响，人们对事物的感知与其本来面目产生部分或全部偏差。在现实生活中，消费者在消费活动中会产生许多错觉。常见的错觉有以下几种。

（1）形体错觉。如形体肥胖的人穿着竖条纹衣服，会显得苗条一些。

（2）轻重错觉。如1千克铜材感觉比1千克钢材要轻。

（3）大小错觉。同样的两个圆，一个放在大圆边上，另一个放在小圆边上，人们会觉得后面一个圆要大一些。

（4）面积错觉。一些面积狭小的商店在墙壁上装上镜子，会使消费者产生店堂宽敞、商品琳琅满目的感觉。

（5）容积错觉。两个同样容积的酒瓶，扁平形酒瓶要比圆柱形酒瓶显得容量多一些。

（6）色彩错觉。同样的两件商品，采用黑色包装要比浅色包装显得小一些。

（7）图形错觉。闭合图形的长度或面积比开口图形的长度或面积显得短或小一些，如图 3－4 所示。

图 3－4　知觉中的图形错觉

资料来源：黄希庭，郑涌．心理学导论．北京：人民教育出版社，2015.

第 2 节　消费者的知觉过程

信息处理是刺激物被知觉转化成信息并存储的一系列活动。图 3－5 展示了一个由四个阶段构成的常见信息处理模型。这四个阶段分别为：展露、注意、解释和记忆，其中前三个阶段构成了知觉过程。

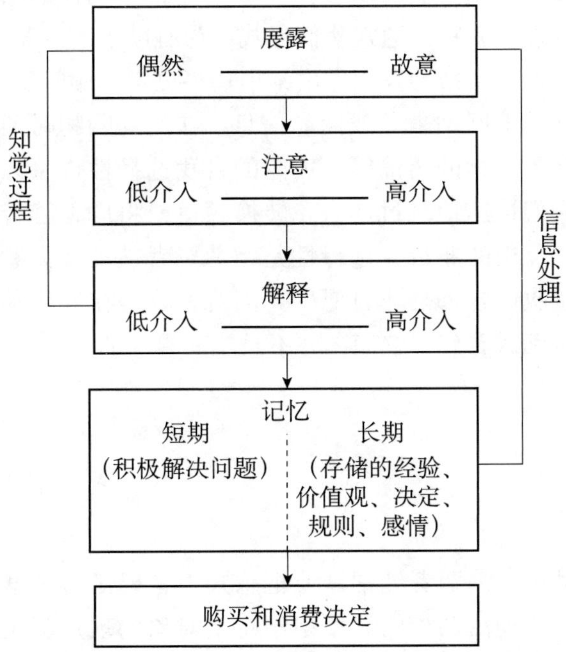

图 3－5　消费者决策过程中的信息处理

资料来源：德尔·I. 霍金斯，等．消费者行为学：第 12 版．北京：机械工业出版社，2014：168.

展露（exposure）发生在刺激物（如广告牌）出现在人的感官（如视觉）范围内时。注意（attention）是将感觉信息传递到大脑进行处理的过程。解释（interpretation）是对接收到的感觉赋予意思或意义。记忆（memory）是对刺激物的意思在短期内予以运用（如立即做出决定）或将其长期保留。图 3－5 显示了从展露到记忆的线性流程。其实，这些步骤是同时进行并相互作用的，也就是说，记忆会作用于展露，也会对注意以及如何解释这些信息产生影响，同时，在接收信息的过程中记忆逐步形成。

一、展露

（一）展露的含义

当刺激物出现在感官接收范围之内时，我们称之为展露。刺激物在个人面前展露仅需刺激物放置在个人相关环境之内，但展露的发生不一定要求个体接收到刺激信息。比如，你在房间里，电视上正播放广告，你可能正在与朋友谈话而没有注意到广告，但广告展露在你面前是事实。展露是消费者接收信息、注意信息、理解信息和产生购买的前提条件，在消费者知觉过程中起着至关重要的作用。企业的产品、广告及其他的信息要想让消费者知道，必须要充分地展露，尽可能多地接触到消费者。

（二）展露的选择性

展露具有自我选择性和非自我选择性。展露的自我选择性是指消费者主动寻找相关信息。事实上，展露在个人面前的刺激物大多是个体自主选择的结果，我们自主选择观看哪些刺激物而回避其他刺激物。通常我们寻找认为有助于实现某种目标的信息，例如，我们看电视获得娱乐，看广告帮助我们做出某项购买决定，倾听别人的恭维以增强自信，主动访问公司的主页和其他网站来寻找商品信息，在商场购物时消费者会主动寻找他们想要购物的店铺而避开不购物的店铺等。展露的自我选择性也可以在以下情景中体现出来：当广告出现时，人们快速地跳过广告，转换频道或将广告静音，买到报纸之后，将报纸的广告页扔掉等。展露的非自我选择性是指消费者被动或无意识地接收到信息。在多数情况下，消费者接收广告都是非自愿的，消费者只是在寻找其他信息和娱乐时碰到了它们，或者无意中听到或看到了它们，并不是主动寻求的。

二、注意

（一）注意的含义

在复杂的消费活动中，消费者经常需要把感知力、记忆力、思考力等集中在某个特定的消费对象上，这种心理活动指向并集中于特定对象的现象就是注意。与知觉过程的其他心理机能不同，注意不是一个独立的心理活动，而是各个心理机能活动的一种共有状态或特性。这一特性主要体现在指向性和集中性两方面。注意的指向性表现为心理活动不是指向一切对象，而是有选择、有方向地指向特定的客体；集中性则指心理活动能在特定的选择和方向上保持并深入下去，同时对一切不相干因素予以排除。指向性和集中性相互联系、密不可分。正是在二者的共同作用下，人们才能在感觉、知觉、记忆、思维、情感、意志等活动中，有效地选择并集中于特定对象，对其做出深刻、清晰和完整的认识。

（二）影响注意的因素

注意由三个因素决定，即刺激物、个体及情境。

1. 刺激物因素

刺激物因素是指刺激物本身的物理特征。刺激物的特征如广告大小、颜色等，是营销人员可以控制的，能不依赖个体的特征独立地吸引消费者注意。大的刺激物相对于小的刺激物更容易被注意，因此越多的货架空间会吸引越多的消费者注意，并带来更高的销售额。刺激的强度也能增加注意，例如，广告的播放时间越长，越容易被注意和记忆。刺激物因素引发的注意一般是自动的，例如，即使你对汽车毫无兴趣，也会不可避免地被一幅巨大华丽的汽车广告吸引。

2. 个体因素

个体因素是指个体独有的各种特征。一般而言，动机和能力是影响消费者注意的重要的个体因素。动机是由兴趣和需要产生的一种驱动状态。兴趣是目标（例如成为出色的演奏者）和需要（如饥饿）的结果，是对人们总体生活方式的反映。产品介入度反映了人们对某一特定产品的动机，一般某一产品的介入程度越高，人们对该产品的动机也越强。能力是指注意和处理信息的能力，与消费者的知识及其对产品、品牌、促销的熟悉度有关。通常来说，专家要比一般人更快、更有效地处理更多信息而不被信息超载困扰。品牌的熟悉度是一种与注意相关的能力因素。对品牌高度熟悉的人，由于已有很丰富的相关知识，可能会较少注意广告信息；相反，对品牌熟悉度很低的人，第一次看到品牌时点击率很低，到第五次看到时则显著提高。对于低品牌熟悉度的消费者，多次广告展露才会使其形成足够的动机和信任，从而去主动获取更多的信息。

3. 情境因素

情境因素是指环境中除去主体刺激物（如广告和包装）以外的刺激，以及环境导致的暂时性个人特征，如赶时间或处于一个拥挤的商店内等。混乱度和节目介入度是影响注意的两个主要情境因素。混乱度是指环境中刺激的密集程度。调查发现，环境中陈列品越多，消费者对一个特定陈列品的注意度会越低，因此沃尔玛等零售商会尽量减少在店内陈列商品的数目。节目介入度会影响消费者对广告的关注。广告往往出现在电视、杂志、报纸或网站等的节目中，通常情况下，节目的性质或内容会影响广告受注意的程度。

（三）注意的功能

注意在消费者认知商品的过程中具有一系列重要功能。

1. 选择功能

选择功能即消费者选择有意义的、符合需要的消费对象加以注意，排除或避开无意义的、不符合需要的外部影响或刺激。面对琳琅满目的商品，消费者不可能对所有商品都加以注意，只能把心理活动指向和集中于少数商品或信息，将它们置于注意的中心，使其他商品或信息处于注意的边缘或注意的范围以外。这样，消费者才能清晰地感知商品，深刻地记忆有关信息，集中精力进行分析、思考和判断，在此基础上做出正确的购买决策；反之，消费者就会陷入茫然无绪的状态。

2. 维持功能

维持功能即把对选择对象的心理反应保持在一定方向上，并维持到心理活动结束。由于注意的作用，消费者在对消费对象做出选择后，能够把这种选择贯穿于认知商品、制定决策乃至购买和使用的全过程，不致中途改换方向和目标，由此使消费者心理与行为的一致性与连贯性得到保证。

3. 加强功能

加强功能即排除干扰，不断促进和提高消费者心理活动的强度与效率。在注意的情况下，消费者可以自动排除无关因素的干扰，克服心理倦怠，对错误和偏差及时进行矫正和调节，从而使心理活动更加准确和高效率地进行。例如，在注意时，消费者对商品的感受会大大增强，产生错觉的可能性则有所降低。

（四）注意的形式

消费者在认知商品的过程中，往往表现出不同的注意倾向。有时漫无目的，有时目标专一；有时主动注意，有时被动注意。根据消费者有无目的以及是否需要意志努力，可以将注意分为无意注意、有意注意、有意后注意三种形式。

1. 无意注意

又称随意注意，是没有预定目的、不加任何意志努力而产生的注意。消费者在浏览、观光时，经常会无意之中不由自主地对某些消费刺激产生注意。刺激物的强度、对比度、活动性、新异性等是引起无意注意的主要因素。例如，包装色彩鲜艳的商品、散发诱人香味的食物、巨大的广告、与背景反差明显的商品陈列、旋转不停的电动器具、闪烁的霓虹灯、造型奇特或功能新异的新产品等，都会因其本身的独有特征形成较强的刺激信号，引起消费者的无意注意。此外，消费者的潜在欲望、积极情绪等，也是形成无意注意的重要诱发条件。

2. 有意注意

又称不随意注意，是有预定目的、需要经过意志努力而产生的注意。在有意注意的情况下，消费者需要在意志的控制之下，主动将注意力集中起来，直接指向特定的消费对象，因此，有意注意通常发生在需求和欲望强烈、购买目标明确的情况下。例如，急需购买某品牌汽车的消费者会刻意寻找、收集有关信息，并在众多的同类商品中，把注意力直接集中于期望的品牌。这需要消费者付出意志努力，采取积极主动的态度，克服各种困难和障碍。与无意注意相比，有意注意是一种更高级的注意形态。通过有意注意，消费者可以迅速地感知所需商品，准确地作出分析判断，从而缩短对商品的认知过程，提高购买效率。

3. 有意后注意

指有预定目的但不经意志努力就能维持的注意，它是在有意注意的基础上产生的。消费者对消费对象有意注意一段时间后，逐渐对该对象发生兴趣，即使不付出意志努力，仍能保持注意，此时便进入有意后注意状态。在观看趣味性、娱乐性广告或时装表演时，人们经常会出现有意后注意现象。这种注意形式可使消费者不致因疲劳而发生注意力转移，注意保持相对稳定和持久，但通常只发生在消费者感兴趣的对象和活动上。

以上三种注意形式并存于消费者的心理活动中，它们之间既交替作用，又相互转化，如无意注意可以转化为有意注意，有意注意进一步发展便转化为有意后注意。在交替与转化中，三种注意形式共同促进消费者心理活动的有效进行。

（五）加强消费者注意的营销途径

注意在消费者的心理活动中具有重要作用，它可以维持和加强心理活动的强度，也可以降低或减弱心理活动的效率。为此，在商品设计、包装、广告宣传等营销活动中，应有针对性地采取多种促销手段，以引起和保持消费者的有效注意。

首先，可以通过增加消费刺激强度来引起消费者的无意注意。无意注意是有意注意的先导。许多消费者都是在无意注意的基础上对某种商品产生有意注意，进而引发购买行为。因此，通过增加消费刺激的强度，诸如商品的色泽明艳度、款式新奇度、广告的画面色彩强度或音调高度、构思巧妙程度等，来提高消费者视觉或听觉感受性，可以在更大范围内促进无意注意的产生。

其次，可以通过明确消费目标、培养间接兴趣来维持消费者的有意注意。有意注意是促进消费者购买的直接因素，是各种注意形式中最有意义的一种。有意注意的形成不完全取决于消费对象的刺激强度，主要取决于预先拟定的消费目标。显然，预定目标越明确，有意注意的形成就越顺利。广泛利用各种宣传媒体，帮助消费者在充分了解商品的基础上明确目标，不失为赢得消费者有意注意的有效途径。此外，无意注意以直接兴趣为基础，即消费对象具有趣味性，对消费者具有强烈的吸引力，有意注意以间接兴趣为基础，即消费对象本身缺乏吸引力，消费者的主要兴趣在于消费活动的结果。由此，充分展示商品效能和使用效果，增强消费者的间接兴趣，也是维持有意注意的重要途径。

最后，消费者自觉排除外部干扰，加强意志努力，是从主观方面保持注意稳定和集中的重要条件。随着市场竞争的加剧，消费者在把注意指向某商品时，经常受到其他消费刺激的干扰，造成注意分散和非主动转移，这就需要消费者增强自我控制能力，通过意志努力使注意力保持在稳定状态。对经营者而言，应力求突出商品的独特性，采取多样化的促销手段，帮助消费者克服无关因素的干扰，尽快由有意注意转入无须意志努力即可保持相对稳定的有意后注意状态。

三、解释

（一）解释的含义

解释是对个体感受赋予某种意义。解释具有一种完形功能，由刺激物、个体、情境特征共同决定。解释包括几个重要方面：首先，它通常是一个相对而非绝对的过程，这被称为知觉相对性，即任何解释的做出都是基于某个参考点。其次，解释的另一个特征是主观性，解释者基于主观理解对事物进行解释，因而不可避免地存在心理偏差。解释分为字面含义和心理含义。字面含义指某个词的一般意义，即词典中的解释。心理含义指基于个人或某个群体的经历、期望和词语使用的具体环境而赋予某个词以特定含义。营销人员必须关注解释的心理含义，因为驱动消费者行为的是消费者的主观经验而非客观事实。最后，解释包括认知解释和情感解释。认知解释是将刺激物置于既存的意思范围之内进行解释的过程；情感解释是指由某个刺激物（如广告）引发的情感反应。情感反应包括正面反应（如欢乐、兴奋、温暖）、中立反应（如不感兴趣）和负面反应（如气愤、恐惧、沮丧）。

（二）影响解释的因素

影响解释的因素有个体特征、情境特征和刺激物特征。

1. 个体特征

营销刺激物只有被个体解释后才有意义。个体并不是被动地接受营销信息，而是根据需要、欲望、经验和期望赋予刺激物意义。一系列的个体特征会影响消费者对刺激物的解释，包括个人的特质、个人的学习和知识以及个体对刺激物的预期。

2. 情境特征

很多情境特征会影响个人对刺激物的解释。一些暂时性的情境特征，如时间压力、情绪等都会影响消费者对营销信息的解释。情境特征，如在场的人的数量和特征、信息传播媒体的性质等均会影响个体对既定刺激物的解释。

3. 刺激物特征

刺激物是个体反应的对象，包括产品、包装、广告、店内陈设等。消费者对信息的基本特质、组织形式和变化做出反应和解释。刺激物特征包括特质（大小、形状、颜色等）、组织（刺激物呈现的结构）、临近性、变化等，这些都会影响消费者的解释。

第3节　消费者的感官系统与知觉

一、感官系统及其对消费心理的影响

消费者对商品的认识过程是从感觉开始的。感觉是人脑对直接作用于感觉器官的客观事物个别属性的反映，是客观事物在人脑中的主观映像。在消费活动中，消费者与商品等消费对象发生接触时，会借助眼、耳、鼻、舌、皮肤等感觉器官感受商品的物理属性（如颜色、形状、大小、软硬、光滑或粗糙等）和化学属性（如气味、味道等），并通过神经系统传递至大脑，从而产生对商品的各种感觉，包括视觉、听觉、嗅觉、味觉、触觉等。例如，一种新型护肤品，消费者用眼睛看到奶白色膏体，用鼻子嗅到馥郁的香气，用手触摸到细腻柔滑的膏体，搽在皮肤上有滋润感，由此产生对该护肤品颜色、状态、香型、质地等方面的感觉。

感觉是人脑对客观事物外部特征和外部联系的直觉反应，是认识过程乃至全部心理

活动的基础和起点。通过感觉，消费者获取认识商品的必要材料，形成知觉、记忆、思维、联想等较复杂的心理活动，从而形成对商品属性全面正确的认识，进而对产品产生喜爱和信任，确定购买目标，做出购买决定。因此，感觉是消费者一切知识和经验的基础。

人类的感官系统是神经中枢处理感觉信息的系统。感官系统包括感受器、神经通路以及大脑中和感觉、知觉有关的部分。通常人类的感官系统包括五大子系统，分别是视觉系统、听觉系统、体感系统、味觉系统、嗅觉系统。感官系统是人类与外界物理环境交流的变换器，是人类与客观环境联系的桥梁，在消费活动中对消费心理具有重要影响。

（一）视觉系统

视觉系统使人类具有了视觉能力，它由波长370～780纳米的电磁波作用于视网膜上的视锥细胞和视杆细胞引起，它使用可见光信息构筑机体对周围世界的感知，主要感受的对象是亮度、色彩等。人和动物感知外界物体的大小、明暗、颜色、动静，获得对机体生存具有重要意义的各种信息，视觉是人和动物最重要的感觉。

朱睿教授及其合作者的相关研究[①]表明，红色容易诱发回避动机，可以使人变得警惕和保守，更注重把握细节，从而可以更好地完成细节性的任务。蓝色可以诱发趋近动机，使人们变得平静和开放，更好地完成创造性的任务。此外，红色还容易引起人们兴奋和注意，蓝色让人冷静。在家居布置中，人们往往在书房使用让人安静的颜色而不是使用红色。在产品包装上，颜色会使消费者对产品的内容和特征做出判断。例如，很多清洁用品都使用蓝色或白色，代表干净和清爽，咖啡的包装用咖啡色可以体现咖啡浓郁芳香，用棕黄色则体现味淡。这些都是利用商品包装的颜色让消费者产生特定感觉，不经使用和品尝就能根据包装的色彩和自身经验做出判断。

（二）听觉系统

听觉是由振动频率为16～20 000Hz的声波作用于人的内耳柯蒂氏器的毛细胞所引起的。听觉包括三种形式：言语听觉、乐音听觉、噪声听觉。听觉能分辨出声音的四种属性：音调、响度、音色和持续性。

音量的大小对消费者的影响是不一样的。音乐的音量较大，能烘托出热闹的气氛，令顾客感到兴奋；音乐的音量较小，有助于顾客与销售人员充分沟通，进一步了解商品。因此，当商场需要聚拢顾客时（如举办促销活动或展销会），往往调高音乐的音量，那些需要深层沟通的消费场所则往往调低音乐的音量，例如古董字画店、家具店等。

音乐的节奏不同，给人的感受也不一样。当播放慢节奏音乐时，人们会感觉放松、沉静，放慢节奏，轻松地沉浸其中；相反，快节奏的音乐能使人心情紧张、动作加快，从而加快决策速度，加大购买量。例如，一些快餐厅如麦当劳经常播放快节奏的音乐，以加快人们吃东西的速度，提高餐厅的流转率；一些高档购物场所则常常使用高雅的轻

---

① Mehta R，Zhu R. Blue or Red? Exploring the Effect of Color on Cognitive Task Performances. Science（323）：1226－1229，2009.

音乐作为背景音乐，让顾客放慢脚步，增加停留的时间。

不同的音乐类型对消费心理的影响也有所不同。西方古典音乐会让人联想到欧洲贵族或者社会高层人士[①]，因此那些定位高端的商店往往会播放西方古典音乐。例如，红酒品牌网站经常播放高雅的古典音乐，烘托出商品的独特价值，为顾客营造一种高品位的感觉。流行音乐则不同，它更符合大众口味，更适合表达青春活力和亲和力，因此可口可乐与百事可乐的广告中经常使用活泼的流行音乐。

（三）体感系统

体感系统是有关触觉、压觉、温觉、痛觉和本体感觉（肌、腱、关节等运动器官本身在运动或静止状态时产生的感觉）的系统。体感是和特殊感觉相对的一个概念。不同的体感模式源自不同类型的感受器。

触觉在消费行为中有重要的作用。研究者发现，参与者只要触摸一件物品30秒甚至更短的时间，就能对产品产生较高的依赖感，这种感觉提高了他们想购买该产品的意愿。这是由于触觉诱发了人们的禀赋效应。禀赋效应是指个体在拥有某物品时对该物品的估价高于没有拥有该物品的估价，通常商场允许消费者试穿衣服正是基于这样的考虑。消费者一旦穿上衣服，就会感觉这件衣服是自己的，对衣服价值的估计也要高于没有试穿时，从而大大增强购买意愿。苹果零售店充分利用消费者的禀赋效应心理，允许人们在店内玩苹果的产品。消费者通过触摸产品，增强了产品体验，提高了购买的可能性。除此之外，超市自动扶梯旁经常摆放小商品，顾客在扶梯上会触碰到这些商品，进而提高购买的动机。

商家可以通过消费环境的布置及摆设品的材质等影响消费者的触觉感受，进而增加他们对产品的偏好。有研究表明，店铺里地板的样式会影响购物者对商品的评价，地板能创造放松的情绪，消费者对商品的态度会更宽容温和，瓷砖会造成疲劳感，容易导致比较尖锐的批评。[②]

（四）味觉系统

味觉系统是指感受味觉的感受器。对于哺乳类动物，其味觉系统是由口腔内的舌头以及连接舌头与大脑之间的神经系统组成的。味觉主要有四种类型：酸、甜、苦、咸。其他味觉都是在这四类基础上产生的。味觉系统的主要作用是作为防卫机制减少进食有问题的食物。

在营销活动中，多在食品的终端销售上利用味觉营销。在超市、商场中我们经常会看到一些免费试吃活动，试吃可以吸引消费者，增加商品的销售机会。

酸、甜、苦、辣代表着不同的心理感受。甜代表美好与幸福，经常与美好的爱情联系在一起。例如，广告语“爱她，就带她吃哈根达斯”，就是由于甜味可以带给人甜

---

① Areni C S, Kim D. The Influence of Background Music on Shopping Behavior: Classical Versus Top-Forty Music in a Wine Store. NA-Advances in Consumer Research, 1993 (20): 336 - 340.

② Baker J, Parasuraman D G A. The Influence of Store Environment on Quality Inferences and Store Image. Journal of the Academy of Marketing Science, 1994, 22 (4): 328 - 339.

蜜美好的感觉，增加恋人之间的幸福感受。苦代表苦涩，酸代表心酸与悲伤，辣则代表更加复杂的情感。益达口香糖的“酸甜苦辣”主题广告，以爱情这一主题为诉求，演绎了酸甜苦辣的故事，唤起了消费者酸甜苦辣的人生体验。“不管酸甜苦辣，总有益达”，这句有亲和力的广告语，使消费者产生共鸣，塑造了良好的品牌形象。

（五）嗅觉系统

嗅觉系统是指感受嗅觉的感受器。嗅觉是由各种可挥发的物质微粒作用于鼻腔上端的嗅觉细胞引起的。嗅觉的类型又称为气味的种类，主要有香味、臭味以及混合产生的各种怪味。香味的类型一般有果香、醇香、芳香和人工香型。

科学家发现，气味对人的行为有巨大的影响，营销者也越来越多地将嗅觉反应应用在营销活动中。空气中弥漫的气味往往是特定品牌或产品的信号，星巴克最近恢复了一项老政策，要求咖啡研磨师每煮一次咖啡，就要研磨一次咖啡豆而不是早上只研磨一次，这样做的目的是通过加强店里的咖啡香味，唤回失去的顾客。同样，一些快餐店释放汉堡包香味，可以吸引人们到餐厅就餐。韩国的 Dunkin' Donuts 曾发起一项有趣的营销体验，它在公共汽车上播放店铺主题音乐的同时释放咖啡的气味，当咖啡香气飘入每位乘客的鼻子时，乘客将会注意到经过的公交站有 Dunkin' Donuts 广告，接着发现原来 Dunkin' Donuts 商店就在前方不远处，进而产生购买欲望。

香味营销是一种新型的营销方式，通过释放香气刺激嗅觉，使人们心情舒畅，兴奋开朗，香味对消费者形成特别的吸引力。在一些高档的酒店、会所或餐厅，商家往往在环境中加入特有的香味，使消费者心情愉悦，食欲大增，同时也提升了商家的形象。此外，企业还可以将产品属性与香味营销相结合，通过增加产品本身的香气来促进消费者的购买欲望。例如，在日用护肤品中添加水果、花卉的香气，从而诱发特殊的情绪状态，增强消费者对商品的好感。

感觉适应是感受器官受到持续刺激时，刺激强度保持不变，但引起的神经冲动越来越少（弱）的现象。消费者的感受性会受到时间因素的影响。随着刺激物持续作用时间的延长，消费者因接触过度，感受性逐渐下降，这种现象叫作感觉适应。适应是一种普遍的感觉现象。在消费实践中，人们连续品尝十几种糖果之后，对甜味会变得迟钝；接连看到同一新款服装，会丧失新鲜感。显然，感觉适应对不断激发消费者的购买欲望是不利的。要改变这一情况，使消费者保持对消费刺激较强的感受性，就要调整刺激的作用时间，经常变换刺激物的形式。例如，间隔播放同一个广告，不断变换商品的包装、款式和色调等。

人体各感觉器官的感受性不是彼此隔绝而是相互影响、相互作用的，即一种感觉器官受到刺激产生感觉后，会对其他感觉器官的感受性产生影响，这种现象就是联觉。消费者在同时接受多种消费刺激时，经常会出现由感觉间相互作用产生的联觉现象。例如，在优雅柔和的音乐声中挑选商品，对色泽的视觉感受力会明显提高；进餐时赏心悦目的各色菜肴会使人的味觉感受增强。除不同感觉器官之间的联觉外，同一感觉器官内不同部分的感受性也会发生联觉现象。联觉对消费者行为有直接影响。例如，热带国家某快餐店的墙壁原为淡蓝色，给人以凉爽宁静的感觉，顾客浅斟慢酌，流连忘返，影响了餐桌周转率，后来店主将墙壁刷成橘红色，顾客进店后感到燥热不安，吃完饭立刻离去，餐桌周转率明显提高。可见，巧妙运用联觉原理，可以有效地对消费者行为进行调节和引导。英国一家公司根据气味可以通过人脑中的情感中心对人的态度和行为产生强烈影响的原理，专门为商店提供可以给人带来宁静感的气味，使顾客延长停留时间，产生购买欲望。

二、最小可察觉化差异

（一）感受性和感觉阈限

感受性指感觉器官对刺激物的主观感受能力，它是消费者对商品、广告、价格等消费刺激有无感觉、感觉强弱的重要标志。感觉阈限指能引起某种感觉持续一定时间的刺激量，如一定强度和时间的光亮、色彩、声音等。消费者感受性的强弱主要取决于消费刺激物的感觉阈限值高低。一般来说，感觉阈限值越低，感受性越强；感觉阈限值越高，感受性越弱，二者成反比关系。

（二）绝对感觉阈限

消费者的每一种感觉都有两种感受性，即绝对感受性和相对感受性。在消费活动中，并不是任何刺激都能引起消费者的感觉。若要形成感觉，刺激物就必须达到一定的量。刚刚能够引起感觉的最小刺激量，称为绝对感觉阈限（absolute threshold）。对绝对感觉阈限或最小刺激量的觉察能力就是绝对感受性。绝对感受性是消费者感觉能力的下限。凡是没有达到绝对感觉阈限的刺激物都不能引起感觉。例如，电视广告的持续时间若少于3分钟，就不会引起消费者的视觉感受；公路广告牌上的文字如果太小，路过的乘客看不到，那么无论广告的内容多么精彩，广告都白费了。因此，要使消费者形成对商品的感觉，必须了解他们对各种消费刺激的绝对感受性和绝对感觉阈限，使刺激物达到足够的量。五种基本感觉的绝对感觉阈限见表3-1。

表3-1　五种基本感觉的绝对感觉阈限

感觉类型	绝对感觉阈限
视觉	夜晚晴朗时可看见50千米远处的烛光
听觉	安静环境中可听见6米远的手表秒针走动声
味觉	可尝出7.5升水中加入的一茶匙糖的甜味
嗅觉	可闻到在三居室中洒一滴香水的气味
触觉	蜜蜂在脸颊上方一厘米处扇动翅膀即有感觉

资料来源：菲利普·津巴多．津巴多普通心理学．北京：人民邮电出版社，2022.

（三）差别感觉阈限

在刺激物引起感觉之后，如果刺激的数量发生变化，但变化极其微小，则不易被人察觉，只有增加到一定程度时，才能引起人新的感觉。例如，一种商品的价格上涨或下降百分之一二时，消费者可能毫无察觉，但如果调整幅度达10%以上，消费者则会立刻察觉。这种刚刚能够觉察的刺激物的最小差别量称为差别感觉阈限（differential threshold），能够察觉到的两种刺激物之间的最小差别称为最小可察觉化差异（just noticeable difference），人们感觉最小差别量的能力即差别感受性。

在现实消费环境中，消费者经常由于不能注意到最小可察觉化差异而买错商品。例如，王老吉和加多宝的外观非常相似，都采用“红罐＋黄色字体”的包装，消费者很容易产生混淆。很多假冒产品利用最小可察觉化差异来设计产品外观，最大限度接近正版商品，迷惑消费者。例如，在图3-6中，左侧的是立邦漆的标准商标标识，包括蓝色背景、红色字体的小写字母“n”，字体用白边装饰；右侧的某涂料产品也采用类似的设计，蓝色背景、红色字体、白边装饰，唯一不同的是字母是小写的“b”。如果不仔细观察，消费者对上述差异很难辨别，非常容易买错商品。

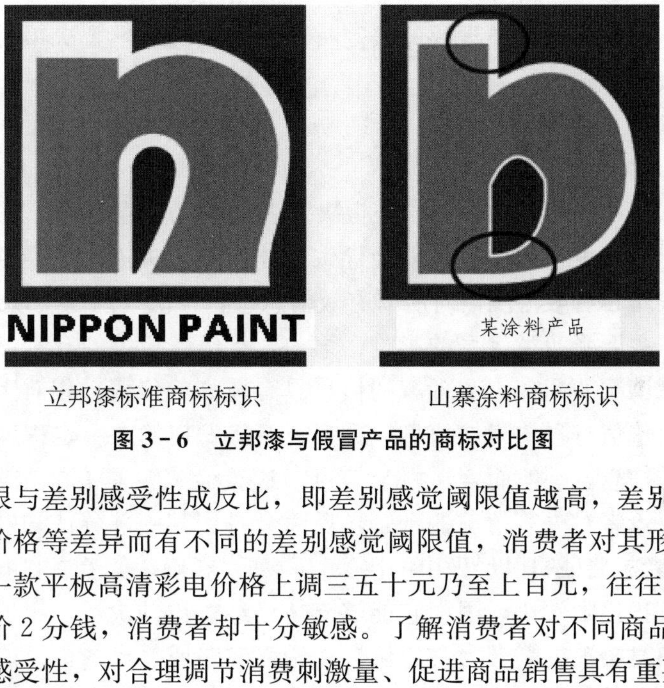

图3-6　立邦漆与假冒产品的商标对比图

差别感觉阈限与差别感受性成反比，即差别感觉阈限值越高，差别感受性越弱。各种商品因效用、价格等差异而有不同的差别感觉阈限值，消费者对其形成了不同的差别感受性。例如，一款平板高清彩电价格上调三五十元乃至上百元，往往不被消费者注意，居民用电每度提价2分钱，消费者却十分敏感。了解消费者对不同商品质量、数量、价格等方面的差别感受性，对合理调节消费刺激量、促进商品销售具有重要作用。

19世纪，心理学家恩斯特·韦伯（Ernst Weber）发现，引起注意所需要的刺激变化量与初始刺激的强度有关。初始刺激越强，引起注意所需要的刺激变化量越大。这种关系就是韦伯定律（Weber's Law），用公式表示如下：

$$K = \Delta i / I$$

式中，K 为常数（不同感觉的常数不同）；Δi 为产生最小可察觉化差异所要求的刺激强度的最小变化量；I 为初始刺激强度。

韦伯定律在商家的促销活动中经常发挥作用。经验表明，降价幅度至少是原价的20%才能对购物者产生影响。因此，售价10元的一双袜子应该降为8元出售，售价100元的一件运动上衣不能只降价2元，必须降至80元才能引起消费者的注意，产生促销效果。

第 4 节　消费者注意力的获取与测量

一、注意与认知选择

消费者注意指通过信息加工行为，最终将感知力、记忆力、思考力等集中在某个特定的对象上。在现代信息时代，随着网络技术和社交媒体的进一步发展，人们在日常生活和工作环境中接触到的信息呈指数增长，但人们对信息的接收和处理能力有限，这就导致许多令人分心且难以管理的冗余信息，会对人们的日常行为决策造成干扰。特别是在消费领域，随着电子商务的发展，种类繁多的商品为消费者提供更多选择的同时，商品信息量远超出了消费者的承受能力，往往导致决策复杂化。心理学家乔治 · 米勒（George A. Miller）提出人们可以同时处理大约七个信息组块，但在超负荷的情况下，人们会感到困惑，很可能做出不理智的决定。这种可能的非理智决策可以归咎于决策者信息过载和个体资源稀缺的矛盾。

（一）信息过载

信息过载（information overload）是指决策者面对的信息复杂、冗余、矛盾和不一致的状态，这种状态下累积的信息线索会导致个体的最优决策能力受到抑制。由于个体资源是稀缺的，很难在有限范围内对所有有效信息进行二次处理以实现最优决策。

消费者的决策主要受四类信息的影响：第一，与任务相关的有价值的信息。有助于增强决策者对决策情况的洞察力和理解的信息具有较高的价值，相对无用的信息具有较低的价值。第二，价值有限的附加信息。决策者偶然发现的在一定程度上可用于决策的信息。第三，冗余信息。一般而言，冗余信息对决策者来说具有有限甚至是负面影响，冗余信息无助于决策者对决策情况的理解，反而会占用其一部分认知资源（即信息处理能力）。但当消费者想要证明已经做出的决策（例如，在确认偏差或自我证明的情况下），冗余信息可能具有正边际效用，因为它能够支持已经做出的决策。第四，矛盾的、不一致的信息。这类信息会被决策者为避免认知失调而忽略或丢弃，也可能会促使决策者寻找进一步的信息，以获得更明确的评估。

总之，信息过载可能会导致决策绩效降低、信息检索的有效性减弱和可变性增强、沟通成本增加等不利于消费者进行消费决策的结果，但也可能带来消费者更高的失误容忍率和决策过程的加速等。

（二）认知选择

由于人类大脑对信息的接收和处理能力有限，消费者通常有选择地注意信息，这个感知他们想要的信息而忽略其他信息的过程称为认知选择（perceptual selection）。从本质上讲，认知选择的工作原理如下：个体暴露在外部信息或者物体的刺激下，从而将注意力集中在某个特定的模块，并将其精力集中在理解上，最终做出选择。

对消费者选择性注意的驱动因素，即消费者如何看待信息或关注刺激，可以从外部因素和个人因素两个方面进行简单分析。

1. 外部因素

外部因素由被关注的信息或物体的特征组成，这些信息或特征激活了感官。大多数外部因素影响选择性注意是因为它们的物理特性或动态特性。

外部对象本身的物理特性，特别是一些不同的、不寻常的特征，常常影响感知者的注意。一个典型的物理特性是尺寸。一般来说，较大的物体比较小的物体更受关注。广告公司有时使用特大的标志和广告牌来吸引感知者注意。然而，当周围的大部分物体都是大的时，一个小的物体反而会得到更多的注意。更亮、更响、色彩更鲜艳的物体往往更能吸引注意力。然而，必须明确的一点是，只有与类似的刺激相比，才会增强注意力。

动态特性是指那些随着时间改变或从呈现的顺序中获得独特性的外部特征。最常见的动态特性是运动，人们倾向于注意静态背景下移动的物体。这一动态特性早已被广告商认识，广告商经常使用带有移动灯光或移动物体的标志来吸引眼球。信息或形象反复出现也会吸引注意。重复的工作指令往往更容易被接受，特别是涉及一项难以集中注意力的枯燥无聊的任务时。

2. 个人因素

个人因素指个体所具有的区别于其他外在事物能够对认知选择造成影响的因素。个人对选择性注意的两个重要影响因素是响应显著（response salience）和反应倾向（response disposition）。

响应显著是一种把注意力集中在与人们的直接需要或欲望有关的事物上的倾向。例如，一个饥饿的人会对食物的气味特别敏感。响应显著处理的是即时需求和关注，反应倾向则是对熟悉的物体比不熟悉的物体更快识别。反应倾向包含通过学习对现在所感知事物重要性的明确认识，这种认识是通过学习、发展或遗传在大脑中加深和固化的。

认知选择过程实际上是相当复杂的，许多因素，包括个体所扮演的角色和环境，都会影响解释和回应关注的事件。也就是说，如果没有认知选择，人们就会被成千上万的刺激束缚，这些刺激会争夺人们的注意力和行动。认知选择使得人们把注意力集中在更突出的事件或物体上，并对这些事件或物体进行分类，使其更符合个体的需求和认知。

二、捕获与测量消费者注意

认知选择更多是指个体主观上有意识地把注意力集中在特定的刺激上，忽略那些分散注意力的、不重要的或矛盾的信息。但是这种注意力集中的方向与个体的立场和意见有时可能不是理性或合乎情理的。一旦注意力被引导，个体就更有可能在记忆中搜索与注意信息相关的内容，并做出适当的反应。目前的认知心理学证据支持这样的观点，即目标导向因素和刺激驱动因素在很大程度上决定了消费者注意的对象。

（一）目标导向注意

针对刺激和反应的目标导向注意会阻止环境中的大部分信息和长期记忆中的大部分

信息在工作记忆中发挥作用。目标导向注意是由大脑皮层控制的，它只允许选择与最直接的目标相关的信息来指导受控行为。除了受控制的行为之外，许多行为已经成为自动的，在环境或记忆信息触发时，它们就会无意识地发生。

1. 感知防御

通常感知者会使用所谓的"感知防御"，即只会感知自身想要感知的内容，即使外部刺激对他们的感官起了作用。在这种情况下，通常有两种选择性知觉。第一种是知觉警惕（perceptual vigilance），是指人们注意与他们当前需要相关的刺激物，如广告、新闻等对他们有意义的刺激。例如，考虑购买某一品牌汽车的人比对该品牌持中立态度的人更容易注意到有关该品牌的广告。另一种是知觉防御（perceptual defense），是指个体注意和识别对他在某种程度上可能是重要的刺激而对无关的刺激无视或回避的过程。知觉防御发生在一个人试图在自身和刺激之间创造一个障碍，从而保护自己。通常情况下，这些刺激被感知为威胁或不愉快。例如，一个吸烟者可能会过滤掉一张肺部病变的照片。感知防御水平高的人有一堵强大的"感知墙"作为过滤机制，使他们无法感知不必要的刺激。

一个经典的研究表明，当普林斯顿大学和达特茅斯学院的学生观看这两所大学之间的一场足球比赛的视频时，两种类型的选择性知觉都发生了。普林斯顿大学的学生更多注意到达特茅斯队的犯规次数，达特茅斯学院的学生更多注意到普林斯顿队的犯规次数，每个学校的学生都根据自己对球队的忠诚度来判断这场足球赛，并且忽略与他们想看到的结果相矛盾的证据。

2. 适应与习惯

适应是指消费者对某个刺激的注意程度逐渐减弱，当注意降低到一定水平时，适应就发生了。在这种情况下，只有增加或者改变刺激，才能再次引起注意。这也是身体通过过滤干扰因素来适应环境的能力。知觉适应是一种现象，发生在多种感官上，包括视觉、听觉、触觉等。

视觉适应是指视觉器官的感觉随外界亮度的刺激而变化的过程或这一过程达到的最终状态。例如对光和暗的适应，根据亮度水平作调整。在进入一个黑暗的房间或一个非常明亮的房间，个体需要一段时间来调整到不同的视觉水平。听觉适应是个体适应声音和噪声的过程。研究表明，随着时间的推移，人们倾向于把声音混合成一个可变的声音，而不是把几个独立的声音作为一个系列。此外，在反复感知之后，个体倾向于适应声音，直到他们不再有意识地感知它或者"屏蔽它"。住在大城市的人过一段时间就不会注意到交通噪声了。搬到一个完全不同的地方，比如安静的乡村，人们就会意识到风声、蟋蟀的鸣叫等。人们可以随着时间的推移适应某种气味。人类的大脑可以区分不熟悉的气味，适应那些已经熟悉的气味。吸烟者或与吸烟者生活在一起的人，往往一段时间后就不会注意到香烟的气味，不经常接触香烟的人会立即注意到烟草的气味。

与生理适应相关的响应主要发生在感觉器官，与认知习惯相关的响应主要集中在大脑，并且与学习行为相关。在习惯化过程中，一个人可以有意识地控制自己是否注意正在习惯的东西。习惯化可以因刺激而变化，在弱刺激下，习惯化过程可以立即发生，但在强刺激下，习惯化过程会困难。知觉适应是生理上的，习惯化是一种注意现象，可以选择注意也可以选择不注意，引起注意往往需要加大或加强刺激。

（二）刺激驱动注意

如果说目标导向注意是指向那些还不是很突出的东西，那么刺激驱动注意是指向显而易见的东西。注意力并不总是以一种有目的、有控制的方式被导向与任务相关的信息。注意力也可以被显著的、新奇的或与行为相关的特性刺激吸引。这就是针对重要和显著刺激的刺激驱动注意——基于刺激的特征来引导的注意。

1. 重要刺激

重要刺激是指与消费者自身及其需求密切相关的刺激。重要刺激信息能够干扰人们的目标。例如，当人们专心地听一个人讲话时，偶然听到其他人的谈论中提到了自己的名字，这种情况下很难保持将注意力还放到讲话者身上。能够引起重要刺激的因素十分广泛，例如前面知觉选择部分所讨论的物理特性和动态特性，如大小尺寸、位置、色彩、运动状态等，都可能引起刺激，但只有当这些外部特征和因素影响了消费者的日常目标，引起对原来被忽视或者遗漏的信息注意时，才能称之为重要刺激。认知选择理论认为，当我们感知刺激时，我们会有意或无意地过滤刺激。只有当某些刺激，如颜色、声音和图像与自身能够产生联系，会对自身造成影响时，才可能诱发有意注意。

其中，消费者的需要与动机是引起注意的最主要因素。当消费者的某种需要被激发时，与满足该需要相联系的刺激物会备受注意。例如，近年来广泛应用于各电商平台的个性化推荐系统，当消费者在淘宝上搜索烤箱的相关信息时，系统会预测需求，推送一些烘焙原料和工具等相关产品，以激发消费者更广泛的购买行为。

2. 对比刺激

通过与周围其他刺激物形成鲜明对比，吸引消费者注意的可能性更高。对比指的是刺激物与其所处背景的反差。相对于那些与背景融为一体的刺激物，人们倾向于注意那些与背景形成明显反差的刺激物，对比会造成人们认知上的冲突，从而激活和提高信息处理水平。基于对比原理的技术在广告中得到了广泛运用。例如，黑白广告紧随众多彩色广告之后会更引人注目。同理，声音的骤然增强会提高听众或受众的注意。与被观察到的背景形成强烈对比的物体往往比对比不强烈的物体受到更多的关注。另一个能引发对比刺激的特征是物体的新奇性或不熟悉性。例如，在熟悉的环境中看到独特或意外的东西时，人们会立刻加以注意。

刺激驱动注意解释了为什么人们会被与背景截然不同的“古怪”刺激吸引，或者对与所寻找的目标有一些共同感官特征的显著刺激产生注意。本质上，针对重要和显著刺激的刺激驱动注意与针对刺激和反应的目标导向注意有相似的模式，都在决定注意的对象和维持信号的作用强度上起效，二者都是定向注意。

在日常生活中，注意力既受到认知的控制，如知识、期望和当前目标，也受到刺激的制约，如对比、意外等。这些都反映了认知和感官影响之间的相互作用，这种动态的相互作用控制着个体注意力指向的位置、方式和内容。

（三）消费者注意力的测量

随着设备、渠道、平台、发布者和内容的数量爆发式增长，消费者的注意力更加分散，关注范围可能正在缩小。对于营销人员而言，这意味着衡量消费者的注意力变得更加重要，因为只有正确测量注意力的指向、范围及强度等，才能为企业所投放广告的力度、信息传播渠道选择等提供准确依据，从而使企业获得成功。一般而言，对于消费者注意力的测量可以分为主观报告和客观评价两类。

1. 主观报告

顾名思义，主观报告（self report）就是让消费者进行自我评价，具体方法包括自我报告问卷、自我评估模型（self-assessment model）、焦点小组、注意力检查（attention check）等。

罗伯特·波特（Robert F. Potter）和保罗·博尔斯（Paul Bolls）① 在2011年出版的《心理生理测量与意义：媒体的认知和情感加工》一书中，具体介绍了三种能够动态捕捉媒体消费体验的自我报告技术。第一种是连续响应测量（continuous response measurement），它本质上是一种随时随地自我报告测量的电子形式，它捕捉信息处理的定性体验，通常使用特定工具，沿着某些维度（喜欢一不喜欢，同意一不同意等）不断地报告反应。第二种是想法清单（thought listing），即不要求人们解释他们的想法，而是研究人员窥见个人具体感受、想法、期望、评价或心理意象的心理内容，这种技术广泛用于研究像广告这样的说服性媒体信息的心理加工过程。第三种是次要任务反应时间（secondary task reaction time），它实际上是一种行为测量方法，通过测量参与者对一个次要任务的反应时间来测量其分配给主要任务的认知资源和注意力。

2. 客观评价

客观评价体系中大致可分为两大阵营：一个是在神经营销和营销科学方面较多使用的生理和神经科学的测量方法；另一个是应用于具体场景中的效果评估。

采用生理和神经科学技术的测量方法可以通过提供对消费者行为的潜意识机制的深入了解来推动消费者研究，还可以揭示消费者无法或不想泄露的响应或反应，例如，消费者不自觉产生的对产品或品牌的态度或者说不出来（例如在测试特定的消费者群体如儿童时）。目前的消费者行为研究中涵盖了皮肤电活动（EDA）、心率、面部表情和肌肉分析（EMG）、瞳孔测定法、眼动追踪、脑电图（EEG）、近红外光谱（NIRS）和磁共振成像（MRI）以及多种方法的组合等生理和神经科学技术。

由于大多数营销刺激都通过视觉通道呈现，且视觉注意衡量也是用生理和神经科学技术研究消费者注意较为普遍和有效的方式，因此，下面将主要介绍应用最为普遍的眼动追踪（eye-tracking）技术。

眼动追踪设备可用于测量瞳孔大小的变化，也可用于监视消费者的注视方向。现代眼动仪使用专门的传感器，基于角膜反射的光学跟踪推断观察方向。这些传感器可以放在桌面上，也可以放在专用护目镜中，以便在实验室外进行眼动追踪。

眼动追踪的基本假设是，一个人在视觉和心理上处理其视线所指向的任何刺激。眼动追踪对于调查是否以及如何将注意力分配到刺激上非常有用，例如刺激是否吸引了注

---

① Potter R F, Bolls P. Psychophysiological Measurement and Meaning: Cognitive and Emotional Processing of Media. Routledge, 2011.

意或注意是否停留在刺激上。测量眼球运动也有助于理解视觉在判断和决策、动机和目标追求以及偏好方面的作用。

眼动数据分为两类：注视和扫视。注视是指眼睛不间断地对准特定位置。注视分析可以用来检查注意力资源是否优先分配给特定刺激，通常也称为停留时间。扫视记录了从一个位置到另一个位置的眼球运动的速度和角度，可以用作测量刺激吸引注意的速度的指标。除了用来测量注意力的捕获和维持，眼动追踪数据还可以揭示信息何时会导致避免或抑制注意力。此外，与注意力分配的认知指标相比，眼动追踪非常适合确定注意力的时间分配。

另外一种是应用于具体场景中的对于营销广告效果的评估。对于营销广告，可以从两个方面进行评估：浏览页面内容花费的时间以及人们与该页面广告的互动。要确定花费的时间，可以通过后台数据追踪到用户花费的平均时间，这是最基本也是最准确的方法。人们与广告的互动可以通过以下三个指标来衡量：观看时间、互动率（包括点击率等）及互动持续时间。要了解营销广告的整体效果，可以将这些指标与最新的行业基准进行比较，营销人员也可以设置不同的基准对指标进行比较。

第5节　消费者知觉的营销启示

一、市场定位

（一）知觉定位

在通过感觉器官对产品的刺激物加以感觉的基础上，消费者常常根据产品的属性特点和自己已有的知识与经验来加以解释，形成知觉。对产品的知觉既包括产品的功能属性（质量、价格等），又包括产品的象征属性（品牌、声誉等）。人们对产品的评价往往不是根据产品能够做什么而是产品本身意味着什么。这说明消费者所察觉到的产品属性即知觉构成了产品的市场定位，它可能不与产品本身相关，而是与人们对产品性能的预期联系更密切。苹果公司推出的 iPhone 系列产品畅销全球，这与消费者对产品的知觉有莫大的关系。在消费者看来，iPhone 不仅具备打电话和娱乐的基本功能，更重要的是，其美观的外形和相对高昂的价格能提升自我形象。

产品性能是通过产品的颜色、包装或者款式来表现的。企业要使产品在消费者心目中占据独特的地位，就需要通过营销组合（如产品、价格、促销和渠道等）来影响消费者对产品意义的认知。

（二）广告定位

广告定位是指广告主通过广告活动，使企业或品牌在消费者心目中确立位置的一种方法。广告定位通过广告宣传为企业和产品创造、培养一定的特色，树立独特的市场形象，满足目标消费者的某种需要和偏好。

消费者对产品的评价往往是由其感受到的信息决定的而不是由产品本身决定的，其中消费者对于产品的知觉起着非常重要的作用。广告定位就是企业要创造一种消费者知觉，通过广告的手段把产品/品牌包装成企业希望消费者知觉到的样子。广告定位策略具体包括：代言人策略、广告语策略、宣传平台策略、传播时点策略等。首先，代言人的形象往往代表了企业和产品的形象，因此代言人的气质要与企业产品的定位相一致。比如，美宝莲选择电影明星章子怡做代言人，彰显了企业的高端形象。

其次，企业广告的宣传语和广告词要慎重。在信息爆炸的时代，消费者饱受广告的“轰炸”，对企业而言，广告语越简短越容易被消费者记住。广告语标新立异也会得到消费者的关注，比如安飞士的“我们是第二，所以我们更努力”、知乎的“认真，你就赢了”等。

再次，广告在不同的平台展示往往代表其面向的消费群体不同。一般而言，面向家庭主妇的日用百货等快消品往往选择在电视平台进行宣传，面向年轻人的时尚电子产品则会选择互联网媒体宣传。

最后，要注意广告宣传的次数和时间间隔。毫无疑问，宣传次数越多、时间间隔越短，企业的产品越容易被更多人知晓，也越容易深入人心，但是广告的成本也会越高，消费者容易产生审美疲劳甚至厌恶情绪。

二、嵌入式广告

嵌入式广告也称为植入式广告，是指将产品或品牌及其代表性的视觉符号甚至服务内容策略性地融入电影、电视剧或电视节目中，让观众留下对产品及品牌的印象，达到营销的目的。嵌入式广告与传媒载体相互融合，共同构建受众现实生活或理想情境的一部分，将商品或服务信息以非广告的表现方法在受众无意识的情况下灌输，达到潜移默化的宣传效果。

嵌入式广告充分利用了消费者的无意识。前文已讲到，人的注意分为无意注意和有意注意，前者是自然而然发生的，不需要任何意志上的努力，后者是由刺激物或人们有兴趣的事物引起的注意。嵌入式广告通过有意的广告嵌入，使得消费者从无意注意到无意记忆，从无意记忆到无意联想，再从无意联想到有意观察，最后从渴望得到到采取行动，在潜移默化中使受众产生消费行动。

近年来，嵌入式广告得到飞速发展和广泛应用。最早的嵌入式广告出现在 1951 年的电影《非洲皇后号》上，出现了戈登杜松子酒。紧接着在影片《外星人》中出现了“里斯”巧克力，该巧克力因此大卖，总销量增加了 65%。随着嵌入式广告在电影和电视中出现的频率越来越高，商家通过嵌入式广告获得的利润越来越丰厚，嵌入式广告由此成为一种重要的广告形式。在中国，嵌入式广告在电影中成功的范例是冯小刚 2004 年导演的《天下无贼》。影片中设计了诸多场景和情节，将相关品牌广告与电影巧妙结合，例如宝马汽车、中国石化长城润滑油和佳能打印机等频频出现在荧幕上，嵌入式广告的成功运用使该影片获得了丰厚的收入。

三、虚拟影响者

虚拟影响者（virtual influencer）是指通过计算机动画、动作捕捉、虚拟现实等多项技术实现的，以图片、视频、直播等形式存在于网络空间，且具有功能或身份拟人化特征的虚拟形象。虚拟影响者“虚拟”的一面在于其本质上是一种依赖多项技术的数字化呈现，其“人”的一面表现在这种数字化呈现通过人格塑造或者功能模仿，可以达到与人类相仿并且能够与现实世界产生交互作用的效果。

与传统影响者相比，虚拟影响者具有以下几项独特优势。第一，其外貌和性格可以根据客户需求定制。第二，虚拟影响者的工作和状态不受时间限制，例如，新华网使用虚拟人物进行24小时新闻播报。第三，虚拟影响者的风险相对可控，减少了品牌合作中可能面临的风险。第四，实际上，大多数在社交媒体上具有影响力的真人影响者在某种程度上也并非完全真实，他们的照片通常经过修饰处理，其性格和特点也是经过设计的，并不完全展现真实的自我。因此，用户在一定程度上能够接受虚拟影响者的“虚拟”属性。第五，由于人们对虚拟影响者的认知尚不全面，这种不确定性往往更能激发人们的好奇心。

尽管虚拟影响者营销逐渐兴起，虚拟影响者在国内外社交媒体上扮演着越来越重要的角色，但经过多年的发展，其普及程度仍然有限，在实践中也面临诸多挑战。首先，虚拟影响者由于其虚构的外貌特征、个性和盈利目的，可能被消费者认为缺乏真实性，因此，消费者对虚拟影响者的真实性要求较高，他们期望背后的团队公开其动机、价值观和身份等信息。其次，虚拟影响者难以提供令人共情的消费体验，无法像真人一样使用护肤品和食品，这限制了其在这些领域的营销能力。例如，有研究团队提出消费者并不会为虚拟影响者涉及的所有感官体验买单。人们会相信虚拟影响者具有视觉和听觉这类远感官，但并不会承认虚拟影响者的触觉、嗅觉和味觉这类近感官。近感官与身体的联系更加紧密，而虚拟影响者缺乏身体感知，消费者很难将这类感官体验投射到虚拟人身上。最后，生成虚拟影响者的技术门槛较高，虽然能够生成高质量的虚拟形象，但目前社交媒体上的大部分虚拟影响者在外貌上仍然容易与真人区分开来，这也限制了其影响力的进一步扩大。

四、跨界营销

“跨界”（crossover）一词最初来源于篮球术语，指运动员在胯下交叉运球。后来这个概念被引申到音乐领域，表示不同音乐风格的混合交融。随着时代的演变和消费者需求的变化，“跨界”逐渐指代不同领域之间的合作。跨界营销的概念起源于“共生营销”。在共生营销系统中，主体可以来自同一产业链，也可能来自不同产业链，主体之间既有竞争，也有合作。在此基础上，学者们提出了联合营销、品牌联盟、协同营销、营销联盟等概念，这些概念都强调多主体性和资源共享，是企业采用的一种重要营销方式。学术界进一步研究并将系统中具有非竞争性特征的异业成员归为一类，从而形成了跨界营销的研究热点。跨界营销的实质在于：以消费者需求为核心，通过不同行业和品牌在价值链环节中的资源共享，降低交易成本，发挥品牌间的协同效应和创新效应，助力企业进一步发展。

跨界营销的意义包括：(1) 发展性动机。发展性动机体现了跨界营销中“1+1>2”的溢出效应对企业的吸引力。首先，跨界营销伙伴间的非竞争性特质，可以有效减少联盟参与者通过牺牲合作伙伴利益来获取市场地位的行为，从而降低营销过程中可能发生的资源使用冲突和运行风险，增强跨界营销系统的结构稳定性。其次，在持续的行业融合背景下，不同行业之间的技术替代方案不断增加，大幅降低了企业进行跨界技术信息搜索、市场信息搜索、跨界学习以及整合的成本。(2) 竞争性动机。竞争性动机反映了在消费者需求和市场竞争等外部压力下，企业采取措施改善自身行为规则，以提高市场竞争力。在当前市场环境中，同类品牌竞争激烈，加之互联网和大数据的快速发展，消费者需求日益多元化，从满足基本需求转向追求品牌和享乐体验。根据资源依赖理论，企业必须持续与外部环境交换资源、信息和能量，以获取竞争优势，而跨界营销为企业提供了通过重组和创新提升市场竞争力的策略选择。

素养园地　新质生产力引领下的消费新趋势

基本概念

知觉 perception	展露 exposure
解释 interpretation	感官系统 sensory system
感觉阈限 sensory threshold	最小可察觉化差异 just noticeable difference
信息过载 information overload	认知选择 perceptual selection
广告定位 advertising positioning	嵌入式广告 product placement
虚拟影响者 virtual influencer	跨界营销 crossover marketing

思考题

1. 举出消费者在现实消费活动中的实例来说明知觉的特性。
2. 辨别并描述知觉过程的三个阶段。
3. 听觉如何影响消费者的产品偏好？
4. 通过一个成功的广告作品谈谈注意理论在广告设计中的作用。
5. 绝对感觉阈限和差别感觉阈限有什么差别？
6. 嵌入式广告有哪些优点和缺点？
7. 虚拟影响者的独特优势有哪些？

案例

爆款“酱香拿铁”：感官刺激与注意力的双重收割

“美酒加咖啡，就爱这一杯。”2023 年 9 月，瑞幸与贵州茅台联名推出的“酱香拿铁”一经推出便掀起热潮。首日销量突破 542 万杯、销售额突破 1 亿元，刷新了单品销售纪录，毫无悬念地成为 2023 年最火爆的现象级产品。

在现制饮品领域，瑞幸一向擅长打造爆款。2021 年，瑞幸推出的生椰拿铁迅速走红，一年售出超过 1 亿杯，甚至带动了其他咖啡品牌和新茶饮品牌纷纷推出“生椰系列”。在市场上众多联名咖啡饮品中，为什么“酱香拿铁”能脱颖而出，爆红市场呢？

首先，“酱香拿铁”的成功在很大程度上源于其对消费者感官体验的强烈刺激。传统咖啡的浓香与茅台白酒的酱香味道在一杯拿铁中相遇，形成了一种新奇而独特的风味组合，这种味道上的冲突和融合立即激发了消费者的好奇心。人们对于未知的风味总是充满探索欲望，而“酱香拿铁”正好满足了这种心理需求。在感官体验上，这款饮品不仅为味觉带来意想不到的冲击，还通过独特的香气刺激嗅觉，留下深刻的记忆点，进一步增强了消费者的体验感和购买意愿。

其次，瑞幸与茅台联名创造了一个引人注目的感官符号，将咖啡与白酒两种看似格格不入的产品融合在一起，迅速吸引了公众的注意力。咖啡在中国一直被认为是“小资”和“文艺”的象征，而白酒则是“中国式”与“传统”的符号。这种固有的消费认知深入人心，咖啡和白酒的结合打破了这种固有认知，激发了消费者的好奇心和讨论欲望。贵州茅台是中国高端白酒的代表，其 53 度飞天茅台的零售价高达 1 499 元/瓶，茅台是中国白酒的顶级品牌。瑞幸咖啡则是中国咖啡市场的领先品牌。根据财报数据，瑞幸咖啡在 2023 年第二季度的营收和门店数量均已超过星巴克（中国），成为国内咖啡市场的领军企业。这种联名方式制造了一种认知上的冲突效应，使人们在认知和感官上形成了强烈的注意力集中，迅速成为社交媒体上的热门话题，进一步扩大了传播效果。

最后，“酱香拿铁”成功的另一个关键在于其采用多感官体验设计的产品包装和营销策略。瑞幸和茅台不仅在口味上进行了创新，更在视觉和嗅觉层面进行了独特的设计和包装。咖啡杯的设计融入了茅台的经典元素，消费者在购买时不仅获得了口味上的惊喜，还在视觉上对茅台的高端和品质感产生了联想。这种多感官营销策略有效增强了品牌记忆，刺激了消费决策，进一步推动了产品热销。

“酱香拿铁”不仅仅是一款创新饮品，更是一种体验和社交符号。它成功地将瑞幸和茅台的品牌调性融合在一起，创造了一种“高端平民化”的消费体验。对于瑞幸的年轻用户来说，茅台的加入赋予了这款饮品一种“身份提升”的象征意义；对于茅台的成熟用户而言，这款饮品的平价体验为他们提供了一种新颖的尝试。这种运用感官体验和心理触发的双重设计，不仅满足了用户的味觉期待，还通过感官刺激引发了用户的社交分享欲望，从而在更大范围内实现了病毒式传播。

总体而言，“酱香拿铁”的爆火不仅是品牌联名的成功，更是对消费者感官刺激和注意力获取的有效掌控。通过营造味觉和认知的双重冲击，巧妙运用多感官营销策略，瑞幸与茅台成功地将一款看似不可能的产品变成了市场上的现象级爆款产品。

资料来源：成功密码：首日销量 542 万杯的“酱香拿铁”为什么如此出圈．新生代市场监测机构（微信公众号），2023－09－12.

素养提升阅读材料

第4章

消费者的学习和记忆

价值引领

- 倡导学生形成终身学习的科学观念，适应社会发展变化新常态。
- 推动新型消费发展，以满足人民日益增长的美好生活需要。
- 引导学生了解中国品牌现状，寻找适合中国品牌的形成路径。
- 加强学生对民族品牌的自豪感与认同感，提升国际视野与民族自信。

学习和记忆都是人脑的重要功能。从心理学角度看，学习是某种经验（直接经验、间接经验）所产生的一种相对持久的行为变化，是通过神经系统不断接收外部信息、获得新的行为模式的过程。在外部条件基本不变的情况下，这种行为模式被固定下来，就成为记忆。记忆是通过学习反复体验或训练，将引起的行为变化保留下来的结果。我们可以简单地把学习理解为经验的习得，记忆是经验的保持。

消费者的学习和记忆实质上是消费者不断地积累消费知识、经验和技能，调节并完善其消费行为的过程。消费者一般倾向于接受了解的、熟悉的产品和服务。在当今快节奏、信息密集的年代，消费者周围充斥着大量新鲜和陌生的事物，在这种情况下，深刻了解消费者是如何学习、接收、存储和回忆的，让消费者熟悉和记住产品、服务和品牌，对于营销者而言无疑十分重要。

第1节　消费者学习概述

一、学习的含义和特征

心理学相关理论认为，学习是基于经验或练习，行为或行为潜能产生较为持久改变的过程或结果。实际上，学习是一个接收信息、概括信息、转换信息和评价信息的过程，其基本特征体现为以下三个方面。

（一）学习是基于经验产生的

学习是在经验的基础上不断前进的过程，只有具有在实际活动中的经验学习才能产生。经验既包括个体通过亲身实践获得的直接经验，也包括通过阅读、观察和思考或环境线索获得的间接经验。比如，即使没有使用过某种产品，消费者也可以基于广告信息或者他人的介绍对产品特征有所了解。

（二）学习的发生以行为和行为潜能的变化为标志

学习会引起个体行为的改变，这种改变说明个体“学会了什么”。行为改变有的是外显的，即行为发生变化，比如，消费者原来常常购买A品牌产品，后来变为购买B品牌产品；有的是内隐的，即行为潜能发生变化，比如，通过接收B品牌产品的广告信息，消费者对B品牌产生了好感，即使还没有购买B品牌产品，但是该消费者也比那些从未接收到B品牌广告信息的人更容易发生实际购买行为。

（三）基于学习获得的变化较为持久

并非所有的行为或行为潜能的变化都是学习，只有发生较为持久的改变才是学习。有些行为虽然发生了某些改变，但只是暂时的或偶然的。比如，当人们生病时，可能不愿意吃某些食品，一旦恢复健康，这种厌食的行为就会消失。类似这种由于疲劳、疾病或药物引起的行为的短暂变化就不能称为学习，也就是说，只有那些由经验引起的行为变化或行为潜能在不同场合表现出相对持久的一致性才能称为学习。

二、学习进程

人们的所有经验、知识都是通过学习得来的。个体学习的具体途径、方式和方法多种多样，每人、每时、每地的情况也各异，但学习有一些普遍的规律，这些规律在消费者消费活动的各个方面都有不同程度的表现。

学习者的学习效果是以学习后正确反应的次数（比率）或在单位时间内完成操作的次数来衡量的。如果我们以学习次数为横坐标，以学习效果为纵坐标，则学习曲线有下列两种典型情况。

1. 先快后慢

学习初期效果大、进步快，随着练习次数的增加，进步逐渐缓慢，如图4-1所示。这种状况形成的原因有多种，如动机、兴趣由强到弱，内容由易到难；学习者能力的限制；学习开始可以利用一些已有的经验，到一定阶段经验的影响减弱；等等。

2. 先慢后快再慢

刚开始学习时进步较慢，经过一定学习次数后，进步变快。这可能是由于开始学习新东西时经验不丰富，甚至是以前的经验对现在的学习起了阻碍作用，需要一段时间来适应新的情境，在有足够的经验后，学习速度就会迅速提高。不过，这种较快进步的状况发展到一定程度，又会出现前一种曲线的情况，如图4-2所示。

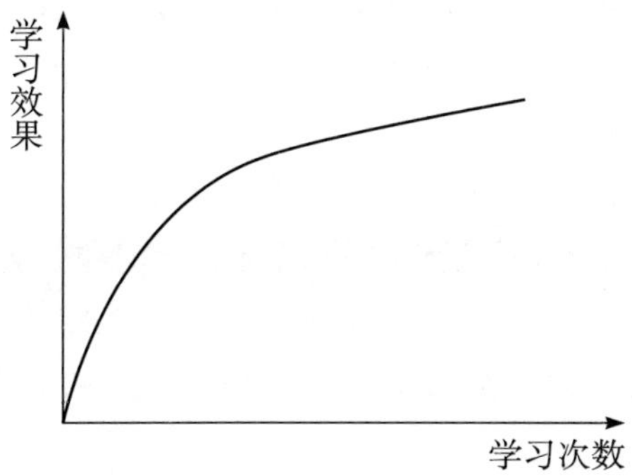

图4－1　先快后慢的学习曲线

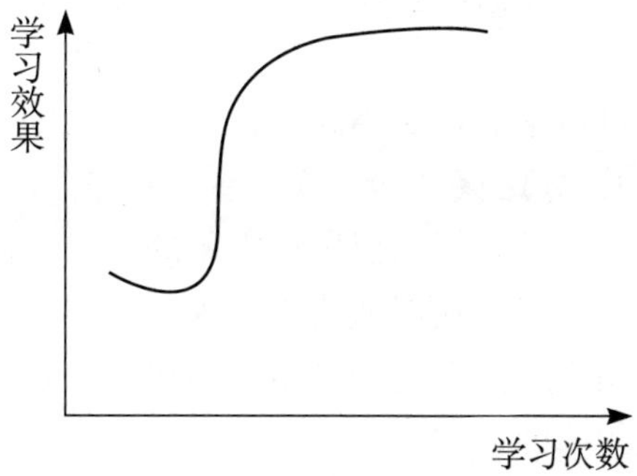

图4－2　先慢后快再慢的学习曲线

无论是先快后慢还是先慢后快再慢，学习效果到后来都表现出相对停滞，称为学习的高原现象。在学习曲线上表现为学习效果上升到某一高度后停滞不前，呈水平直线，这一段水平线称为高原。高原的起始点称为学习极限。在这一阶段，学习使人厌倦，过度重复还可能产生负面作用。

三、学习方法

人们的学习类型从根本上说不外乎有习惯性学习、条件学习、认知学习几种，但是学习的具体方法多种多样，下列学习方法比较常见。

1. 模仿法

我们对模仿的理解很多是来自心理学家尼尔·米勒（Neal E. Miller）和约翰·多拉德（John Dollard），他们将这种学习模式称为效仿或效仿性行为。米勒和多拉德在对模仿行为进行研究后提出，可能被别人模仿的人共有四种：年龄层次或级别层次较高的人；社会地位较高的人；聪明的人；各领域专家。模仿的情况大致有两种：（1）模仿可以是有意的、主动的，也可以是无意的、被动的。（2）模仿可以是重复的，也可以是主动的、有变化的。完全照原样模仿称为重复模仿；有所变化创新的模仿称为主动的、有变化的模仿。

模仿行为在消费者的购买活动中大量存在。例如，在穿着方面，时装发布会和模特展示在现代社会具有越来越大的影响，名人、明星的衣着打扮常常成为大众模仿的对象，因此，一些厂商、经销商经常会高价聘请名人、明星做广告。

2. 试误法

消费者在积累经验的过程中，总要经历一些错误的尝试，随着不断反复，错误逐渐减少，成功次数逐渐增多。试误不一定要亲身经历，从间接经验（别人的经验）中同样可以认识错误。消费中的错误是消费失败或消费需求得不到满足。导致消费失败的原因多种多样，企业应尽量避免自己的商品或服务与消费失败相关，相反，要尽量使消费者的满足与自己的商品或服务相关。

3. 发现法

发现法指消费者对消费对象认识发现以及主动进行思维记忆等以获得知识。例如，某消费者在商店里对某种商品发生兴趣后，主动积极地收集有关信息，或者当场询问售货员，从而获得对该商品的深入认识。一般购买价值较高的商品时，消费者可以用这种方法进行学习，对小商品、日常用品则大多用试误法进行学习。

4. 对比法

对比是人们认识事物常用的一种方法。消费者在消费活动中可以对消费对象、方式、时间、地点，甚至消费观念等进行对比。在每一次具体的对比选择过程中，决定比较结果的因素，孤立地看可能是随机的，但是通过适当的消费需求调查分析，还是可以找到一定规律的。

对消费对象的对比在消费活动中具有重要意义，对比的结果直接决定消费者的消费选择和购买决策。在竞争激烈的市场上，如何使自己的商品或服务在消费者的对比中脱颖而出，成为其首要选择，是企业营销的一个重点。

四、学习效果

消费者通过学习可以改变自身的某些行为方式，这些行为方式的改变对于企业经营及商品销售具有直接意义，因此，研究学习效果是相当重要的。一般来说，学习之后对于原有行为的改变有四种效果。

1. 学习加强型

通过一段时间的学习，加强了原来的行为强度，提高了行为的频率等，都属于加强型的学习效果。

2. 学习稳定型

消费某种商品或某一类商品之后，逐渐形成一定的消费需要或消费习惯，这种行为方式就会稳定下来。比如，一个人因好奇尝试吸烟，随着次数的增加，吸烟这种行为逐渐变成一种习惯，形成消费习惯后，该消费者购买香烟就不再是因为兴趣、炫耀或新奇等，而是出于习惯性的需要了。

3. 学习无效型

即不管怎样学习（消费过某种商品或接受了大量有关某种商品的信息），都没有改变消费者原来对待这种商品的行为方式，学习之后没有效果。出现这种情况的原因可能是消费者长期没有这方面的需要。

4. 学习削弱型

由于接收了更多的商品信息，增加了对企业的了解，削弱了原来的行为方式，或将原来的行为方式转变为另一种行为方式，如购买该商品的行为减少了，或干脆终止，转而去购买另一种商品等。

五、消费者的联想

联想是由一种事物想到另一种事物的心理活动过程，是消费者学习过程中比较重要的一种心理现象。联想可以由当时的情境引起，也可以由记忆中的事物引起。企业在开展营销活动时，可以通过控制购物环境或使用各种诱因来制定相应的联想策略，引导消费者形成促进消费的联想。

联想是心理学家较早研究的一种心理现象，迄今为止，已经总结出来的一般性联想形式主要有接近联想、类似联想、对比联想、因果联想、特殊联想等。以下介绍这些联想形式在消费者心理中的表现。

1. 接近联想

由于两种事物在位置、空间距离或时间上比较接近，人们认识了第一种事物后，很容易联想到另一种事物。例如，谈到北京，人们通常会联想到天安门、故宫、长城。

2. 类似联想

两种事物在大小、形状、功能、地理背景、时间背景等方面有类似之处，人们在认识一种事物的同时会联想到另一种事物。例如，我国著名水乡古镇周庄在进行国际旅游市场营销时，就利用类似联想推出“周庄——东方的威尼斯”的宣传口号，收到很好的效果。

3. 对比联想

两种事物在性质、大小、外观等方面存在相反的特点，人们在认识一种事物的同时会从反面联想到另一种事物。这种联想会为企业创造出许多新的机会，开发出满足消费者相互对立的需求的商品。例如，可以设计出大包装和小包装、成人用和儿童用、黑色和白色等配套商品。

4. 因果联想

两种事物之间存在一定的因果关系，容易使人由原因联想到结果，或由结果联想到原因。例如，企业宣布其商品全线降价，往往会引发消费者对降价原因的联想，是否由于商品供大于求，或质量下降，或原料价格降低，或竞争加剧等。消费者的这种因果联想经常影响企业营销策略的实施效果，要特别注意。

5. 特殊联想

两种事物之间本不存在必然联系，但某些特殊事件导致它们形成特殊关联，消费者在见到一种事物时会自然地联想到另一种事物。例如，联想集团成为2008年北京奥运会赞助商并冠名奥运指定商品，消费者在参与奥运活动时会联想到联想集团及其IT产品。

在营销实践中，联想的两种常见类型是色彩联想和音乐联想。色彩联想是使消费者由商品、广告、购物环境等的色彩感知联想到其他事物的心理活动过程。人们在购买服装、化妆品、手工艺品、装饰品以及其他一些需要观看外观的商品时，通常会从商品的色彩产生相应的联想。比如从色彩联想到空间、从色彩联想到物体的温度、从色彩联想到物体的重量，甚至联想到消费者的个性特点。音乐联想也是营销者非常看重的联想类型。音乐联想的形式比较丰富，如音乐形式的联想、音乐题材和内容的联想、音乐的音量和音质的联想等。在购物环境中，轻柔、舒缓的音乐或强烈、快节奏的音乐会给消费者带来不同的感受，进而影响消费者的购物情绪和对商品的感知。

第 2 节　学习理论及其在营销中的应用

心理学家提出了数种解释个体学习过程的理论，这些理论包括条件反射理论、认知学习理论和社会学习理论。了解这些理论非常重要，因为它们在一定程度上揭示了消费者购买决策形成及消费行为发生的一般规律。

一、条件反射理论及其营销应用

条件反射理论也称为刺激-反应理论。这一理论主张学习完全由外部可观察到的行为来加以解释，认为学习就是在刺激与反应之间建立一种前所未有的关系的过程。该理论主要包括经典条件反射理论和操作性条件反射理论。

1. 经典条件反射理论及其营销应用

经典条件反射理论是由伊凡 · 巴甫洛夫（Ivan Pavlov）提出的。该理论认为，借助某种刺激与某种反应之间的已有联系，经由练习可以建立起另一种中性刺激与同样反应之间的联系。

巴甫洛夫关于“狗和铃声”的实验可以对这一理论进行很好的诠释。实验中，当狗看见食物时，就开始分泌唾液。因为食物能够自然地引起狗分泌唾液的行为反应，所以这是无条件刺激，分泌唾液行为属于无条件反应。当不给狗食物而只是让它听见铃声时，狗并不会分泌唾液，因此铃声是一种中性刺激。如果每次在给狗喂食以前都让铃声响起，多次以后，铃声一响，尽管食物并未出现，狗也会分泌唾液，此时铃声成为一种条件刺激，分泌唾液成为狗的一种条件反应。经典条件反射形成过程如图 4 - 3 所示。

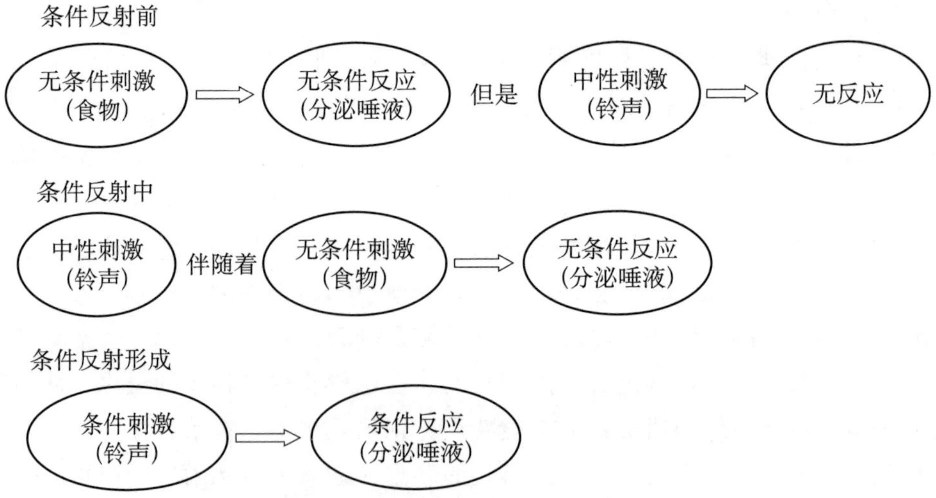

图 4 - 3　经典条件反射形成过程

资料来源：陈琦，刘儒德．当代教育心理学．北京：北京师范大学出版社，2007.

经典条件刺激与反应只有在中性刺激和无条件刺激多次相互配对之后才可能形成。配对暴露的次数——重复的次数，会增强刺激和反应之间的联系。例如，格力空调的经典广告语“好空调，格力造”被反复宣传并深深地印在消费者脑海中，以至于消费者一想起好的空调就会想到格力。事实上，经典条件反射理论在营销中运用广泛，许多经典的广告都应用这一原理，把那些能够引起人们美好情感反应的画面与宣传产品捆绑呈现，使顾客看到该产品就会想到广告中所宣传的美好意境。比如，麦当劳有一则有趣的“摇篮婴儿”广告，在该广告中，当摇篮荡到最高点时，摇篮中的婴儿会看到窗外麦当劳金色拱门标志，于是发出高兴的笑声，当摇篮荡到最低点时，婴儿无法看到金色拱门标志，就会大哭。这则广告通过这样一个充满童趣的画面，将麦当劳与开心快乐联系在一起。

一般来说，在低涉入情境下，经典条件反射比较常见，因为此种情境下消费者对产品或广告可能并没有十分注意，也不大关心产品或广告所传达的具体信息，但是在被动地接触了一系列刺激物之后，各种各样的联想或联系可能会建立起来。应特别指出的是，在低涉入情境下，消费者所学到的并不是关于刺激物的信息而是关于刺激物的情感反应，正是这种情感反应导致消费者对产品的学习和试用。

在经典条件反射中，还可能出现一种刺激泛化（stimulus generalization）的情况。刺激泛化是指与条件刺激相似的刺激往往会引起类似的条件反射。比如，巴甫洛夫发现，当狗听到钥匙碰撞等类似于铃声的声音时，有时也会分泌唾液。在营销中，一些小企业常常会对知名品牌进行模仿，比如采用类似的包装、相似的名字等，这种模仿策略就是希望消费者对其产品或服务产生与知名品牌一样好的反应。与刺激泛化相反，还有一种条件反射精确化的过程，即刺激甄别（stimulus discrimination）。刺激甄别是指只对某种特定刺激做出某种反应，对其他类似的刺激不做出反应。一些知名品牌企业常常会指导消费者如何辨识那些假冒伪劣产品，这种策略就是希望消费者对其品牌的品质特征做出精确的甄别。

2. 操作性条件反射理论及其营销应用

操作性条件反射理论是由美国著名心理学家斯金纳（Skinner）提出来的。斯金纳认为，学习是一种反应概率上的变化，强化是增大反应概率的手段。斯金纳以其著名的斯金纳箱实验对操作性条件反射理论进行了很好的阐释（见图4-4）。实验中，作为实验对象的老鼠（或鸽子）处于饥饿状态，将饥饿的老鼠（或鸽子）置于一个叫斯金纳箱的装置中。箱内有一个伸出的控制杆，触压控制杆，就会自动掉下食物，老鼠（或鸽子）在箱中可以自由活动和作出各种反应，图中 R_1，R_2，…，R_x，…，R_n 表示各种潜在的反应。例如，老鼠在箱内不安地乱跑，活动中它偶然触压了控制杆（R_x 行为发生），结果有食物落到箱中的食物盘内。经过反复多次，每次触压控制杆（R_x），必有食物落入盘内，最后老鼠会主动触压控制杆以获取食物。食物作为触压控制杆（R_x）这一反应的强化物，为刺激（饥饿）与反应（触压杠杆）之间的联结提供了条件。由于触压控制杆是获得奖赏即食物的一种手段，因此，这一类型的学习称为操作性条件反射。当然，强化物也可以是带有惩罚或负面性质的。比如，可以将食物换为电击，即老鼠每触压一次控制杆将遭受一次电击，那么在经过若干次电击后，老鼠将不再触压控制杆。

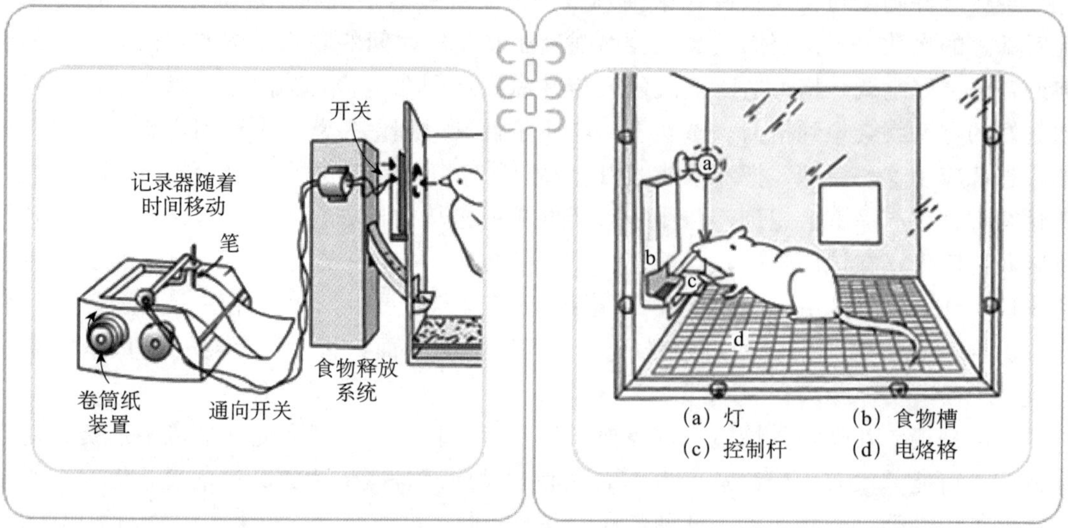

（a）斯金纳箱示意图

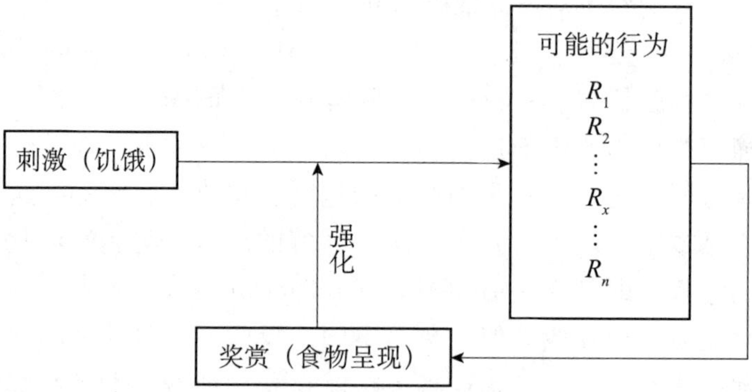

（b）操作性条件反射形成过程

图 4－4　斯金纳箱实验

资料来源：Skinner B F. The Behavior of Organisms：An Experimental Analysis. New York：Appleton-Century，1938.

操作性条件反射形成的第一个必要因素是个体的自发行为，这是它与经典条件反射不同的一点。在经典条件反射中，行为反应是由某个刺激被动引发的，但是在操作性条件反射中，特定行为的发生是个体主动操作活动的结果。操作性条件反射形成的第二个必要因素是伴随特定行为反应的结果，即强化物的呈现。强化是操作性条件反射形成的关键，这与经典条件反射有所不同。在经典条件反射中，反射形成的最为关键的条件是中性刺激和无条件刺激配对的重复暴露的次数，在操作性条件反射中，强化将会加强刺激与反应之间的联结，因此，联结刺激与反应，在很大程度上取决于对强化物的安排。金伯尔（Kimble）发现，如果给予连续强化，即在每次正确反应后就给予强化物，个体对正确反应的学习速度很快，但当强化物不再出现或中止强化时，正确反应的消退速度也很快；相反，如果强化是间断性的或部分的，即不是对所有正确反应而只是对部分正确反应给予强化，虽然最初对正确反应的学习速度较慢，但在强化物消失后，行为消退的速度也比较慢。

操作性条件反射理论的事例在消费者行为中比较常见。比如，一个消费者偶尔购买了一种产品并体验到一种积极结果，他再次购买这种产品的可能性就会增大；如果消费结果是不利的，则再次购买该产品的可能性会减小。在营销领域，企业通常会通过向消费者提供某些营销奖励来增大其购买行为发生或重复的概率，比如赠送免费样品、价格折扣、赠品、赠送优惠券等。这些营销奖励就属于积极强化物，是营销人员影响消费者行为最常用的手段。

二、其他重要的学习理论

（一）认知学习理论

与主张学习是条件反射的观点不同，许多心理学家更为关心人们的心理和认知过程在学习过程中的作用。认知学习理论假设学习是有意识的过程，其重点不在于学到了什么（根据条件反射理论）而在于是如何学到的。

德国心理学家柯勒通过观察黑猩猩在目的受阻的情境中的行为反应，发现黑猩猩在学习解决问题时，并不需要经过试错的过程，而是通过观察发现情境中各种条件之间的关系，然后采取行动。柯勒称黑猩猩此种学习为顿悟。在柯勒看来，顿悟是主体对目标和达到目标的手段之间关系的理解，顿悟不必靠练习和经验，只要个体理解了整个情境中各成分之间的相互关系，顿悟就会自然发生。

继柯勒的顿悟实验之后，美国心理学家托尔曼与霍齐克于 1930 年所做的关于潜伏学习的实验，对行为主义的强化学习原理作了进一步反驳。该项实验发现，在既无正面强化也无负面强化的条件下，学习仍可采用潜伏的方式进行。关于这一点，现实生活中的很多现象都可以提供支持。比如，在接触各种广告的过程中，消费者可能并没有有意识地对广告内容进行学习，其行为也未表现出受某则广告影响的迹象，但并不能由此推断消费者没有获得关于该广告的某些知识与信息。也许，当某一天消费者要达成某种目标时，会突然从记忆中提取源自该广告的信息，此时，潜伏学习会通过外显行为表现出来。

（二）社会学习理论

社会学习理论又称观察学习理论，主要由美国心理学家班杜拉（A. Bandura）倡导。班杜拉的学习理论的一个显著特点是强调学习过程中社会条件的作用。

班杜拉认为，人的许多行为都是通过观察学习获得的。观察学习或称替代学习是“经由对他人的行为及其强化结果的观察，一个人获得某些新的反应，或使现有的行为反应得到矫正，同时在此过程中观察者并没有外显性的操作示范反应”。观察学习具有以下特点：首先，观察学习并不必然具有外显的行为反应；其次，观察学习并不依赖直接强化，在没有强化作用的情况下，观察学习同样可以发生；再次，观察学习不同于模仿。模仿是指学习者对榜样行为的简单复制，观察学习则是从他人的行为及其后果中获得信息，它可能包含模仿，也可

素养园地　构建终身学习体系，树立终身学习观念

能不包含模仿。例如，两辆汽车行驶在公路上，前一辆车不小心撞上了路桩，后一辆车急忙转弯，以避免与前面的车辆碰撞。在这个例子中，后面司机的行为是观察学习的结果，但并不涉及任何模仿的因素。

第 3 节　消费者的记忆

一、记忆的概念

记忆是过去经验在大脑中的反映。具体来说，记忆是大脑对感知过的事物、思考过的问题或理论、体验过的情绪或做过的动作的反映。与感知相同，记忆也是大脑对客观事物所作的反映活动。二者的区别在于：感知是大脑对当前直接作用的事物的反映，记忆是大脑对过去经验的反映，也就是说，记忆中保留的映像是过去的经历或经验。

记忆是大脑的重要机能之一，也是消费者认识过程中极其重要的心理要素。在消费实践中，消费者感知过的广告、使用过的商品、光顾过的商店、体验过的情感以及做过的动作等，不会消失得无影无踪，而是在大脑皮层留下兴奋过程的印迹，在一定条件下，这些印迹能够重新活跃起来，就能再现已经消失的消费对象的表象。表象即过去感知过的事物在头脑中再现出来的形象。

记忆在消费者心理与行为活动中具有重要作用。正是有了记忆，消费者才能把过去的经验作为表象保存起来。经验的积累推动了消费者心理的发展和行为的复杂化；反之，没有记忆则无法积累和形成经验，也不可能有消费心理活动的高度发展，甚至连最简单的消费行为也难以实现。例如，如果丧失对商品外观、用途或功效的记忆，消费者再次购买同一种商品时，将无法辨认并做出正确的判断和选择。

二、记忆的过程

消费者对过去经验的记忆是经历一定过程的。心理学研究表明，这一过程包括识记、保持、回忆、再认四个基本环节。

1. 识记

识记是一种有意识的反复感知，使客观事物的印迹在头脑中保留下来成为映像的心理过程。整个记忆过程是从识记开始的，它是记忆过程的第一步。

（1）根据消费者在识记时是否有明确目的或随意性，可分为无意识记和有意识记。

无意识记是事先没有明确目的，也没有经过特殊的意志努力的识记。当消费者随意浏览商品或阅读报纸、看电视时，虽然没有明确的目的和任务，也没有付出特别的努力，但某些商品或广告的内容可能被自然而然地识记下来，这就是无意识记。无意识记具有很大的选择性。一般来说，那些在消费者的生活中具有重要意义，适合个人需要、兴趣、偏好，能激起情绪或情感反应的消费信息，给人的印象深刻，容易被无意识记。

有意识记是有预定目的并经过意志努力的识记。例如，欲购买汽车的消费者对各种汽车的品牌、性能、质量、价格、外观等特性，均要进行全面了解和努力识记。可见，有意识记是一种复杂的智力活动和意志活动，要求有积极的思维参与和意志努力。消费者掌握系统的消费知识和经验，主要依靠有意识记。

（2）根据所识记的材料有无意义和识记者是否理解其意义，可分为机械识记和意义识记。

机械识记是对事物没有理解的情况下，依据事物的外部联系机械重复进行的识记。例如没有意义的数字、生疏的专业术语等。机械识记是一种难度较大的识记，容易对消费者接收信息造成阻碍。因此，企业在宣传产品、设计商标或为产品及企业命名时，应当坚持便于消费者识记的原则。

意义识记是在对事物理解的基础上，依据事物的内在联系所进行的识记。它是消费者通过积极的思维活动，揭示消费对象的本质特征，找到新的消费对象和已有知识的内在联系，并将其纳入已有知识系统中来识记的。运用这种识记，消费者对消费对象的内容和形式容易记住，保持的时间较长，并且易于提取。大量的实验表明，以理解为基础的意义识记，在全面性、快速性、准确性和巩固性方面都比机械识记优越得多。

2. 保持

保持是过去经历过的事物在头脑中的映像得到巩固的过程。保持并不是对过去经验的机械重复，它是对识记的材料进一步加工、存储的过程。存储起来的信息材料也不是一成不变的，随着时间的推移和后来经验的影响，保持的识记在数量和质量上会发生某些变化。一般来说，随着时间推移，保持量逐渐减少，也就是说人对经历过的事物总要忘掉一些。此外，存储材料的内容、概要性、完整性等也会发生改变。

识记保持的数量或质量变化有的具有积极意义，如消费者在识记商品的过程中，逐渐了解并概括出商品的基本特性，对无关紧要的细节忽略不计，把有关的必要信息作为经验在头脑中存储起来。有的变化也会有消极作用，如消费者遗漏了主要的内容，或者歪曲了消费对象的本来特征，后者主要表现为遗忘。

3. 回忆

回忆又称重现，是对不在眼前的、过去经历过的事物的表象在头脑中重新显现出来的过程。例如，消费者购买商品时，往往把商品的各种特点与在其他商店见到的，或自己使用过的同类商品进行比较，以便作出选择，这就需要回想，这个回想的过程就是回忆。

根据是否有预定目的，回忆可以分为无意回忆和有意回忆。无意回忆是事先没有预定目的，也无须意志努力的回忆。有意回忆则是有目的的、需要意志努力的回忆。例如，消费者在做出购买决定时，为慎重起见，需要努力回忆以往见过的同类商品或了解过的有关信息。

消费者对消费信息的回忆有直接性和间接性之别。直接性就是由当前的对象唤起旧经验。例如，一见到瑞士劳力士表广告，就想起了解过的瑞士钟表技术及各种溢美之词。这种直接的回忆或重现相对比较容易。间接性是要通过一系列的中介性联想才能唤起对过去经验的回忆。例如，曾使用过海尔冰箱的消费者，一时想不起冰箱的规格款式，但通过海尔兄弟的卡通标识则可能唤起其回忆。这种回忆有时需要较大的努力，经过一番思索才能完成，这种情况叫作追忆。运用追忆的心理技巧，如提供中介性联想引起追忆，有助于消费者迅速回忆起过去的经验。

4. 再认

过去经历过的事物重新出现时能够识别出来就是再认。例如，消费者能够很快认出购买过的商品、光顾过的商店、观看过的广告等。一般来说，再认比重现简单、容易，能重现的事物通常都能再认。

上述四个环节彼此联系，相互制约，共同构成消费者的记忆过程。没有识记就谈不上对消费对象内容的保持，没有识记和保持，也不可能对接触过的消费对象回忆和再认。因此，识记和保持是回忆和再认的前提，回忆和再认则是识记与保持的结果及表现，同时，通过再认和回忆还能进一步巩固对消费对象的识记和保持。消费者在选择商品和采取购买行动时，就是通过识记、保持、回忆和再认来利用过去的经历和经验的。

三、消费者记忆的类型

消费者的记忆按照不同方式可以分成多种类型。

1. 根据记忆内容或映像的性质，可以分为形象记忆、逻辑记忆、情绪记忆和运动记忆

形象记忆是以感知过的消费对象的形象为内容的记忆，如对商品形状、大小、颜色的记忆。心理学研究表明，人脑对事物形象的记忆往往强于对事物内在逻辑联系的记忆，二者的比例约为1 000∶1。形象记忆是消费者大量采用的一种主要记忆形式，其中又以视觉形象记忆和听觉形象记忆为主。

逻辑记忆指以概念、判断、推理等为内容的记忆，如关于商品质量、功能、质量标准、使用效果测定等的记忆。这种记忆是通过语言的作用和思维过程来实现的，它是人类特有的具有高度理解性、逻辑性的记忆，是记忆的较高级形式，但由于对消费者的逻辑思维能力要求较高，企业在传播商品信息时应慎用这种记忆形式。

情绪记忆是以体验过的某种情绪为内容的记忆，如对过去某次购物活动的喜悦心情或温馨情境的记忆。这种记忆形式在消费者的记忆过程中经常使用，它可以激发消费者重新产生过去曾经体验过的情绪，成为出现某种心境的原因。这种记忆的映像有时比其他记忆的映像更为持久，甚至让人终身不忘。因此，在商品宣传时，恰当调动消费者的情感体验，可以使消费者形成深刻的情绪记忆。

运动记忆指以做过的运动或动作为内容的记忆，如消费者对选择跑步机的记忆，主要由亲身体验的跑步动作和身体感受构成。运动记忆对于消费者形成各种熟练选择和购买技巧是非常重要的。

2. 根据记忆保持时间长短或记忆阶段，可以分为瞬时记忆、短时记忆和长时记忆

在处理与品牌有关的信息时，保持时间长短不同的三种记忆形式都会被用到。三种记忆形式的相互关系如图4-5所示。

瞬时记忆也叫感觉记忆，它是极为短暂的记忆。据研究，视觉瞬时记忆不到1秒钟，听觉瞬时记忆在4～5秒钟。瞬时记忆的特点是：信息的保存是形象的，保存的时间很

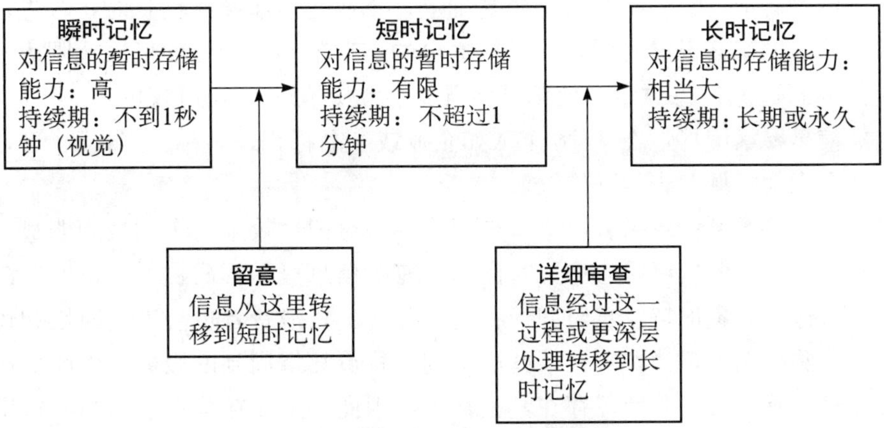

图 4－5 三种记忆形式的相互关系

短，且保存量大。消费者在商店等购物场所接收到大量的消费信息，但多数呈瞬时记忆状态。在瞬时记忆中的信息如果没有留意就会很快消失，如果留意了就会转入短时记忆。

短时记忆的信息在头脑中存储的时间长些，但一般不超过 1 分钟。例如，消费者对广告中出现的某生产厂商的电话号码边看边记，依靠的就是短时记忆。如果不重复，短时记忆的信息在 1 分钟内就会衰退或消失，而且短时记忆的容量不大。因此，在告知消费者数字、符号等机械性信息时，不宜过长或过多。

长时记忆是指保持 1 分钟以上直至数日、数周、数年甚至终身的记忆。与短时记忆相比，长时记忆的容量相当大，并且是以有组织的状态存储信息。长时记忆对消费者知识和经验的积累具有重要作用，它会直接影响消费者的购买选择和决策。对于企业而言，其运用各种宣传促销手段达到的最佳效果就是使消费者对商品或企业形成长时记忆。

三种记忆形式在消费者处理信息和记忆过程中的作用如图 4－6 所示。

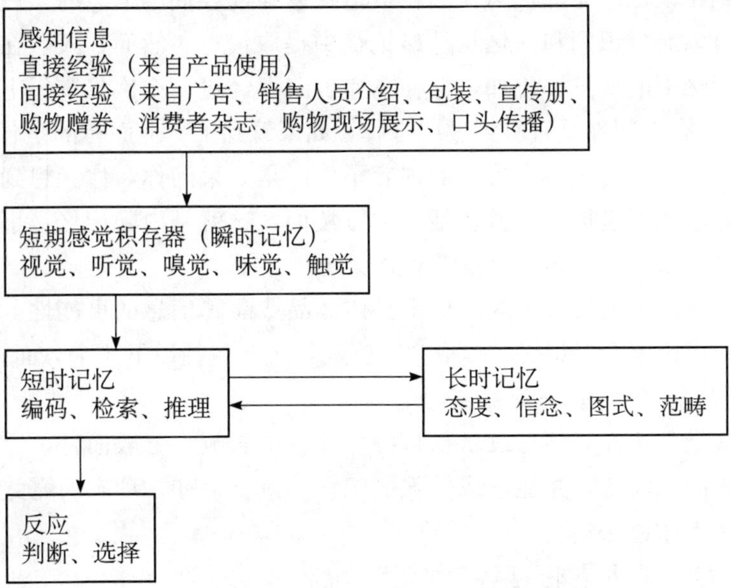

图 4－6 消费者处理信息和记忆过程

在了解消费者记忆类型及其特点的基础上，企业在传递商品信息时，首先，要考虑消费者接收信息的记忆极限问题，尽量把输出的信息限制在记忆的极限范围内，避免因超出相应范围而造成信息过量，使消费者无法接受。例如，在电视的“5 秒标版广告”中，播出的信息要素应尽量在 7～8 个（如企业或产品标识、名称、广告语等），超出这一范围，就会大大降低广告的宣传效果。

其次，从记忆类型的效果看，情绪与情感因素对记忆效果的影响最为明显。消费者在愉快、兴奋、激动的情绪状态中，对商品及有关信息极易形成良好、鲜明、深刻的记忆表象，并将这一表象保持较长时间。在适当环境下，消费者也会迅速回忆和再认原有表象及情绪体验。例如，消费者在某商店得到售货员热情周到的服务，由此形成良好的心理感受，这一感受会长久地保存在其记忆中。因此，企业在营销活动中应特别注重发挥情绪记忆的作用，如在广告和公共关系活动的创意设计中，就可以利用情感诉求手段来加强消费者对企业与商品的良好印象。

四、记忆的提取和遗忘

（一）记忆的提取

记忆的提取是指回忆起存储于记忆中的信息的过程。提取是将信息从长时记忆中转到工作记忆或意识当中的过程。当人们把一个记忆线索传递至长时记忆，并在其中搜索先前的记忆痕迹或者先前存储的记忆时，提取过程就发生了。记忆提取的线索至关重要，虽然进入大脑的长时记忆中的信息不会消失，但是如果没有适当的线索提示，将很难或者不可能提取这些信息。记忆的线索有很多种，可能是一种声音、一种气味、一种颜色、一个场景等。

消费者可以通过两种提取系统来提取信息，即外显记忆和内隐记忆。外显记忆是消费者有意识地利用记忆的能力，当他们积极地搜索先前存储的信息时，就是在使用外显记忆。消费者可以通过识别和回忆从外显记忆中提取信息。然而，人们在很多时候并非有意识地提取记忆中的信息。比如，你在高速公路上经过一个广告牌，上面印有“白象方便面”，随后，有人问你是否看到过广告牌，如果看到了，上面写的是什么，可你已经不记得看到过广告牌，更别提广告牌的内容了，但是如果问你，你能想到的 3 个方便面品牌有哪些，你的回答里很可能就包括白象方便面，这就是内隐记忆，事实上你已经对广告牌的内容进行了记忆编码，只是没有意识到。

了解如何才能增加消费者提取记忆中具体产品或品牌信息的可能性，对于营销人员十分重要。有很多因素会对记忆的提取产生影响，主要包括以下 4 个方面。

1. 所要提取信息或事物的显著性

记忆的提取受到所提取信息或事物自身显著性的影响，一般而言，显著的信息和事物往往会引起人们的注意，并能形成较强的记忆痕迹。比如，动态的霓虹灯广告牌一般比静态广告牌让人印象深刻。

2. 消费者对信息或事物的熟悉度

消费者对一个事物的熟悉程度越高就越容易回忆起该事物。一方面，因为人们对于这个事物的记忆痕迹会比较强；另一方面，因为该事物可能与记忆中的许多其他概念有联系，激活的可能性更高。实际上，营销者在建立和保持其产品和服务在消费者记忆中的地位时，一个基本目标就是提高消费者对产品和服务的熟悉度。

3. 记忆提取的线索

提取线索是能够激活记忆的刺激。比如，你想要记住京东购物商城将在某日开展的优惠活动，你可以写一个标有日期和“京东”字样的便条放在桌子上，这张便条便是提取线索，日后你看到这个纸条，就会想起当日的京东优惠活动。

品牌名称是最重要的提取线索。人们看到如格力、联想、海尔、苹果、李宁等品牌名称，就能够从记忆中提取出这些品牌相关信息。除了品牌名称之外，品牌标志、包装、广告画面等都能作为提取线索。

4. 消费者自身的特征

消费者的心境会影响记忆的提取。首先，好心境一般能提高消费者对信息和事情的回忆；其次，消费者更倾向于回想起与当时心境一致的信息。当消费者感觉良好时，回想起品牌相关信息的可能性更高，而且可能回想起积极的信息。

消费者的专业知识也会影响记忆的提取。一般而言，专家型消费者的记忆网络比新手型消费者的更为复杂和详细，常常能回想起更多的产品和品牌以及属性特征信息。

（二）消费者的遗忘

在消费实践中，无论何种类型的记忆都难以永远保持，这是由于在记忆过程中存在另一个重要的心理机制，即遗忘。对识记过的事物不能再认或回忆，或者表现为错误的再认或回忆，称为遗忘。遗忘是与保持相反的过程，其实质是由于不使用已记忆的材料或别的学习材料的干扰，记忆中保持的材料丧失。遗忘可能是永久性的，即不再重复时就永远不能再认或重现，如许多文字或电视广告，倘若不加注意和有意识记，很可能会完全忘记。遗忘也可能是暂时的，消费者叫不出熟悉商品的名称，想不起使用过商品的操作程序，都属于暂时性遗忘。

关于消费者遗忘的原因，有两种假设，即衰退说和干扰说。衰退说认为遗忘是记忆痕迹得不到强化而逐渐减弱、衰退以至于消失的结果。干扰说则认为遗忘是在学习和回忆之间受到其他刺激干扰的结果，记忆痕迹本身不会变化，它之所以不能恢复活动，是由于存在干扰，干扰一旦被排除，记忆就能恢复。这个学说最有力的证据就是前摄抑制和后摄抑制。前摄抑制是指先前学习的材料对后学习材料的干扰作用；后摄抑制是指后学习的材料对先前学习材料的干扰作用。在消费活动中，前摄抑制和后摄抑制的影响是十分明显的。例如，消费者在连续观看十几则电视广告之后，往往对开始和最后的广告记忆深刻，对中间的多数广告则记忆不清。

消费者的遗忘是有规律的。根据心理学家艾宾浩斯的研究，消费者的遗忘过程大致呈如图 4－7 所示的曲线。

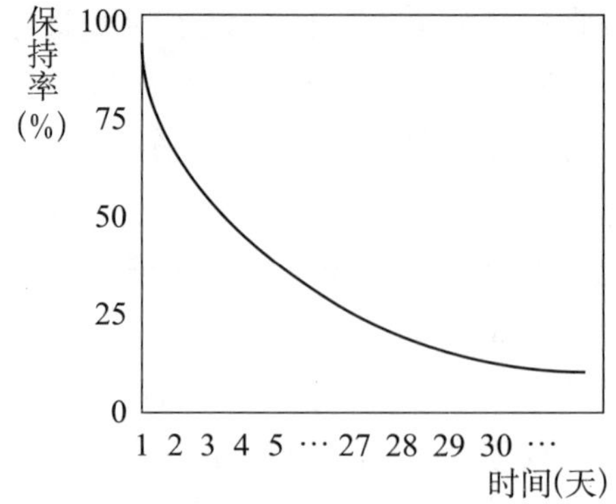

图 4-7　遗忘曲线

资料来源：黄希庭．心理学导论．北京：人民教育出版社，2007.

从遗忘曲线可以看出，消费者在识记后保持在头脑中的信息随时间的推移而递减，这种递减在识记后的短时间内特别迅速，即遗忘较多。一项实验表明，某广告最后一次重复之后，只相隔 4 个小时，消费者记住它的百分比就下降了 50%。此后，随着时间的推移，遗忘的速度缓慢下来，保持渐趋稳定的下降，也就是说，遗忘的进程是先快后慢。

了解消费者遗忘的规律，对于企业有针对性地采取措施，帮助消费者减少遗忘、保持有效记忆具有重要意义。首先，由于独特的、不寻常的信息较少受遗忘的干扰，具有更大的记忆潜力，因此，广告等消费信息必须具有鲜明的主题和特色。其次，由于呈现信息的顺序会影响对信息的保持，比如信息的中间部分最容易遗忘，因此在提供消费信息时，应尽可能将最重要的部分放在开头与结尾，以免出现前摄抑制和后摄抑制。再次，由于重复可以增加信息在短时记忆中停留的机会，不断重复还有助于将短时记忆转化为长时记忆，所以应尽可能多次重复有关消费信息，但应注意表现形式的多样化和重复的间隔性与节奏性，避免引起消费者的乏味感和厌烦情绪。最后，遗忘的恢复依赖于某些线索，这些线索会促进对识记材料的回忆。为此，商品的包装、陈列以及广告设计等都应考虑利用相同的线索来帮助消费者回忆起已经遗忘的信息材料。

五、消费者记忆与品牌知识

品牌知识是创造品牌资产的关键，它由两部分组成，即品牌认知和品牌形象。品牌认知与记忆中品牌节点的强度有关，它反映了消费者在不同情况下识别和回忆起该品牌的能力。品牌形象则是人们对品牌的感觉，它反映了消费者记忆中关于该品牌的联想。品牌联想是记忆中与品牌节点相关联的其他信息节点，是顾客心目中的品牌含义。比如，看到麦当劳这个品牌，消费者可能联想到汉堡包、麦当劳叔叔、清洁卫生、儿童乐园等；看到苹果品牌，会联想到创新、时尚、科技等；看到奔驰，会联想到高端、质量好、德国制造等。一般而言，著名品牌的认知度比较高，并且能够使消费者产生有丰富意义的想象和感觉。

对于营销者而言，要使品牌知识留在顾客记忆中，很重要的一点是不仅要保持品牌较高的认知度，而且要让顾客对品牌产生积极、丰富的联想。

品牌认知创建的主要途径是不断展示品牌从而提高消费者对品牌的熟悉程度，也就是说，企业可以通过在媒体上不断地宣传其品牌要素，包括品牌名称、商标、包装、标语、特征等，提高消费者对品牌的了解和熟悉程度。除此之外，企业在宣传过程中，还应加强品牌与产品类型的联系，尤其是当品牌的产品意义发生变化时（如品牌延伸、扩展和合并），品牌与相应产品类别或其他相关暗示间的联系就更为重要。

一个积极的品牌形象是通过将强势的、偏爱的或独特的联想与记忆中的品牌联系起来的营销活动建立的。一系列与品牌性能和形象有关的因素，比如目标使用者的情况、购买及使用情境、个性和价值、品牌历史及传统等都能成为品牌联想的要素。要素联想既可以直接形成（通过消费者对产品、品牌、目标市场以及使用情况的亲身经历），也可以间接形成（通过品牌广告对这些方面的描述以及其他诸如口碑等信息来源）。

素养园地　造中国品牌讲中国故事

第 4 节　品牌价值与消费者记忆

一、品牌价值的概念构成

（一）品牌价值的定义

品牌价值是指品牌创造未来价值流的能力，通过获取消费者溢价（例如，同样的马克杯，贴上星巴克的标签可以卖出更高的价格）或吸引资本的能力使得该品牌获得比其他品牌更多的利益。若是一个品牌对于消费者具有较高的品牌价值，消费者对该品牌有更高的喜爱程度，对于产品的价格有更高的容忍度，则会分配给该品牌更多的资源。

（二）品牌价值包含的内容

在当代管理思想中，品牌价值存在于品牌资产中。品牌价值意味着一个品牌具有区别于其他品牌的个性，这种个性的存在给消费者带来了额外效用，品牌个性是消费者价值的来源。将品牌价值转换为消费者价值是品牌获取利润的源头。品牌价值的重要组成部分是在消费者心中的整体形象，包括品牌的质量、特征、品位、文化等，代表着该品牌可以为消费者带来的价值。

二、品牌价值的影响因素

（一）品牌价值提升策略

1. 品牌规划

品牌规划是建立以品牌为核心、塑造优势品牌的必经之路。建立与其他品牌不同的品牌识别，为今后获取品牌利润奠定基础。品牌规划的重要内容包括品牌核心价值的识别；增强品牌识别；合理进行品牌延伸或渠道扩展；加强品牌管理。

2. 关注顾客需求

市场的竞争主要是争取更多的顾客，竞争的焦点便是满足顾客多元化、个性化的需求。因此，关注顾客需求、提升顾客体验能够帮助企业创造更高的品牌价值。随着科技的发展，消费者更加需要便利快捷且安全可靠的产品或服务，品牌要能跟随潮流，满足消费者的需求，不被时代淘汰。

3. 品牌创新

创新是品牌需要一直做的工作。品牌老化将失去顾客。品牌创新，一是可以在原有产品中加入新元素（例如新技术、新配方等），让消费者耳目一新；二是可以采取广告的方式，给产品一个全新的定位。品牌创新不仅包括产品创新，而且包括管理方法、团队建设、营销渠道的创新等。

（二）品牌价值评估方法①

1. 市场结构模型法

市场结构模型法是通过比较同一行业或类似行业的品牌的价值来得出自己品牌的价值。品牌价值需要通过对比才能凸显，不同品牌的价值与品牌的市场占有能力、市场创利能力和市场发展能力是正相关关系，同时还要考虑市场上不确定因素对品牌价值的影响，以准确地评估品牌的价值。具体步骤如下。

首先，测算出已知价值品牌和被评估品牌的三种能力数值。

市场占有能力＝企业销售收入/行业销售总收入

市场创利能力＝净资产收益率－行业平均净资产收益率

市场发展能力＝销售增长额/上年销售额

接着，求出被评估品牌每种能力占已知价值品牌相应能力的百分比，再根据行业的具体情况如企业规模、行业特征等对三个能力的百分比进行权数的调整，然后进行加权平均计算。

最后，代入公式：

被评估品牌价值＝某一可比照品牌的价值×调整后的加权平均百分比

2. Interbrand 品牌价值评估法

英国 Interbrand 公司的品牌价值评估方法在实践中得到较广泛的运用，在国际上有很大影响力。该方法以未来收益为基础评估品牌资产，其特点在于权数是确定的。该方法根据企业市场占有率、产品销售量以及利润状况，结合主观判断的品牌因子，确定品牌的价值。其计算公式为：

$$E = I \times G$$

式中，E 为品牌价值；I 为品牌给企业带来的年平均利润；G 为品牌因子。

首先，要对企业利润进行分离，分离出由品牌带给企业的利润 I。其次，估算出品牌因子 G。品牌因子又称品牌强度倍数，是指品牌的预期获利年限。

---

① 赵平，裘晓东．品牌价值评估方法．管理评论，2002（5）：44－45.

3. Kemin 模型

该品牌价值评估模型是以品牌的市场表现和企业拥有的技术创新能力作为评估依据，同时考虑了市场的资金利率水平。Kemin 模型可表述如下：

$$W=\sqrt[3]{U^2\times L\times\frac{q^n-1}{q^n(q-1)}}$$

式中，W 为品牌价值；U 为每年的市场销售额；L 为专利情况（数量）；n 为时间段；q 为一般利率水平。

三、消费者记忆对品牌价值的影响

（一）消费者记忆的营销意义

消费者有关品牌的记忆包括方方面面，例如产品类别、广告代言人、价格等，这些会在消费者的复杂记忆网络中占据一席之地。当对某个品牌进行回忆时，消费者记起的事物有些是与其他品牌共有的，有些是独特的。一方面，品牌需要共有属性以便消费者分类，使消费者更容易调取记忆；另一方面，品牌要具有独特属性以便与竞品分开，形成消费者心中的品牌形象，消费者更易购买。

消费者对于品牌的正面记忆（例如质量好、性价比高）能让消费者更加容易接受品牌溢价，品牌可以从中获取更多利润。让消费者对品牌产生好的联想和正面的记忆不仅能够提高品牌忠诚度，而且能提高消费者满意度。

（二）消费者记忆与品牌记忆

1. 品牌记忆

当提到一个品牌时，消费者对该品牌的记忆程度，可以称为品牌记忆。由于消费者的记忆有限，能否让消费者记住品牌成为商家苦恼的问题，商家希望消费者的记忆与品牌联系密切。例如，提到“一切皆有可能”，消费者会立马联想到李宁，只要能联想到这个品牌，消费者购买的可能性便会大大增加。

2. 品牌回想

消费者的品牌知识包含记忆中的品牌节点及与之相关的多种联想。品牌回想指某一品牌信息能否被回忆起来，进而影响消费者的反应和决策。

3. 消费者记忆与品牌联系

品牌记忆是由消费者在不同条件下识别不同品牌元素（品牌名称、商标图案、符号、性质、包装、口号）的状况反映的，它还关系到在给出不同类型线索的条件下想起一个品牌的可能性和容易程度。当消费者考虑购买某种产品时，关于品牌的信息节点将被激活，消费者记忆中的品牌信息节点会扩散到与之联系的其他节点，这些信息节点的内容将被回忆，这些回忆构成品牌知识，只要被激活，消费者就会回忆起相关信息或概念，如果它们与消费者的特定需求吻合，消费者更容易购买。

（三）消费者记忆与品牌价值的提升

消费者的品牌知识成为消费者传播品牌信息和推荐的重要来源。在消费者品牌知识的记忆节点中包含与品牌相关的多种联想，这些联想不仅有客观信息，包括产品外观、品牌名称、商标、口号等，而且有主观加工信息，例如消费者的购买体验、使用后的心得等。这些信息也成为品牌的一部分，在消费者心中与品牌紧密相连。

当消费者对品牌有好印象，形成正面记忆时，更加容易对品牌产生正面评价，品牌可以从中获取更高的利润。正面记忆不仅存在于消费者的心中，而且通过消费者的口碑传播形成一个“网”，形成一个良性循环，从而创造更高的品牌价值。

基本概念

学习 learning

经典条件反射 classical conditioning

操作性条件反射 instrumental conditioning

认知学习 cognitive learning

记忆 memory

短时记忆 short-term memory

长时记忆 long-term memory

品牌价值 brand value

思考题

1. 什么是学习？学习的基本方法有哪些？
2. 简述经典条件反射和操作性条件反射的异同。
3. 什么是认知学习和社会学习？二者与条件反射学习理论有什么不同？
4. 什么是联想？其基本形式有哪些？
5. 什么是记忆？简述其基本环节。
6. 消费者的记忆类型有哪些？
7. 影响记忆提取的因素有哪些？
8. 什么是遗忘？可能产生遗忘的原因有哪些？
9. 运用学习和记忆的相关理论，说说应该怎样做才能让顾客形成关于品牌的丰富知识？
10. 品牌价值如何提升？

案例

LVMH携手奥运，品牌闪耀巴黎

2024年7月，第33届夏季奥林匹克运动会在法国巴黎开幕。2024年巴黎奥运会赞助商LVMH集团此前明确表示会为本次奥运会提供1.5亿欧元（折合人民币11.81亿元）的赞助费用。LVMH旗下的路易威登（Louis Vuitton）、Berluti、尚美（CHAUMET）、酩悦·轩尼诗（Moët Hennessy）、丝芙兰（Sephora）为巴黎奥运会提供支持。开幕式上，多次出现法国奢侈品巨头LVMH集团相关产品的镜头，包括奖牌盒子、工厂车间制作过程等。这些“硬广”已经成为社交媒体刷屏的话题。

多渠道推广，强化品牌印象

伴随着巴黎奥运会的全球盛况，LV 作为赞助商，充分利用这一国际盛事的广泛影响力。LV 不仅在巴黎奥运会期间通过电视广告、网络视频、社交媒体等多种渠道进行品牌推广，还在巴黎奥运会的各类相关活动中频繁亮相，如开幕式、闭幕式、运动员颁奖典礼等。

从奥运火炬传递开始，火炬就被存放在定制的路易威登火炬箱中，而奥运火炬的传递路线停靠点中包括 LVMH 旗下 Cheval Blanc 酒店和巴黎西部的路易威登基金会博物馆。LVMH 旗下珠宝品牌尚美为巴黎奥运会设计了奥运奖牌，每枚奖牌中央都嵌有一小块来自埃菲尔铁塔的铁片，这些奖牌将被存放在定制的路易威登奖牌箱中展示。志愿者颁奖礼服也由 LV 提供，白色 Polo 衫、贝雷帽，搭配米色长裤，中性风的复古设计，还原了 20 世纪 20 年代巴黎奥运会的风格。此次 LV 为 515 名志愿者提供了 600 套颁奖礼服。

这种多渠道、全方位的推广策略，使得 LV 品牌在全球范围内获得了极高的曝光度，有效防止了消费者遗忘，进一步强化了品牌在消费者心中的印象。

贴合奥运形象，提升品牌价值

作为巴黎奥运会的优质合作伙伴，LVMH 有助于提升在全球的吸引力及其专业技能，并将 LVMH 的卓越创造力提供给巴黎奥运会的组织者。LVMH 积极支持巴黎奥运会的环境和社会愿景，并为能够为巴黎打造一场真正令人难忘的赛事感到自豪。更重要的是，这一合作关系与 LVMH 及其旗下品牌多年来对高水平体育赛事和著名国际赛事的大力支持相契合。LVMH 秉承“打造梦想的艺术”的使命，成为巴黎奥运会“一切胜利背后的工匠”。

LVMH 赞助奥运会，不仅提升了品牌在全球的知名度，还进一步增强了品牌与尊贵、荣耀等积极形象的联系。消费者在购买决策过程中，往往会因为喜欢某个赞助奥运会的品牌或对其有好感而对该品牌产生偏好。这种明星代言或赞助热门赛事的锚定效应，使得消费者认为 LVMH 产品具有更高的品质和价值，从而进一步提升了 LVMH 的品牌价值。

借运动员效应，增强品牌联想

为运动员提供直接支持也是 LVMH 践行品牌奥运使命的关键步骤。法国最有前途的体操明星梅拉妮·德热苏·多斯桑托斯（Mélanie de Jesus dos Santos）担任迪奥的巴黎奥运会形象大使，法国击剑奥运冠军恩佐·勒福尔（Enzo Lefort）成为 LV 形象大使。

通过对这些运动员的直接支持，LVMH 旗下的品牌如 LV 和迪奥，突出了它们的品牌价值观。残疾人运动员身上所展现的热情、雄心壮志和参与精神，与迪奥所倡导的品牌价值观高度契合。这种契合不仅体现在精神层面，还通过具体的合作和活动得到深化和传播。

LVMH 总裁兼首席执行官贝尔纳·阿尔诺（Bernard Arnault）表示，高水平体育运动所倡导的激情、卓越和包容的价值观，每天都在 LVMH 的团队中得到发扬光大。他认为体育运动是旗下品牌巨大的灵感源泉，它们将把卓越的创意和运动表现结合起来，为这一非凡的庆典贡献自己的智慧和大胆创新。

通过与运动员紧密合作，LVMH 不仅成功地增强了品牌与奥运精神的联想，还进一步提升了品牌在公众心目中的形象和认知度。同时，这种策略也有效地传递了品牌的核心价值观，使消费者在购买产品时能够感受到品牌所承载的精神和理念。这无疑是一种高明的品牌营销策略，既提升了品牌的市场竞争力，又加深了消费者与品牌之间的情感联系。

资料来源：奥运营销案例｜秉承品牌使命，LVMH 集团借本土奥运彰显创意的价值.（2024-04-24）. 腾讯网，https：//new. qq. com/rain/a/20240424A00UFJ00.

素养提升阅读材料

第5章

消费者的个性与自我概念

价值引领

- 引导学生理解供给侧结构性改革，扩大消费者需求。
- 理解、重视个性化需求。
- 探讨消费者差异化、个性化的需求对消费市场的影响。
- 引领学生了解新型发展方式，促进绿色生活方式形成。

在消费实践中，消费者无一例外地经历着认识、情感、意志等心理机能的活动过程。这一过程体现着消费者心理活动的一般规律，并在消费行为中表现出某些共性或共有特征。同时，不同消费者的行为又存在明显差异。面对同一消费刺激，即使处于同样外部环境、经历相同感知和情绪过程，不同的消费者也经常会有各不相同的心理反应和行为表现。这说明消费者个体对外部刺激的反应具有选择性，这种选择性来自个体心理的差异性，即个性。研究消费者的个性类型与特点，对于企业依照消费者的个性差异制定营销策略具有重要意义。

第1节　消费者的个性与人格

一、个性的含义与特征

(一)个性的含义

个性一词来源于拉丁语 persona，原意是指人格面具，后引申为面具后的本人。个性在心理学中又称为人格（personality）。有关个性的理论研究非常广泛。有些研究者强调基因和早期童年经历的影响；有些学者则强调广泛的社会和环境影响；有些学者将个性看作一个整体；有些学者则关注具体特性。个性的本质非常复杂，心理学家对它的定义也不尽相同。这里我们引用希夫曼和卡纽克（Schiffman & Kanuk）的定义：个性是指决定和反映个人如何适应环境的内在心理特征，包括使某一个体与其他个体相区别的具体特质、属性、特征、因素和态度等多个方面。①

个性作为个体带有倾向性的、比较稳定的、本质的心理特征的总和，是个体独有的并与其他个体区别开来的整体特性。正如自然界没有两片完全相同的树叶，人类没有两张完全相同的面孔一样，世界上也没有两个人具有完全相同的个性。在消费实践中，正是个性的绝对差异性，决定了消费者心理特征和行为方式的千差万别，显示出每个消费者独有的个人风格和特点。例如，面对新的消费时尚，有的消费者追随潮流，从众趋同；有的则固执己见，不为潮流所动。选购商品时，有的消费者审慎思考，独立决策；有的则盲目冲动，缺乏主见。这些纷繁复杂、各不相同的行为表现正是消费者个性作用的结果。

心理学认为，个性是在先天生理素质的基础上，在后天社会环境的影响下，通过自身的实践活动逐步形成和发展起来的。这里的生理素质指个性的生物属性，是人与生俱来的解剖生理特点，主要包括感觉器官、运动器官、神经系统等的特点和类型。生理素质通过遗传获得，是个性产生的物质基础。后天实践则是个性的社会属性，个人所处社会环境、生活经历、家庭影响等方面的因素，对个性的形成、发展和转变具有决定性作用。正是先天遗传因素与后天社会环境的不同，决定了消费者个性心理各不相同。

（二）个性的构成

从内部结构看，个性主要由个性倾向性和个性心理特征两部分组成。个性倾向性是指个人在与客观现实交互作用的过程中，对事物所持的看法、态度和倾向，具体包括需要、动机、兴趣、爱好、态度、理想、信念、价值观等。个性倾向性体现了人对社会环境的态度和行为的积极特征，对消费者的影响主要表现在心理活动的选择性、对消费对象的不同态度体验以及消费行为模式上。

个性心理特征是能力、气质、性格等心理机能的独特结合。其中，能力体现个体完成某种活动的潜在可能性特征；气质显示个体心理活动的动力特征；性格则反映个体对现实环境和完成活动的态度上的特征。这三者的独特结合，构成了个性心理特征的主要方面。研究消费者的个性心理与行为的关系，主要是研究不同消费者在能力、气质、性格方面的差异及其在消费行为中的反映。

（三）个性的特征

个性作为反映个体基本精神面貌的本质的心理特征，具有稳定性、可变性、整体性、独特性（或差异性）等基本特征。这些特征在消费者的个性心理中明显地显现出来。

1. 稳定性

个性的稳定性是指经常表现出来的表明消费者个人精神面貌的心理倾向和特点具有稳定不变的倾向。偶尔的、一时的心理现象，如外向开朗的人有时变得沉闷，不能说明消费者个性的全部特征和面貌。

---

① 利昂 • G. 希夫曼，莱斯利 • L. 卡纽克．消费者行为学：第 8 版．北京：中国人民大学出版社，2007：107.

2. 可变性

随着环境的变化、年龄的增长和消费实践活动的改变，个性也是可以改变的。正是个性的可变性特点，才使消费者的个性具有发展的动力。

3. 整体性

个性的整体性是指消费者的各种个性倾向、个性心理特征以及心理过程不是彼此分割、孤立的，而是有机地联系在一起，紧密结合、相互依赖，形成个性的整体结构。

4. 独特性

个性的独特性是指在一个具体的、特定的消费者身上，由独特的个性倾向与个性心理特征组成的独有的、不同于他人的精神风貌。正是这些独具的精神风貌，使不同消费者的个性带有明显的特殊性。

二、个性理论

有关个性的理论研究非常广泛。在消费者心理与行为研究领域，弗洛伊德个性理论、新弗洛伊德个性理论和特质理论都起到了重要作用。

（一）弗洛伊德个性理论

弗洛伊德是奥地利精神病医师和心理学家，是精神分析学派创始人，他创建的个性心理分析理论是现代心理学的里程碑。他把人的心理分为意识和潜意识两个部分，潜意识包括原始冲动和本能以及其他欲望，这些因与社会道德准则相悖，无法直接满足，被挤出意识之外，压抑到潜意识中。潜意识中的内容并不是僵死的，而是积极活动着寻求满足。弗洛伊德认为潜意识是人类思想、情感和行为的重要决定因素。基于这种分析，弗洛伊德认为人类的个性是体内生理驱力与社会准则之间冲突的产物，是由本我、自我和超我构成的。

本我是最原始、最基本的部分，构成本我的成分是人类的基本需求，如饥、渴、性等。本我中的需求产生时，个体要求立即满足，它按“快乐原则”行事，处于潜意识状态。例如，婴儿每感饥饿时即要求立刻喂奶，决不考虑母亲有无困难。

自我是个体出生后，在现实环境中由本我分化发展而产生的。由本我而来的各种需求如果不能在现实中立即获得满足，就必须迁就现实的限制，并学习如何在现实中使需求得到满足。自我处于本我与现实之间，以现实检验为活动原则，是个体有意识控制的部分。

超我是个体在生活中接受社会文化道德规范的教养而逐渐形成的。超我有两个重要部分：一为自我理想，即要求自身行为符合自己理想的标准；二为良心，即规定自身行为免于犯错的限制。超我的作用是指导自我去调节和控制本能的冲动，以社会可接受的方式满足需要。

在弗洛伊德提出的个性发展阶段理论中，他强调个性的形成伴随着个人经历的一系列阶段，这些阶段包括口唇期、肛门期、性器期、潜伏期和生殖期。每一阶段将由本我、自我和超我三个层次的冲突导致某种危机。一个成人的个性决定于他如何处理每个阶段的危机。比如一项研究表明，成年人对金钱的态度和行为源于肛门期的发展，如果肛门期的危机没有很好地解决，成年后的个性中就会表现出不愿意分享、吝啬、固执等性格特征。

（二）新弗洛伊德个性理论

弗洛伊德的门生与同事认为，弗洛伊德的个性理论过分强调个性的本能和生物方面，也过分夸大了潜意识的作用。这些“新弗洛伊德人”认为社会环境（包括文化、家庭、同伴等）在个性塑造上起到了重要作用。弗洛伊德的学生卡尔·荣格（Carl Jung）和阿尔弗莱德·阿德勒（Alfred Adler）将精神分析方法用到了不同的研究方向上。

1. 荣格的理论

荣格进一步扩展弗洛伊德的理论，他把无意识分成了两个部分：个人无意识与集体无意识，从而大大扩展了无意识的内涵。他指出无意识不仅限于个体独特的生活经验，而且充满了基本的、普遍的真理观，这些为所有人共有，因此称为集体无意识，其意义在于使所有人以同样的方式对刺激做出反应。

他还提出了原型的概念，认为一个人的文化修养形成了一种对过去的共同记忆的积累。他称这些共同拥有的记忆为“原型”，每一种原型都伴随一种以特定方式思考、体验此种经验或客体的本能倾向。这一概念有时候在广告中加以利用，比如广告利用特定文化公认的某种具有积极意义的意象。

2. 阿德勒的理论

阿德勒认为人一出生就处于弱小、卑微、依赖和无助的境地，体验着自卑。随着在家庭、学校、社会中成长，人始终在克服这种自卑追求优秀。这一过程构成了人的整个生活方式，个性就是围绕这一潜在的基本努力而构造的。人们对待自卑的方式有很大差别，由此形成不同的生活风格和个性。

3. 霍尼理论

新弗洛伊德派的沙利文（Sullivan）认为人们总是要不断地与别人建立重要且有偿的关系，他非常关注人们减少紧张、焦虑的努力。同沙利文一样，霍尼（Horney）也关注焦虑，她致力于研究家长与子女的关系以及个人战胜焦虑的意愿的影响。霍尼根据人对其他人反应方式的倾向将个性分为三种：(1) 顺从型，指顺从他人以期得到他人的喜欢、他人的赞赏或自己想要的东西；(2) 好战型，指喜欢与别人对着干的人，这些人喜欢表现，赢得他人敬佩；(3) 独立型，指远离人群的人，他们希望独立，相信自己，自给自足，是个人主义者或责任规避者。

20世纪60年代，一些学者开始进行基于霍尼的理论的个性测试，试图了解顺从、好战、独立三种类型的人在消费行为上的特点。这些个性测试研究揭示了一系列关于不同个性类型消费者与产品、品牌使用模式的关系。例如，独立型的人对品牌漠不关心，喝啤酒较少（或许为了显示不妥协性），独立型的消费者很少成为品牌忠诚者且更喜欢尝试不同的品牌。好战型的人有挑选品牌的倾向。顺从型的人喜欢挑选加强关系的品牌，喝啤酒的比率也比较高。

这些发现给营销人员很大启示，比如营销人员根据霍尼理论的指导，采取将产品定位于某个特殊群体或赢得某个群体认可的定位策略。研究人员认为霍尼的个性分类对于探究消费者行为是有效的。

（三）特质理论

特质是指任何区别于他人的、相对持久的属性。特质理论的核心思想是在研究个性结构时应以个别的个性特质为基础。特质理论与弗洛伊德理论和新弗洛伊德理论所采用的定性分析方法不同，偏重于定量测量。特质理论者致力于构建个性测试或问卷调查来找出个人差异的特征。有的测试包含一个量表，用于测试人的一种特质，比如自信，也称单特质测试；有的测试包含很多量表，用来测试多个特质，称作多重个性测试。比较著名的多重个性测试量表有卡特尔 16 种特质量表、爱德华偏好量表、加利福尼亚个性量表等。

美国心理学家卡特尔通过因素分析，从众多行为的表面特性中抽象出 16 种特质：乐观、稳定、敏感、忧虑、独立、怀疑、紧张、乐群、聪慧、好强、有恒、敢为、幻想、世故、控制、实验。根据这 16 种特质的不同结合可以区分出多种个性类型，形成特质量表（见表 5-1）。

表 5-1　卡特尔 16 种特质量表

因素	特质名称	低分者特征	高分者特征
A	乐群	缄默孤独	乐群外向
B	聪慧	迟钝、学识浅薄	聪慧、富有学识
C	稳定	情绪激动	情绪稳定
E	好强	谦逊顺从	好强固执
F	乐观	严肃审慎	轻松兴奋
G	有恒	权宜敷衍	有恒负责
H	敢为	畏怯退缩	冒险敢为
I	敏感	理智、着重实际	敏感、感情用事
L	怀疑	依赖随和	怀疑、刚愎自用
M	幻想	现实、合乎成规	幻想、狂妄不羁
N	世故	坦白直率、天真	精明能干、世故
O	忧虑	安详沉着、有自信心	忧虑抑郁、烦恼多端
Q1	实验	保守、服从传统	自由、批评激进
Q2	独立	依赖、附和	自立、当机立断
Q3	控制	矛盾冲突、不识大体	知己知彼、自律严谨
Q4	紧张	心平气和	紧张困扰

资料来源：Cattell R B，Eber H W，Tatsuoka M M. Handbook for the Sixteen Personality Factor Questionnaire (16PF). New York：Plenum，1970.

实践证明，常见个性特质中的创新性、自我监控、人际信任、内外向、内外控、无力感和自尊等个性特质与消费者行为密切相关。[①] 特质理论在区分创新性消费者和非创新性消费者上显示出巨大的优势。[②] 针对这一状况，研究者专门开发了用于研究消费者行为的消费者个性测量量表。比如消费者创新量表、消费者物质主义量表等。

表 5 - 2 是用来测量消费者的创新性的个性特质量表。表中根据所研究消费者创新性的弹性界限设计出 6 句用于测量消费者创新性的语句。

表 5 - 2 消费者创新性量表

一般情况下，我是所认识的人中最后一个买新出版的（《岩石手册》）的。
如果我听说商店里有新的（《岩石手册》），我会感兴趣且去购买。
跟我的朋友比，我只拥有很少的（《岩石手册》）。
一般情况下，在我的朋友圈子里我总是最后一个知道（新推出的《岩石手册》）的。
即使没有听说过（《岩石手册》），我也想买。
我比别的人早一些知道（《岩石手册》）。

说明：(1) 采用 5 分同意尺度；(2) 括号内的产品可以根据研究目的加以替换。

资料来源：Goldsmith R E，Hofacker C F. Measuring Consumer Innovativeness. Journal of the Academy of Marketing Science，1999 (19)：212.

特质理论的问题在于预测效度的高低。使用时要特别考虑量表是否适用于所有人，量表是否适用于特定的购买和消费情境。另外，增删量表的题目会对量表的效度与信度在各研究之间比较带来很大困难。

大五模型是到目前为止得到普遍认可的个性模型。大五模型将个性特征划分为神经质（neuroticism）、外向性（extraversion）、开放性（openness）、宜人性（agreeableness）以及谨慎性（conscientiousness）五大个性维度和 30 个维度特征（见表 5 - 3）。

表 5 - 3 大五个性模型

主要特征	具体特征
神经质	焦虑、愤怒、沮丧、自我、冲动、易受伤
外向性	热情、社交、专断、活跃、寻求刺激、积极
开放性	幻想、艺术、敏感、实践、思考、有价值
宜人性	值得信任、直率、利他、顺从、谦虚、脆弱
谨慎性	能干、讲次序、忠实尽职、追求成就、自律、深思熟虑

资料来源：张俊妮，江明华，庞隽．品牌个性与消费者个性相关关系实证研究．经济科学，2005 (6)：104.

由于模型中五个个性要素几乎涵盖了绝大多数的个性特征，具有代表性和典型性，因此大五模型被认为构建了一个合理的个性框架，能够比较准确地测试出人们的个性特征。实证研究发现，大五模型比其他人格特性、特征框架对消费者行为更具解释力。

---

① 林建煌．消费者行为．北京：北京大学出版社，2004：133 - 135.

② 利昂・G. 希夫曼，莱斯利・L. 卡纽克．消费者行为学：第 8 版．北京：中国人民大学出版社，2007：113.

（四）其他理论

近年来，MBTI（Myers-Briggs Type Indicator，迈尔斯-布里格斯类型指标）[①] 作为一种广泛应用的人格类型评估工具，为理解消费者的个性与人格提供了新的视角。MBTI 基于心理学家卡尔·荣格划分的 8 种心理类型，加以扩展，形成 4 个维度、16 种人格分类。

荣格提出内、外向概念，将人分为内向倾向和外向倾向，还提出了人格的四大机能（思维、情感、直觉和感觉）。他认为每个人都拥有思维、情感、直觉、感觉四大机能，只是四项机能在每个人身上的占比不同，因此表现程度不一。根据每个人的优势机能，同时结合内、外向概念，可以把人划分为 8 种类型，即外倾思维型、内倾思维型、外倾情感型、内倾情感型、外倾直觉型、内倾直觉型、外倾感觉型与内倾感觉型。

基于此，伊莎贝尔·布里格斯·迈尔斯和她的母亲凯瑟琳·库克·布里格斯共同制定的 MBTI，将人的个性划分为 4 个维度、16 种类型。这四个维度分别是：

（1）外倾-内倾（Extraversion-Introversion，E-I）：外倾者倾向于从外部世界获取能量，喜欢社交活动，乐于表达自己的想法和感受。内倾者倾向于从内心世界获取能量，偏好独处或一对一的交流，深思熟虑后再表达。

（2）感觉-直觉（Sensing-Intuition，S-N）：感觉者注重现实、具体的信息，倾向于通过五官感知直接经验。直觉者更关注抽象、未来的信息，善于从零散信息中洞察模式和可能性。

（3）思考-情感（Thinking-Feeling，T-F）：思考者决策时重逻辑、客观分析，追求公正和效率。情感者决策时考虑个人价值和情感因素，追求和谐与共识。

（4）判断-知觉（Judging-Perceiving，J-P）：判断者喜欢计划和组织，倾向于有条理地完成任务。知觉者更加灵活和开放，喜欢保持选择的自由，不喜欢被束缚。

然而，这种分类只是对人格类型的一种简化描述，并不能涵盖人格类型的全部。要全面、客观地了解一个人，需要从多个角度、使用多种方法进行考察。这可能包括观察其行为、了解其生活经历、与其进行深入交流，以及参考其他心理测试的结果。在这个过程中，心理测试结果可以作为辅助工具，但绝不能作为唯一依据。

三、个性与消费者行为

（一）个性预测购买行为

大多数个性研究是为了预测消费者行为。心理学和其他行为科学关于个性研究的丰富文献促使营销研究者认定，个性特征应当有助于预测品牌或店铺偏好等。有关研究发

---

① Myers I，McCaulley M. Mbti Manual：A Guide to the Development and Use of the Myers-Briggs Type Indicator. Consulting Psychologists Press，1985.

现个性与产品选择和使用之间存在相关关系，但个性所能解释的变动量相对较小，即个性对购买行为只有较小的预测力。这并不奇怪，因为个性只是影响消费者行为的众多因素之一，要预测消费者的购买意向或行为并据此细分市场，除依据个性特征外，还取决于很多条件。

（二）个性与新产品购买

消费者对新产品的采用有先后之分，有些人是新产品的率先采用者或称创新采用者，有些人则是落后采用者。决定消费者是创新采用者还是落后采用者的个性特质在于消费者的教条主义倾向程度以及社会性格。

教条主义（dogmatism）倾向反映个体对不熟悉的事物或与其现有观念相抵触的信息在多大程度上持僵化立场。非常僵化的人对陌生事物非常不安并怀有戒心，相反，较少教条主义倾向的人对不熟悉或相对立的观念持开放的立场。与此相应，较少教条主义倾向的人有可能选择创新性产品，教条主义倾向严重的人则更可能选择既有产品或已经有名的产品。

在消费者心理学领域，社会性格（social character）是用来描述个体从内倾（inner-directedness）到外倾（other-directedness）的个性特质。有证据显示，内倾型消费者倾向于运用自己内心的价值观或标准来评价新产品，他们更可能成为创新采用者；相反，外倾型消费者倾向于依赖别人的指引做出判断，成为创新采用者的可能性较小。

（三）个性与购买决策

有关研究证实，个性对解释不同购买决策阶段的消费者行为颇有帮助。目前关于这方面的研究主要集中于个性与信息处理方式以及决策风险感知的关系上。

认知需要（need for cognition）是指个体进行思考的努力程度，或更通俗地说是指个体喜爱思考活动的程度。广告影响消费者对产品的态度与认知需要有密切关系。研究发现，高认知需要者更多地被广告的内容与陈述质量影响，低认知需要者更多地受到广告的边缘刺激的影响，如陈述者的吸引力。

风险承担（risk taking），即是否愿意承担风险，将直接影响消费者对新产品推广和目录销售等营销活动的反应。在个性研究中，风险不仅表示决策后果的不确定性，也意味着对将要发生的损失的个人预期。一些消费者被描绘成“T 型顾客”（thrill-seeker），这类顾客较一般人具有更高的寻求刺激的需要，很容易变得腻倦，他们具有追求冒险的内在倾向，更可能将成功和应对挑战视为生活的目标。与此相反，风险规避者更可能将幸福和快乐视为生活的首要目标，力求减少购买决策的不确定性，避免承担损失。

（四）个性与品牌选择

个性对于品牌的选择同样具有影响。品牌个性是品牌形象的一部分，是指产品或品牌特性的传播以及在此基础上消费者对这些特性的感知。品牌个性是消费者对品牌特殊性的评价与感受，无疑具有一定的主观性，一旦形成，就会与其他刺激因素共同作用于信息处理过程，消费者会得出这一品牌适合或不适合自己的印象。品牌个性不仅使各个品牌相区别，而且具有激发情绪和情感、为消费者提供无形利益之功效。

美国广告大师大卫·奥格威在一次演说中说，企业如果能致力于运用广告为其品牌建立最有利的形象，塑造最清晰的个性，长此下去必能获取最大的市场占有率，进而产生最高利润。人们应该记住的是，品牌的整体个性而不是琐碎的产品差别，决定了品牌在市场上的最终地位。

品牌个性理论自20世纪60年代提出以来，有关的研究在理论与实践中都取得了较大的进展。詹妮弗·阿克（Jennifer Aaker）把品牌个性定义为有关品牌的人格特质的组合，它提供了象征性意义与自我表达的功能。品牌个性的象征性意义与自我表达功能源于消费者会把品牌个性看作符合消费者自己的个性特质，通过品牌的象征性意义来塑造自己的形象或表现自己的个性。品牌个性是在消费者直接或间接地接触品牌的基础上形成的，品牌个性通过品牌使用者、品牌生产者以及品牌推荐者的形象以及品牌的商标、包装等来表现。

研究表明，消费者会倾向于购买和他们个性相一致的产品，或者是那些能让他们的某些个性弱点得到弥补的产品。百事可乐品牌所展示出来的个性——年轻活力、特立独行和自我张扬迷倒了新一代消费者，他们饮用百事可乐不仅仅是喝饮料，还是认可、接受百事可乐的品牌个性，把百事可乐看作他们的朋友、精神寄托，甚至就是他们自己的化身，他们通过百事可乐来展示与上一辈（喝可口可乐）不一样的个性。在众多广告的反复宣传下，许多品牌留给消费者特定的个性形象，比如万宝路被认为是男性的象征，苹果电脑被认为是年轻的象征，IBM则被认为是年老的象征。

在品牌个性的构成方面，美国著名学者詹妮弗·阿克第一次根据人格理论的大五模型，以个性心理学维度的研究方法为基础，以西方著名品牌为研究对象，开发了一个系统的品牌维度量表（brand dimensions scales，BDS），如图5-1所示。该量表是迄今为止对品牌个性所做的最系统、最有影响的测量量表，据说可以解释西方93%的品牌个性的差异。

素养园地　深化供给侧结构性改革和着力扩大有效需求协同发力

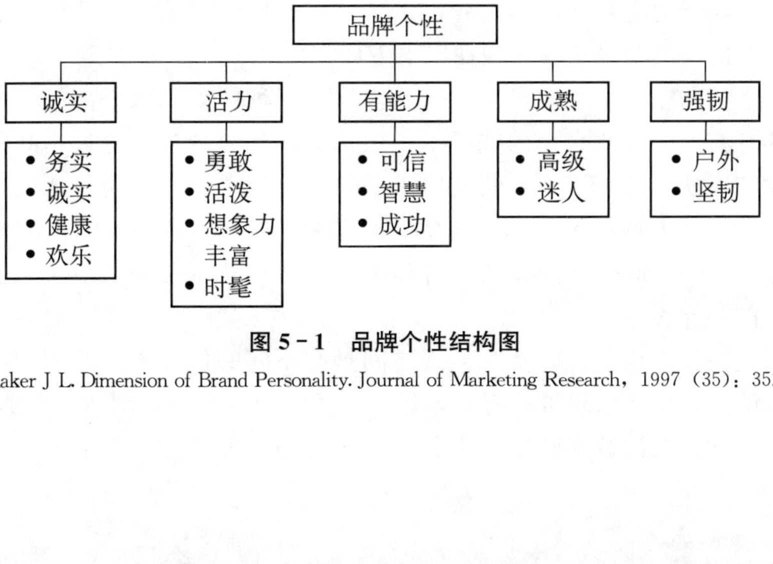

图5-1　品牌个性结构图

资料来源：Aaker J L. Dimension of Brand Personality. Journal of Marketing Research，1997（35）：352.

第2节　消费者的能力、气质与性格

一、消费者的能力与行为差异

（一）能力的含义和类型

1. 能力的含义

心理学研究指出，人的知觉、思维等心理机能是在从事各种实际活动的过程中实现的。为顺利、成功地完成这些活动，人们必须具备相应的能力。能力就是指人顺利完成某种活动所必须具备的并直接影响活动效率的个性心理特征。实践中，凭借任何单一能力都难以完成某项活动。要成功地完成一项活动，往往需要具备多种能力。活动的内容、性质不同，对能力的要求也有所不同。此外，能力的高低会影响个人完成活动的快慢、难易和巩固程度，从而直接影响活动的效率与效果。

2. 能力的类型

（1）一般能力和特殊能力。一般能力是顺利完成各种活动所必须具备的基本能力，如观察能力、记忆能力、思维能力、想象力等。具备一般能力是从事各种活动的前提条件。特殊能力是顺利完成某些特殊活动所必须具备的能力，如创造力、鉴赏力、组织领导能力等。这些能力是从事音乐、绘画、领导等特殊或专业活动所必不可少的。

（2）优势能力和非优势能力。优势能力是指在能力结构中处于主导地位，表现最为突出的能力。非优势能力则处于从属地位，是表现比较薄弱的能力。优势能力与非优势能力在每个人身上都存在，任何人都不可能是全才，但只要具备某一方面的优势能力，就可能取得成功。

（3）再造性能力和创造性能力。具有再造性能力的人，能够迅速掌握所学的知识，并善于按照所提供的模式进行活动；具有创造性能力的人比较善于创新，能超出现有状态进行发挥和创造。

3. 能力的差异

人与人之间在能力上存在个体差异，正是这些差异决定了人们的行为活动具有不同的效率和效果。能力的差异主要表现在以下方面。

（1）能力水平的差异。能力水平的差异表现在同种能力的水平高低上，能力水平的高低又集中体现在人的智商水平的差异上。根据智商分数划分，超过130分的属于特优智能，即所谓“天才”；低于70分的则属于弱智。心理学研究表明，全人口的智力状况基本呈正态分布，其中特优智能和弱智的人大约各占2.5%，95%的人的智商处于正常范围内，即介于70～130分之间。消费者作为与全人口几乎等同的最大人群，同样存在上述能力水平的差异。

（2）能力类型的差异。主要指人与人之间具有不同的优势能力。例如，有的人善于抽象思维，有的人善于形象思维；有的人长于模仿，有的人长于创造；有的人擅长社交，有的人则不善交际。在消费实践中，更有意义的是消费者能力类型的差异。正是消费者在优势能力类型上千差万别，才使消费活动的效率与效果明显不同。

（3）能力表现时间的差异。人的能力不仅在水平和类型上存在差异，而且能力表现时间的早晚有明显不同。有的人天生早慧，有的人则大器晚成。消费者能力表现的早晚主要与后天消费实践及专门训练有关。

（二）消费者的能力构成

1. 从事各种消费活动所需要的基本能力

消费者无论购买何种商品或从事何种消费活动，都必须具备基本能力，这是消费者进行消费活动的必备条件，也是消费者行为存在差异的直接原因。消费者的基本能力主要包括以下三个方面。

（1）感知能力，是指消费者对商品的外部特征和外部联系加以直接反映的能力。通过感知，消费者可以了解商品的外观、造型以及所呈现的整体风格，从而形成对商品的初步印象，并为进一步分析判断提供依据。

（2）分析评价能力，是指消费者对接收到的各种商品信息进行加工整理，做出准确分析评价的能力，该能力强弱主要取决于消费者的思维能力和思维方式，并受到个人相关知识经验的直接影响。例如，普通消费者购买电冰箱，仅能根据一般经验对外观、规格等表层信息进行基本分析评价，掌握制冷知识的消费者，可以通过观察冷凝器、蒸发器、压缩机等的性能指标，综合分析冰箱的质量和技术先进性，进而做出准确客观的评价与判断。

（3）选择决策能力，是指消费者在充分选择比较商品的基础上，及时果断地做出购买决定的能力。消费者的决策能力受到个人性格和气质的直接影响，也与对商品的认知、涉入度、使用经验和购买习惯有关。消费者对商品特性越熟悉，涉入参与程度越高，使用经验越丰富，习惯性购买驱动越强，决策过程就越果断、越迅速，决策能力也相应加强；反之，决策能力会相对减弱。

此外，记忆力、想象力也是消费者必须具备和经常运用的基本能力。消费者在选购商品时，经常要依据和参照以往的商品知识和购买经验，因此，具备良好的记忆能力对消费者尤为重要。想象力是消费者以原有表象为基础，创造新形象的能力。丰富的想象力可以使消费者从商品本身想象到该商品在一定环境和条件下的使用效果，从而激发其美好的情感和购买欲望。

2. 从事特殊消费活动所需要的特殊能力

特殊能力首先是指消费者购买和使用某些专业性商品所应具有的能力，通常表现为以专业知识为基础的消费技能。例如，对高档照相器材、专用体育器材、古玩字画等商品的购买和使用，就需要相应的专业知识以及分辨力、鉴赏力、检测力等特殊的消费技能。除适用于购买专业性商品的能力外，特殊能力还包括某些一般能力高度发展所形成的优势能力，如创造力、审美能力等。例如，近年来许多DIY产品受到消费者青睐，就是由于消费者可以在显示其独特个性与品位的同时，充分发挥自身的创造力。

3. 消费者对自身权益的保护能力

保护自身权益是现代消费者必须具备的又一项重要能力。为保证消费者的权益不受损害，除依靠政策法令、社会舆论、消费者组织的约束监督外，客观上要求消费者树立消费权益意识，明确消费者合法权益的内容与要求。当自身权益受到损害时，善于运用舆论、社会、行政、法律等多种途径和手段，寻求有效保护，挽回利益损失，有理有力地维护自己的正当权益和尊严。

（三）能力与消费者行为表现

消费者的能力特性及差异与消费者行为直接相关，在购买过程中表现为不同的行为特点。具体可以分为以下几种典型类型。

1. 成熟型

这类消费者通常具有较全面的能力，他们对于所需要的商品不仅非常了解，而且有长期的购买和使用经验，对商品的性能、质量、价格、市场行情等极为熟悉，其内行程度甚至超过售货人员，在购买过程中，他们通常注重从整体角度综合评价商品的性能，能够正确辨别商品的质量优劣，很内行地在同类或同种商品之间进行比较选择，并强调自我感受及商品对自身的适用性。这类消费者由于具有丰富的商品知识和购买经验，加之有明确的购买目标和具体要求，在购买时往往表现得比较自信、坚定，自主性较高，能够按照自己的意志独立做出决策而无须他人帮助，较少受外界环境及他人意见影响。

2. 一般型

这类消费者的能力处于中等水平，他们通常具备一些商品方面的知识，并掌握有限的商品信息，但是缺乏相应的消费经验，主要通过广告宣传、他人介绍等来了解认识商品，了解的深度远不及成熟型消费者。这类消费者在购买之前，一般只有一个笼统的目标，缺乏对商品的具体要求，因此很难对商品的内在质量、性能、适用条件等提出明确的意见，也难以对同类商品之间的差异进行准确比较。限于能力水平，这类消费者在购买过程中，往往更乐于听取售货人员的介绍和企业的现场宣传，经常主动向销售人员或其他消费者咨询，以求更全面地收集信息。由于商品知识不足，他们会缺少自信和独立见解，要在广泛征询他人意见的基础上做出决策，因此容易受外界的影响和左右。

3. 缺乏型

这类消费者的能力处于缺乏和低下状态，他们不了解有关商品的知识和消费信息，而且不具备购买经验。在购买之前，他们往往没有明确的购买目标，仅有一些朦胧的意识和想法；在选购过程中，对商品的了解仅建立在直接观察和表面认识的基础上，缺乏把握商品本质特征及其内在联系的能力，难以做出正确的比较选择；在作出决策时，经常表现得犹豫不决，不得要领，极易受环境影响和他人意见的左右，其购买行为常常带有很大的随意性和盲目性。显然，这种能力状况对于提高消费效果是极为不利的，但这种状况通常仅存在于对某类不熟悉的商品或新产品的购买中，以及不具备或生活能力较低的少儿、老年消费者中。

总的说来，不论何种能力及行为类型都是相对的。一个消费者可能对某类商品的消费表现为成熟型，对于另一类商品的消费又表现为一般型。此外，随着生活经验的积累以及个人有意识的自我培养，消费者的能力也会不断提高。

二、消费者的气质与行为差异

（一）气质的概念及基本类型

1. 气质的概念

气质是人类特有的个性心理特征之一。“气质”一词源于拉丁语“temperamentum”，是指个体心理活动的典型的、稳定的动力特征。这种动力特征主要表现在心理过程的强度、速度、稳定性、灵活性及指向性上。心理活动的强度指情绪的强弱、意志努力的程度等。心理活动的速度和稳定性、灵活性指知觉的速度、注意力集中时间的长短、思维的灵活程度等。心理活动的指向性指个体对自身与环境的心理倾向，如有的人倾向于外部事物，善于从外界获得新信息；有的人倾向于内部，经常体验自己的情绪，分析自己的感受和思想等。

气质作为个体典型的心理动力特征，是基于先天生理特质以及在生活环境影响下形成的。不同个体在气质类型上存在多种差异，这些差异直接影响个体的心理和行为，使个人的言谈举止与行为表现出独特的风格和风貌。气质的差异和影响同样存在于消费者及其消费活动中。每个消费者都会以其特有的气质出现于他所进行的各种消费活动之中而不取决于消费的内容、动机和目的。购买同一种商品，不同气质类型的消费者会采取完全不同的行为方式，因此，气质是消费者固有特质的一种典型表现。

2. 气质的基本类型

一般认为，典型的气质类型有多血质、胆汁质、黏液质和抑郁质。各种气质类型的具体表现如下。

（1）多血质。活泼好动、反应迅速、动作敏捷、思维灵活，但往往不求甚解、注意力易转移、情绪不稳定、感情易表露且体验不深，易适应环境、喜欢交往、做事粗枝大叶，具有外倾性。

（2）胆汁质。精力旺盛、反应迅速、智力活动具有极大的灵活性、直率热情、表里如一、情绪体验强烈、易冲动、有顽强拼劲和果敢性，但缺乏耐心，整个心理活动笼罩着迅速而突发的色彩，具有外倾性。

（3）黏液质。安静沉稳、喜欢沉思、反应缓慢、灵活性不足、比较刻板、注重稳定、不易习惯新环境和新工作、情绪不易外露、善于忍耐、坚韧执拗，具有内倾性。

（4）抑郁质。敏锐稳重，情感体验深刻、持久、少外露，行动缓慢，胆小、孤僻、不善交往，遇困难或挫折易畏缩，有较强敏感性，容易体察到一般人不易觉察的事件，具有内倾性。

应当指出的是，上述四种类型是气质的典型形态。在现实当中，大多数消费者的气质介于四种类型的中间状态，或以一种气质为主，兼有另一种气质的特点，即属于混合型气质。

（二）气质与消费者行为

消费者不同的气质类型会直接影响他们的消费行为，并反映到他们的消费行为中，显现出不同甚至截然相反的行为方式、风格和特点。概括起来大致有如下几种对应的表现形式。

1. 主动型和被动型

在购买时，不同气质的消费者的行为是否主动会有明显差异。多血质和胆汁质的消费者通常主动与售货员接触，积极提出问题并寻求帮助，有时还会主动征询其他顾客的意见，表现十分活跃。黏液质和抑郁质的消费者则比较消极被动，通常要由售货员主动询问，不会首先提出问题，因此不太容易沟通。

2. 理智型和冲动型

在购买过程中，消费者的气质差异对购买行为方式有显著影响。黏液质的消费者比较冷静慎重，能够对各种商品的内在质量加以细致选择比较，通过理智分析做出购买决定，善于控制自己的感情，不易受广告宣传、包装及他人意见的影响。胆汁质的消费者易感情冲动，经常凭个人兴趣、偏好以及对商品外观的好感选择商品，不过多考虑商品的性能与实用性，他们喜欢新产品，容易受广告宣传及购买环境的影响。

3. 果断型和犹豫型

在做出购买决策和实施购买时，气质的不同会直接影响消费者的决策速度与购买速度。多血质和胆汁质的消费者心直口快，一旦见到自己满意的商品，往往会果断地做出购买决定，并迅速购买，不愿花费太多时间比较选择。抑郁质和黏液质的消费者在挑选商品时则优柔寡断，十分谨慎，动作比较缓慢，挑选的时间也较长，在决定购买后易发生反复。

4. 敏感型和粗放型

在购后体验方面，消费者因气质不同，体验程度会有明显差异。黏液质和抑郁质的消费者在消费体验方面比较深刻，他们对购买和使用商品的心理感受十分敏感，并直接影响其心境及情绪，在遇到不满意的商品或受到不良服务时，经常做出强烈的反应。相对而言，胆汁质和多血质的消费者在消费体验方面不太敏感，他们不过分注重和强调自己的心理感受，对于购买和使用商品的满意程度不太苛求，表现出一定的容忍和粗疏。

三、消费者的性格特征与行为差异

（一）性格的含义

性格（character）是个体表现在对现实的态度和行为方式上的比较稳定的心理特征。性格是个性心理特征中最重要的方面，它通过人对事物的倾向性态度、意志、活动、言语、外貌等表现出来，是个人的本质属性的独特结合，也是每个人区别于其他人的最显著、最集中的表现。人们在现实生活中表现出来的某些一贯性的态度倾向和行为方式，如无私、勤劳、勇敢、自私、懒惰、懦弱等，反映了自身的性格特点。

性格有时易与气质混为一谈，实际上二者既有联系，又有区别。气质主要指个体情绪反应方面的特征，是个性内部结构中不易受环境影响的比较稳定的心理特征；性格则除了情绪反应特征外，还包括意志反应的特征，是个性结构中较易受环境影响的可变的心理特征。性格与气质相互影响，相互作用。气质可以影响性格的形成和发展速度以及性格的表现方式，从而使性格带有独特的色彩；性格则对气质具有重要的调控作用，它可以在一定程度上掩盖或改造气质，使气质的消极因素受到抑制，积极因素得到发挥。

（二）性格与消费者的购买行为

消费者的性格是在购买行为中起核心作用的个性心理特征。消费者不同的性格特点会体现在消费活动中，从而形成千差万别的消费行为，具体表现可作多种划分。

1. 从消费态度角度可以分为节俭型、保守型、随意型

（1）节俭型。节俭型消费者在消费观念和态度上崇尚节俭，讲究实用。选购商品较为注重商品的质量、性能、实用性，以物美价廉作为选择标准，不在意商品的外观造型、色彩、包装装潢、品牌及消费时尚，不喜欢过分奢华、高档昂贵、无实用价值的商品。

（2）保守型。保守型消费者在消费态度上较为严谨，生活方式刻板，性格内向，怀旧心理较重，习惯于传统的消费方式，对新产品、新观念持怀疑、抵制态度，喜欢购买传统的和有过多次使用经验的商品，不愿冒险尝试新产品。

（3）随意型。随意型消费者在消费态度上比较随意，没有长久稳定的看法，生活方式自由而无固定的模式。在选购商品方面表现出较大的随意性，选择商品的标准也往往多样化，经常根据实际需要和商品种类不同而采取不同的选择标准和要求，受外界环境及广告宣传的影响较大。

2. 从购买行为方式角度可以分为习惯型、慎重型、挑剔型、被动型

（1）习惯型。习惯型消费者在购买商品时习惯于参照以往的购买和使用经验，一旦对某种品牌的商品熟悉并产生偏爱后，便会经常重复购买，形成惠顾性购买行为，受社会时尚、潮流影响较小，不轻易改变自己的观念和行为。

（2）慎重型。慎重型消费者的性格大都沉稳、持重，遇事冷静、客观，情绪不外露。选购商品时，通常根据自己的实际需要并参照以往的购买经验进行仔细慎重的比较权衡，然后做出购买决定。购买过程中，受外界影响小，不易冲动，具有较强的自我抑制力。

（3）挑剔型。挑剔型消费者的性格特征表现为意志坚定，独立性强，不依赖他人。在选购商品时强调主观意愿，自信果断，很少征询或听从他人意见，对销售人员的解释或推荐常常持怀疑和戒备心理，观察商品细致深入，有时甚至过于挑剔。

（4）被动型。被动型消费者在性格特征上比较消极、被动、内倾，由于缺乏商品知识和购买经验，在选购过程中往往犹豫不决，缺乏自信和主见，对商品的品牌、款式等没有固定偏好，希望得到别人的意见和建议。由性格决定，这类消费者的购买行为常处于消极被动状态。

素养园地 新场景新模式，激发消费新需求

需要指出的是，上述按消费态度和购买行为方式所作的分类，只是为了便于我们了解性格与消费者行为之间的内在联系以及不同消费性格的具体表现。现实中，由于购物环境的影响，消费者的性格经常难以按照原有面貌表现出来。因此，在观察消费者的性格特征时，应特别注意其稳定性，不应以一时的购买表现来判断消费者的性格类型。

第 3 节　自我概念与消费者行为

自我概念是指与个人的自我认识有关的内容，是个人自我知觉的组织系统和看待自己的方式。20 世纪 50 年代，西方学者在研究消费者的个性时发现，消费者的自我概念与其消费行为密切相关。消费者在购买商品时不仅受到商品功能性价值的影响，商品所蕴含的象征性价值也是使消费者购买的关键因素。消费者倾向于购买能够加强自我概念的商品，回避与自我概念不一致的商品。因此，对消费者的自我概念进行探讨，有助于从更深层次研究个性对消费者行为的影响。

一、自我概念的含义与形成

自我概念最早被美国心理学家威廉·詹姆斯（William James）定义为由纯粹的自我和经验的自我构成的个人自我意识。西尔（Sirgy）把自我概念定义为与个人的自我认识有关的内容，是个人自我知觉的组织系统和看待自己的方式。巴戈奇和萨达尔拉盖尼（Bagozzi and Sadarangani）则把自我概念定义为人们对自我属性的认知评价。学界一般把自我概念理解为人们关于自己的想法和情感的总和，即自己如何看待自己。

消费者的自我概念不是天生的，其形成过程漫长而复杂，形成的途径大致有以下几个。

（1）通过自己的观察推断自己。人们通过直接观察自己的心理、身体特征、行为习惯来形成对自己的认识。

（2）通过他人对自己的评价形成自我概念。人们在交往过程中彼此之间进行认识和评价，这些评价影响到自我评价，从而形成自我概念。通常评价者的权威越大，与自我评价的一致性越高，对自我概念形成的影响也就越大。

（3）通过与他人或社会比较形成自我概念。人们对自己的评价还受到与他人比较的影响，比较的结果相同或不同，超过或逊于他人，都会在一定程度上改变人们的自我评价，并驱动人们采取措施修正自我形象。

（4）通过从外界环境获取有利信息形成自我概念。人们往往从外界环境中寻找符合自己意愿的信息，忽略与自身意愿相反的信息，以此证明自我评价的合理性，这一现象证明了人们经常从自己喜欢的方面来看待和评价自己。

二、消费者自我概念的构成

从上述形成途径可以看出，自我概念实际上是在综合自己、他人和社会评价的基础上形成和发展起来的，这改变了人们关于消费者自我的认识。过去，人们一般认为消费者只有单一的自我，仅对能满足这个单一的自我的产品或服务感兴趣。然而，关于自我概念的研究发现，消费者不只有一个自我概念，人们在不同的场合、环境下拥有实际的、理想的、期待的、社会的、环境的、延伸的、可能的、联系的等多重自我。

实际的自我指个人对自己主观的认知，也就是我觉得自己是怎样一个人。理想的自我指个人所希望达成的圆满形象，也就是我希望自己成为怎样一个人。期待的自我指个人期望在将来某一特定时间如何看待自己，它介于实际的自我与理想的自我之间。社会的自我指他人对自己的看法，也就是我觉得别人认为我是怎样一个人。理想的社会自我指期望别人如何看待自己。西尔等（Sirgy et al.）认为人的整个自我态度（如自尊和自我满足）就是关于实际的自我与理想的自我或社会的自我的关系的主观判断。其中，理想的自我是实际的自我的比较参考点，当两者存在差距时，人们将努力实现理想状态，因此，理想的自我是影响消费者行为动机的力量。环境的自我描述一个人在不同环境下的自我形象。延伸的自我指拥有的物品对自我概念的影响。可能的自我指人们想成为什么样的人，可能成为什么样的人，或者惧怕成为什么样的人。最后，联系的自我描述人们定义自己与所属群体的联系程度。各种类型的消费者自我概念见表5-4。

表5-4 各种类型的消费者自我概念

实际的自我：消费者实际上如何看待自己。
理想的自我：消费者希望如何看待自己。
社会的自我：消费者认为他人如何看待自己。
理想的社会自我：消费者希望他人如何看待自己。
期待的自我：消费者期望在将来某一特定时间如何看待自己，它介于实际的自我与理想的自我之间。
环境的自我：消费者在特定情境下的自我形象。
延伸的自我：消费者拥有的物品对自我概念的影响。
可能的自我：消费者想成为什么样的人，可能成为什么样的人，或者惧怕成为什么样的人。
联系的自我：消费者定义自己与所属群体或个人之间关联的程度。

资料来源：Mowen J C，Minor M S. 消费者行为学简明教程．北京：清华大学出版社，2004：109.

通常情况下，消费者都具有从实际的自我向理想的自我转化的意愿和内在冲动，这种冲动成为消费者不断修正自身行为，以求自我完善的基本动力。不仅如此，消费者还力求使自己的形象符合他人或社会的理想要求，并为此努力地按照社会的理想标准行动。正是在上述意愿和动机的推动下，自我概念在更深层次上对消费者行为产生影响，制约和调节行为的方式、方向和程度。

三、自我概念对消费者行为的影响

（一）自我概念的理论模型

1959年莱维（Levy）根据早期的研究结果指出，消费者行为很少真正受到产品的功能性价值的影响，更多地受到与消费者自我概念相联系的产品形象的影响。众多西方学者从心理学、社会学两个角度对自我概念在消费者行为学或者消费心理学等领域进行了长达半个世纪的研究，从理论上深入探讨了自我概念的作用及其在消费者行为学中的地位。其中，用来描述、解释和预测消费者自我概念在消费者行为中的具体作用的自我概念理论有自我强化理论、环境自我形象理论及自我形象/产品形象一致理论。

1. 自我强化理论

自我强化理论认为，自我概念对个体有价值，个体行为趋向于维护和强化自我概念；人们可以通过购买、展示和使用商品向个体或其他人传递象征意义；个体的消费行为趋向于通过消费具有象征意义的商品来强化自我概念。这一理论的优点在于把商品消费和消费者的自我概念联系起来，但没有说明消费者自我概念的形成及其特征。

2. 环境自我形象理论

环境自我形象是个体在特定的环境中希望他人如何看待自己，包括与自己相联系的态度、知觉和情感。个体选择表达自我的哪个方面取决于特定的环境。一旦个体选择了在一定社会环境下要表达的自我方面，就会寻找表达这一自我方面的方式。比如，消费者在一个社交环境下想要表现热情开朗的自我形象，可能会选择鲜艳或带有夸张图案的服饰；在商业环境下想表现出独立好强的自我形象，则可能选择严肃的职业套装。环境自我形象理论认为消费者的自我概念是行为导向的，并且自我概念有多个侧面，它取代了实际的自我、理想的自我等静态的概念，表明自我概念是一个动态的过程。例如，消费者在购买洗发水等日常生活用品时，可能更容易受到实际的自我的影响；在购买显示或加强社会地位的产品如汽车时，可能受到社会的自我的指导；购买所谓的神奇产品时，则可能是在理想的自我或理想的社会自我的指导下做出抉择。七匹狼的广告语“男人不止一面，今天你要秀哪一面?”就抓住了人们在不同环境下想要表达不同的自我概念这一心理特征，起到了非常好的营销效果。

3. 自我形象/产品形象一致理论

这一理论认为，包含形象意义的产品通常会激发包含同样形象意义的自我概念。研究符号学的学者指出：他人可见性物品往往被看作一种符号，观察者通过解释这些符号在特定环境中的意义来获得信息。如果一种产品拥有了一个被社会共同接受的意义，那么消费者将会使用它来实现沟通的作用。例如，奔驰、宝马汽车等在现代社会被认为是地位和财富的象征，富裕阶层为显示其富有和特殊身份，通常选择购买这类高档豪华汽车。

研究者认为，消费者购买产品不仅仅为了获得产品的功能，还为了获得它们的象征价值。商品作为一种象征符号起到了与他人沟通的作用。根据这个观点，消费者使用的产品在某种程度上体现了消费者的个性。事实上，我们所拥有的物品是自我延伸的一部分。消费者使用的产品与一个人的自我形象之间存在着某种联系。比如，穿上耐克运动鞋的年轻人会觉得自己更动感、更时尚、更吸引人。拥有奔驰、宝马高级轿车，戴劳力士手表的人会感觉自己更成功、更优秀。

识别产品的象征性的过程如图 5－2 所示。图中三个方块分别代表消费者的自我概念、参照群体和象征产品。第一阶段，消费者购买能够向参照群体表达自我概念的产品；第二阶段，消费者希望参照群体能理解产品的象征意义；第三阶段，消费者希望参照群体将产品的象征价值看作消费者自身人格或者自我的一部分。

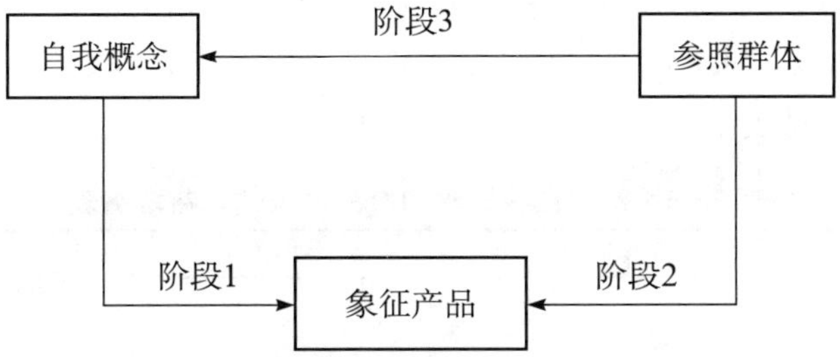

图 5-2 象征产品在自我与他人之间的沟通作用

资料来源：Mowen J C，Minor M S. 消费者行为学简明教程. 北京：清华大学出版社，2004：109.

能够表达自我、具有象征意义的产品一般具有三个特征：第一，产品应具有直观性，它的购买、消费和处置让大家一目了然；第二，产品应具有差异性，一些人可以买，另一些人因为缺乏时间或者金钱等资源不能购买；第三，产品要具有拟人性，能够反映使用者的原型意象。显然，汽车、珠宝这一类产品具有直观性、差异性和拟人性等特点。自我形象/产品形象一致理论的重要意义在于：一个产品形象的价值或意义并不是无中生有的，它是由所激发的自我形象维度决定的。

（二）自我概念的营销意义

依据上述理论，消费者的购买行为会受到自我概念的影响，消费者倾向于购买那些能够强化他们的自我概念，实现他们在特定环境中想要展现的自我形象，并利用其象征意义与他人进行沟通的产品。由此，自我概念对市场营销有重要战略意义，主要表现在以下两个方面。

1. 新产品开发

营销者可以根据拥有相似的自我概念和形象的消费者对市场进行细分，并针对产品类型和消费者的自我概念设计出既满足消费者需要，又符合消费者自我概念的产品，这将有助于企业的产品和品牌获得成功。

2. 广告策略

由于消费者的自我概念与消费者行为之间存在联系，营销人员在制定广告策略时可以使广告信息与广告说服对象的自我概念相吻合，来提高广告的说服效果。夏维特（Shavitt）和布罗克（Brock）曾经做过一项实验，广告信息被分为自我信息、产品信息和操作信息三类，他们先让 94 名美国妇女看五类产品的七部广告片，然后要求这些人评价所看到的广告，并指出对广告产品的购买意向。研究结果表明，由于广告中的自我概念信息与消费者自身因素密切相关，容易引起消费者的自我介入，产生了良好的说服效果。例如，劲霸男装“给你这样的男人”的系列广告分别展示了妻子的好丈夫、孩子的好父亲、朋友的好兄弟等积极上进、阳光自信的男人形象，代表了消费者心中的理想的自我形象，由于广告信息与消费者理想的自我相一致，深入人心，起到了很好的说服效果。

四、自我概念的测量

根据消费者的自我概念制定营销策略时，营销人员面临的一个问题是如何评估消费者的自我概念和消费者认为产品所代表的形象。测量自我概念的常用方法是语义差别法。美国学者马赫塔（N. K. Malhotra）设计了一种既可以衡量自我概念，又可以衡量产品形象的语义差别量表，见表5-5。

表5-5　测量自我概念和产品形象的马赫塔量表

1. 粗糙的	1	2	3	4	5	6	7	精致的
2. 兴奋的	1	2	3	4	5	6	7	平静的
3. 不舒适	1	2	3	4	5	6	7	舒适
4. 支配的	1	2	3	4	5	6	7	顺从的
5. 节制的	1	2	3	4	5	6	7	放纵的
6. 喜悦的	1	2	3	4	5	6	7	不喜悦的
7. 入时的	1	2	3	4	5	6	7	过时的
8. 有组织	1	2	3	4	5	6	7	无组织
9. 理智的	1	2	3	4	5	6	7	情感的
10. 幼稚的	1	2	3	4	5	6	7	成熟的
11. 正式的	1	2	3	4	5	6	7	非正式的
12. 正统的	1	2	3	4	5	6	7	随便的
13. 复杂的	1	2	3	4	5	6	7	简单的
14. 无色彩	1	2	3	4	5	6	7	有色彩
15. 谦虚的	1	2	3	4	5	6	7	自负的

资料来源：Malhotra N K. A Scale to Measure Self-concepts，Person-concepts，and Product-concepts. Journal of Market Research，1981（16）：456-464.

该量表是由15对形容词组成的一个语义差别量表。测量时，要求消费者在量表上评估自我概念，然后在同一量表上评价一个或多个产品，对产品的评价与自我概念评估匹配程度最大的，就是消费者偏爱的产品。用该量表调查消费者，可以获得消费者所期望的产品形象方面的信息，也可以了解消费者对现有产品的评价，从而找出产品形象改进的方向，更好地满足消费者需求。

最近出现的一个测量自我概念的方法是要求被试回答什么样的人使用产品X。在调查中，先让被试在头脑中想象这个人，然后用一个或多个形容词如传统、性感、沉稳、时尚等来形容这个人，完成后要求被试回答产品 X 代表的形象与使用它的消费者如何看待自己是否一致。这个方法已经被证明在预测产品偏好、产品态度以及消费者满意度方面是有效的。

第 4 节　消费者的生活方式

20 世纪 50 年代以前，营销者主要利用人口统计特征来研究消费者行为，但仅用人口统计数据来研究消费者是不够的。20 世纪 50 年代以后，人们开始对个性与消费者行为的关系进行研究。然而，应用个性特点解释消费者行为的方法存在一些不足，因为个性是一个比较稳定的概念，个性理论主要描述的是一种比较长久的行为模式，而且在很多情况下，个性研究的焦点集中在那些异常的、非典型的行为上。消费者行为更多的是普通的日常行为，因此研究人员试图通过研究消费者如何生活、消费与娱乐来研究他们的消费行为并对其进行细分。这一节我们主要探讨生活方式的概念及其与消费者行为的关系。

一、生活方式的含义与特征

生活方式（lifestyle）是由马克斯・韦伯（Max Weber）首创的术语，简单地定义为人们如何生活。拉泽（Lazer）最早研究了生活方式与营销的关系，他认为生活方式是整个社会或社会中群体的独特生活模式。所罗门（Solomon）认为“生活方式是一个人分配时间和金钱的方式”[①]。他指出，人们会根据自己喜欢做的事情决定如何打发时间、如何花销可支配收入等，将自己归入一个特定的群体当中。菲利普・科特勒将生活方式定义为“人们以活动、兴趣和观点的形式表现出来的在世界上的生活模式”[②]。

从社会心理学的角度，费尔德曼和蒂尔巴（Feldman and Thielbar）概括了生活方式的四个特点。

（1）生活方式是一种群体现象。一个人的生活方式受到他所在的社会群体以及与其他人之间关系的影响。

（2）生活方式覆盖了生活的各个方面。一个人的生活方式使他在行为上表现出连贯性，因此，当我们知道一个人在生活中一个方面的行为方式时，就可以推断出他在其他方面的行为方式。

（3）生活方式反映了一个人的核心利益。核心利益塑造了一个人的生活方式，比如家庭、工作、休闲和信仰等。

（4）生活方式在不同人口统计变量上表现出差异，包括年龄、性别、民族、社会阶层、宗教信仰和其他因素。另外，社会变迁也会导致生活方式改变。

---

① Solomon M R. Consumer Behavior：Fourth Edition. New Jersey：Prentice Hall，1999.

② 菲利普・科特勒．市场营销管理：第 11 版．北京：清华大学出版社，2007.

二、生活方式的测量

对消费者的生活方式进行测量的主要方法有AIO方法与VALS方法。

（一）AIO方法

AIO方法属于心理描述法，它是目前用来测量生活方式最常用的一种方法。其基本思想是通过让消费者回答一系列的问题来识别消费者的活动（activity）、兴趣（interest）和意见（opinion），从而描述消费者的生活方式。其中，通过向消费者询问有关活动的问题，得知消费者日常参与哪些活动，如何分配时间与金钱。比如，你每年读多少本书？你经常去购物吗？你通常出国度假吗？兴趣的问题集中在消费者的偏好、优先考虑的问题上。比如，对你来说尝试新的食物很重要吗？对你来说出人头地是很重要的事吗？你愿意周末待在家里还是出去玩？有关意见的问题询问消费者对有关问题如经济问题、社会问题、教育问题等所持的看法。比如，演员们是否赚得太多了？活动、兴趣、意见三个方面包括的要素如表5－6所示。

表5－6　AIO的主要构成要素

活动	兴趣	意见
工作	家庭	自己
嗜好	家务	社会问题
社会事务	工作	政治
假期	社区	经济
娱乐	时尚	商业
俱乐部会员	食物	教育
社区活动	媒体	产品
购物	成就	未来
体育运动	休闲	文化

资料来源：Wells W D，Tigert D J. Activities，Interests and Opinions. Journal of Advertising Research，1971（8）：27－35.

AIO调查表是陈述性量表，包括关于消费者的活动、兴趣与意见的一系列问题，要求被调查者在量表上（通常采用李克特5级量表）表明对每个问题“同意”或“不同意”的态度，如表5－7所示。

表5－7　AIO量表举例

请阅读以下每一条陈述，在同意或不同意的程度上打“√”。					
题项	非常不同意	比较不同意	一般	比较同意	非常同意
我总是到能省时的地方购物					
本地物价与其他城镇不一致					

续表

请阅读以下每一条陈述，在同意或不同意的程度上打“√”。					
题项	非常不同意	比较不同意	一般	比较同意	非常同意
我喜欢到大购物中心去					
我喜欢购物中心，胜过城里购物区					
我购买许多便宜货					
购物时讨价还价会省钱					
只要产品看上去好，就买下					
我喜欢做新鲜事					

要编制一份AIO调查表，研究人员首先要了解现有的市场研究资料，这有助于分离出有效的心理描述变量，针对这些变量，研究者编写各种类型的陈述，以反映研究者想评价的消费者的活动、兴趣和意见。这些陈述可能是一般性的，即并不针对任何具体的产品，也可能是非常特殊的对具体产品的陈述，旨在弄清某种特定产品的购买者或潜在购买者的心理特征。例如，一位研究者想要研究消费者对雅克糖果的看法，他可能列出这样的问题：

- 我发现雅克很难嚼。
- 雅克让我想到户外运动。
- 当我吃雅克时，我感觉自己很健康。

针对具体产品设计的AIO量表都会含有一般性的陈述。比如，研究者可能让消费者对这样一些陈述打分：

- 我很喜欢户外运动。
- 我希望世界和平。

当然，特殊性的和一般性的陈述有不同的目的，虽然它们都能探究出消费者的态度，但是一般性的陈述强调较广的知觉、偏爱或生活方式，特殊性的陈述能够帮助研究者识别消费者对产品的认知，了解产品如何与消费者联系起来，通过分析这些信息，企业可以进一步改进产品，寻找最能够打动消费者的卖点。

通过AIO调查表获得相关数据之后，要进行心理描述分析。进行心理描述分析的第一步是确定哪一种生活方式产生了对某种产品的需求。第二步是找出谁（具有某种生活方式的消费者）在使用这种产品，然后区分出重度、中度和轻度的使用者。企业的主要营销目标是那些重度的使用者。第三步是在辨认出重度使用者之后，考虑如何将自己的产品与他们建立联系。

(二) VALS方法

SRI国际调查公司基于对大约1 600户美国家庭的调查研究设计出VALS（value attitude & lifestyles）方法，广泛用于细分市场，并为开发广告和产品策略提供指导。VALS方法综合了两个理论来区分生活方式群体：一是基于社会心理学家马斯洛的需要层次理论；二是基于美国社会学家戴维·瑞斯曼的“驱动说”。VALS量表面世以来得到广泛应用，企业受益匪浅，它的不足是过度依赖人口统计数据。20世纪80年代，随着美国市场发生变化，SRI公司在1989年对VALS做出较大修改，更名为VALS 2。VALS 2较原始模型有更加广泛的心理学基础，更加侧重于活动与兴趣。VALS 2试图更多地选择那些具有相对持久性的态度和价值观，用来反映个人的生活方式。目前，SRI公司又对VALS 2作了部分修改，采用心理学方法来分析和预测消费者的偏好与选择，现在的VALS 2在消费者的个性与行为之间创造了清晰的联系。

VALS 2根据人们对量表问题的回答情况将美国成年人分成8类，这个市场细分的维度是消费者的主要动机与拥有的资源。通常消费者购买商品、服务或寻求体验来满足他们性格的偏好与生活需求。一个人的主要动机是影响其行为的核心因素。一般而言，消费者受三种动机影响。

（1）理想。受理想动机影响的消费者会受到知识和原则的指引，不是依据情感、事件或获得认可的愿望而做出取舍。

（2）成就。受成就动机影响的消费者寻求能够向同伴证明自己成功的产品或服务。

（3）自我表达。受自我表达动机影响的消费者渴望社交或体能性活动，喜欢多样化和勇于承担风险。

上述三种主要动机决定了个人所追求的目标和行为的种类。

VALS 2测量的第二个层面是拥有的资源，涉及心理、体能、人口统计因素和物质手段等方面，不同的资源能够增强或限制消费者表达其主要动机。以主要动机与拥有的资源为基础，VALS 2将美国成年人划分为8类消费群体，在西方国家得到了广泛应用（见图5-3）。

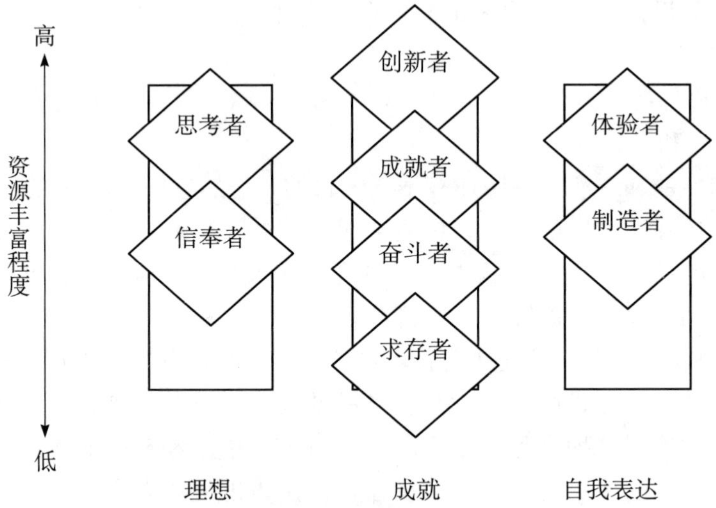

图5-3　VALS 2划分的8类消费群体

资料来源：http：//www.sric-bi.com/VALS/types.shtml.

受成就动机影响的消费者在社交场合或所处的社会环境中拥有或寻求安全场所，他们努力提高自身地位，以跻身地位更高的群体。在地位取向方面根据资源丰富程度分为创新者、成就者、奋斗者和求存者四类。

（1）创新者。这类消费者资源丰富且关注原则和行为，具有较高的自尊、积极和老练等品质。通常积极地表达品位、独立性和个性。喜欢精美的东西，接受新产品、新技术。怀疑广告，经常广泛地阅读出版物，看电视较少，相当看重自己的形象。

（2）成就者。喜欢控制自己的生活，喜欢预测，不喜欢冒险。尊重权威和身份。非常注意形象，喜欢成功的、有影响力的品牌而不喜欢其他品牌。他们的生活围绕家庭和职业打转。看电视的程度为平均水平，喜欢阅读商业、新闻和DIY一类的出版物。

（3）奋斗者。资源缺乏且关注身份，以身份为导向。在乎其他人的认可、安全和成功的形象。尽管想努力实现他们奋斗的目标，但缺少达到目标的资源。冲动且具有时尚意识，收入主要用于服装和个人护理，金钱对他们意味着成功。喜欢看电视甚于读书。

（4）求存者。贫穷并且没有受过良好的教育，没什么资源，没有社会福利，必须时刻为生存而挣扎，并时常与社会问题联系到一起，如食物和健康。他们是十分谨慎的消费者，寻找安全感，容易形成品牌忠诚。相信广告，经常看电视。

受理想动机影响的消费者的行为建立在他们的信念和原则的基础上而不考虑别人怎么想。

（1）思考者。成熟、安逸、满足和勤于思考。他们崇尚秩序、知识和责任，受过良好教育，从事专业性工作，对职业、家庭和生活状态均感满意，闲暇活动以家庭为中心。

（2）信奉者。他们比较保守，保持着不变的生活方式，改变习惯很慢，与家庭的联系紧密。他们的信念建立在宗教、社会、家庭和国家的基础上。忠实于本国产品，生活超过平均水平。

受自我表达动机影响的消费者通过行为来影响环境，依据对行为、多样性和风险的渴望来进行决策。

（1）体验者。年轻热情、生机勃勃、冲动且有反叛精神。他们寻求丰富多彩和刺激，崇尚时新，敢于冒险。他们将大部分收入花在服装、快餐、音乐、电影上。

（2）制造者。资源缺乏，注重自足，注重家庭，保守且现实，对外面的世界较少关心。购买产品注重舒适、耐用和有价值，不关注豪华奢侈的产品。

（三）E-ICP和China-VALS方法

我国学者与研究机构根据我国的市场环境研究我国消费者的生活方式，开发出了新的模型和生活方式量表，以此来划分我国的消费者群体。这些研究中具有理论基础又具有广泛应用性的社会分层结构范式是E-ICP量表和China-VALS量表。

东方广告公司2000年设计开发了E-ICP（eastern integrated consumer profile）量表。E-ICP量表的理论基础非常广泛，包括消费者行为与营销管理的理论等：（1）个人因素：人格、价值观、态度、偏好；（2）决策影响者：人口统计变量、家庭变量、媒体接触类型和频率；（3）产品变量：决策属性变量、消费与使用情境。E-ICP的研究者从消费者营销数据库中抽取出1 200位20～64岁消费者为样本，以因子分析与聚类分析归纳他们的生活方式与消费习惯，将2000年成年消费者划分为六类生活方式群体：本分牛——规律守分族，逍遥马——逍遥自在族，水獭——认真生活族，无尾熊——沉默顺从族，花蝴蝶——积极活跃族，云豹——自主反叛族（见表5-8）。这六大类消费者群体各有不同的消费习惯、金钱观与资源量。2001 年研究者重新抽取样本进行了研究，并将 2001 年各个群体与 2000 年的作比较，其生活方式大致相符，但年轻人群体的生活态度有所转变，2000 年曾有的水獭——认真生活族已不存在，取而代之的是态度消极、生活随性的无尾熊族。

表 5-8　E-ICP 消费者分群结果（2000 年）

别称	百分比（%）	生活方式	群体特点描述
本分牛	14	规律守分族	以家庭为中心，规律守分
逍遥马	26	逍遥自在族	中庸，无个人特色
水獭	17	认真生活族	追求自我，认真生活
无尾熊	13	沉默顺从族	传统，没有活力
花蝴蝶	17	积极活跃族	讲究品位，追求时尚
云豹	12	自主反叛族	追求独立自我

零点研究咨询集团的吴垠以我国消费者的生活方式为研究中心，借鉴西方研究成果，对消费者的分群、价值观、生活方式及社会分层等市场细分理论及应用进行了探讨，建立了具有一定实用价值的 China-VALS 模型（见图 5-4）。

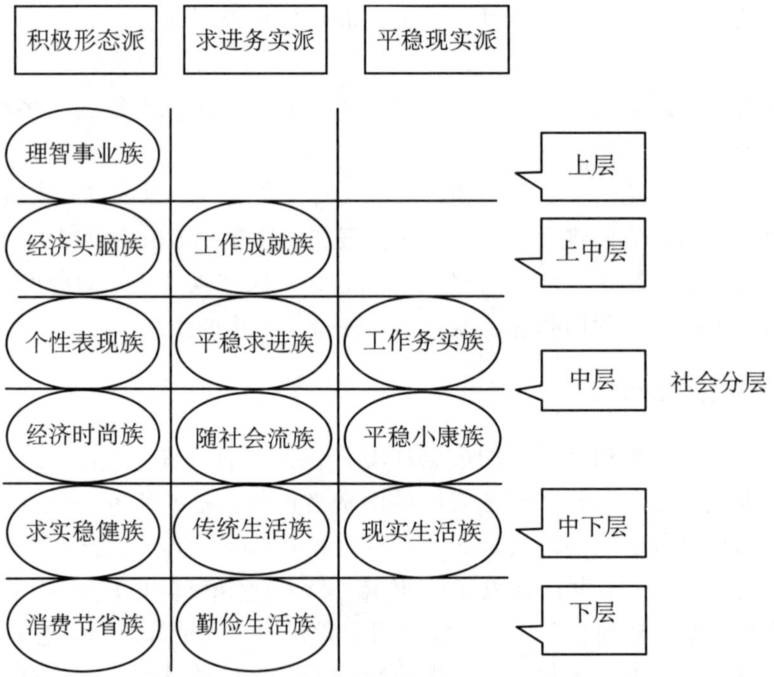

图 5-4　消费者的分群与社会分层结构

资料来源：吴垠．关于消费者分群范式的研究．南开管理评论，2005（2）．

China-VALS 模型推出具有理论基础和较强应用性的中国消费者生活方式量表，构建了研究中国消费者生活方式的独特的系统范式，提出了五项新的理论观点，即中国消费者 14 大族群、7 点文化元素、中国社会心理结构的 3 层结论、China-VALS 模型和应用性价值观。

三、生活方式研究在消费者行为中的作用

生活方式研究在营销中的直接应用就是利用AIO或者VALS方法，探索社会变化趋势，勾勒市场细分图，进行产品定位，并激发广告创意。

（一）选择目标市场

根据AIO或者VALS方法，消费者可以被分为若干类型。每种类型的消费者拥有不同的生活方式，不同的生活方式又影响着消费者的购买决策。对于企业来说，资源是有限的，在激烈的竞争中，企业想拥有所有类型的消费者是不可能的，选准目标市场才有可能取得成功。利用AIO或者VALS方法，营销人员可以分析出哪些消费者是目标群体。

例如，20世纪七八十年代，美国人均牛肉消费量下降，牛肉行业很不景气。为更好地把握消费趋势，美国牛肉行业协会利用VALS方法对消费者购买牛肉、羊肉、鲜鱼、鲜鸡、火鸡等主要肉制品的情况作了调查。[①] 表5-9列出了8个消费者群体对肉类产品的消费指数。

表5-9 与肉类消费相关的VALS分析（肉类消费指数）

消费者群体	牛肉	羊肉	鲜鱼	鲜鸡	火鸡
求存者	64	21	62	69	41
制造者	77	54	111	93	62
信奉者	98	96	90	97	75
奋斗者	102	62	111	107	63
成就者	115	125	108	107	155
创新者	90	174	119	90	110
体验者	95	36	79	100	85
思考者	109	160	121	108	154

资料来源：Tomas T C，Crocker S. Values and Lifestyles-New Psychographics. Menlo Park，CA：SRI，1981.

从表5-9中可以看出，求存者和制造者受资源的限制，对肉类产品的消费较少，成就者和思考者是各种肉类产品的大量消费者。体验者在肉类产品的消费上大部分低于平均水平，对羊肉的消费尤其少，这在很大程度上与生活方式有关。基于VALS的调查数据进行分析预测，美国牛肉行业协会最后选择成就者、体验者、创新者和思考者作为其目标市场，进行重点促销，取得了非常好的效果。

（二）制定广告宣传策略

拥有不同生活方式的消费者的兴趣、爱好有很大差别。营销人员利用AIO与VALS

---

① 王长征．消费者行为学．武汉：武汉大学出版社，2003：104.

方法能够选择适合目标市场的宣传媒体，寻找符合目标市场形象的代言人，策划能有效激发目标市场购买意愿的广告创意。

比如，美国某长途电话运营商通过VALS方法了解谁是长途电话服务的重度使用者，并选择与重度使用者群体形象、气质有密切联系的广告代言人，从而获得了该类人群的关注。

天美时公司（TIMEX）的目标市场是成就者和思考者。根据VALS 2方法划分的8类消费者群体中成就者和思考者一般不花费很多时间看电视，求存者看电视的时间很多；创新者一般怀疑广告，体验者则更注重群体的口碑宣传。于是该公司大量使用印刷广告，并且将其介绍性宣传广告安排在早间新闻和晚间新闻时段播出，没有选择在黄金时段或者白天进行广告宣传。这样针对目标市场选择媒体，大大降低了广告宣传的费用，提高了广告的宣传效果。①

企业基于消费者生活方式进行的营销活动可称为“生活方式营销”。生活方式营销源自“产品是人们生活方式的基石”。开展生活方式营销，就必须将产品定位于某一特定的生活方式，使产品与目标消费者理想的生活方式相适应，从而更好地满足消费者的需求和欲望。② 例如，欧倍德公司是一家著名的跨国连锁集团，主营建材家居装饰产品，企业规模名列德国第一、全球第四，但是在进入中国市场后遭遇了失败。欧倍德作为倡导DIY（自己动手）商店概念的先锋，致力于给“能工巧匠、建筑爱好者和园艺爱好者提供一切所需要的商品”，可谓典型的提供一种生活方式的著名企业，它提供的产品齐全，人们几乎可以用其提供的房型和材料为自己盖一所房屋，但是中国人有自己特定的生活方式，欧倍德公司要想产品卖得好，首先要让中国消费者喜欢上“自己动手”，培育中国消费者“自己动手”的生活方式，否则，它的产品在中国市场上很难成功。

麦当劳、肯德基能在中国发展迅速，深受人们喜爱，不仅因为它们适应大城市较快的生活节奏，更因为它们所倡导的“全家共享的快乐时光”与“美好时刻共同分享”的生活方式符合中国人重视家庭的文化传统。

第5节　社会身份对消费者心理与行为的影响

一、社会身份的概念构成

（一）社会身份的定义

戈夫曼（Goffman）最先使用社会身份（social identity）这一概念来区分个体身份和自我身份。人们倾向于把自己和他人划分为不同的社会类别，如按照组织成员、宗教信仰、性别和年龄划分。人们可以被分为不同的类别，一个人可能拥有多种社会身份。人们会用自己或他人属于某社会群体成员的资格来建构自己或他人的身份，依据社会群体

① 徐洁怡，马威．消费者行为学．北京：中国农业大学出版社，2005：204.

② 王长征．消费者行为学．武汉：武汉大学出版社，2003：109.

成员资格来建构的身份称为社会身份。

（二）社会身份理论

社会身份理论（social identity theory）认为社会行为不能单从个人心理方面来解释，要较全面地理解社会行为，必须研究人们如何建构自己和他人的身份。社会身份理论是预测群际行为差异化的理论。群体间的差异具有稳定性。社会身份理论是解释群体间偏见的基础，同时也是关于人类自我的理论。该理论认为人们根据所归属的社会群体来划分内群体与外群体，并且产生内群体偏好和外群体歧视。

二、社会身份对消费者的影响

社会身份理论认为，当个体认为自己归属于某一社会群体时，会将自己作为该社会群体成员来确定他们个人的身份。如果个体行为与其社会群体认知一致，个体就会产生满意感，一致性程度越高，个体将维持其行为以强化认同感，并主动与他人交流认同感受。身份一致性动机理论（identity-based motivation theory，IBM）认为个体的行为、认知要受到即时身份的制约，具有行为、认知与身份相一致的动机趋向。

（一）社会身份影响消费者认知

消费者产生需求时，首先会对产品产生基本的态度。消费者的社会身份能够引发消费者产生与社会身份一致的想法。斯通（Stone）认为社会身份是人类社会化过程的结果，并且成为认知过程中的一个重要组成部分。以“学生”这一身份为例，当我们是一名学生时，我们会站在学生的角度思考问题，我们会想学生适合做什么和想什么。消费者接受某一社会身份，该社会身份所关联的内容将作为态度形成和行为决策的基础，这样就会产生由认同所形成的身份执行，进而可以为消费者思考、表达或行动提供指引，以建立、维持这种社会身份，甚至与他人沟通这种社会身份。若特定评估对象如产品、品牌的象征含义或某一社会群体期望的社会规范与消费者的社会身份具有较高的关联性，则消费者在关注该对象时，相关性的感知将被加强。

（二）社会身份影响消费者行为

根据社会身份理论，人们会通过类化、认同和比较来确定自己的身份特征。类化是指人们将自己定位为某一类社会群体，认同是认为自己拥有该社会群体成员的普遍特征，比较是评价自己所处的社会群体相对于其他社会群体的优劣、地位和声誉。经历这三个阶段后，人们对与自己身份相匹配的社会群体或象征物产生更高的评价和尊重。当社会身份受到攻击或威胁时，人们会为了捍卫自己的社会身份，为了肯定所属社会群体共有的特征和价值，以具体行动还击。当社会身份与所处环境不匹配，为了维护一致性，人们会采用多种应对方法，包括模仿与环境所匹配的身份行为（例如，与幼儿园小朋友讲话时会不由自主地模仿儿童的语气）。

基本概念

个性心理 personality psychology
认知需要 need for cognition
气质 temperament
性格 character
自我概念 self-concept
社会身份 social identity

思考题

1. 什么是个性？个性有哪些基本特征？
2. 比较下列消费者个性理论：弗洛伊德个性理论、新弗洛伊德个性理论和特质理论。
3. 试述消费者的能力差异及其对消费者行为的影响。
4. 什么是气质？从气质对购买方式的影响来看，你认为自己属于哪种气质类型的消费者？
5. 比较气质和性格的差异。试分析气质和性格对消费者行为的不同影响。
6. 阐述自我概念的含义，消费者的自我概念与商品的象征意义有什么关系？
7. 企业应如何根据消费者的自我概念来开发和推广产品？
8. 测量消费者生活方式的方法主要有哪些？
9. 企业怎样根据生活方式测量数据开展营销活动？

案例

终身学习者——“得到”App的个性化定位

中国社会正在发生三种变化：人们的时间正在碎片化，学习越来越终身化，也越来越跨界化。知识服务的出现，填补了传统“分科治学”教育体系的缺口，为移动互联网时代人们的跨界终身学习提供了更适合的解决方案。知识服务作为一个新的服务分工，远未成熟，更早期的知识服务形态——知识付费经过几年的发展，现已进入瓶颈期。知识服务领域的一些尝试为提升信息获取效率提供了新的选择。

头部产品“得到”，始于2012年底罗振宇打造的知识脱口秀节目《罗辑思维》。半年内，“得到”由一款互联网自媒体视频产品，逐渐延伸成长为全新的互联网社群品牌。在优酷、喜马拉雅等平台播放超过10亿人次，并于2015年11月上线“得到”App。2017年，“得到”App在App Store中国图书类畅销榜中位居第1名；2017年12月，“得到”App入选2017年App Store年度精选（知识付费类），累计用户超过3 400万人次。

“得到”定位匹配市场需求

市面上有千万种产品，也有千万种市场需求，这两者重合的地方，就是那些满足了市场需求的产品。“得到”就找到了这样的重合点。

“得到”的产品定位是为用户提供省时间的高效知识服务，邀请各领域的专业人士为用户生产优质内容，用户可以在线付费、订阅获得相关内容。在“得到”上学习的用户，学习场景多是碎片化的，用的也多是碎片化的时间：上班的路上、做家务的时候、睡觉前在被窝里等。创始人认为知识服务者要做的事情在本质上是要给用户“喂饭”。创始人之一的罗振宇认为“得到”的价值不是为用户提供知识而是为用户节省时间。

“得到”的目标用户是终身学习者。这类人已经具备一定的知识体系，形成了比较稳定的三观，同时他们的职场工作紧张忙碌，对学习效率和性价比非常敏感。这类人渴望获取新认知，对新技能的掌握比较急迫，对自我成长比较期待，对陌生事物的好奇心比较强烈。因此，在产品设计上，需要主题明确，符合用户的心理账户和学习预期。

围绕用户增强产品体验

“得到”发现用户的潜在需求除了获取知识外，还希望在碎片化时间快速、主动且高效地获取高质量、系统化的知识和技能。“得到”品控手册中用户画像的关键词是：“战士”、知识饥渴者、泛创业者、自我迭代者、时间高度碎片化、跨界学习。

“得到”的知识产品设计的总原则是用新技术重新生产知识。为用户提供单位时间价值最大化的学习解决方案，以应对当前时间高度碎片化、跨界学习、终身学习的挑战。“得到”产品的具体构成有产品规格、课程定位、应用场景、问题意识、内容完备、自然语言、红线标准七大维度。

课程产品每一讲的时长都在12分钟以内，不管什么类型的课程，这个规则全部适用。确实有例外的，可以申请延长。延长3分钟以内需要总编室批准；延长3～5分钟需要CEO批准；延长5分钟以上，要董事会批准。背后的原因是管理用户的认知负担预期。不管内容有多难，每一讲都要让用户对学习的精力付出有清晰的预期。满足用户预期，围绕学习体验优化产品，品牌形象更明确、突出，“得到”的版图正在逐渐扩大。

资料来源：从得到App看知识服务行业的未来发展．(2020-05-20)．搜狐网．

《素养提升阅读材料》

第6章

消费者态度的形成与改变

价值引领

- 了解消费新模式下消费者对传统消费的态度转变以及对新消费的接受。
- 了解商业发展变化对消费者态度形成的影响。
- 引导学生形成积极、正面的消费态度。

在影响消费者行为的诸因素中，态度具有极为重要的作用。消费者之所以做出这样或那样的购买决策，采取迥然不同的行为方式，无不与态度密切相关。深入分析消费者态度形成与改变的过程及特点，对全面了解和预测消费者行为具有重要作用。

第1节　消费者态度的构成与功能

一、消费者态度的内涵

（一）消费者态度的概念

根据著名心理学家戈登·奥尔伯特（Gordon Allport，1935）的定义，态度是后天学到的偏好，它以一贯有利或不利的方式对一个对象或一类对象做出反应。[①] 也就是说，态度是人们对客观事物或观念等社会现象所持的一种心理反应倾向。基于这种倾向，个人对某一事物（或观念）或一群事物（或观念）有特定的意见和情绪反应。这种反应倾向可以是良好的，如满意、赞成、支持、欣赏，也可以是不良的，如不满、反对、拒绝、厌恶。由于消费者通常以某类可供消费的商品或服务为具体接触对象，消费者态度即为消费者在购买过程中对商品或服务等表现出的心理反应倾向。

---

① Allport G W. Attitude：A Handbook of Social Psychology. Mental Health，1935，6（3）：798－844.

（二）消费者态度的特征

消费者态度作为一种复杂的、复合型的心理活动，具有以下特征。

1. 社会性

消费者对某类商品或服务的态度并非与生俱来，是在长期的社会实践中不断学习与总结，由直接或间接经验逐步积累而成的。消费者如果离开社会实践，特别是消费实践活动，离开与其他社会成员、群体、组织的互动以及将社会信息内化的过程，则无从形成一定的消费态度。因此，消费者态度必然带有明显的社会性和时代特点。

2. 效用性

在消费活动中，消费者之所以对某类商品或服务持有这样或那样的态度，无不源于该商品或服务对消费者具有的价值或效用大小。商品或服务的效用大，消费者就持积极的态度倾向；效用小或无效用，则持消极的态度倾向。因此，在一定意义上商品价值或效用成为决定消费者态度的关键因素。

3. 相对稳定性

消费者态度是在长期的社会实践中逐渐积累形成的，某种态度一旦形成，便保持相对稳定，不会轻易改变。如对某品牌的偏爱，对某老字号商店的信任等。态度的相对稳定性使消费者的购买行为具有相对稳定性、习惯性，从而使某些购买决策常规化、程序化。

4. 差异性

消费者态度的形成受多种主客观因素的影响和制约。各种因素在内容、作用强度及组合方式上千差万别，消费者态度也存在众多差异。不仅不同的消费者对待同一种商品可能持有完全不同的态度，同一个消费者在不同的情境下，如社会地位改变、受他人态度影响，对同一种商品也可能产生截然不同的态度。态度的差异性对区别和细分消费者群体具有重要意义。

5. 矢量性

消费者态度不是中性的，可区分为良好的或不良的态度指向。良好的态度存在如赞成、比较赞成、非常赞成等不同的倾向强度；不良的态度存在如不赞成、比较不赞成、非常不赞成等不同的倾向强度。可见消费者态度是一个矢量，具有方向和强度。[①] 如果消费者对某一对象保持中立或不置可否，则说明消费者对这一对象没有明确的态度倾向。

二、消费者态度的构成

大多数研究认为态度是由认知成分（信念）、情感成分（感觉）、行为成分（反应倾向）三个部分组成的。认知成分是指个体对于事物的具体或整体的信念；情感成分是指人们对某个事物的感情或情绪性反应；行为成分是指个体对某事物或某项活动做出特定

---

① J. 布莱思. 消费者行为学精要. 北京：中信出版社，2003：71－72.

反应的倾向。[①] 这三种成分共同决定了消费者对某事物的态度。例如，我们不喜欢喝某种饮料可能是因为我们认为其含有不利于健康的成分（认知成分），或者不喜欢它的口味（情感成分），或者从来没有购买过这种饮料（行为成分）。通常情况下，认知、情感、行为三种成分的作用方向是协调一致的（如图 6－1 所示），消费者态度表现为三者的统一。

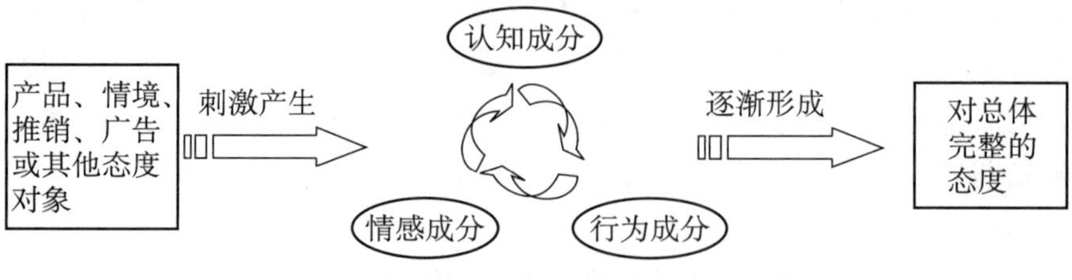

图 6－1　态度的构成

态度的三种成分的相对重要性有所不同，研究人员提出了影响层级的概念来解释每种成分对态度的相对影响。根据三种成分在态度形成过程中出现的先后顺序可分为标准学习层级、低介入层级、经验层级三级，如图 6－2 所示。

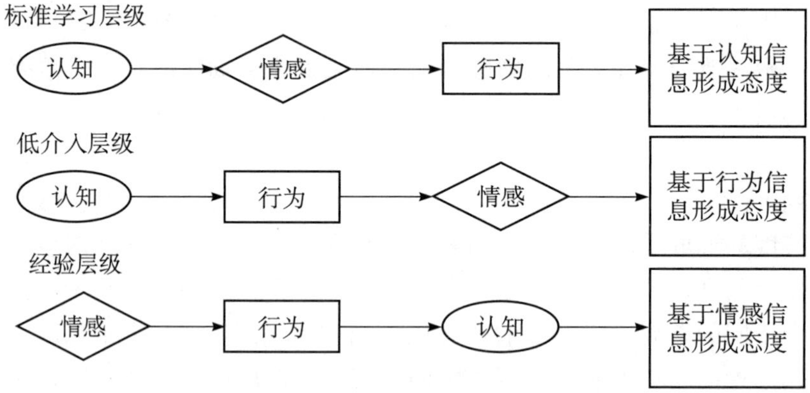

图 6－2　态度形成过程

资料来源：迈克尔・R. 所罗门，卢泰宏，杨晓燕．消费者行为学：第 6 版．北京：电子工业出版社，2006：220.

1. 标准学习层级

在这个层级，消费者通过广告或者朋友推荐获得有关产品的知识来形成自己的认知；然后，消费者评价认知并对产品形成某种情感；最后，根据这些评价，消费者产生相关的行为。

2. 低介入层级

在低介入层级，消费者并没有对所购产品产生特别强烈的偏好，而是在信息有限的情况下进行购买，在使用产品后才形成对产品的情感。在低介入层级，消费者的购买过程也是一种学习过程，通过购买产品后或好或坏的使用经历，消费者的选择得到了强化。

3. 经验层级

在经验层级，消费者是根据他们的情感反应来做出行动的。产品包装设计的美感等

---

① 叶敏，张波．消费者行为学．北京：北京邮电大学出版社，2007：318.

无形属性和消费者对伴随刺激如广告、品牌名称以及背景环境等所产生的反应，都强烈地影响着消费者的态度。产品给消费者的感觉和使用产品获得的乐趣会直接影响消费者态度的形成。

三、态度在消费者购买行为中的功能

在购买行为中，消费者何时、何地、以何种方式购买何种商品，取决于多种因素，其中态度具有极其重要的作用。

购买行为是消费者产生购买动机、形成购买意愿、采取购买行动的连续过程。其中购买意愿是导致实际购买行动并最终完成购买过程的关键。明确的购买意愿来自对商品或服务的坚定信念和积极态度。凡对某商品的品牌、质量、外观等抱有好感或偏爱，持肯定、赞赏态度的消费者，在产生购买需要时，必定首选该商品，进而导向对该商品的实际购买。因此，消费者的态度与购买意愿、购买行为之间成正相关关系。这一关系为大量调查结果所验证。例如，美国学者班克斯调查了芝加哥地区465名主妇对7种商品的偏爱品牌、购买意愿和实际购买的相互关系，结果表明偏爱品牌与购买意愿几乎一致。96%的被调查者有购买意愿时都挑选他们偏爱的品牌。正是由于上述关系的存在，通过消费者的态度可推断其购买意愿及可能采取的购买行动。同样，通过调查消费者对某种商品的态度也可以预测出该商品的销售前景或潜力。

具体来说，态度在消费者购买行为中具有以下四个功能（详见表6-1）。

表6-1　态度在消费者购买行为中的功能

功能	含义	举例
适应功能	从对象中获得满足	喜欢耐克运动鞋的舒适和灵活性
识别功能	有倾向性的信息收集和评价	讨厌促销广告
表现功能	表现自我概念与价值观	愿意购买和使用绿色产品
自卫功能	保护自我形象，保持心理平衡	喜爱流行服装或品牌

资料来源：迈克尔·R. 所罗门，卢泰宏，杨晓燕．消费者行为学：第10版．北京：中国人民大学出版社，2014.

（一）适应功能

适应功能又称导向功能，能够指导消费者从对象中获取渴望的利益，即在众多的商品中，将消费者直接导向能满足其需要的商品，使购买行为和消费需要相互衔接和适应。

（二）识别功能

识别功能又称认知功能，即在态度倾向性的支配下，消费者广泛收集信息，了解和鉴别有关商品或服务的性能、质量及功用，并评价其对消费者的价值大小。态度的识别功能减少了不确定性和混乱性，为正确做出购买决策奠定基础。

（三）表现功能

通过态度表现出消费者的性格、志趣、文化修养、价值观及生活背景等，同时反映消费者可能选择的决策方案和即将采取的购买行动。

（四）自卫功能

有些态度是为了保护消费者的自我形象不受威胁或在受贬抑时进行自我防卫。当消费者的个别行为与所属群体的行为相左，或与社会通行的价值标准发生冲突时，消费者可以通过坚持固有态度，保持自身个性的完整，或适当调整和改变态度，求得与外部环境的协调，从而减少心理矛盾与冲突。态度的自卫功能还可以增强消费者对挫折的容忍力与抗争力。

第 2 节　消费者态度的形成

一、消费者态度形成的影响因素

社会心理学家认为个体的社会经验在态度的形成过程中扮演了重要角色。人们的认知经验、情感经验和行为经验是态度形成的关键。多米尼克·夏代尔（Dominique Xardel）和拉祖（M. S. Raju）在《消费者行为学》一书中总结了态度的形成及其影响因素，如图 6－3 所示。

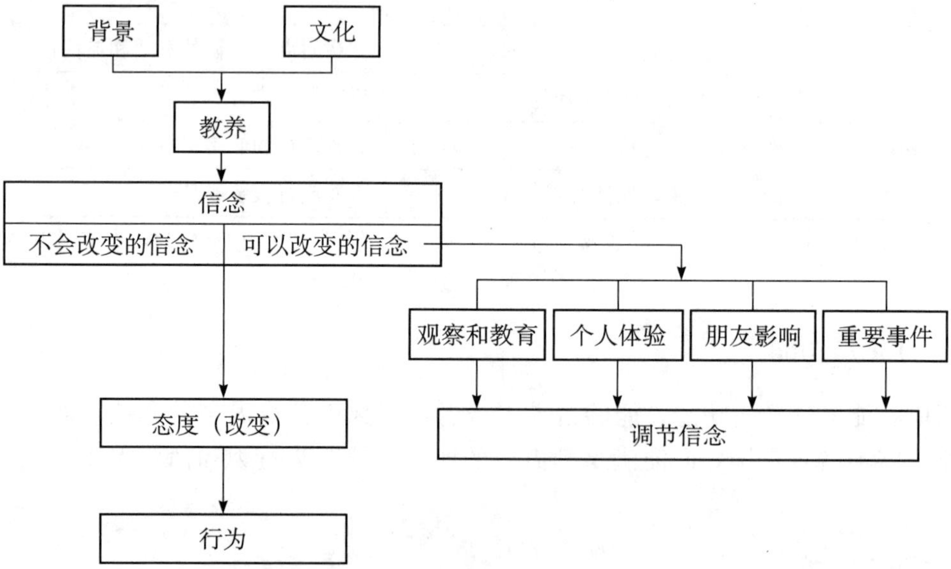

图 6－3　态度的形成与影响因素

资料来源：多米尼克·夏代尔，拉祖．消费者行为学：概念、应用和案例．北京：中国财政经济出版社，2007：88.

从图中可以看出，态度受到人们的背景、文化、信念、教育、朋友、重要事件、个人体验等因素的影响。拥有不同的个性、出身和文化背景，处于不同群体的人对同一事物可能有截然不同的态度。这里将消费者态度形成的影响因素分为四个方面。

（一）对产品的观察

消费者对某种新产品的态度常常与该产品的品牌有关，对品牌喜爱的态度可能源于对同一公司的其他产品感到满意。① 例如，我们看到宝洁公司推出的某款新产品，会联想到宝洁产品一贯的质量，从而对这个新产品产生好感。

（二）获得的产品信息

消费者获得的关于某产品的信息越多，越有可能形成对该产品的态度，包括肯定的或否定的态度。然而，消费者一般仅使用有限的有用信息做出判断。研究者指出，只有两三个重要的产品特性决定态度的形成，不太重要的特性在态度形成中并没有什么作用。因此，营销者应该避免在广告中展示产品的所有特性，应集中介绍产品有别于竞争产品的关键特性。

（三）个人经验与相关群体、大众传媒的影响

态度的形成最初源于消费者试用和评价产品的直接经验。此外，相关群体如亲友、同事、偶像等会影响消费者的意见和观点，他们对产品的偏好也会潜移默化地影响消费者态度的形成。例如，年轻消费者可能会因喜欢周杰伦而喜欢“优乐美”奶茶，或因朋友的影响更喜爱肯德基而不是麦当劳。

除直接经验外，消费者对产品的态度也来自间接的体验。在现代商业社会，报纸、杂志、广播、电视、互联网等大众媒体每天都向人们传播大量的商品信息。虽然有研究表明，大众媒体在培养消费者态度方面的作用有限，但是它们可以强化已经存在的态度，因此营销者仍需利用大量的媒体广告来强化忠诚顾客的态度。

（四）个性因素

个性对消费者态度的形成具有极大的影响。不同个性的消费者即使获得同样的信息和体验，也不一定会形成同样的态度。固执的人往往非常排斥与原有信念不同的意见，坚持已形成的态度，开放型的人则比较容易受到外部信息的影响，改变已有态度。

二、消费者态度形成的相关理论

西方学者就态度的形成提出了许多理论，主要有认知一致性理论、认知失调理论、平衡理论、自我知觉理论、归因理论、社会判断理论、和谐理论等以及多属性态度模型。下面介绍其中的几种。

---

① 利昂·G. 希夫曼，莱斯利·L. 卡纽克. 消费者行为学：第8版. 北京：中国人民大学出版社，2007：235.

（一）认知一致性理论

认知一致性理论（theory of cognitive consistency）的核心思想是消费者的态度形成过程具有一致性的要求，注重认知、情感和行为之间的和谐。如果出现不一致，消费者便会产生一种压力感和紧迫感。为了获得一致性，消费者会在必要时改变他们的认知、情感或行为。认知一致性理论提示我们，态度不是在真空中产生的，消费者已有的其他相关态度倾向对最终态度的形成具有很大影响，一般指消费者由于注重自己的思想、感觉和行为的和谐，使其所持有的各种不同认知相互一致。由于各种认知之间的不一致会引起内在紧张，这就促使消费者在必要时会改变其思想、感觉和行为，使不一致的认知变得一致，以减少压力。认知一致性理论说明一种态度的形成受到已有的其他相关态度的影响。

（二）认知失调理论

认知失调理论（cognitive dissonance theory）是由费斯汀格（Festinger）提出的，它描述了一种影响方式，即人们的行为对其态度有影响。认知失调是指某人在做出决定、采取行动或者接触到一些有违原先信念、情感或价值的信息之后所体验到的冲突状态。当人们的态度与行为不一致且无法为自己的行为找到外部理由时，常常会感到紧张，为了克服这种由认知失调引起的紧张，人们需要采取多种方法，以减少自己的认知失调。

以戒烟为例，当你戒烟时，一位朋友递给你一支烟，你抽了，这时你的行为与戒烟的态度产生了冲突，引起了认知失调，为了减少这种失调，你可能采用几种调节方法。

（1）改变态度。改变自己对戒烟的态度，使其与以前的行为一致（我喜欢吸烟，我不想真正戒掉）。

（2）增加认知。如果两个认知不一致，可以增加更多一致性的认知来减少失调（吸烟让我放松、提神）。

（3）改变认知的重要性。让一致性的认知变得重要，不一致的认知变得不重要（放松比担心30年后患癌症更重要）。

（4）减少选择感。让自己相信之所以做出与态度相矛盾的行为是因为没有选择（生活中有如此多的压力，我只有靠吸烟来缓解，别无他法）。

（5）改变行为。使自己的行为不再与态度冲突（我将再次戒烟，即使别人给也不抽）。①

在消费者行为领域认知失调常常出现在消费者购买行为发生后，称为购买后失调。由于购买决定的做出需要大量的妥协，当我们选购完一件商品后，可能会想到没有选择的其他产品的独特性和优良品质，产生后悔或者怀疑的不良情绪。此时，人们会努力寻找有利的信息来支持自己的决策，消除认知失调，以达到态度与行为的一致性。因此，营销者应重视提高消费者购买后的满意度，提供额外的强化，使消费者建立积极的品牌态度。

---

① 侯玉波．社会心理学．北京：北京大学出版社，2003：98.

（三）平衡理论

海德（Heider）的平衡理论（balance theory）认为消费者态度的形成涉及三个因素之间的关系，即我的态度、态度的对象和他人的态度，这三个因素所形成的关系称为三角关系（如图6－4所示）。消费者渴望三角关系中各因素间是和谐的或平衡的，不平衡会产生紧张状态。当三角关系不平衡时，人们为了保持各因素间的协调关系而形成新的态度直到恢复平衡。

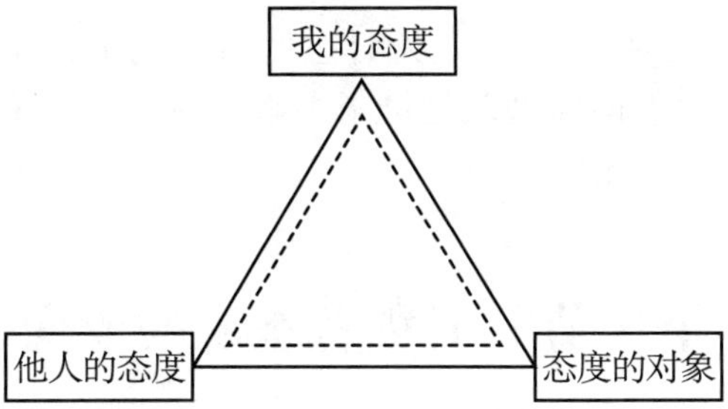

图6－4　平衡理论中的三角关系

资料来源：Heider F. The Psychology of Interpersonal Relations. John Wiley & Sons，1958.

根据这一理论，当消费者与他人对产品的态度相反时，便发生了三角关系的不平衡，为消除不平衡，消费者或者顺从他人的态度而形成新的态度，或者坚持自己的态度而降低他人在自己心目中的地位。

（四）社会判断理论

社会判断理论假设人们根据已知的或已有的感觉来吸收和同化态度对象的新信息。其中原有的态度起到指导框架作用，新的信息根据已有的标准进行分类。根据这一理论，人们的现有态度会对新态度的形成产生影响和制约。这就像我们总是根据以前搬箱子的经验来判断一个箱子的轻重一样，我们在对态度对象形成判断时也会采用一套主观的标准。该理论强调，某个刺激或者信息是否被接受总是因人而异，人们在态度标准基础上形成了可接受与拒绝的态度。一个人对某个对象的介入程度越高，对这个对象的可接受范围就越窄，这时，消费者能接受与其立场不同的观念越来越少，而且会反对哪怕是与主观标准只有细微偏差的观念。

（五）多属性态度模型

由于态度的复杂性，多属性态度模型（multi-attribute attitude model）近年来比较流行。该模型假定消费者对态度对象的态度（评价）取决于其对该对象的几个属性的信念，并且以对各种构成信息的评分作为加权系数。多属性态度模型通过确认和协调特定信念并把它们结合起来，推导出一个测量消费者综合态度的方法，实际中还可用来预测消费者对一种产品或品牌的态度。

多属性态度模型包括罗森伯格（Rosenberg）模型、菲什宾（Fishbein）模型和扩展的菲什宾模型，其中，最有影响的多属性态度模型是由马丁·菲什宾（Martin Fishbein）提出的菲什宾模型，该模型量化了态度的三个要素。

（1）消费者对于某态度对象的部分属性比较了解，这些属性就成为消费者头脑中的突出信念（salient belief），这些突出信念影响消费者对商品的态度。

（2）对象与属性的关联性（object-attribute linkages），即特定对象具有某种重要属性的可能性。

（3）对每一个重要属性的评价（evaluation）。

将这三个要素结合，就可以计算消费者对每一对象的总体态度，基本公式为：

$$A_0 = \sum_{i=1}^{n} B_i \times E_i$$

式中，A_0 为对某一对象的总体态度；B_i 为对态度对象的突出信念；E_i 为对每一重要属性的评价。应该注意的是，上述模型假定能够判断出所有相关的属性，这样的假设条件在现实中一般是不可能完全满足的。

第 3 节　消费者态度的改变

一、消费者态度的改变

任何消费者态度的形成都是消费者在后天环境中不断学习的过程中，各种主客观因素不断作用的结果。促成消费者态度形成的各种因素具有动态性质，处于不断变动之中，某种态度在形成之后并非一成不变，而是可以调整和改变的。消费者态度的改变指已经形成的态度在受到某种因素影响后产生变化。

根据改变方式的不同，消费者态度的改变可以分为性质的改变和程度的改变两类。性质的改变表现为态度发生方向性的变化，即由原来的倾向性转变为相反的倾向性。例如，消费者对某名牌冰箱一直抱有好感，但购买后冰箱频频发生故障，消费者从此对该品牌冰箱失去信任，由积极肯定的态度改变为消极否定的态度。在程度的改变中，态度不发生方向性变化，而是沿着原有倾向呈现增强或减弱的量的变化。例如，通过实际使用，消费者对某品牌微波炉由一般感兴趣发展为大加赞赏，并极力向他人推荐，即态度的积极程度得到加强。

在实际当中，以上两种改变的区分并不是绝对的。在质的改变中包含着程度或量的改变，量的改变积累到一定程度又会引起质的变化。通过各种途径将消极态度转化为积极态度，使一般的好感增强为强烈的赞许、支持，同时阻止积极态度向消极态度转化，力求使恶意或反感弱化，正是改变消费者态度的目的所在。

二、影响消费者态度改变的因素

态度的改变受到消费者个人、家庭、群体、情境及广告宣传等因素的影响。不同的消费者或同一个消费者在不同的情境下态度改变的难易程度是不一样的。

（一）消费者群体的影响

每一个消费者都在一定的群体中生活，群体的态度会影响消费者的态度。美国心理学家卢因在研究群体影响个人态度方面提出了群体动力学理论，个人在群体中可分为主动性和被动性两种。主动性的人积极参与群体的各项活动，参与群体规范的制定，主动自觉地遵守群体的各项规范和要求；被动性的人则服从权威，听从安排，遵守群体的规范和要求。一般来讲，在群体中有三种消费者更容易接受群体的意志：对所在群体重视者；所在群体中地位较高者；一贯认为群体的规范正确者。

群体态度对个体态度的影响方式有三种：(1) 个体对某种商品已有一定的态度，并且个体的态度与集体的态度相一致，这种情况下群体态度就会进一步强化个体态度；(2) 消费者对某种商品还没有形成自己的态度，但是所在的群体已经对这种商品形成了一定的态度，这时候如果个体认同所在群体的态度，就会与群体态度保持一致；(3) 消费者对某种商品有一定的态度，但是其态度与所在群体的态度不一致或者冲突，这时候个体迫于群体的压力，往往会改变自己的态度以获得群体的认同。

(二) 消费者对产品的参与程度

消费者对产品的参与程度较低时，其态度容易改变。低参与度产品的特点包括：产品的个性色彩不浓；消费者对产品没有什么感情；产品没有象征意义。例如，纸巾通常被认为是一种低参与度的产品，不具有象征意义，也难以成为某种身份的标志，因此，消费者极易转换所购买纸巾的品牌。对于参与程度较高的产品，如享乐性产品，消费者的态度改变就比较困难。只有在信息与消费者信念相一致时，消费者才会接受信息，改变自己的态度。

(三) 消费者态度的性质

消费者态度的性质包括：(1) 消费者原有态度与目标态度（即改变之后要达到的态度）之间的差距。一般来说，原有态度与目标态度之间的差距越小，消费者态度改变的难度也就越小，反之，则难度较大。(2) 消费者态度的强弱。如果消费者对品牌的态度不够坚定，营销者就容易促使消费者建立起与新产品的联系，说服消费者购买其公司的产品；相反，如果消费者对某一品牌高度忠诚，则改变消费者态度的难度会较大。

(四) 广告宣传和服务

广告宣传是使消费者对商品或企业形成认识的重要途径，对消费者态度的改变有重要影响。主要涉及：(1) 广告信息传达者。经研究证实，广告信息传达者的声誉越高，消费者越容易信服广告内容，其态度也越容易发生改变。(2) 广告信息的内容。一般来讲，广告信息的内容越全面，越有助于消费者做出判断、比较并降低感知风险，改变态度的可能性越大。(3) 广告信息的情绪。广告信息中的情绪色彩对消费者态度的改变也有影响。积极的情绪渲染可以唤起消费者愉悦、兴奋、喜爱等心理体验，从而改变消费者的态度。

三、消费者态度改变的理论模型

(一) 霍夫兰德和詹尼斯的态度改变说服模型

霍夫兰德（C. I. Hovland）和詹尼斯（I. L. Janis）于1959年提出了一个关于态度改

变的说服模型（见图6－5）。霍夫兰德认为，任何态度的改变都涉及一个人原有态度和外部存在的不同看法。两者间存在差异，会导致个体内心冲突和心理上的不协调。为了恢复心理上的平衡，个体要么接受外来影响，即改变自己原有态度，要么采取各种办法抵制外来影响，以维持原有态度。

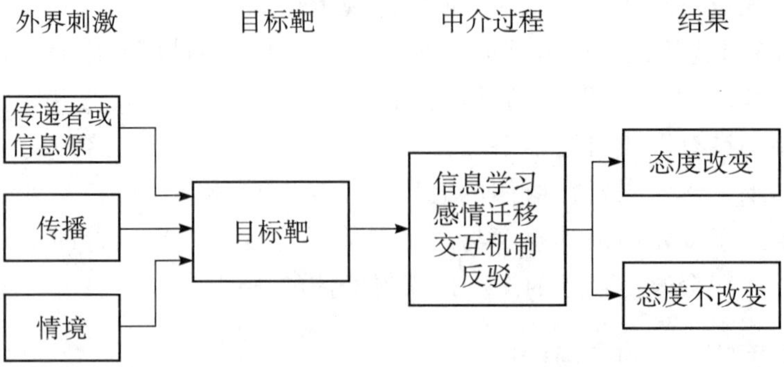

图6－5　态度改变的说服模型

资料来源：叶敏，张波，平宇伟．消费者行为学．北京：北京邮电大学出版社，2008：324.

这个模型将态度改变的过程分为四个相互联系的部分。第一部分是外界刺激，包括三个要素，即传递者或信息源、传播与情境。传递者或信息源是指持有某种见解并力图使别人接受这种见解的个人或组织。传播是指以某种方式和内容把一种观点或见解传递给信息的接收者或目标靶（target）。情境是指对传播活动和信息接收者有附带影响的周围环境，如信息接收者对劝说信息是否预先有所了解，信息传递时是否有其他干扰因素等。第二部分是目标靶，即信息接收者或企业试图说服的对象。第三部分是中介过程，是指说服对象在外部劝说和内部因素交互作用下态度发生变化的心理机制，具体包括信息学习、感情迁移、交互机制、反驳等方面。第四部分是结果，结果不外乎有两种：一是改变原有态度，接受信息传递者的劝说；二是对劝说予以抵制，维持原有态度。这四个部分是相互联系的整体，每个部分都会影响消费者态度的改变。因此，消费者态度的改变是个体、情境与传播特点交互作用的结果。其具体影响机制表现在以下方面。

1. 信息源对消费者态度改变的影响

信息源是指传播信息的个体或组织。研究表明，信息源的可靠性和吸引力对消费者态度的改变具有重要作用。当消费者认为营销信息的来源高度可靠时，营销活动就比较容易影响消费者的态度。例如，消费者认为美国牙医协会（ADA）传播的信息是可靠的，佳洁士牙膏的成功很大程度上要归功于美国牙医协会的认证。信息源的吸引力是指信息源被感知到的社会价值。这一特性可以从个人的长相、个性、社会地位或者与信息接收者的相似性中产生。[①] 一个具有外在吸引力的信息源往往有助于促进态度的改变，尤其是当产品与吸引力相关时。比如，名人的吸引力会影响消费者对香水（与吸引力有关）的态度，却不会影响消费者对咖啡（与吸引力无关）的态度。

---

① 迈克尔·R. 所罗门，卢泰宏，杨晓燕．消费者行为学：第8版·中国版．北京：中国人民大学出版社，2009：256.

2. 传播特征对消费者态度改变的影响

在沟通过程中，信息的安排与选择、信息的情绪特征（如恐惧唤起）、信息的单方面呈现或双方面呈现、信息传递途径等都会影响说服效果。霍夫兰德等（Hovland et al.）做了一个单方面信息呈现和双方面信息呈现的对比实验，以考察哪种信息传递方式在说服士兵相信“第二次世界大战后期，虽然意、德失败了，但盟军与日军还会持续一段艰苦的战争”的效果更佳。实验结果发现，单方面信息传播与双方面信息传播对态度改变的效果受如下因素制约：(1) 目标对象的受教育程度。单方面信息传播更能有效地改变受教育程度低的军人的态度；双方面信息传播更容易有效地改变接受过高中以上教育的军人的态度。(2) 信息与原有态度的方向是否一致。二者一致时，单方面信息传播更有效；二者不一致时，双方面信息传播效果更好。

3. 目标对象（被说服者）的特征对消费者态度改变的影响

被说服者的某些特征会影响说服的效果。一是被说服者的人格，包括个体的易受暗示性、智力和自尊。自尊和态度改变的关系大致为：低自尊的个体比较关注自己的不足，对自己比较容易抱否定态度，缺乏自信，比高自尊的个体更容易被说服。二是被说服者的心境。詹尼斯等（Janis et al.）通过研究指出，心情好的人更易于接受他人的说服性观点。在一项实验中，他们让一些被试在读说服性信息时有东西吃（可以让其心情好），另一些则没有，结果前一组中更多人发生了态度改变。此外，被说服者的卷入程度、认知需求、自我监控性及年龄等个体差异都会以某种方式影响说服的效果。

4. 沟通情境对消费者态度改变的影响

说服过程不是在沟通者和说服对象之间孤立地进行，而是在一定的背景或情境条件下进行的。这些背景或情境因素对说服效果有重要的影响。在某种背景或情境下，说服效果可能很好，换一种背景或情境，说服效果就可能很差。霍夫兰德通过大量研究提出了两种可能影响说服效果的情境——预警和分心。预警指一个人在接受某个与之相反的观点说服前，预先知道将会发生的情况。预警会使被说服者产生防御心理，从而降低说服效果。分心指在说服过程中，情境中的某些刺激因素使被说服者难以把注意力集中在所接收的信息上。分心的作用主要是干扰目标对象对信息的注意程度，从而削弱其对说服的防御和抵制，提高说服效果。

（二）精细加工可能性模型

20世纪80年代佩蒂（Petty）、卡西欧波（Cacioppo）提出了精细加工可能性模型（elaboration likelihood model，ELM）。该模型是关于态度如何形成以及如何在不同的介入程度下发生变化的理论，它将个人、情境和市场因素综合起来理解态度，如图6－6所示。该模型假定消费者一旦接收到信息，就开始加工过程。根据信息与个人的相关程度，接收者会遵循两条劝导路线中的一条。在高介入度的情况下，消费者会选择劝导的中央通道，在低介入度的情况下，消费者会选择边缘通道。

如图6－6所示，当消费者发现说服性的信息是与自身密切相关或者很有趣时，他会认真考虑信息的内容，并对产品属性和使用结果进行有意识的思考。比如，一个孕妇看到有关辐射对胎儿的危害时会很认真，进而购买防辐射产品。

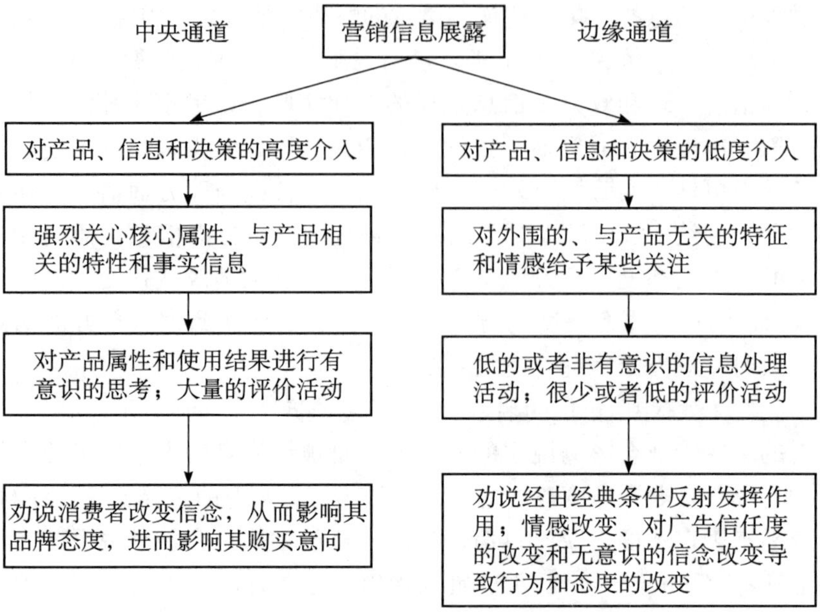

图 6-6 精细加工可能性模型

资料来源：德尔·霍金斯，等．消费者行为学：原书第 10 版．北京：机械工业出版社，2007：321.

与中央通道相反，边缘通道是人们没有动机去认真思考所提供的信息时采取的路线。消费者很可能会因为广告中的外围因素来决定一条信息的适宜性。比如，人们可能因为产品迷人的包装、受欢迎的代言人，或者仅仅因为舒适的购物环境而购买低介入度的产品。

ELM 认为，要进行有效的传播和说服，对高介入度和低介入度的消费者应采取完全不同的传播策略。一般而言，对于高介入度的消费者，传播应提供更具体、更具有逻辑性和实时性的信息，对于低介入度的消费者，传播需要先给予有限的信息，以使消费者迅速地知悉产品的关键属性。

（三）广告导向的态度模型

在现代社会中，广告成为消费者获得产品信息的重要途径。广告的内容及传播方式对消费者形成或改变对于某一商品的态度具有至关重要的作用。爱德尔和伯克（Edell and Burke）提出的广告导向的态度模型描述了消费者形成的各种各样的感觉（情感）和看法（认知）（见图 6-7）。这些感觉和看法是消费者看过广告之后产生的，反过来又会影响消费者对广告的态度和信任度，并最终影响其对产品和品牌的态度。

1. 广告引发人们对产品的情感

情感的基本分类有恐惧、愤怒、厌恶、惊奇、高兴、悲伤、期待、接受等。广告主要以愉快的情感为诉求方式。霍尔布鲁克和巴特拉（Holbrook & Batra）等为测定人们收看广告时的情感反应设定了测量尺度（见表 6-2）。

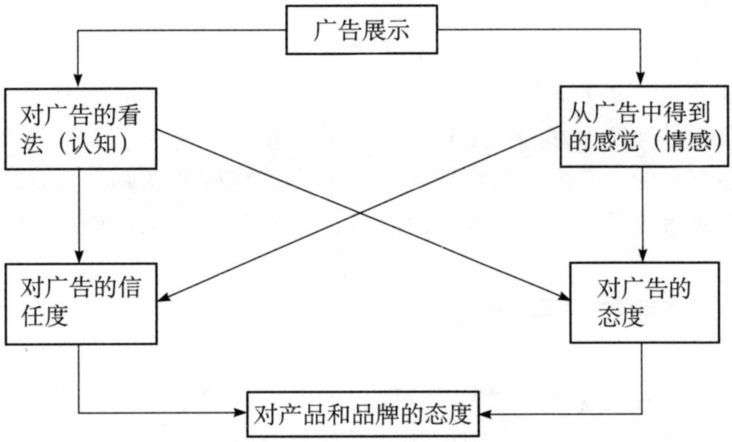

图 6－7　广告导向的态度模型

资料来源：利昂·G. 希夫曼，莱斯利·L. 卡纽克. 消费者行为学：第8版. 北京：中国人民大学出版社，2007：234.

表 6－2　广告引起情感反应的测量尺度

层次	情感	项目
喜悦	信赖	虔诚的、有信心的
	喜爱	热爱、易亲近
	感谢	怀有谢意、值得感谢、表示感谢
唤起	兴趣	予以关注、有好奇心、感兴趣
	活跃	情绪高涨、有精神的、兴奋
	开放	开朗的、愉悦的、轻松的
支配	悲伤	悲痛的、难过的、可怜的
	恐惧	令人害怕的、可怕的、担心的
	怀疑	可疑的、有疑虑的、不可信赖的

资料来源：仁科贞文，田中洋，丸冈吉人. 广告心理. 北京：外语教学与研究出版社，2008：237.

广告促进人们对产品产生情感的作用表现在三个方面：(1) 使人们关注广告（产品信息）；(2) 把广告的情感形象与产品相联系，形成品牌的情感形象；(3) 通过广告唤起的情感来促进与品牌相关信息的处理及决策。广告中的音乐、故事、优美的风景、美女、幼儿和动物等要素能够引发令人愉悦的情绪，从而增强人们对广告的积极态度。例如，美国贝尔公司一则经典的亲情广告讲述了这样一个故事，傍晚一对老夫妇正在进餐，这时电话铃声响起，老太太去另一个房间接电话，回到餐桌后，老先生问她："是谁来的电话?"老太太回答："是女儿打来的。"老先生又问："有什么事吗?"老太太说："没有。"老先生惊讶地问："没事？几十里外打来电话?"老太太呜咽道："她说她爱我们!"两位老人相对无言，激动不已，这时，旁白道出："用电话传递你的爱吧!"该广告通过表现父母与子女之间深深的爱意打动人心，引发人们对亲情的感受，从而使消费者形成对广告的喜爱，影响消费者对贝尔品牌的积极态度。

2. 广告促进消费者的认知

根据认知反应理论，消费者对品牌的态度不是受所了解到的品牌信息的多少影响，而是受接触品牌信息时在考虑什么影响。如果消费者看到广告时能够形成良好的认知反应，那么他就会对品牌产生好感。电视广告的时间很短，平面广告受到版面的限制，因此，广告必须在有限的时空内，尽可能使消费者形成良好的认知。通常广告信息和消费者的记忆内容联系得越紧密，就越容易促使消费者形成良好的认知和积极态度。

四、改变消费者态度的途径

如前所述，消费者态度是在诸多影响因素的共同作用下形成的，当影响因素发生变化时，消费者态度也将随之改变，因此，凡是促使影响因素变化的措施都可以成为改变消费者态度的途径，同时，由消费者行为的高度自主性决定，对消费者态度不能采取强制、压服的方式，只能通过说服和劝导，促使消费者自动转变原有态度，接受新的意见和观念，否则，态度的改变有可能只停留在表面，不能内化为稳定的心理倾向，稍遇挫折便会发生反复。从企业角度看，改变消费者态度的过程总是伴随着宣传、说服和劝导。因此，在一定意义上态度改变的过程也是劝说或说服的过程。

按照说服方式的不同，可以分为直接说服与间接说服两类。

（一）直接说服

直接说服以语言、文字、画面等为载体，利用各种宣传媒介直接向消费者传递有关信息，以达到改变其原有态度的目的。直接说服的效果优劣受信息传递过程中各种相关因素的影响，主要包括以下几个。

1. 信息发出者的信誉和效能

信誉指信息发出者和信息本身的可信程度，效能指所发出信息是否清晰、准确、易于理解和记忆。一般来说，信息发出者的信誉越高，说服的效果就越好，态度强化或转变的可能性也就越大。另外，信息本身的质量优良，内容真实可信，表达形式完美，也易于给消费者留下深刻、美好的印象，增加心理开放程度，减少抵触情绪，从而增强说服效果。

2. 传递信息的媒介和方式

在现代社会中，传递信息的媒介和方式多种多样，有各种广告媒介，如报纸、杂志、电视、广播、网络、招贴、橱窗、模特等；面对面口头传播，如上门推销、召开顾客座谈会、售货人员介绍商品、消费者之间相互推荐和交流等。研究表明，不同的媒介对消费者的说服效果不尽相同。在向消费者进行说服时，应根据信息的内容、被说服者的特定情境选择适当的媒介和方式。

3. 消费者的信息接收能力

当商品信息通过恰当的媒介和方式准确、清晰地传递至消费者时，消费者的信息接收能力就成为影响说服效果的决定性因素。信息接收能力是对消费者的动机、个性、文化水平、知觉、理解、判断等方面能力的综合反映。由于每个消费者在上述能力方面存在众多差异，其信息接收能力也有显著的个体差别。因信息接收能力不同，面对同一信息，消费者可能做出不同甚至截然相反的反应。为此，在采用直接说服方式时，必须考虑消费者信息接收能力的差异，针对消费者信息接收能力特点选用适合的信息内容和传递方式。

（二）间接说服

间接说服又称间接影响，与直接说服的主要区别在于间接说服是以各种非语言方式向消费者施加影响，潜移默化地使消费者自动改变态度。间接说服可以采用多种方式进行。

1. 利用相关群体的影响

消费者生活在一定的社会群体或组织中，所属群体的意见、态度、行为准则等对消费者态度有深刻而重要的影响。消费者总是力求与所属群体保持一致态度，遵从群体规范，以得到群体的承认、信任和尊重，满足其归属的需要。当群体的态度及行为方式发生变化时，消费者也会自觉地对原有态度作相应调整，使之与群体相一致。利用上述相关关系，推动某一群体改变消费者原有态度，即可有效地促使消费者自觉改变态度。

2. 亲身体验

许多片面的、与事实不符的消费态度往往是在消费者对商品性能、功效、质量等缺乏了解，又不愿轻信广告宣传的情况下产生的。针对这类状况，可以提供必要条件，给消费者以亲自尝试和验证商品的机会，使消费者通过亲身感受说服自己改变态度。实践证明，亲身体验的方式往往具有极强的说服力，对于迅速改变消费者的态度有其他方式无法企及的效果。

从以上方面可以看出，直接说服与间接说服对于消费者态度的强化或转变具有不同的作用方式和效果。实践中，为使消费者的态度朝预期的方向转变，应恰当选择改变途径，并酌情配套使用各种方式。

素养园地　数字化商业新模式激发消费新活力

第4节　消费者态度的测量

一、消费者态度测量的含义和内容

态度测量是消费者态度研究的重要方面，在预测市场变化趋势、进行市场细分和选择目标市场、制定合理的营销战略、有效引导消费者行为等方面具有重要作用。企业的营销战略是否成功以及在多大程度上获得成功，也可以通过测量消费者态度变化的方向及程度做出客观评价。世界著名的跨国公司一般都要长期跟踪、观察消费者态度的变化，定期测量消费者对企业、产品、品牌的态度，并根据测量结果调整营销战略。

在现实生活中，消费者态度在形态上表现为一种心理活动和行为的准备状态，难以直接观察了解，因此需要采用一定的技术方法进行测量。消费者态度的测量就是指运用科学的测量方法和技术手段，广泛调查收集有关消费者态度的信息资料，并加以定性、定量分析，以得到关于消费者态度的正确结论。态度由认知、情感和行为倾向三方面构成，可从这三个方面来测量消费者态度。

（一）测量认知

对消费者认知的测量是测量消费者对产品各个具体属性的信念。对认知的测量首先要区分出消费者能够识别的属性，然后通过调查采访测量消费者对每个属性的认识。例如，软饮料的属性有：卡路里、维生素含量、味道、价格等。测量消费者对这些属性的信念可具体表现为：能否补充能量、是否有营养、味道好坏、价格高低等。

（二）测量情感

情感的测量是测量消费者对产品具体属性的感觉，通常与消费者对品牌的情感相关，体现了消费者对品牌的整体评价。在实际操作中，一般通过让消费者对包含特定情感的陈述句表示同意或不同意来测量其对产品的情感。表 6－3 给出了一系列测量情感的维度，以此测量消费者对 Lubriderm 保湿洗面奶的态度。

表 6－3　测量消费者对 Lubriderm 保湿洗面奶的态度的评价表（1）

与其他保湿洗面奶相比，Lubriderm 保湿洗面奶是：		
好的	[1] [2] [3] [4] [5] [6] [7]	不好的
有效果的	[1] [2] [3] [4] [5] [6] [7]	无效果的
令人愉快的	[1] [2] [3] [4] [5] [6] [7]	不令人愉快的
吸引人的	[1] [2] [3] [4] [5] [6] [7]	不吸引人的

资料来源：利昂·G. 希夫曼，莱斯利·L. 卡纽克．消费者行为学：第 8 版．北京：中国人民大学出版社，2007：228.

（三）测量行为倾向

一般可通过直接询问消费者对产品的购买情况或购买可能性来测量消费者的行为倾向，如询问消费者是否购买某产品或购买某产品的可能性有多大、购买频率等，如表 6－4 所示。这样的测量对于大多数产品是相当有效的，但对于那些强烈地与某些社会规范相联系的产品如酒精，这种方法就不一定有效，消费者会倾向于隐瞒或低报对这类负面产品的消费，夸大对诸如书籍等正面产品的消费。

表 6－4　测量消费者对 Lubriderm 保湿洗面奶的态度的评价表（2）

下面哪句话能够准确地描述下一次你购买护肤产品时会买 Lubriderm 保湿洗面奶的可能性：
________我肯定会买
________我可能会买
________我不确定是否会买
________我可能不会买
________我肯定不会买

资料来源：利昂·G. 希夫曼，莱斯利·L. 卡纽克．消费者行为学：第 8 版．北京：中国人民大学出版社，2007：229.

二、消费者态度的测量方法

精确的态度测量结果是研究消费者态度和进行科学立论的事实依据。为使测量结果具有高信度和高效度，在测量中必须遵守客观性、代表性、时效性、广泛性等基本要求。消费者态度测量的主要方法有量表测量法、自由反应法、现场观察法等。

（一）量表测量法

态度量表是测量态度的主要工具。量表是由心理学家根据特定的态度对象采取科学的设计程序加以编制的，主要通过被试的自陈或自我报告来评定其对特定态度对象的态度。学者采用不同的方法和程序编制量表，形成了多种态度测量量表。

1. 瑟斯通量表

瑟斯通量表（Thurstone scale）是一个早期的态度量表。这个量表的方法是收集一系列有关所研究态度的陈述或项目，邀请一些评判者将这些陈述按照从最不赞同到最赞同分为若干类，并分别赋值。然后让被试任意选择自己同意的项目。主测者根据被试所选项目的量值，来确定其态度的倾向及强弱程度。得分越高表明态度的强度越高。

例如，某电视机生产厂家为了解消费者对发展大屏幕和小屏幕彩电的意见，设计问卷如表 6-5 所示。被试在认同的题目括号内画“√”。主测者根据得分高低判断消费者的态度倾向。

表 6-5 采用瑟斯通量表设计的调查问卷

量表值*	题号	题目
7.5（ ）	1	今后应发展大屏幕彩电，小屏幕彩电可淘汰
5.0（ ）	2	应以发展大屏幕彩电为主，可少量生产小屏幕彩电
3.5（ ）	3	大小屏幕彩电各有优点，应共同发展
2.0（ ）	4	对彩电屏幕的大小无所谓
0.5（ ）	5	小屏幕彩电造价低，符合我国目前中低收入家庭的消费水平，应以小屏幕彩电为主

* 正式测量时，各题量表值一律不在卷面标出。

2. 李克特量表

1932 年，美国心理学家李克特（R. A. Likert）在瑟斯通量表的基础上设计出一种更为简便的态度测量量表。李克特量表（Likert scale）使用陈述性语句提出有关态度的题目，但不将题目按内容程度分解为若干连续系列，而是仅采用肯定或否定两种陈述方式。然后要求被试按照同意或不同意做出明确回答，供选择的态度在量表中用定性词给出，并分别标出相应的量值。程度的差异一般可划分为 5～7 级。例如，仍用上例，采用李克特量表可作如下设计（见表 6-6）。

表 6-6 采用李克特量表设计的调查问卷

题目	我愿意使用大（小）屏幕彩电				
等级分数	非常不愿意 −2	不愿意 −1	无所谓 0	愿意 1	非常愿意 2

被试可按照自己的意愿从中选择任一等级，打上“√”。最后由主测者根据得分情况对被试的态度倾向进行定量分析。

以上两种方法各有利弊。瑟斯通量表可以比较详尽地给出供选择题目，准确反映态度倾向的细微差异，对于复杂态度的测量具有良好效果，但是该表的测量程序比较复杂，对陈述项目的分类标准难以把握，因此在一定程度上削弱了其实用价值。相比之下，李克特量表较为简单明确，易得到被试的配合，且包容量大，可以同时测量消费者对多方面问题的态度，因此在实际测量中得到广泛认可和应用。

（二）自由反应法

自由反应法是通过自由反应方式了解消费者态度的一种方法。一般可采取面谈、投射等方法进行。

1. 面谈法

面谈即测量者与被试面对面地交谈。交谈形式可以是问答式，也可以是谈论式。无论采取何种形式，主测者都应注意不给被试提供任何可能的答案，也不进行任何提示或暗示，让被试在完全松弛和无约束状态下自由地回答问题，表述自己的想法和意见。例如，提问：“你对××商店服务态度有什么看法?”“你对××牌空调的印象如何?”通过被试自由问答，往往可以了解他们的认识水平和真实态度。

2. 投射法

投射是指个人把自己的思想、态度、愿望、情绪或特征等不自觉地反映于外界的事物或他人的一种心理作用。人们常将内心情感及感觉投射到环境中去。假定面对没有明确指向且无限制的刺激情境（测验题材），个人可以自由想象或不自觉地做出反应，便会将一些潜在的深层动机和人格特性投射出来。根据所做反应分析出的结果，可以了解一个人的人格形态和深层动机。比较常用的投射法有以下几种。

（1）联想法。通常要求被试说出由某种刺激所引起的联想，如无主题的图画、一片墨迹等，一般指首先引起的联想。

（2）构造法。要求被试编造或创造一些东西，如故事、图画等。

（3）完成法。要求被试完成某件事，例如采用语句完成法，给出“假如我有10 000元，我将……”的未完成句，让被试自由填充。

（4）选择或排列法。要求被试依据某种原则对刺激材料进行选择或予以排列。

（5）表露法。要求被试利用某种媒介自由地表露其心理状态。

投射法原理简单，能够揭示人们内心深处的真实感受，但是计分和解释都比较困难，要求主测者具有一定的专业技能，因此在应用范围上受到一定限制。

（三）现场观察法

在一定意义上，消费者的态度是其行为的心理准备状态，行为则是消费者态度的外在表现。现场观察法就是利用态度与行为的这种相关关系，通过直接观察消费者的行为表现来判断其态度的一种测量方法。现场观察的场合可以是商店、单位等集体场所，也可以深入到家庭、宿舍等个人生活环境中。为使消费者的行为不受干扰，观察者应尽量避免暴露身份或给予环境刺激，如显示测量者身份、进行现场拍摄等。现场观察法可以增强测量者的感性认识，取得丰富的第一手资料，但测量结果往往难以进行准确的定量分析，因此应与其他方法配合使用。

基本概念

态度 attitude
情感成分 affective component
行为成分 behavioral component
认知成分 cognitive component
量表 scale
消费者预期 consumer expectation
消费者信心指数 index of consumer confidence
认知一致性理论 theory of cognitive consistency
多属性态度模型 multi-attribute attitude model

思考题

1. 什么是态度？态度的主要构成成分是什么？
2. 列出消费者态度的四种功能，举例说明在营销环境中每个功能如何起作用。
3. 消费者态度的形成受到哪些因素影响？认知一致性理论和认知失调理论如何解释态度的形成？
4. 影响消费者态度改变的主要因素有哪些？运用 ELM 说明在不同介入程度下，消费者改变态度的途径。
5. S 公司面临的问题是：许多消费者都认为紧凑型的、小型美国汽车的质量没有日本的同类车型质量好。假设 S 公司生产的汽车质量和日本汽车质量一样好，甚至比日本汽车质量还好，这家公司如何劝说消费者认识到这一事实？
6. 消费者态度的测量方法有哪些，各自的优缺点是什么？
7. 找出一个兼顾了态度的四个功能的广告。区分增强原有态度和改变态度的广告。

案例

“国产 3A”《黑神话：悟空》的破圈之旅：文化自信与产业联动的典范

由杭州游科互动科技有限公司开发，被誉为“首部国产 3A 大作”的《黑神话：悟空》于 2024 年 8 月 20 日正式上线。首日销量突破 450 万部，并以 220 万人最高同时在线斩获 Steam 平台单机游戏在线排行榜历史第一。发售后三天，总销量已突破 1 000 万部。自其首支预告片发布以来，便以惊艳的视觉效果、深厚的文化底蕴以及对《西游记》这一经典 IP 的独特诠释，迅速在网络上引发了广泛关注和热烈讨论。

讲中国故事，情感共鸣“出圈”

《黑神话：悟空》已然掀起一轮传统文化热潮。故事取材于中国古典小说“四大名著”之一的《西游记》。玩家将扮演一位“天命人”，为了探寻昔日传说的真相，踏上一条充满危险与惊奇的西游之路。

孙悟空作为中国传统文化中的标志性小说人物，其形象深入人心。《黑神话：悟空》通过现代游戏技术重塑这一经典角色，激发了广大玩家的情感共鸣。许多玩家表示对游戏充满期待，渴望在游戏中重温儿时记忆，探索不一样的西游世界。这种将传统文化与流行的游戏相结合的方式，更能激发年轻人的兴趣，吸引他们了解、热爱、宣传中国文化。

《黑神话：悟空》及其相关的文化解读类视频也在海外传播，是中国文化软实力提升的一个缩影。它不仅展示了中国游戏产业的创新能力，更以一种新颖、互动的方式，让世界更加了解并爱上中国这个拥有五千年文明史的国度。随着更多类似作品的涌现，中国文化的国际传播定将更加丰富多彩，深入人心。

在场景设计上，《黑神话：悟空》基于中国多地古建筑取材、实景扫描，涵盖了山西玉皇庙、重庆大足石刻、浙江时思寺等全国多处名胜古迹。作为游戏场景原型的多个取景地广受关注，中国古建筑也因此“出圈”，受到了更多人的喜爱和关注。

《黑神话：悟空》的爆火，不仅仅是一款国产游戏的偶然“出圈”，更是文化自信的必然结果，是传统文化旺盛生命力的新表达。这一现象也反映了当代消费者对于富有文化内涵和创新性的产品的热烈追求。他们不再满足于表面的娱乐体验，更加倾向于那些能够触动心灵、引发共鸣的作品。这种消费态度的转变，为文化输出打通了新通道，也为中国文化的国际传播提供了更多的可能性和机遇。

上下游延展，产业联动“融圈”

《黑神话：悟空》全方位、立体化大热，也离不开和众多企业的“品牌联名”。《黑神话：悟空》游戏正式上线前，与瑞幸、英伟达、海信、联想、致态、京东、滴滴青桔、天猫小黑盒等10多家品牌达成联名合作。

游戏和品牌联名，《原神》《和平精英》等早有先例。《黑神话：悟空》选择品牌的思路是：一是和瑞幸、滴滴青桔等线下大众消费品“出圈联动”，借助线下影响力扩大受众；二是选择数码、3C品牌，其用户画像和游戏有天然适配性，帮助游戏进一步融入其他圈层。

《黑神话：悟空》和品牌的联动，并非只是简单联名。比如和天猫小黑盒的联名，早在数月前就开始打出多套组合拳，不断宣发预热长图和数码尖货海报。游戏正式发布后，又提前预判热搜，将“小黑盒·体验派”与#黑神话悟空#进行关键词绑定，10小时内在微博14个热搜榜话题“霸屏”，为品牌带来一波抢购热潮。

《黑神话：悟空》与品牌的联名合作无疑是一次成功的尝试。各个领域的消费者对于这种跨界合作方式表现出极高的兴趣和认可。这种合作不仅让游戏更加接地气，而且让品牌更加具有活力和创新性。同时，通过这种合作方式，消费者能够更加深入地了解游戏和品牌的文化内涵和价值观，从而增强了对它们的认同感和忠诚度。这种消费者态度的转变，也进一步推动了《黑神话：悟空》及其联名品牌在市场上的成功和影响力的扩大。

拉高媒体热度，口碑爆发“破圈”

《黑神话：悟空》从立项到发布，几年来持续通过营销活动，释放、加码IP价值。2020年8月20日，一条13分钟视频在各社交平台刷屏。这是《黑悟空》的游戏实机演示，全平台播放量超 6 000 万。同时，在微博认证“黑神话之悟空”，完成超话搭建，几年来持续与网友直接在线互动。

2021—2023 年持续发布游戏预告片和演示视频，参与 E3、TGA 国际展会，在杭州举办千人线下试玩会等，在游戏圈层保持热度。前期，处于研发阶段的《黑神话：悟空》重点营销平台是 B 站，B 站是二次元聚集地，聚拢了大量游戏圈核心玩家，视频预告、线下试玩都是在 B 站进行，这帮助它在游戏圈层沉淀了传播基础。同时，在微博通过“游戏官方－厂商官方－制作人/主美官博”全面入驻并保持活跃发布，形成一手消息传播矩阵。

2024 年 6—8 月的预售期内，最大化创造首发影响力。这个阶段，《黑神话：悟空》选择的重点社交平台是微博，其方式是不断创造话题，最大化将游戏植入“全民心智”。持续给《黑神话：悟空》IP 做附加值的效果明显，每次预售都是秒售罄，收获多个热搜。8 月 13 日官方发布性能测试工具，8 月 16 日媒体评测解禁以及瑞幸官宣联名，都有多个热搜，将期待值直接拉满。

在 8 月 20 日前后进行全民布局，利用全网社交、短视频阵地和行业达人的影响力，拉爆口碑。在 B 站联合站内头部及垂类游戏 UP 主直播《黑神话：悟空》通关全程，联动抖音游戏发起“直播首通大赛”；在虎牙覆盖从看到买的全链路；通过微博撬动垂直领域、重磅媒体、KOL 明星红人三方联动共振发声，在各细分领域精准破圈。

游戏相关的讨论在各大社交媒体平台上持续发酵，玩家自发组织起来，分享游戏资讯、猜测剧情走向、讨论游戏玩法，形成了强大的社群效应。知名游戏主播、评测人及行业专家的试玩反馈进一步提升了游戏的曝光度和口碑，他们的正面评价极大地影响了潜在消费者的购买决策。随着《黑神话：悟空》的热度不断攀升，消费者的态度也发生了显著的变化。从一开始的好奇和期待，逐渐转变为对游戏的深度关注和热烈讨论。许多消费者表示，他们被游戏的精美画面、丰富剧情和独特玩法吸引，对游戏的品质充满了信心。这种积极的消费者态度进一步推动了游戏的口碑传播，使得《黑神话：悟空》在更广泛的受众群体中获得了认可和喜爱。

《黑神话：悟空》的预售热潮不仅是对游戏本身品质的认可，更是国产游戏行业创新精神和文化自信的体现。通过精准把握消费者态度，采取有效的预售策略，游戏开发团队成功地将消费者的期待转化为实际购买，为国产游戏的崛起树立了新的标杆。未来，随着游戏的正式发售，其市场表现及玩家反馈将进一步验证其成功与否。

资料来源：游戏论丨作为思想的“国产 3A”：中国游戏史视阈中的《黑神话：悟空》.（2024-08-27）. 澎湃，https://www.thepaper.cn/newsDetail_forward_28532053.

素养提升阅读材料

第 7 章
消费者的需要与购买动机

价值引领

- 了解中国特色社会主义新时代社会主要矛盾转变及其在消费行为上的表征。
- 思考可持续发展在新质生产力跃升中的重要作用。
- 从个体视角理解消费升级的思想机理及其对促进经济高质量发展的意义。
- 领会社会共治保护消费者权益的精神。

在影响消费者行为的诸多心理因素中，需要和动机占有重要的地位，与行为有直接而紧密的联系。这是因为人们的任何消费行为都是有目的的，这些目的的实质是满足人们的某种需要或欲望。当一种需要未得到满足时，人们会产生内心紧张，这种紧张状态成为激发人们争取实现目标的动力，即形成动机；在动机的驱使下，人们采取行动以实现目标；目标达到，需要得到满足，内心紧张状态消除，行为过程即宣告结束。需要、动机与行为的关系如图 7－1 所示。

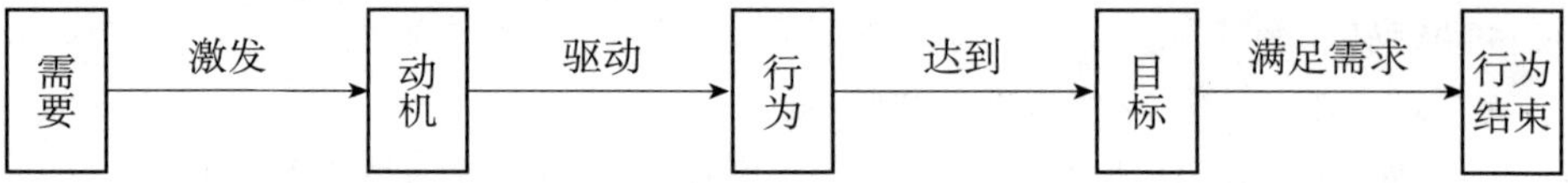

图 7－1　需要、动机与行为的关系

资料来源：Heckhausen J，Heckhausen H. Motivation and Action：Introduction and Overview. Motivation and Action，2018.

从图 7－1 可以看出，就一次行为过程而言，直接引起、驱动和支配行为的心理要素是需要和动机，其中动机又是在需要的基础上产生的，因此，需要是消费者行为的原动力，动机则是消费者行为的直接驱动力。正是由于需要、动机与行为之间具有紧密的内在联系，任何消费者行为都是在需要和动机的直接驱动下进行的，因此有必要深入研究消费者的需要与动机的内容、特性及其变化趋势，以便把握消费者心理与行为的内在规律。长期以来，消费者的需要和动机一直是消费者行为的重点研究领域。

第1节 消费者需要的特性和分类

一、消费者需要的概念和特性

需要是个体由于缺乏某种生理或心理因素而产生内心紧张，从而形成与周围环境之间的某种不平衡状态。消费者需要包含在人类一般需要之中，它反映了消费者某种生理或心理体验的缺乏状态，并直接表现为消费者对获取以商品或服务形式存在的消费对象的要求和欲望。① 当一种需要满足后，人们会产生新的需要，因此消费者的需要是无限发展的。需要的形成有两个前提条件：一是缺少某种对象物的匮乏感，如饥饿时需要食物；二是期望得到某种对象物来获得满足感，如获得友爱的需要。需要是人类行为的原动力，但是消费者不是随时都能感知到自己的需要，只有当需要被激发和唤醒时，消费者才会采取购买行动。有时消费者并未感到心理或生理上的匮乏，而是因外部刺激或消费诱因而产生对某种商品的需要。

消费者需要具有某些共有的特性，具体表现为以下方面。

1. 多样性和差异性

多样性和差异性是消费者需要最基本的特性，它们既表现在不同消费者之间需要的差异上，又体现在同一消费者多样化的需要内容中。

消费者需要的产生取决于消费者自身的主观原因和所处消费环境两方面因素。每个消费者的年龄、性别、民族、收入水平、文化程度等存在诸多差异，由此形成多种多样的消费需要。每个消费者都会按照自身的需要选择、评价和购买商品，比如，有人追求商品的品牌和美观，有人以经济实用为标准，表现出多样性和差异性的需要。消费者需要的多样性还表现为同一消费者对同一消费对象的多方面要求，比如，购买的冬装既要有良好的保暖性，又要美观、新颖、耐穿等。

2. 层次性和发展性

消费者需要是有层次的，并由低层次向高层次逐级延伸发展。通常情况下，消费者首先关注低层次的需要，在低层次需要满足后，会转向追求高层次需要。例如，充饥、御寒属于较低层次的需要；受人尊重、自我实现属于高层次的需要。通常人们在满足生存、安全需要的基础上，才会追求受人尊重、自我实现等高层次的需要。

消费者需要是由低级向高级、由简单向复杂不断发展的，因此，消费者需要不是一成不变的而是具有发展性。随着社会经济的发展和人民生活水平的提高，消费者对商品的需要在数量和质量上都不断变化提升。消费者需要的发展性可以促进社会经济的发展，随着社会经济的发展，消费者需要也在不断地发展变化。

3. 周期性

消费者的某些需要获得满足后，一定时期内不再产生，但随着时间的推移还会重新

---

① 江林．消费者行为学．北京：科学出版社，2007.

出现，呈现明显的周期性。重新出现的需要不是原有需要的简单重复，而是在内容、形式上有所变化和更新。这种需要的周期性特点主要是由消费者的生理运行机制及某些心理特性引起的，并受到自然环境变化周期、商品生命周期等影响。例如，消费者对食物呈现出明显的周期性需要，对服装的周期性需要则随着季节变化和时尚潮流不断更新。

4. 伸缩性

伸缩性又称需求弹性，是指消费者对某种商品的需要会受某些因素如支付能力、价格、储蓄利率等影响而发生一定的变化。从支付能力看，在现实生活中，每个消费者都有多种需要，但在一定时期内，多数消费者的支付能力是有限的，多方面的消费需要与有限的支付能力之间的矛盾使消费者的需要有限地得到满足，并表现出一定的伸缩性，即在需要的强度和容量上可强可弱、可多可少。价格亦是引起需要伸缩性的主要因素。一般来讲，价格与消费需求成反比，即价格上升，需求减少。可见，当客观条件限制需要的满足时，需要可以抑制、转化、降级，可以停留在某一水平上，也可以以较低数量同时满足几种需要，还可以放弃一些需要而获得某种需要的满足，由此表现出明显的弹性。

5. 可诱导性

消费者的需要不是一成不变的，任何层次的需要都会因环境的变化而发生改变。环境的改变或外部诱因的刺激、引导可以诱使消费者需要发生变化和转移，因此，消费者需要具有可诱导性，即企业可以通过人为地、有意识地给予外部诱因或改变环境状况，诱使和引导消费者需要按照预期的目标发生变化和转移。实践中，许多企业正是利用消费者需要的可变性和可诱导性的特点，开展广告宣传，倡导消费时尚，创造示范效应，施予优惠刺激等，来有效地影响诱导消费者形成、改变或增加某种需要。

二、消费者需要的分类

消费者需要的分类方法多样复杂，学者从各个角度进行研究探讨，根据不同的标准对消费者需要进行多种划分，研究从浅入深，需要的分类也逐渐细化。现列出几种有代表性的分类观点（见表7-1）。

表7-1 不同学者对消费者需要的分类

划分方法	代表者	分类标准	分类
两分法	传统的观点	按照需要的起源	自然需要、社会需要
		按照需要的对象	物质需要、精神需要
三分法	恩格斯	按照需要的形式	生存需要、享受需要、发展需要
三分法	戴维·麦克利兰	按照需要的社会性	成就需要、亲和需要、权力需要
五分法	马斯洛	按照需要的层次	生理需要、安全需要、爱和归属的需要、尊重的需要、自我实现的需要
七分法	贾尼丝·汉纳	按照需要的性质	自然安全的需要、物质保障的需要、物质舒适的需要、被他人接受的需要、他人认可的需要、影响他人的需要、个人成长的需要

续表

划分方法	代表者	分类标准	分类
十二分法	麦克高尔	按照需要的内容	和谐的需要、归因的需要、归类的需要、线索的需要、独立的需要、好奇的需要、自我表达的需要、自我防卫的需要、自我标榜的需要、自我强化的需要、归属的需要、模仿的需要
二十分法	亨利·默里	按照需要的表现方式	贬抑需要、成就需要、交往需要、攻击需要、自主需要、对抗需要、防御需要、恭敬需要、支配需要、表现需要、躲避伤害需要、躲避羞辱需要、培育需要、秩序需要、游戏需要、抵制需要、感觉需要、性需要、求援需要、了解需要

资料来源：Korten M J，Ziegler D J. Inferred Psychological Needs as a Function of Stimulus Assigned and Subject-expressed Political Preference. Psychological Reports，1985，56（1）；Maslow A H. A Theory of Human Motivation. Psychological Review，1943；McClelland D A V I D. Achievement Motivation Theory. Organizational Behavior. Routledge：2015.

（一）按照需要的起源划分

按照需要的起源可以分为自然需要和社会需要。

自然需要是指消费者为维持生命和延续后代而产生的需要，具体表现为对衣、食、住、行、健康、安全等基本生存条件的需要。这种需要是与生俱来的，因此又称生理需要。

社会需要是人在后天的社会生活中形成的、带有人类社会特点的需要，如社交、荣誉、友情、尊重、表现自我等需要。这些需要是基于消费者的心理特性产生的，因此也称心理需要。

（二）按照需要的对象划分

按照需要的对象可以分为物质需要和精神需要。

物质需要是指消费者对以物质形态存在的、具体有形商品的需要。这种需要反映了消费者在生物属性上的欲求。消费者的物质需要也可以进一步区分为低级和高级的物质需要。低级的物质需要指对维持生命所必需的基本对象的需要；高级的物质需要是指人们对高级生活用品如汽车、奢侈品等的需要。

精神需要是指消费者对于意识观念的对象或精神产品的需要。这种需要反映了消费者在社会属性上的欲求，是因心理上的匮乏感而产生的，主要表现为对认知、审美、追求真理、满足兴趣爱好以及友情、亲情等的需要。

（三）按照需要的形式划分

恩格斯将需要分为生存需要、享受需要、发展需要。

生存需要包括对基本的物质生活资料、休息、健康、安全的需要。消费者满足生存需要的目的是使生命得以维持和延续。

享受需要是在满足生存需要之后，对物质有更高级的需要，比如要求吃得好、穿得美、住得舒适、用得奢华。消费者可以通过满足享受需要获得生理和心理上的极大享受。

发展需要体现为要求学习文化知识，增进智力和体力，提高个人修养，掌握专业技能，在某一领域取得成就等。这类需要的满足可以使消费者的潜能得到充分释放。

（四）按照需要的层次划分

美国著名社会心理学家马斯洛将人类需要按由低级到高级的顺序分成五个基本层次，依次为生理需要、安全需要、爱和归属的需要、尊重的需要和自我实现的需要。这五种需要之间相互联系，并依照从低级到高级的层次组织起来，只有当较低层次的需要得到满足后，才会出现较高层次的需要，最后达到自我实现的顶峰。

其中，生理需要是个体为维持生存和发展而产生的最基本的需要，如对食物、空气、水、睡眠等的需要。这是各类需要中必须首先满足的最基本需要，唯有生理需要获得满足之后，人们才有可能产生新的其他方面的需要。

安全需要是人们希望保护自己的肌体和精神不受危害的欲望以及获得保护、照顾和安全感的需要。安全需要既包括生理方面也包括心理方面，体现为要求社会环境安全、职业稳定、有良好的医疗条件、养老有保障等。

爱和归属的需要主要表现为人们作为社会成员，希望获得友情、亲情和爱情，与他人保持密切的交往，并归属于某一社会群体，得到群体的关心和帮助。这种需要的第一要义是希望他人认识到自我的存在，可以使自己感受到关注和关心。

尊重的需要包括自我尊重和受人尊重两方面的要求，具体表现为渴望实力、成就、独立与自由，渴望名誉和声望，受到他人的赏识和高度评价等。

自我实现的需要指人们希望发挥自己的特长和潜能，实现对理想、信念、抱负的追求。自我实现是人类最高级的需要，它涉及求知、审美、创造、成就等。

（五）按照需要的社会性划分

20世纪50年代，美国哈佛大学教授戴维·麦克利兰（David McClelland）通过对人的需求和动机进行研究，提出成就需要理论，又称“三种需要理论”，分别为成就需要、亲和需要和权力需要。麦克利兰经过20多年的研究得出结论，人的许多需要都不是生理性的而是社会性的，而且人的社会性需要不是先天的而是后天的，来自环境、经历和培养教育等，很难从单个人的角度归纳出共同的、与生俱来的社会性需要。时代不同、社会不同、文化背景不同，人的需要亦有所不同，自我实现的标准也不尽相同。在生存需要基本得到满足的前提下，人最主要的需要有成就需要、亲和需要、权力需要三种平行的需要。成就需要是追求优越感的驱动力，或者是参照某种标准去追求成就感、寻求成功的欲望；权力需要指使别人顺从自己意志的欲望；亲和需要指寻求与别人建立友善且亲近的人际关系的欲望。这三种需要在人们的需要结构中有主次之分，人们的主要需要满足了以后往往会有更多更大的需要，也就是说拥有权力者更追求权力，拥有亲情者更追求亲情，拥有成就者更追求成就。麦克利兰认为在三种需要中成就需要对人的成长和发展起到特别重要的作用，因此称其理论为成就需要理论。

第2节　消费者需要的内容与形态

一、消费者需要的基本内容

将上述学者关于人类需要的研究成果应用于消费者的购买实践，我们可以对消费者需要的基本内容作如下分析。

（一）对商品基本功能的需要

商品的基本功能指商品的有用性，即商品能满足人们某种需要的物质属性。商品的基本功能或有用性是商品生产和销售的基本条件，也是消费者需要的最基本内容。任何消费都不是抽象的，而是有具体的物质对象，成为消费对象的首要条件就是要具备满足人们特定需要的功能。例如，汽车能代步、载人、运输货物，冰箱可以冷冻、冷藏食品，护肤品能够保护皮肤，这些都是消费者对商品功能的基本要求。正常情况下，基本功能是消费者对商品诸多需要中的第一需要。如果不具备基本功能，即使商品质量优良、外观诱人、价格低廉，消费者也难以产生购买欲望。

（二）对商品质量的需要

质量是消费者对商品基本功能达到满意或完善程度的要求，通常以一定的技术性能指标来反映。就消费者需要而言，商品质量不是一个绝对的概念而是具有相对性。构成质量相对性的因素，一是商品的价格，二是商品的有用性，即商品的质量优劣是在一定价格水平下，相对于其实用程度所达到的技术性能标准。与此相适应，消费者对商品质量的需要也是相对的。一方面，消费者要求商品的质量与其价格水平相符，即不同的质量有不同的价格，一定的价格水平必须有与其相称的质量；另一方面，消费者往往根据商品的实用性来确定对质量的要求和评价。某些质量中等甚至低档的商品，因已达到消费者的质量要求，也会为消费者所接受。例如，A与B两种品牌的洗衣机，B品牌在容量、耗电量、洗净率、磨损率、振动噪声等技术指标方面均逊于A品牌，但其价格远低于A品牌，且适合人口少的家庭使用，对于中低收入、单身或人口少的家庭的消费者来说，B品牌洗衣机的质量是令人满意、可以接受的。消费者对商品质量要求的相对性，对于企业正确确定产品市场定位具有重要意义。

（三）对商品安全性能的需要

消费者要求所使用的商品卫生洁净、安全可靠、不危害身体健康。这种需要通常产生于对食品、药品、卫生用品、家用电器、化妆品、洗涤用品等商品的购买和使用中，是人类追求安全的基本需要在消费需要中的体现。具体包括：（1）商品要符合卫生标准，无损身体健康。例如，食品应符合国家颁布的《中华人民共和国食品安全法》等法律法规和检验标准，在保质期内出售和食用，不含任何不利于人体健康的成分和添加剂。（2）商品的安全指标要达到规定标准，不含任何不安全因素，使用时不发生危及身体及生命安全的意外事故。这种需要在家用电器、厨具、交通工具、儿童玩具、化妆品等生活用品上尤为突出。（3）商品要具有保健功能，要有益于防病祛病，调节生理机能，增进身体健康。近年来，消费品市场上对健身器材、营养食品、滋补品、保健生活用品的需求强劲，形成新的消费热点。这表明现代消费者对商品安全的需要已不局限于卫生、无害，进一步上升为有益于健康。

（四）对商品消费便利的需要

这一需要表现为消费者购买和使用商品过程中对便利程度的要求。消费者要求以最少的时间、最近的距离、最快的方式购买到所需商品。面对众多在质量和价格上相近的同类产品，便于购买的产品往往成为消费者的首选对象。近年来，随着网络技术和电子商务的发展，网上购物以传统购物方式无可比拟的便利、快捷、零距离等优势，正在受到越来越多的消费者青睐。此外，消费者要求商品使用方法简单、易学好懂、操作容易、携带方便、便于维修。实际中，许多商品虽然具有良好的性能、质量，但由于操作复杂、不易掌握，或不便携带、维修困难，不受消费者欢迎。

（五）对商品审美功能的需要

这一需要表现为消费者对商品在工艺设计、造型、色彩、装潢、整体风格等方面审美价值的要求。对美好事物的向往和追求是人类的天性，体现在人类生活的各个方面。在消费活动中，消费者对商品审美功能的要求也是一种持久的、普遍存在的心理需要。在审美需要的驱动下，消费者不仅要求商品具有实用性，而且认为商品应具备较高的审美价值；不仅重视商品的内在质量，而且希望商品拥有完美的外观设计，即实现实用性与审美价值的和谐统一。商品的审美功能，一方面可以使消费者通过商品消费美化环境，为自己创造优雅宜人的生活空间；另一方面可以使消费者美化自身，塑造富有魅力、令人喜爱的个人形象。当然，由于文化背景、受教育程度、职业、个性等方面的差异，消费者的审美观和审美标准存在诸多差异。

（六）对商品情感功能的需要

这是指消费者要求商品蕴含浓厚的感情色彩，能够体现个人的情绪状态，成为人际交往中感情沟通的媒介，并通过购买和使用商品实现情感的表达、寄托、追求或补偿。情感需要是消费者心理活动的情感过程在消费需要中的体现，也是人类所共有的爱与归属、人际交往等需要在消费活动中的具体体现。作为有着丰富情感体验的个体，消费者在从事消费活动时，会将喜怒哀乐等各种情感映射到消费对象上，即要求所购商品与自身的情感体验相吻合、相呼应，以求得情感的平衡。例如，在欢乐愉悦的心境下，消费者往往喜爱明快热烈的商品色彩；在压抑沉痛的情绪状态中，消费者则倾向于暗淡冷僻的商品色调。

此外，作为社会成员，消费者有着对亲情、友情、爱情、归属等情感的强烈需要，这种需要主要通过人与人之间的交往沟通得到满足。许多商品如鲜花、礼品等，能够体现某种情感，成为人际交往的媒介和载体，起到传递和沟通感情、促进情感交流的作用。有些商品如毛绒玩具、宠物等，因具有独特的情感色彩，可以帮助消费者排遣寂寞，获得感情的慰藉和补偿，也具有满足消费者情感需要的功能。

（七）对商品社会象征性的需要

社会象征性是要求商品体现和象征一定的社会意义，使购买、拥有该商品的消费者能够显示出某些社会属性，如身份、地位、财富、声望等，从而获得心理上的满足。在人的需要中，多数人都有取得成就、实现个人价值、提升社会地位的需要，有得到社会承认、受人尊敬、提高声望的要求。对商品社会象征性的需要，即是这种高层次的社会性需要在消费活动中的体现。

应当指出的是，社会象征性并不是商品本身所具有的内在属性，而是由社会化的人赋予商品特定的社会意义。某些商品由于制作工艺复杂、数量稀缺、价格昂贵、不易购买等，消费受到极大限制，只有少数特定身份、地位或收入的消费者才有条件拥有和购买，这些商品便成为一定社会身份、地位的象征物。通常有对商品社会象征性需要的消费者，对商品的实用性要求不高，价格敏感度较低，特别看重商品所具有的社会象征意义，这类需要在高级轿车、豪华住宅、珠宝首饰、名牌服饰、名贵手表等商品中表现得尤为明显。

素养园地 “新潮”澎湃：国潮出圈见证中国创造

（八）享受良好服务的需要

在对商品实体有多方面需要的同时，消费者还要求在购买和使用商品过程中享受到良好、完善的服务。良好的服务可以使消费者获得尊重、情感交流、个人价值认定等多方面的心理满足。对服务的需要程度与社会经济发达程度和消费者的消费水平密切相关。在商品经济不发达阶段，由于商品供不应求，消费者首先关注的是商品的性能、质量、价格以及能否及时买到所需商品，对服务的要求降到次要位置，甚至忽略。随着市场经济的迅速发展，消费者可以随时随地购买到所需的各种商品，因此服务在消费者需要中的地位迅速上升，消费者对购买和使用过程中享受良好服务的需要日益强烈。在现代消费中，商品与服务已经成为不可分割的整体。消费者所购买的不仅仅是商品实体，同时还购买与商品相关的服务，其中包括售前、售中、售后服务。在一定意义上，服务质量的优劣已成为消费者选择购买商品的主要依据。

二、消费者需要的基本形态

在现实当中，多种多样、内容丰富的消费者需要并非都处于显现的、既存的统一状态，而是存在各种不同的形态。需要形态的差异直接影响动机的强度以及促成购买行为的方式。研究消费者需要的存在形态，对于了解市场需求的构成状况和变动趋势具有重要意义。从消费者需要与市场购买行为的关系角度可以将消费者需要分为以下基本形态。

（一）按消费者需要的市场实现程度分类

1. 已实现的需要

已实现的需要指消费者已经在需要和动机的驱使下完成了对某种商品的购买，达到了最初的目标，满足了需要。

2. 现实需要

现实需要指消费者已经具备对某种商品的实际需要，并且具有足够的货币支付能力，市场上也有充足的商品，消费者的需要可以随时转化为现实的购买行动。

3. 潜在需要

潜在需要指目前尚未显现或明确提出但在未来可能形成的需要。这种需要通常是某种消费条件不具备所致，如市场上缺乏能满足需要的商品，消费者的货币支付能力不足，缺乏充分的商品信息，消费意识不明确，需求强度低等。当上述条件具备时，潜在需要可以立即转化为现实需要。

（二）按消费者需要的强烈程度分类

1. 充分需要

充分需要又称饱和需要，指消费者对某种商品的需求量及时间与市场上该商品供应量及时间基本一致，供求之间大体平衡。这是一种理想状态。由于消费者需要受多种因素的影响，任一因素变化如新产品问世、消费时尚改变等，都会引起需求的相应变动，因此，供求平衡的状况只能是暂时的、相对的。

2. 过度需要

过度需要又称超饱和需要，指消费者的需要超过了市场商品供应量，市场呈现供不应求的状况。这类需要通常由外部刺激和社会心理因素引起，如多数人的抢购行为，对未来经济形势不乐观的心理预期等。

3. 低迷需要

低迷需要指消费者对某种商品的需要远不及市场上商品的供应量，市场处于供过于求的状况。

4. 无需要

无需要又称零需要，指消费者对某类商品缺乏兴趣或漠不关心，没有任何需求。无需要的商品可能不具备消费者需要的效用，或消费者对商品缺乏了解和认识，没有与自身利益联系起来。

（三）按消费者需要的变动规律分类

1. 周期需要

周期需要指某些消费者需要在获得满足后一定时间内不再产生，但随着时间的推移还会重新出现，并且在时间上呈现明显的周期性。

2. 不规则需要

不规则需要又称不均衡或波动性需要，指消费者对某类商品的需要在数量和时间上呈不均衡波动状态，如对许多季节性商品、节日礼品以及旅游、交通运输的需要，就具有明显的不规则性。这种波动也可能随着社会的发展或者环境的变化而变化。

3. 渐进需要

渐进需要又称累进需要，指某种商品引起了消费者的注意和兴趣，消费者对该种商品的需要逐渐增加。

4. 退却需要

退却需要指消费者对某种商品的需要逐步减少并趋于衰退之中。退却需要通常是由时尚变化、消费者兴趣转移，或新产品对老产品形成替代，或消费者对经济形势、价格变动、投资收益的心理预期不乐观等引起的。

(四) 按消费者需要的指向内容分类

1. 正当需要

正当需要不仅能使消费者的正当利益得到满足，而且对他人或社会的利益不会造成任何危害。

2. 无益需要

无益需要指消费者对某些危害社会利益或有损自身利益的商品或服务的需要。例如，对香烟、烈酒、毒品、赌具、色情服务的需要，对消费者个人和社会都是有害无益的。

3. 否定需要

否定需要指消费者对某类商品持否定、拒绝的态度，因此拒绝对该类商品的需要。之所以如此，可能是商品本身不适合消费者，或者旧的消费观念束缚、错误信息误导所致。

从上述关于消费者需要形态的分析中可见，并非任何需要都可以直接激发消费者的购买动机，进而产生购买行为。现实中，有些需要如潜在需要、无需要、否定需要、退却需要等，要求企业给予明确的诱因和强烈的刺激加以诱导、引发，才可能使消费者产生购买行为。因此，当消费者对于一些商品的需要强度不够时，企业应加强营销推广的力度。此外，并不是所有需要都能导致正确、有益的消费行为，如过度需要、无益需要等就不适合进行诱导和满足，而是要加以抵制。因此，不加区分地倡导满足消费者的一切需要，显然是不适当的。基于以上需要形态的性质差异，消费者应该从可能性和必要性两方面考虑满足需要的方式和程度，企业则要强调正确引导和满足消费者的需要。

三、现代消费者需要的发展趋势

随着经济全球化和信息网络技术的发展，现代消费者面临的消费环境发生了极其深刻的变化。具体表现在：(1) 科学技术日新月异和社会生产力迅猛发展，加速了产品的更新换代，新产品和高科技产品层出不穷，推动了消费内容和方式的不断更新。(2) 全球经济一体化和国际大市场的形成，促使各国之间的贸易往来急剧增长，现代消费者面对的已不仅仅是本国市场和本国商品，而是直接面对国际市场和各国商品，极大扩展了选择商品的范围。(3) 电子商务的迅速发展和广泛应用，给传统的商品交易方式带来了强烈冲击，使消费者的购物方式和消费方式发生了极大改变。(4) 现代交通和通信技术日益发达，迅速缩小了空间距离，促进了国际交往，不同国家的文化、观念及生活方式得以广泛交流融会，新的交叉文化、消费意识、消费潮流不断涌现，并以前所未有的速度在世界范围内广泛传播扩散。正是在上述环境变化推动下，现代消费者的需要呈现出一系列新的发展趋势。

（一）需要感性化

现代消费者的消费方式与生活方式正在向自我发展型转变。追求时尚与形象、展现自我个性与发展自我逐渐成为新一代消费者的愿望与迫切需求，消费感性化时代正在到来。这种感性消费是基于消费者个人的情绪情感体验而产生的，它以个人的喜好作为购买决策标准，将心理满足、个性实现、精神愉悦作为主要消费目标，注重购物时的情感体验和人际沟通，对商品“情绪价值”的重视胜过对商品“机能价值”的重视。在感性消费中，消费者选择不再以产品的价格、质量为主，而是将对产品的直观感觉、情感、偏好和象征意义作为评价标准，格外看重产品与自己关系的密切程度。在感性消费需要的驱动下，消费者寻求能与其心理需求产生共鸣的感性商品，其购买决策依据的是感性心理标准，即“我喜欢的就是最好的”，其购买行为通常建立在感性逻辑之上，以“喜欢就买”作为行动导向。感性消费实质上是高技术社会中人类高情感需要的体现，是现代消费者更加注重精神愉悦、个性实现和情感满足等高层次需要的突出反映。

（二）需要结构高级化

随着人均收入水平和消费水平的提高，消费者的需要结构逐步趋于高级化。这一趋势在处于高速增长阶段的发展中国家消费者中表现得尤为明显。例如，随着经济的持续快速发展，我国消费者发展型消费（如通信、教育、娱乐、保健、旅游等）支出比例已经大大超过了生存型消费（如食品和衣着类）支出比例，这标志着我国的消费结构已经在总体上完成了从生存型向发展型的过渡，进入了大众消费阶段。可以预见，随着消费水平的进一步提高，人们的消费观念、方式、内容以及消费市场供求关系都将发生重大变化，衣、食等基础性消费在总消费中的比重将进一步下降，发展型消费支出将大幅度增加。此外，随着全球经济一体化以及各国文化相互渗透，国内消费国际化的趋势也开始显现。

（三）绿色消费趋势

绿色消费是指消费者要求消费活动要有利于保护自然环境，维护生态平衡，减少和避免对自然资源的过度消耗与浪费，实现永续消费。20 世纪以来，人类社会面临着自然资源日益匮乏和环境过度破坏的严重困扰。随着环境问题的压力与日俱增和世界环保运动的兴起，现代消费者的环保意识日益增强。为保护自身健康并获得安全、洁净的生存环境，消费者把“绿色消费”作为选择商品的重要标准，期望购买无公害、无污染、不含添加剂、使用易处理包装的绿色商品，并自动发起和支持抵制吸烟、禁止放射性污染等保护消费者运动。与此同时，越来越多的消费者开始认识到过度消费不仅带来成堆的垃圾，也对环境和资源造成破坏，为此，他们视保护自然资源和生态环境为己任，将消费与环境及社会可持续发展联系起来，自觉地把个人消费需求和消费行为纳入环境保护的规范之中，提出“做一个绿色消费者”的口号，根据自己的实际需要购买必要的物品，尽可能做到循环使用。保护环境已成为现代消费者的基本共识和全球性的消费发展趋势。

（四）共创型消费趋势

21世纪，现代高消费社会呈现出全新的消费趋势，即消费者与企业经营者一起创造新的生活价值观和生活方式的生活共感、共创、共生型趋势。生活在21世纪的消费者，具有高收入、高学历、高信息、高生活能力和高国际感觉的特性。与此相对应，他们的消费需求也呈现五大新特点：（1）美学性，即美的意识和艺术性；（2）知识性，即教养性和科学性；（3）身体性，即体感性或五感性；（4）脑感性，即六感性或官能性；（5）心因性，即精神性。具有上述新需求的消费者，其生活价值观发生了根本变化，消费和生活方式也极大改变。消费和生活的中心由物质转移到精神，健康、教育、娱乐、文化及信息正在成为新的消费增长领域。

在更加注重和追求精神消费的过程中，现代及未来的消费者将不再把消费视为一种对商品的纯耗费活动，也不再安于被动地接受企业单方面的诱导和操纵，从企业设计和提供的有限种类、式样的商品中选购，而是要求作为参与者，与企业一起按照消费者新的生活意识和消费需求，开发能与他们产生共鸣的“生活共感型”商品，开拓企业与消费者一起创造新的价值观和生活方式的“生活共创型”市场。在这一过程中，消费者将充分发挥自身的想象力和创造性，积极主动地参与商品的设计、制作和再加工，通过创造性消费来展示独特的个性，体现自身价值，获得更大的成就感和满足感。

总之，随着时代的发展和社会环境的变化，现代消费者的需求结构、内容和性质也在不断发展变化，企业应及时分析了解消费者需要的变化趋势，在竞争与发展中顺应变化，争取主动。

第3节 消费者购买动机的特性与类型

一、动机的概念与形成

动机（motivation）一词源自拉丁文movere，即推动的意思。心理学将动机定义为引发和维持个体行为并导向一定目标的心理动力。动机是一种内在的驱动力量。当个体采取某种行动时，总是受到某些迫切需要实现的意愿、希望、要求的驱使，这些内在的意愿、要求具有能动、积极的性质，能够激发和驱动特定行为的发生，由此构成行为的动机。通常人们在清醒状态下采取的任何行为都是由动机引起和支配的，并通过动机导向预定的目标，因此，人类的行为实质上是一种动机性行为。动机是行为发生的直接原因和驱动力。消费者的消费行为也是一种动机性行为，他们的购买行为直接源于各种各样的购买动机。

动机是一种基于需要由各种刺激引起的心理冲动，它的形成要具备一定的条件。首先，需要是动机产生的基础。当个体感受到对某种生存或发展条件的需要并达到足够强度时，才有可能产生采取行动以获取这些条件的动机。动机实际上是需要的具体化。其次，并不是所有的需要都能形成动机，动机的形成还需要相应的刺激条件。当个体受到某种刺激时，其内在需求会被激活，内心产生某种不安情绪，形成紧张状态。这种不安情绪和紧张状态会演化为一种动力，由此形成动机。最后，需要产生以后，还必须有满足需要的对象和条件，才能形成动机。

在消费者动机的形成过程中，上述条件缺一不可，其中尤以外部刺激最为重要。通常情况下，消费者的需要处于潜伏或抑制状态，通过外部刺激激活，才能将需要转化为动机。外部刺激越强烈，需要转化为动机的可能性越大。因此，如何给消费者更多的外部刺激，是推动消费者购买动机形成从而实现购买行为的关键。

二、几种动机理论

长期以来，学者就购买动机进行了大量研究，其中心问题是消费者购买行为中“为什么”的问题。例如，消费者为什么需要购买某种商品？为什么从众多品牌中选购了某品牌的商品？消费者为什么对不同的广告宣传会有不同的态度反应？等等。动机理论为上述问题提供了解释。下面对精神分析理论、驱力理论和双因素理论三种著名的动机理论进行简要介绍。

（一）精神分析理论

弗洛伊德的精神分析理论认为，人的行为与动机主要是由潜意识支配的。他提出在人类行为形成过程中真正的心理因素大多是受抑制的，“动机犹如冰山，显现在水面上的只是很小一部分，大部分隐藏在看不见的水下”。许多行为都是由深层次的动机驱动的，人们只有探索潜意识才能找到这种动机。

依据精神分析理论，人们会在潜意识中把自己的偏好投射到各种商品上，从而形成不同的购买动机。因此，在分析消费者购买行为时，应特别重视研究消费者深层的心理动机以及这些动机以何种形式反映到商品的购买活动中。

（二）驱力理论

驱力是由个体生理或心理的匮乏状态引起并促使个体有所行动的促动力量。驱力理论建立在体内平衡基础上，当个体因物质和能量失衡产生内在需要时，驱力会促使个体采取行动满足需要，消除紧张。一旦某种行为能有效地消除紧张，该种行为便被个体习得，个体在下一次面临同样的紧张状态时，会产生类似的行为反应。

从消费者行为角度来说，驱力理论解释了令人不愉快状态的生理需要如何影响消费者购买决策。为减少或消除不愉快的状态和被激发起来的紧张感，消费者会努力寻找解决途径，从而刺激了一种目标导向的行为，但是该理论未能很好地解释为什么一些人的行为会与其预想的目标发生冲突。

（三）双因素理论

美国心理学家赫茨伯格于1966年提出了一种工作动机理论，又称激励—保健理论。赫茨伯格将影响工作积极性的因素分为两类：一类是激励因素，如成就、认可、工作自身、责任感和发展等，它们一般与工作内容有关，即都存在于工作内部。激励因素的满足导致工作满意。另一类是保健因素，如公司的政策和行政管理、监督、工资、人际关系和工作条件等，它们一般与工作环境有关。保健因素的满足能减少工作的不满意感。赫茨伯格认为，工作满意和不满意不是一个维度的两个极端而是两类不同的因素。激励因素的满足虽然能导致工作满意，但缺乏激励因素也不会产生不满意；缺乏保健因素虽然会导致工作不满意，但保健因素的满足也不会使员工对工作更满意。

双因素理论可应用于消费者动机的分析。商品的基本功能为消费者提供的基本利益与价值实际上可以看作保健因素，如果不具备此类因素，消费者就不会满意。然而，商品具备了基本的利益或者价值，也不一定能保证消费者产生满意感。要使消费者对产品、品牌忠诚，企业还需要在基本利益以外提供附加价值，即激励因素。比如，饭店为消费者提供美味的食物是一种保健因素，良好的服务和就餐环境可以提高消费者的满意感。

三、消费者动机的特性

与需要相比，消费者动机较为具体直接，有明确的目的性和指向性，同时也更加复杂。具体表现为以下特性。

（一）主导性

在现实生活中，每个消费者都有多种动机，这些复杂多样的动机之间以一定的方式相互联系，构成完整的动机体系。在动机体系中，各种动机所处的地位及所起的作用各不相同。有些动机强烈、持久，处于支配性地位，属于主导性动机；有些动机微弱而不稳定，处于依从性地位，属于非主导性动机。一般情况下，人们的行为是由主导性动机决定的，尤其当多种动机之间发生矛盾冲突时，主导性动机往往对行为起支配作用。例如，吃要营养、穿要漂亮、用要高档，是多数消费者共有的购买动机，但受经济条件所限，上述动机无法都实现时，有的消费者宁可省吃俭用也要满足穿得漂亮，有的消费者宁可压缩其他开支也要购买好的食品和营养保健品，有的消费者则把主要支出用于购买书籍和子女教育，这些都是消费者的主导性动机不同导致的差异。

（二）可转移性

可转移性是指消费者在购买过程中，由于新的消费刺激出现而发生动机转移，原来的非主导性动机由潜在状态上升为主导性动机。现实中，许多消费者改变预定计划，转而购买其他商品的现象就是动机发生转移的结果。例如，某消费者本欲购买羽绒服，但得知皮衣降价销售，降价刺激诱发了潜在的求奢动机，转而决定购买皮衣。有时，动机的改变可能是由于原有动机在实现过程中受到阻碍。例如，因餐馆卫生状况不佳，消费者品尝美食的动机受到抑制，维护健康安全的非主导性动机占据主导地位，导致就餐行为终止。

（三）组合性

当动机转变为行为时，有的动机直接促成一种消费行为，如在饥饿状态下，觅食动机会直接导致寻找和摄取食物的行为，有些动机则可能促成多种消费行为，如展示个性、显示自身价值等较复杂的动机会推动消费者购买新潮服装和名牌化妆品、购置高档家具、收藏艺术品等多种行为。某些情况下，还有可能由多种动机支配和促成一种消费行为，如城市居民购置房产，就可能出于改善住房条件、投资增值、遗赠子女、攀比炫耀等多种动机。

由此可见，动机与消费者行为之间并不完全是一一对应的。同样的动机可能产生不同的行为，同样的行为也可以由不同的动机引起。二者之间的关系如图7-2所示。

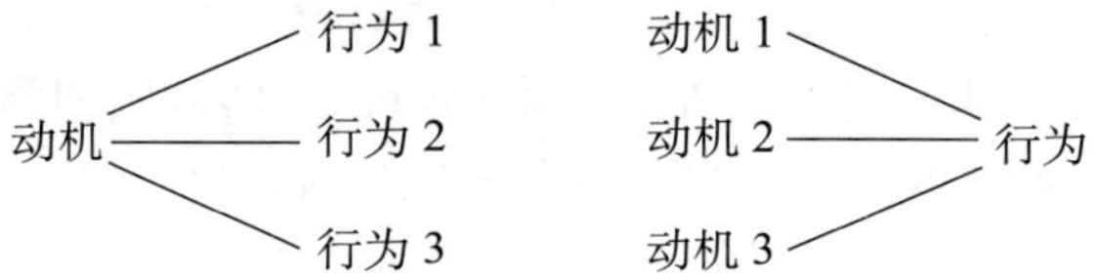

图7-2　动机与行为关系的组合性

资料来源：Kopetz C E，Kruglanski A W，Arens Z G，Etkin J，Johnson H M. The Dynamics of Consumer Behavior：A Goal Systemic Perspective. Journal of Consumer Psychology，2012，22（2）.

（四）内隐性

在现实生活中，消费者的动机并不总是容易捕捉和觉察的，真实动机经常处于内隐状态，难以从外部直接观察到。事实上，消费者经常出于某种原因而不愿让他人知道自己的真实动机。早在20世纪40年代，美国心理学家关于速溶咖啡投放市场受阻的调查研究表明，家庭主妇之所以拒绝购买速溶咖啡，并不是如她们所说的不喜欢速溶咖啡的味道，而是不愿被视为懒惰、不称职的主妇，因为当时的观念认为，以传统方式煮咖啡的主妇必定是勤俭持家、懂生活的。这种自陈动机与内在的真实动机不一致的现象在现实消费中比比皆是。此外，动机的内隐性还可能源于消费者对自己的真实动机缺乏明确意识，即动机处于潜意识状态，这种情况在多种动机共同驱动一种行为时经常发生。例如，某消费者购买一副高档眼镜的主要动机是为了保护眼睛，同时也怀有增加魅力和风度，或者掩盖眼部缺陷等潜在动机。

（五）冲突性

当消费者具有两种以上的动机且共同发生作用时，动机之间就会发生矛盾冲突。这种矛盾冲突可能是各种动机的指向相悖或相互抵触造成的，也可能是消费条件限制所致。人们的欲望是无止境的，拥有的时间、金钱和精力却是有限的，当多种动机不能同时实现时，动机之间的冲突就不可避免，冲突的本质是消费者在各种动机实现所带来的利害结果中进行权衡和选择。在消费活动中，常见的动机冲突有利－利冲突、利－害冲突、害－害冲突等。

四、消费者购买动机的类型

消费者的购买动机多种多样、具体明确，与购买行为的联系也较为直接，因此，深入了解消费者各种各样的购买动机，对于企业的营销实践具有现实意义。通常可将消费者的购买动机作如下划分。

（一）追求实用的购买动机

这是以追求商品的使用价值为主要目的的购买动机。追求实用动机的消费者在购买商品时，一方面注重商品的功用和质量，要求商品具有明确的使用价值，讲求经济实惠、经久耐用；另一方面重视购买的商品能否带来更多的实际利益，如便利性、省时省力等。持此类动机的消费者不会过多强调商品的品牌、包装或者新颖程度等，但如果商品的使用价值不明确，则不会购买。这种动机并不一定与消费者的收入水平有必然联系，主要取决于个人的价值观念和消费态度。

（二）追求安全、健康的购买动机

现代消费者越来越注重自身的安全与健康，并且把保障安全和增进健康作为消费的重要内容。有这种动机的消费者通常把商品的安全性和是否有益健康作为购买的首要标准。就安全性而言，消费者不仅要求商品在使用过程中各种性能安全可靠，如装修材料不含有毒物质，汽车的安全性有绝对保障等，而且特意选购各种安全防护性用品和服务，如人寿保险、私人保镖等。追求健康的动机日益成为消费者的主导性动机。在这一动机的驱动下，选购医药品、保健品、健身用品已经成为现代消费者经常性的购买行为。

（三）追求便利的购买动机

这是指消费者追求购买商品的便利性和使用商品方便快捷的购买动机。这类消费者对时间、效率尤为重视，看重购买选择的便利性与商品使用的方便性。受这一动机驱使，消费者购买可以减少家务劳动或减轻劳动强度的商品或服务，如洗衣机、微波炉、家庭服务等。越来越多的消费者采用电话订货、电视购物、网上购买等现代购物方式。随着生活节奏的加快，现代消费者追求便利的动机日趋强烈。

（四）追求廉价的购买动机

这是以注重商品价格低廉、希望以较少支出获得较多利益为特征的购买动机。有这种动机的消费者选购商品时会花更多的精力了解和比较产品的价格差异，对价格变化格外敏感，喜欢选择价格低廉的产品，经常购买优惠品、折价品等。求廉的动机固然与收入水平较低有关，但对于大多数消费者来说，以较少的支出获取较大的利益是一种普遍性的购买动机。

（五）追求新奇的购买动机

这是以追求商品的新颖、奇特、时尚为主要目的的购买动机。具有这种动机的消费者特别重视商品的款式新颖独特、时尚新潮，喜欢与众不同、别出心裁的商品，对商品的实用程度和价格高低不很在意。这类消费者在求新动机的驱动下，经常选购新奇、时尚的产品来体现自己与众不同，是新产品的最早尝试者。

（六）追求美感的购买动机

这是指消费者以追求商品的欣赏价值和艺术价值为主要倾向的购买动机。具有求美动机的消费者在挑选商品时，重视商品的美学价值，如外观造型、色彩等，同时，也希望商品能为消费者创造出美感，如美化形象的高档化妆品、装饰家庭的工艺品等。求美动机在受教育程度较高的群体及从事文化、教育等工作的人群中比较常见，在现代消费者购买选择中也占有主导地位。一项对近 400 名消费者的调查发现，购买活动中首先考虑商品的美观和艺术性的人占被调查总人数的 41.2%，居第一位。[①]

（七）追求名望的购买动机

这是指消费者以追求产品品牌声誉或企业名望而产生的购买动机。具有求名动机的消费者试图以商品的名望来显示或提高自己的身份地位，在购买前可能已经预先将名牌商品确定为购买目标，不仅因为名牌商品质量优良，声誉卓著，而且名牌商品可以有效提升消费者的自我形象。这种求名的动机不仅能够满足消费者追求名望的心理需要，而且能够降低购买风险，加快商品选择过程，因此在品牌差异较大的家电、服装、化妆品等商品购买中，成为具有普遍性的主导性动机。

（八）自我显示的购买动机

这是以显示身份、地位、名望与财富为主要特征的购买动机。具有这种动机的消费者在选购商品时不太注重商品的使用价值，而是特别重视商品所代表的社会象征意义，喜欢购买名贵商品、稀有商品乃至极品；青睐特殊的消费方式，如入住豪华宾馆套房，选择奢华昂贵的休闲方式等。通过消费显示财富和身份地位，达到宣扬自我、炫耀自我的目的，是这类消费者的主导性动机。

（九）攀比性购买动机

这是一种因好胜心引起的、与他人攀比而形成的购买动机。这类消费者购买某种商品往往不是出于实际需要，而是为了与他人攀比，赶上、超过他人，以求得心理上的平衡和满足。这种购买动机具有偶然性和浓厚的情绪化色彩，购买行为带有一定的冲动性和盲目性。在生活水平迅速提高、贫富差距拉大的社会转型时期，攀比性动机表现得较

---

① 唐赤华，戴克商．消费者心理与行为．北京：清华大学出版社，北京交通大学出版社，2007.

为普遍和强烈。

（十）满足嗜好的购买动机

这是以满足个人嗜好为目的的购买动机。许多消费者拥有专长、兴趣和个人爱好，特别偏爱某一类商品，如集邮、摄影、音响、古玩字画等，这些爱好往往与消费者的职业特点、专业知识、生活情趣有关，因此其购买动机非常明确，购买指向也比较稳定和集中，具有持续性和重复性的特点。

（十一）惠顾性购买动机

惠顾性购买动机也称习惯性动机，是指消费者对特定品牌或商店产生信任偏好，从而重复购买同一品牌的商品，或习惯性地光顾某一商店。持有惠顾性购买动机的消费者是企业的忠实顾客，他们不仅为企业带来稳定的销售收入，还向其他消费者积极地进行口碑传播，成为企业最重要的客户资源。

除上述主要动机外，消费者还有自卫性、储备性、纪念性、补偿性、馈赠性等购买动机，这些动机大都有明确的指向性和目的性，也是消费活动中较常见的购买动机。

第 4 节　购买动机的测量与分析

消费者的购买动机是产生购买行为的直接原因，因此可以通过测量消费者的购买动机了解其购买行为。动机本身具有内隐性，难以从外部直接观察到，为此需要研究购买动机的测量方法。

消费者的购买动机可以用两个指标来衡量，即动机的方向和动机的强度。动机的方向是指消费者会选择哪一种行为方式以及选择这种行为方式的理由。影响动机的方向的主要因素是购买行为所期望达到的目标。动机的方向可以分为两个层次：第一层次是影响某类产品购买决策的动机，称为初级动机，如是否要买轿车？第二层次称为次级动机，主要涉及购买的产品形式、品牌与购买地点等进一步的决策。例如，是购买经济型轿车还是豪华型轿车？是买国产车还是进口车？是在 4S 店还是汽车交易中心购买？等等。动机的强度是指个体满足某一特定需要的意愿强度。从消费者决策过程来看，动机的强度与消费者需要的重要性和不满足程度正相关。消费者的需要越重要、不满足程度越高，其动机就越强。例如，消费者是否有买车的需要？拥有私家车对于他来说有多重要？他对于没有车的现状的不满足程度如何？这些都决定了消费者买车的动机强度。

心理学家常用生理指标衡量动机的强度，如心跳、血压等指标。具体测量消费者的购买动机，即为什么购买，则涉及临床心理学、精神分析学、社会心理学等相关理论和技术。实践中，营销人员经常采用相对简单易用的心理分析方法来了解消费者的购买动机，常用的方法有如下几种。

一、直接询问法

企业的营销人员可以通过调查问卷或者访谈的方式来了解消费者选择、购买以及使用某种商品的原因，进而了解消费者的购买动机。① 例如，营销人员可以针对消费者对洗发水的选择来设计问题："为什么选择这种品牌的洗发水?"消费者的回答可能是："这种产品比较便宜，适合全家人使用""这种产品可以去头屑""看了名人做的广告，觉得质量应该信得过吧"等。在得到消费者的回答后，营销人员经过分析便会发现消费者购买这种洗发水的动机是"经济实惠""去头屑""广告引导"。

二、联想分析法

使用直接询问法了解购买动机，消费者可能不愿直接向调查人员说明。例如，张先生称自己购买 iPad 是为了方便查询业务信息，但内心的真实想法可能是想追随时尚潮流或者跟同事攀比。对于那些隐藏在消费者内心深处的真实动机，往往很难通过直接询问发现，这就需要调查人员运用联想分析法加以间接测量。联想分析法是由著名心理学家弗洛伊德提出的进行精神分析的方法。近年来一些营销学者用来研究消费者的购买动机，主要采用投射法进行。

投射法是指根据无意识的投射作用探寻个体动机的方法，它能够突破表面的防御来探寻潜在的动机。在投射测量中，实验者要求被试帮助别人在一种特定的情况下做出决策，被试一般不知道测试的真实目的，也不知道对自己的反应会作何种心理解释。通常人们不愿意承认自己的真实想法，却愿意分析他人的心理活动，在推断他人的动机和态度时，往往会把自己内心隐蔽的想法、欲望表现出来，这样就减小了被试伪装自己的可能性。常见的投射法有以下几种。

（一）角色扮演法

角色扮演法即被试不直接说出自己对某种商品的动机，而是通过对别人对这种商品的动机和态度的描述，间接表露被试本人真实的动机和态度。

（二）TAT 法

TAT（thematic apperception test）法意为主题统觉测验，又称绘图解释法，由美国哈佛大学的摩根（C. D. Morgan）和默里（H. A. Murry）于 1935 年提出。TAT 法可以用于了解被试的心理需要与矛盾及内心情感。全套测验包括 30 张内容模糊的黑白图片及一张空白卡片。实际测验时，测验人员按被试的年龄、性别从 30 张黑白图片中选取 20 张，让被试自由陈述图片所描绘的故事。测验中不对被试所编故事的内容进行任何限制，但可事先提示被试故事必须涉及图示情境、意义、背景、演变及其个人感想等方面。对

① 江林．消费者行为学．北京：科学出版社，2007.

被试所编故事进行的分析是以被试在每个故事中涉及的主题为核心的，这在默里的人格理论中被假定为反映个体深层的需要、欲望、矛盾、恐惧等。该测验的目的在于通过被试的自由陈述将其内心的情绪自然投射于故事，从而找出个人生活经验、意识、潜意识与其当前心理状态的关系。TAT 的施测与分析对测验者有较高的要求，一般需要经过严格培训才可进行。

（三）词联想法

这种方法是给被试出示一系列意义无关的词，让被试看到词后说出最先联想到的词汇。通过记录被试的反应与时间并进行分析，可以了解被试对刺激词的印象、态度和需求。词联想法包括以下几种。

（1）自由联想法。即被试自然、任意地说出联想到的词。例如，看到鸭梨一词，被试首先想到苹果一词，则让被试说出或记下苹果这个词。

（2）控制联想法。即测试者加以控制的联想方法，被试说出按某种要求所联想到的词。例如，看到洗发水一词，让被试说出所联想到的品牌名称。

（3）连续联想法。即当被试说出第一个联想词后，测试者要求被试连续说出第二、第三个联想词。

（四）造句测验法

造句测验法也称文章完成法，这种方法是通过给被试一些不够完整的句子，让被试迅速造出完整的句子来了解被试的想法。例如，给出"假如你需要一台冰箱，可以买……""如果推荐一个手机的品牌，你会选择……"等。这种方法便于了解想要调查的商品及品牌的购买动机。

（五）示意图法

这种方法是向被试出示一张图画，让被试写出图中所画任务问题的答案，从而了解被试的想法。

三、推测实验法

这种方法是让被试对具备特定条件的人（如购买笔记本电脑的人）的职业、年龄、个性、行动等加以想象和说明，从中了解被试对商品的印象。例如，甲消费者购买了一台低配置、低价位的笔记本电脑，若调查甲消费者的朋友乙对笔记本电脑的看法，就让乙对甲的购买行为进行评论。乙可能会说，甲收入不高，这样配置的电脑够用了，但是如果用电脑玩游戏就不够用了，不如再攒钱买个好一点的。从乙的评论中可以了解到乙对笔记本电脑的需求意向：（1）低配置的电脑可以接受；（2）高配置的电脑玩游戏比较好用；（3）不能因一时手头紧而凑合。

采用以上方法了解到的购买动机通常只是消费者的动机方向。在营销实践中，营销人员还可以运用一些测量方法来测量消费者的动机强度。例如，可以使用语义区别的方法测定被试对品牌商品的购买动机的强度。具体方法是采用 5 级或 7 级量表，在表中列出几组相反意思的形容词，让被试反复进行概念判断，从中了解消费者对某商品购买欲望的强烈程度，进而判断该商品市场潜力的大小。

分析消费者购买动机是为企业制定营销策略提供依据。营销人员应该认真分析消费者的动机，找出企业提供的产品或服务与消费者动机之间的差距，运用营销策略和手段有效地引导消费者的购买动机，推动其购买行为的实现。

第 5 节　Z 世代的消费需求与动机

Z 世代是指出生于 1995—2009 年的群体，是与 X 世代（1965—1980 年出生的群体）、Y 世代（1980—1996 年出生的群体）、Alpha 世代（通常指 2010 年及之后出生的群体）相对的人口统计群体。从时间线而言，大多数 Z 世代成员的父母归属于 X 世代。Z 世代主要具有以下方面的人口特征：(1) 数量庞大，统计数据显示，我国约有 2.6 亿 Z 世代人口。在全球范围内，Z 世代约占世界人口的 25%。(2) 愿意消费且消费能力强，根据 NIQ 与世界数据实验室发布的《Z 世代消费报告》，Z 世代具有强大且持续增强的市场消费能力，能够为全球市场注入新的活力。

出生于我国国力不断增强、社会经济发展日新月异的时代，Z 世代群体在行为方面具有以下特征：(1) Z 世代是第一批在年幼时接触互联网与移动设备的群体，较早体悟到信息技术对生活的影响，是最早的数字原住民，享受数字产品、智能手机设备带来的生活便利，同时，网络上瘾、手机分离焦虑等数字产品的负面影响在 Z 世代社会群体中出现并日渐扩散。(2) 这一社会群体中有部分人已进入职场，工作地点不限于自己成长的城市，在工作场所中面临着较高的工作压力，相对而言，尚未处于稳定的工作状态。在就业方面，Z 世代群体偏好在一线城市之间或城市群内流动，同时二线城市对此群体的吸引力逐渐增加。(3) Z 世代社会群体在婚姻状况方面存在较大差异，同时存在已组建家庭、单身等多种形式；在价值观念上，与父辈不同，他们对爱情、婚姻与生育持有包容与自由的认识；在原生家庭中，Z 世代群体多为独生子女，儿时在家庭内缺乏兄弟姐妹的陪伴，但得到父母长辈的更多关注。(4) Z 世代这一社会群体是充满矛盾的，他们憧憬婚姻生活的同时又惧怕婚姻，也会因自我发展而放弃婚姻；他们兼具灵活性与顽固性的特点，此群体从父辈的生活实践与教养中习得责任与健康生活的重要性，但同时又是高度忠于真实与理想的自我、对自我决策具有确认感与自信；面临学业与工作压力、困境与挫折，他们在心态上既焦虑又洒脱，逃避现实与得过且过的同时又勇于奋斗，处于一种间歇性迂回的状态。

一、Z 世代消费需求新趋势

(一) 情绪价值浸润 Z 世代

Z 世代的消费者更愿意为情绪价值买单，期望在购买行为中收获情绪反馈。在看似低实用价值、低功能价值的商品中，无论是实体抑或是虚拟形式的，个体通过购买情绪商品来缓解各种压力，引发情感共鸣，带来心灵满足感。这也是Z世代消费者自我疗愈的一种手段。

例如，已步入职场的Z世代人群在工位上养一株“禁止蕉绿”的香蕉，待其从绿变黄成熟后，则摘下“吃掉焦虑”，通过谐音梗，在忙碌的工作中获得舒畅心情、消化工作压力；顾客在购买甘肃省博物馆推出的麻辣烫文创产品毛绒花束时，可以像挑选食材一般购买土豆、西兰花等模拟的麻辣烫食材，然后工作人员会富有沉浸感地、似烹煮麻辣烫般地将其在锅内烫煮，最终制成麻辣烫花束出锅，在过家家似的消费过程中，顾客与工作人员均获得极高的体验感与童趣。

（二）碎片化消费占据Z世代

Z世代人群需求是多元化的、复杂的，信息技术、移动互联网与智能设备在工作与生活场所的侵入也使得这一群体在日常拥有更多分散性时间。在这样的背景下，他们习惯在闲暇时间进行消费。随处可见的迷你KTV、按摩椅、抓娃娃机等是典型的碎片化消费形式。碎片化消费在旅游行业主要表现为碎片化旅游或目的地业务。相较于长线旅游产品，Z世代群体偏爱短期、个性化、有特色的旅游产品与服务，如一人旅行、一日游、周末游、主题游。灵活的路线安排、多样化的成员构成、富有活力的行程能够满足Z世代的需求。例如，基于目的地的携程玩乐旗舰店整合碎片化内容，推出爆款一日游等，全方位为Z世代人群提供更优质的服务。

二、Z世代的消费观洞察

Z世代社会群体在消费中表现出理性与规划性，强调价值感。在购物过程中，实用性的重要性增加，警惕炫耀性消费、过度消费、名人代言等，对从互联网广告中获取的信息更注意筛选。同时，在社交媒体的影响下，Z世代消费者注重精神悦己与体验，关注自我，表现出圈层化消费现象，利用特定兴趣领域与社交平台，引领新的消费潮流。具体呈现出以下动机。

（一）追求性价比的动机

尽管Z世代消费者乐意为情绪价值支付溢价，但高性价比仍是这一群体购买行为的重要指导原则之一。性价比指商品所表现出来的性能与价格的比率。从定义可以看出，追求性价比不是简单地偏爱价格便宜的商品、省钱或牺牲生活品质，它更多地体现了一种“最大化”的思路，强调物有所值或物超所值。可见，消费者正在逐渐回归理性状态，重回消费过程中真实的原本体验，更具思辨能力，成为清醒的顾客，这是消费观念的迭代与升级。

Z世代社会群体是消费主义的逆行者。由于社会经济与生产力快速发展，人们的收入水平显著增长，消费主义（consumerism）曾在很长时间内盛行。在此背景下，人们呈现出对商品的欲望与渴求，将花钱消费视为愉悦感的重要来源，乃至出现过度消费、超前消费、冲动消费等消极结果。与此相反，反消费主义指出个体的幸福与物质财富所对应的购买是不对等的，盲目追求高端品牌或过度地将金钱用于消费反而会降低幸福感。因此，消费者应当减少不必要的消费，追求简约的可持续的生活方式，避免自身困囿于表面的物质的满足。例如，在作出实际购买前，消费者会有计划地审视自身需求与预算，获取多元全面的信息，在各社交媒体讨论组里搜索相关消费心得与各大平台相关榜单，避免陷入商品伪需求的陷阱中。消费者对性价比的追求也表现在对“平替”选择的偏好上。例如，在购买护肤产品时，消费者不再简单地为品牌买单，而是更注重产品的成分与功效。

值得注意的是，消费者对商品性价比的重视助力了国货品牌的优化发展。兼具高功效、高品质和合理价格的国货品牌十分适配消费者的购买需求，其概念内容与专利技术并行发展，尤其是智能家电产品与美妆护肤品，是国货中的一大亮点。

（二）追求可持续的动机

Z 世代人群在成长过程中经历了社会经济波动、自然环境挑战和全球性健康危机等许多重大事件，切身体悟到未来发展的不确定性，因此他们重视自身长线发展的潜力。在满足口腹之欲的同时，Z 世代也会追求健康，以应对潜在的危机。这一群体对健康给予高度重视，商品的健康益处在他们的决策中占据越来越重要的位置。在购买时他们会关注商品的安全、合规、正品等要素。除高品质外，营养、天然而非人工合成的、有机、无污染等也成为影响他们购买决策的关键因素。

Z 世代群体主动购买保健营养品，尤其是即食类健康营养品以及低脂低糖类的健康零食，有效成分、功效、针对部位等是该群体购买时考虑的重点。Z 世代人群对健康类消费的需求增长迅速，健康体检、口腔护理、推拿按摩、运动康复等的吸引力增加。各类医疗美容项目，如皮肤护理与局部肌肤状态提升，也受到 Z 世代消费者的追捧。根据《2024 年亚太地区医疗健康一线报告》，Z 世代人群愿意为获得更好的医疗体验与效率支付更高的价格，他们对多元化医疗服务提供方的认可度也在提高。

Z 世代人群有较高的健身积极性，并会督促自身长期地、持续地、规律地运动。譬如，他们会将获得 Keep 运动奖牌作为激励，来督促自己养成运动习惯。除传统运动类别外，Z 世代消费者表现出对小众运动如骑行、飞盘以及各类基于节奏与音乐的沉浸式体验的偏爱，在游戏与律动中提升自身运动能力，锻炼反应能力。

伴随轻旅游方式的兴起，Z 世代消费者——这一高度依赖数字设备的群体——开始走出室内空间，重返自然，成为户外行者。他们对露营、登山、徒步等活动青睐有加，这不仅能帮助他们缓解亚健康状态，也成为一种社交活动。

（三）追求陪伴的动机

Z 世代见证了数字经济在全球范围内的兴盛，从初次体验到深度融合，在线社交、在线社区、在线购物、元宇宙等虚拟世界成为 Z 世代消费者日常生活中重要的一部分，无法触摸的“虚拟关系”逐渐成为日常。因此，Z 世代消费者对于拥有真实世界、真实关系的渴望更为强烈，期望得到更深层次的、更紧密的情感联系与人际互动。

Z 世代消费者表现出对阶段性的陪伴方式的偏好，例如“搭子社交”。通常而言，这是一种临时性的浅层关系，但因附加了特定的相同爱好，个体能以较低的人际成本享受到轻松愉悦的陪伴。

猫狗等宠物经济呈现爆发式增长，宠物扮演着 Z 世代群体“家人”的角色。除宠物刚需食品外，人宠共用产品、宠物家具、定制类宠物仿真玩具、宠物智能家电、宠物出行旅游、宠物减肥、老龄宠物养老产品等领域成为蓝海市场，精致养宠成为 Z 世代消费者的态度表达。第 26 届亚洲宠物展有超过 2 500 家全球优质厂商与 35 万名消费者参与，共同探讨人宠共居美好生活。

毛绒玩具成为 Z 世代消费者的新宠。毛绒玩具的柔软触感能带给人温柔且温暖的心理体验，提供强烈的安全感与归属感。例如，消费者购买甘肃博物馆文创“麻辣烫”毛绒花束，日常外出就餐、旅行时带着棉花娃娃打卡，成为一种陪伴的精神代餐。

基本概念

基本需要 primary needs
马斯洛需要层次 Maslow's need hierarchy
动机 motivation
购买动机 purchase motivation
投射 project
主题统觉测验 thematic apperception test，TAT
反消费主义 anti-consumerism

思考题

1. 试述消费者需要、动机和购买行为之间的关系。
2. 什么是消费者需要？消费者需要有哪些基本内容和特性？
3. 在市场环境中，消费者的需要存在哪些形态，其对应的营销策略是什么？
4. 试阐述现代消费者需要的发展趋势。企业应如何应对？
5. 什么是动机？简述消费者购买动机的特性。
6. 消费者的购买动机有哪些表现形式，怎样激发消费者的购买动机？
7. 试分析比较几种测量消费者动机的方法各有什么优点和缺点。
8. Z 世代消费者对健康的追求在购买行为中有哪些具体表现？

案例

电动汽车界的新网红：小米 SU7 火爆上市

2024 年 3 月 28 日，小米集团以“向前”为主题举办汽车上市发布会，小米 SU7 正式亮相。小米将 SU7 定位为拥有先进智能科技与出色驾驶体验的高品质车辆，是“最好看、最好开、最智能”的梦想之车。

自 2012 年国家发布《节能与新能源汽车产业发展规划（2012—2020 年）》以来，各种购车补贴、车辆购置税收减免、充电桩建设加快等优惠政策支持力度加大，以及“双碳”目标的提出，新能源汽车显示出较强的竞争力与强劲的发展势头。根据新能源汽车国家大数据联盟的数据，2024年1月，新能源汽车市场占有率达到29.9%，1月销量为72.9万辆。

陆续步入职场的Z世代群体，逐步拥有独立经济来源与一定的经济实力，助推了我国新能源汽车行业的快速发展，成为新能源汽车主要的购买人群与核心潜力用户。Z世代消费者为什么倾向于购买新能源汽车呢？据《每日经济新闻》2022年一项针对新能源汽车的调查，Z世代群体主张低碳环保，对新能源汽车有更为强烈的购买意愿；在进行购买选择时，我国主流或新锐自主品牌是Z世代消费者的首选，他们对车辆智能化程度提出更高的要求，自动辅助驾驶、中控大屏、多屏联动等智能科技成为加分项。可见，对可持续的倡导、对智能科技的崇尚，是Z世代群体购买新能源车的主因。同时，对新能源汽车的补贴政策，新能源汽车较低的保养费用、较低的充电费用也提高了新能源汽车的购买性价比。

手机业务、IoT与生活消费品、互联网业务是小米的传统业务，也是其利润的主要来源。自小米SU7发布后，新入局的汽车业务表现远超预期，根据集团所发布的财报，2024年第二季度小米汽车业务营收为64亿元，毛利率为15.4%，大幅超过市场预判，也高于传统硬件业务，并取得独立造车资质，成为新的增长支点。国内电动汽车品牌众多，有比亚迪、蔚来、理想、奇点等品牌，小米SU7为什么能够吸引Z世代消费者并促成其购买呢？

小米造车新闻最初在社交媒体上曝光时，社会公众对其持有一定怀疑，在众多知名互联网企业多年投资造车失败的背景下，小米从原生平台研发到成车，短短3年能否真正做到量产智能电动汽车。出生于互联网与人工智能爆发式发展时代的消费者，往往展现出新潮流消费担当的魄力，持有包容开放的态度，愿意尝试各种新生事物，尊重不同的可能性，不在意各种标签或刻板印象。Z世代群体愿意走在前沿，尝试传统业务并非电动汽车的小米所制造的SU7。

小米SU7有极高的平台曝光率，发布会后，视频平台、社交社区平台、新闻资讯上迅速出现众多小米SU7的视频，其中作为核心阵地，B站不断向Z世代群体渗透新车信息资讯，各类博主火速发布主题包括但不限于充电续航、防碰撞、品牌科普、汽车改装等小米SU7测评视频，同时基于视频内评论、相同分区视频等互动，Z世代脑海中快速构筑起对小米SU7的认知，并逐步形成关于小米SU7百科全书式的了解，最终促成购车决策场景中对此品牌的偏好。

资料来源：汽车燃、手机暖，小米要回神坛了？.（2024－08－22）. 新浪财经，https：//finance.sina.com.cn/roll/2024－08－22/doc-inckntrq0553611.shtml.

《 素养提升阅读材料 》

第8章

消费者的购买决策与购买行为

价值引领

- 重视国内消费市场，增进爱国情怀与文化自信。
- 理解消费活动在构建新发展格局中的作用。
- 了解消费者购买决策过程，树立正确的消费观念。
- 在保障消费者权益中提高消费者满意度与忠诚度。

消费者的购买行为是由一系列环节、要素构成的完整过程。在这一过程中，购买决策居于核心地位，决策的正确与否直接决定购买行为的发生方式、指向及效用大小。消费者制定购买决策时的参与度不同，决定了他们获取信息的方式和采用的决策方法存在差异。在实施购买行为后，消费者还会对所购产品或服务进行评价，并与其他消费者交流传播。因此，研究消费者的购买行为模式与过程、制定购买决策的程序和类型，以及消费者的购后评价与反应，有助于全面把握消费者的购买行为特点与规律，为企业影响和引导消费者的购买决策与行为提供依据。

第1节　消费者的购买行为模式和过程

一、消费者购买行为模式

受到地域、年龄、性别、价值观、偏好等多种因素影响，不同消费者的购买行为千差万别，各不相同。为了研究消费者购买行为各环节之间的内在关系，有针对性地制定营销策略，有必要对纷繁复杂的消费者行为进行归纳总结，发现其中的基本规律。西方学者在深入研究的基础上，以模型的方式加以总结描述，揭示了消费者行为的一些共性。

（一）消费者刺激－反应模式

所有的消费者行为都是由刺激引起的，刺激有可能源于外界环境，也可能由消费者的心理与生理因素引起。在各种刺激因素的作用下，消费者产生一系列复杂的心理过程，这些心理过程在消费者内部自我完成，是不能被观察、了解和剖析的，因此也称为消费者黑箱，在这之后，则会产生看得见的行为，这个过程就叫作消费者刺激—反应（stimulus-reflection，S-R）模式，如图 8－1 所示。

图 8－1　消费者刺激—反应模式（一）

资料来源：Mehrabian A，Russell A. An Approach to Environmental Psychology. Cambridge，Mass：MIT Press，1974.

对企业而言，分析和研究消费者黑箱中发生的情况，了解刺激是如何转化为行为反应的，才能对消费者施加适当的消费刺激，使其产生购买行为。

研究表明，消费者黑箱分为两个部分：第一部分是消费者的特征，影响消费者对于刺激的认识和反应；第二部分是消费者的决策过程，直接影响购买结果。消费刺激也可以分解为营销刺激和其他刺激，也就是企业的刺激和外界的刺激。由此，消费者刺激—反应模式可以展开为较完整的模式，如图 8－2 所示。

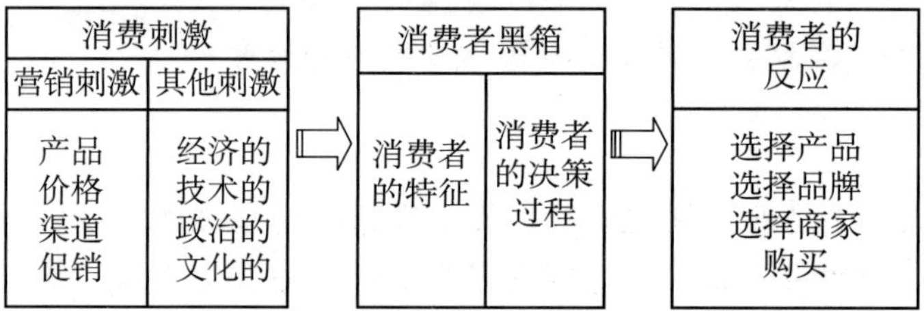

图 8－2　消费者刺激—反应模式（二）

资料来源：Berk L E. Infants and Children：Prenatal Through Middle Childhood. Illinois：Pearson Education，Inc.，2008.

（二）恩格尔-科拉特-布莱克威尔模式

恩格尔-科拉特-布莱克威尔（Engel-Kollat-Blackwell，EKB）模式如图 8－3 所示。

EKB 模式描述了消费者购买决策的过程。这一过程始于问题的确定，终于问题的解决。在这个模式里，消费者心理成为中央控制器，外部刺激信息（包括产品的物理特征和诸如社会压力等无形因素）输入中央控制器；在中央控制器中，输入内容与插入变量（态度、经验及个性等）相结合，便得出了中央控制器的输出结果——购买决定，由此完成一次购买行为。

具体来说，EKB 模式描述了一次完整的消费者购买行为过程：在外界刺激物、社会压力等有形及无形因素的作用下，使某种商品暴露，引起消费者的知觉、注意、记忆，并形成信息与经验存储起来，由此构成消费者对商品的初步认知。在动机、个性与生活方式的参与下，消费者对问题的认识明朗化，并开始寻找符合自己愿望的购买对象。这种寻找在评价标准、信念、态度及购买意向的支持下向购买结果迈进。经过产品与品牌评价，进入备选方案评估阶段，消费者在评估的基础上做出决策，进而实施购买并得到

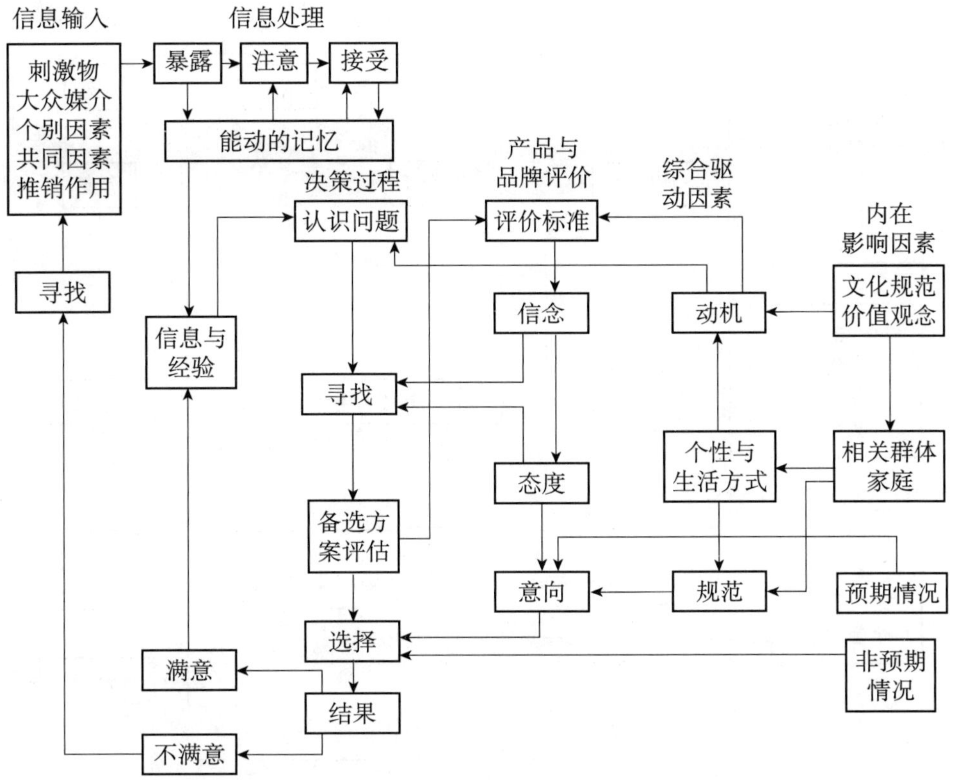

图 8-3　恩格尔-科拉特-布莱克威尔（EKB）模式

资料来源：Engle J F，Kollat D T，Blackwell R D. Consumer Behavior（4th ed.）. Hinsdale，IL：Dryden Press，1984.

输出结果，即商品或服务。最后，消费者对购后结果进行体验和评价，得出满意与否的结论，并影响和开始下一次消费活动过程。

（三）霍华德-谢斯模式

这一模式描述的购买行为如图 8-4 所示。

霍华德和谢斯（Howard and Sheth）认为，影响消费者决策程序的主要因素有：输入变量、知觉过程、学习过程、输出变量、外因性变量等。模式中的输入变量（刺激因素）包括有实意的因素、象征性因素和社会因素。有实意的因素是指产品、品牌等产生的刺激；象征性因素是指由推销员、广告媒介、商品目录等传播的语言、文字、图片等产生的刺激；社会因素是指消费者在同他人交往中产生的刺激，这种刺激一般与提供有关的购买信息相关联。消费者对这些刺激因素有选择地加以接受和反应。

知觉过程是完成与购买决策有关的信息处理过程。学习过程是形成概念的过程。知觉过程和学习过程都是在“暗箱”内完成的，经过“暗箱”的心理活动向外部输出变量。

上述因素连续作用的过程表现为：消费者受到外界不明朗的刺激后，进行探索，引起注意，产生知觉倾向，进而激发动机，通过选择标准以及对商品和品牌的理解形成一定的购买态度，从而坚定购买意图，促成购买行为。

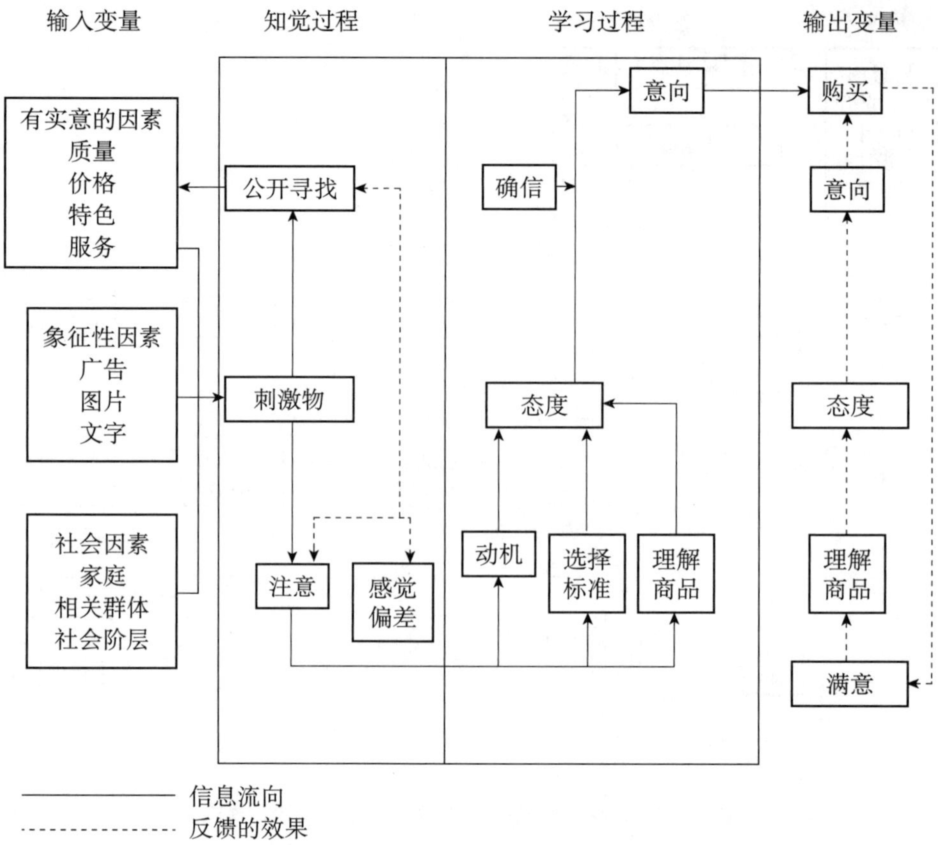

图 8-4　霍华德-谢斯购买行为模式

资料来源：Howard J A，Sheth J N. The Theory of Buyer Behavior. New York：John Wiley & Sons，Inc.，1969.

购买后，消费者对商品的满意状况又将进一步影响其对商品的理解和态度的变化。

外因性变量没有在图中表示出来，因为它们不直接参与决策过程，但一些重要的外因性变量，如购买的重要性、消费者个性品质和经济状况的限制以及社会阶层的影响、文化及亚文化的作用等，都会给消费者以极大的影响。

（四）投入-产出模式

投入一产出模式分为三个部分：投入、加工过程以及产出。投入是指消费者进行决策时来自外部的信息刺激，投入既来自企业的营销努力，也与社会文化环境相关。加工过程包括认识需求、信息搜寻和评估选择环节，这个阶段主要是对收集的信息进行分析、评价，选择合适的购买方案。产出则包括购买行为以及消费者对产品使用后形成的购后评价。

该模式清晰、简单，加工过程与产出部分组成了一个完整的消费者决策过程，研究人员可以依次进行消费者决策过程的分析。

上述模式从不同角度揭示了消费者购买行为过程，为企业准确把握消费者购买行为的内在规律和制定营销策略提供了理论依据。

二、消费者购买行为过程

消费者购买行为是指消费者为满足自身需要而进行的购买和使用商品的行为活动。市场营销和消费者行为的有关学者经过多年研究，将消费者购买行为概括为七个方面：

哪些人构成了市场？（who）——购买者（occupants）

他们购买什么商品？（what）——购买对象（objects）

他们以什么方式购买商品？（how）——购买方式（operations）

他们在什么时间购买商品？（when）——购买时间（occasions）

他们的购买活动有谁参与？（who）——购买组织（organizations）

他们在哪里购买商品？（where）——购买地点（outlets）

他们为什么要购买这些商品？（why）——购买目的（objects）

这七个方面又称为消费者行为研究的 7O 架构，其中前六个方面是消费者行为的外显方面，可以通过直接观察或访问加以了解，第七个方面则是复杂的内在心理活动过程的结果，需要深入研究才能知晓。

心理学研究表明，人的行为是大脑对刺激物的反应，在这一反应过程中，心理活动支配着人的行为。消费者购买商品的行为同样也源于某种刺激。当刺激作用于消费者时，消费者就会产生对某种商品的生理或心理需要，未被满足的需要会激发消费者的购买动机，在动机的驱使下消费者产生购买目标，进行一系列的购买决策，最后实施购买行动并做出购后评价，当消费需求得到满足时，一个完整的购买行为过程即告结束。

消费者购买行为是由多个环节、程序构成的完整过程。这一过程始于某种刺激引发消费者需要，结束于消费者购买和使用商品后需要得到满足。当某种需要得到满足后，消费者又会产生新的需要，从而开始新的购买行为过程，如此循环往复，形成消费者购买行为的无限发展性。对于营销人员来说，了解消费者购买行为过程及基本程序，有助于在各个环节实施有效的营销策略，促进消费者购买行为的实现。

三、消费者购买行为的类型

消费者购买行为的表现形式多种多样，可以采用不同的方法加以分类。

（一）按消费者购买目标的确定程度分类

（1）全确定型。消费者在购买前已有非常明确的购买目标，对所要购买的商品种类、品牌、价格、性能等均有具体要求，一旦商品合意，便毫不犹豫地购买，不需要别人的帮助和提示。这类消费者购买行为数量相对较少。

（2）半确定型。消费者在购买前已有大致的购买意向和目标，但目标不具体明确，需要经过对同类商品的比较选择之后才能确定具体的购买对象。为此，消费者在购买过程中希望得到他人的帮助，也易受他人观点的影响。这类消费者购买行为数量众多，应是销售服务的重点对象。

（3）不确定型。消费者在进入购物场所前没有明确的购买目标，处于漫无目的、随意浏览的状态，无意中所见所闻的商品信息都可能引发消费者的购买欲望，最终是否发生购买行为，与购物现场情境及消费者心理状态有关。对于这类消费者购买行为，营销人员应主动热情地服务，尽量引起消费者的购买兴趣。

（二）按消费者的购买决策方式分类

（1）试购。消费者对未使用过的产品或新产品缺乏经验而存在不确定性，为减少决策风险，他们选择购买少量商品试用。

（2）重复购买。消费者对于以前购买过且有良好体验的商品会继续购买，这种重复购买行为会减少决策不当带来的风险，同时增强消费者的品牌忠诚度。

（3）仿效购买。消费者难以独立做出有效决策或对决策缺乏信心时，有可能采取从众行为，仿效他人或大多数人的购买选择，以减轻心理压力和避免不良后果。

（三）按消费者的购买态度分类

（1）习惯型。消费者依据以往的购买经验和消费习惯采取购买行为，或长期惠顾某商店，或持续购买某品牌的商品，他们不受流行时尚的影响，购买行为表现出很强的目的性。

（2）理智型。消费者在购买前广泛收集商品信息，经过慎重分析比较后做出购买决策；购买时表现得理智审慎，保持高度的自主性，不受他人及广告宣传的影响。

（3）经济型。消费者对价格非常敏感，经常以低于同类商品价格作为购买依据。廉价商品以及促销、优惠、打折等营销手段对这部分消费者有极强的吸引力，因此经济型又称价格型。

（4）冲动型。消费者对外界刺激敏感，心理反应活跃，在广告、促销、抢购等刺激下，往往进行冲动性购买。新产品、时尚商品对他们的吸引力较大。

（5）感情型。消费者心理活动丰富，易兴奋，爱想象，情感丰富，在购买时常常受感情支配，也易受环境感染，往往以商品是否符合自己的感性需要决定是否购买。

（6）疑虑型。消费者性格内倾、言行谨慎、多疑多虑，他们在选购时大多优柔寡断、缺乏主见，渴望营销人员的提示和帮助。

（四）按消费者的个性心理特征分类

（1）沉实型。消费者神经过程平静，反应缓慢沉着，因此其购买动机一经确定，就不易改变，也很少受到外界因素的影响。在购买活动中他们常保持沉默，感情不外露，抑制性强，交际适度，不很随和。

（2）温顺型。消费者神经过程比较脆弱，内心体验深刻，倾向于避免任何过强的刺激。在购买过程中，他们愿意遵从销售人员的介绍和意见作出决策，并对服务人员的态度很敏感。

（3）活泼型。消费者神经过程平衡且灵活性高，适应各种环境，有广泛的兴趣爱好，但易变化，他们在购买过程中表现活泼，主动与其他顾客或营业人员沟通并交换意见。

（4）反抗型。消费者对外界环境变化具有较高的敏感性，多愁善感，性情孤僻。在实施购买行为时，他们的主观意志较强，不喜欢听别人的意见，以怀疑的眼光审视周围的一切，对售货员及顾客都有不信赖感。

（5）激动型，也称傲慢型。消费者易激动，言行举止时有暴躁、狂热的表现，自制力差，购买行为上表现出不善于沟通，傲气十足，对商品和营销人员的要求有时不近情理。

素养园地　激发有潜能的消费

第 2 节　消费者购买决策的程序与类型

一、消费者购买决策的含义和内容

（一）购买决策的含义

一般意义上的决策是指为了达到某一预定目标，在两种以上的备选方案中选择最优方案的过程。消费者购买决策是指消费者作为决策主体，为了实现满足需求这一特定目标，在购买过程中进行的评价、选择、判断、决定等一系列活动。

购买决策在消费者购买活动中占有极为重要的地位。首先，购买决策决定了购买行为发生或不发生；其次，购买决策确定了购买的方式、时间及地点；再次，购买决策的质量决定了购买行为的效用大小。因此，正确的购买决策会使消费者以较少的资金、时间和精力买到质价相符、称心如意的商品，最大限度地满足需要；反之，质量不高或错误的购买决策，不但会造成时间、金钱的损失，还会给消费者带来心理挫折，对以后的购买行为产生不利影响。可见，购买决策在消费者购买行为中处于关键地位，是核心环节。

（二）购买决策的内容

消费者购买决策的内容因人而异，但所有的购买决策都离不开 5W 和 2H。

（1）由谁购买（who）？即确定购买主体。在购买过程中，消费者扮演的角色有所不同，有人充当决策者，有人具体实施购买，有人则是商品的使用者。

（2）为什么购买（why）？即权衡购买动机。消费者的购买动机多种多样。同样购买一台洗衣机，有人为了减轻家务劳动，有人则为了炫耀攀比。

（3）购买什么商品（what）？即明确购买对象，这是决策的核心问题。购买目标不只是停留在一般类别上，而是要确定具体的对象及内容，包括商品的品牌、性能、质量、款式、规格及价格等。

（4）购买多少（how many）？即确定购买数量。购买数量一般取决于实际需要、支付能力及市场供求情况。如果市场供应充裕，消费者就不急于买，买的数量也不会太多；如果市场供应紧张，即使不急需或支付能力不足，消费者也会购买。

（5）什么时间购买（when）？即确定购买时间。它与主导性购买动机的迫切性有关。

在消费者的多种动机中，往往由需求强度高的主导性动机决定购买的先后缓急；同时，购买时间也与市场供应状况、购物场所营业时间、节假日及消费习惯等有直接关系。

（6）什么地方购买（where）？即确定购买地点。购买地点是由多种因素决定的，如购物场所的环境、商家信誉、交通便利程度、可挑选的品种数量、价格水平以及服务态度等。这项决策既与消费者的惠顾动机有关，也与求名、求速、求廉等动机有关。

（7）如何购买（how）？即确定购买方式。消费者是函购、邮购、预购还是代购，是付现金、信用卡支付还是分期付款等。随着电视购物、直销、网络购物等新型销售方式不断涌现，现代消费者的购买方式也趋于多样化。

二、制定购买决策的程序

消费者的购买决策是在特定心理机制驱动下，按照一定程序发生的心理与行为活动过程（见图8-5）。消费者购买决策的规律蕴含于这一程序之中。

图8-5 消费者购买决策的程序

资料来源：周欣悦．消费者行为学．2版．北京：机械工业出版社，2021.

（一）认知需求

消费者对某类商品的购买需求源于其自身的生理或心理需要。当某种需要未得到满足时，满意状态与实际缺乏状态之间的差异会构成一种刺激，促使消费者发现需求所在，认知需求的内容，进而产生寻求满足需求的方法、途径的动机。引起消费者认知需求的刺激可以来自个体自身未满足的需要，如饥饿、寒冷，也可以来自外部环境，如流行时尚、他人购买等。经内外刺激引起的消费者对自身需求的认知，起着为决策限定范围、明确指向的作用，是有效决策的前提。

（二）收集信息

在认知需求的基础上，消费者受满足需要动机的驱使，开始寻找解决问题的方案。为使解决方案具有充分性与可靠性，消费者必须广泛收集有关信息，包括能够满足需要的商品种类、规格、型号、价格、质量、维修服务、有无替代品、何处何时购买等。这些信息可以通过多种渠道获得，如报纸、广播、电视、杂志等传统媒体和网络等新兴媒体；亲友、熟人等口碑传播的信息；来自个人经验或记忆中的信息；从他人或群体行为中获得的启示等。消费者收集信息的快慢取决于需要商品的迫切程度、对商品的了解程度、信息获取的难易程度等。

（三）比较选择

在广泛收集信息的基础上对所获信息进行适当筛选、整理加工，即可制定解决问题的多种方案，但各种方案的利弊不一，需要比较选择。选择的标准因消费观念的不同而异。例如，有人以价格低廉作为基本要求，有人以符合时尚作为选择标准；有人要求外观新颖，有人则希望结实耐用；有人追求个性化，求新求异，有人则宁可从众，与所属群体保持一致。面对各种备选方案，消费者可能做出完全不同的选择。比较选择是择优决定方案的基础。

（四）择优决定

在对各种方案进行充分比较后，便可从中选出最优决策方案。最优方案是能够最大限度地满足消费者需要的方案。确定最优方案是消费者购买决策中的关键环节，直接决定决策正确与否、质量高低。为保证科学有效地决策，消费者需要具备较强的分析判断能力和较高的决策水平。

（五）购后评价

消费者使用所购商品后，会根据自己的感受进行评价，来验证购买决策正确与否。有两种情况：假如所购商品完全符合其意愿，甚至比预期的还要好，消费者不仅会重复购买，还会积极向他人推荐；相反，假如所购商品不符合其意愿，或效用很差，消费者不仅拒绝再次购买，还会发泄其不满情绪，竭力阻止他人购买。可见，购后评价常常作为一种经验，反馈到购买活动的初始阶段，对消费者以后的态度和购买行为产生影响，还会通过口碑传播扩散至其他消费者，影响他们的态度和行为。

在现实当中，由于商品的特点、用途及购买方式不同，制定购买决策的难易程度与程序也有所不同，并非所有的购买决策都必须经过以上全部程序。一般来说，对日常生活用品如牙膏、洗衣粉等的购买，消费者对所购商品的品牌、价格、档次比较熟悉，无须花费大量时间收集信息和比较选择，仅根据以往经验或习惯做出购买决策，购后也无须进行评价。这类决策通常较为简单迅速，只经过第 1、第 4 两道程序即可。

对于服装、鞋帽、家具等种类款式繁多、选择性较强的商品，消费者具有一定的购买经验，无须大量收集信息、反复比较选择，但受时尚流行、个人偏好等因素影响，消费者通常在式样、花色、质量、价格等方面进行比较选择，并且会进行购后评价。这类以选择性购买为特征的决策相对复杂，仅可省略第 2 道程序。

高档耐用消费品如家用电器、汽车、住房等，由于商品价格昂贵，使用年限较长，规格、质量指标复杂且差异较大，消费者大多缺乏专门知识，对这类商品的购买一般持审慎态度。在购买前，消费者会通过各种途径广泛收集有关信息，对各种备选方案反复比较选择；在购买中要求当场试用体验，并详细询问使用、退换、售后服务等事宜；购买后还要进行购后评价。这类决策相比于其他决策复杂得多，通常依次经过 5 道程序才可完成。

总之，在制定购买决策时除正确掌握基本程序外，还应视所购商品区别对待，以保证决策准确高效。

三、制定购买决策的原则

在决策过程中，消费者总是依据一定的标准和原则对各种方案进行比较选择，确定最优方案。决策原则贯穿决策过程的始终，指导消费者的购买决策活动。在实践中，消费者可依据几种不同的原则制定购买决策。

（一）最大满意原则

一般来说，消费者总是力求通过决策方案取得最大效用，使需要得到最大限度的满足。按照这一指导思想进行决策，即为最大满意原则。遵照最大满意原则，消费者将不惜代价地追求决策方案和效果尽善尽美，直至达到目标。实际中贯彻最大满意原则有许多苛刻的附加条件，如需要详尽全面地占有信息，对各种备选方案进行准确无误的评价比较，能够精确预测各种方案的实施结果等，但受主客观因素限制，消费者几乎不可能具备上述所有条件。此外，是否达到最大满意也取决于消费者的主观感受和评价，受心理因素和环境变化的影响，最大满意原则只是一种理想化原则。

（二）最小化付出原则

人们的认知资源是有限的。[①] 现代消费者面对多种多样的商品和瞬息万变的市场信息，不可能花费大量时间、金钱和精力去收集制定最佳决策所需的全部信息，即使有可能，与所付代价相比也绝无必要，况且人的欲望是无止境的，永远不可能达到绝对的、最大限度满足。因此，在制定购买决策时，消费者只需根据购买环境的特点作出相对合理的选择，最小化自己的付出，达到相对满意的结果即可。例如，在购买皮鞋时，消费者只要经过有限次数的比较选择，买到质量、外观、价格比较满意的皮鞋，无须花费大量时间跑遍所有商店，对每一双皮鞋进行挑选。贯彻最小化付出原则的关键是根据所得与所付出的比较，合理调整选择标准，使之保持在适度、可行的范围内，以较小的代价取得较大的效用。

（三）最大化可解释性原则

消费者购买决策通常会受到自己或他人的评价，这要求消费者必须能够为自己的购买决策提供原因和解释。根据最大化可解释性原则，消费者在做决策的过程中需要选择最具说服力的、最能提供购买理由的选项。以非对称的优势选项[②]为例（见表 8－1），如果可选的汽车品牌只有 A 和 B，那么消费者无论选择 A 还是 B，都无法为其决策提供很好的解释，增加选项 C 之后，A 和 C 之间没有绝对的优劣之分，那么选择 A 或 C 都不能够提供很好的理由，但是 B 比 C 有绝对的优势，那么选择 B 能最大化选项的可解释性。因此，为了最大化购买决策的可解释性，消费者可以在选项中增加对比项，从而为其决策提供好的理由。

---

① Bettman J R，Luce M F，Payne J W. Constructive Consumer Choice Processes. Journal of Consumer Research，1998，25（3）：187－217.

② Simonson. Choice Based on Reasons：The Case of Attraction and Compromise Effects. Journal of Consumer Research，1989，16（2）：158－174.

表 8-1 非对称的优势选项

汽车品牌	质量（评分）	每公里耗油量（加仑）
A	83	33
B	73	24
C	70	24

（四）最小化负面情绪原则

消费者在决策过程中会面对取舍带来的负面情绪，如消费者不得不放弃某个产品属性以获得另外一个重要的产品属性。为了使决策结果带来正效用，消费者会采用最小化负面情绪的决策原则。以核心产品属性作为制定购买决策的依据，能够最小化消费者面对权衡的负面情绪，因为消费者不需要牺牲一个属性去获得另一个。例如，某消费者打算买一款手机，如果他最看重手机的待机时间，那么他只需在各款备选手机中选出待机时间最长的那款，从而最小化权衡过程中的负面情绪。

第 3 节　需求确认与品牌定位

一、需求确认

在现实生活中，消费者的需求各种各样，从市场营销的角度来看，可以将消费者需求确认分为主动型与被动型。主动型需求确认是指在正常情况下，不经提示，消费者就会意识到需求的存在，消费者对自己的需求有非常清楚的认识。例如，家里的大米或食用油没有了，消费者会主动意识到并去购买。被动型需求确认则是指消费者尚未意识到或需要在别人提醒之后才能意识到的需求。例如，2007 年苹果公司推出 iPhone 第一代智能手机，唤起了消费者对智能手机的需求，iPhone 通过新颖、优质的产品设计满足了消费者的需求。主动型与被动型需求确认需要运用不同的营销策略。在主动型需求确认情形下，营销者只要令人信服地向消费者说明其产品的优越性就行了。对于被动型需求确认，营销者不仅要使消费者意识到需求的存在，而且要使其相信企业所提供的产品或服务可以有效解决其问题。

消费者的理想状态与实际状态之间的差距是需求确认的必要条件。凡是影响消费者的理想状态与实际状态的因素均会影响消费者对需求的确认。这些影响因素大致可以分为两类：一类是可以由企业控制的营销因素；另一类是非营销或非可控因素。

（一）时间

时间流逝本身就可能激发对需求的确认。距离上次用餐的时间越长，消费者就会越发意识到需要去食堂用餐或去超市购买食品这一需求。在这种情形下，时间直接作用于需求。时间还可以间接作用于需求。随着年龄的增长，消费者的兴趣和价值观会发生变化，这会影响消费者的理想状态。例如，相比于年轻人，老年人对养生产品和养生服务等的需求较大。

（二）环境的改变

一个人生活环境的改变会激发很多新的需求。例如，刚刚毕业的大学生在走上社会后会发现在校园里穿的衣服并不适合在工作场合穿，需要添置一些职业装。同样，家庭内部的变化也会激发很多新需求。例如，孩子出生需要添置婴儿衣服、玩具、婴儿车和婴儿床等。等到孩子长大要结婚时，家里也需要重新装修，购置新家具等。

（三）产品获取

购买一件新产品可能会引发新的需求。例如，购买一套新沙发会影响房主对房屋内原有的地毯、壁纸等的看法和感受，从而产生更换这些产品的需求。一个购买了新房的消费者会接着购买家具、家用电器等。

（四）产品消费

产品的实际消费会引发需求确认。很多情形下，消费者意识到某一需求仅仅是由于产品已经或即将用完，如冰箱里的食品没有了、牙膏快用完了，这会促使消费者去购买这些产品。此外，消费过程中的愉快体验，如一次令人难忘的旅行，会激起再次旅行的欲望。

（五）个人差异

个人差异也可以影响对理想状态与实际状态之间差距的感知。对于某些消费者而言，对需求的确认完全是由于实际状态的变化；对于有些消费者而言，需求确认是由于理想状态的变化，即对理想状态的期许变得更高导致理想状态与实际状态的差距变大。例如，有的消费者只有在产品不能再使用时才重新购置新的，有的消费者在产品完好甚至刚买回来不久就再次购买新款产品。

（六）营销刺激

很多时候消费者的需求是在企业的营销刺激下产生的。有的消费者习惯性地重复购买某一品牌的产品，较少考虑是否有性能更好、品质更优的产品来替代目前的产品。此时，企业就要打破消费者惯用的决策模式，要通过调查和分析找到能够刺激消费者意识到其需要的因素，并对需要展开特定的营销活动，刺激需求。

二、店铺选择与品牌选择

消费者确认了自身需求之后，在开始搜寻信息之前，需要选择零售商店。当前，店铺零售主要分为线上零售和线下零售两种形式。消费者在选择零售店铺时，首先需要明确线上购买还是线下购买。线上购买和线下购买各有优势和劣势。对于线上购买而言，优势主要体现在：(1) 便利性。不受时间、地点的束缚，随时随地都可以上网逛店铺，快速完成商品的购买。(2) 价格优势。线上店铺不存在租金、店铺装修等成本，相比实体店铺具有较大的价格优势。(3) 选择范围广。线上店铺拥有产品种类繁多、多样化的特点，消费者可以在短时间内浏览丰富多样的商品并任意挑选。

相比于线上购买，线下购买也有不可取代的优势，其优势体现在：(1) 产品质量保证。在线下购物时，消费者可以亲自接触到商品，可以试用或试穿等。(2) 产品售后保障。在线下购物时，商家会提供发票、保修卡等售货凭证。(3) 购物体验。相比于线上购物，线下购物时，消费者不仅可以完成购物，还可以在购物过程中放松身心。

消费者对店铺和产品进行选择时，主要有三种选择顺序。第一种选择顺序是先店铺后品牌，即先决定在哪一个商店购买，再在该商店的不同品牌中进行挑选。例如，要购买一双运动鞋，先选择在北京西单大悦城或网上的天猫商城购买，接着在该商场或网上商城的不同运动鞋品牌中选择。第二种选择顺序是先品牌后店铺，即先决定购买哪一个品牌的产品，再选择进行购买的商店。例如，消费者先决定购买一件杰克琼斯品牌的男士外套，接着选择有这一品牌零售店的商场进行购买。第三种选择顺序是同时选择店铺和品牌，比如消费者选择在西单大悦城的阿迪达斯的商店购买一双阿迪达斯品牌的运动鞋。对于不同的选择顺序，零售商的管理和营销策略存在差异。例如，对于先店铺后品牌的选择顺序，零售商需要重点进行商店的形象管理，选择合适的店铺位置，管理商品陈列，优化服务水平等。对于先品牌后店铺的选择顺序，零售商需要重点进行品牌管理，加强品牌宣传、广告等。

三、品牌定位与精准化营销

每个企业服务的对象都是有限的，不可能覆盖所有的消费群体。企业需要依据消费者心理和行为特征进行分类，从中寻找和辨认出最有价值和企业有能力服务的人群作为自己的目标市场，进而通过营销活动打造品牌特色，在这一目标市场中占据优势。

STP，即市场细分（market segmentation）、目标市场（target market）和定位（position），是市场营销战略的核心，也是开展4P营销活动的前提和基础。市场细分指的是对潜在顾客特征和需求分析，依据一定的标准进行分类。消费者的需求存在差异，不同的消费者有不同的需求、动机和欲望，寻求不同的利益，市场细分的目的是找出影响这些需求差异的因素。常见的市场细分有地理细分、人口统计变量细分、心理因素细分等。目标市场是在市场细分的基础上经过分析、比较和选择，确定作为企业服务对象的潜在顾客。企业选择的目标市场需要具有可识别性、可进入性、可盈利性和稳定性等特征。定位是指企业为使自己的产品和品牌形象在目标市场上占据一定的位置而采取的行动，其目标是在消费者心目中定位品牌以实现企业收益最大化。一般来说，成功的品牌都有一个区别于其他品牌的特征，以始终如一的品牌形象将品牌与消费者需求连接起来，在目标市场中建立有别于其他竞争者的独树一帜的竞争优势。当消费者产生这方面需求时，首先会想到该品牌。良好的品牌定位是企业经营成功的前提。

从消费者行为的角度而言，企业在进行STP分析之前，最重要的是理解和确认消费者需求。只有充分理解和确认了消费者需求，才能进行准确的市场细分，找到有针对性的目标市场和进行成功的品牌定位。根据心理学家马斯洛的需要层次理论，人的需要从低到高分为生理需要、安全需要、爱和归属的需要、尊重的需要和自我实现的需要。低层次的需要满足后，个体会追求更高层次的需要。在现代社会中，个体低层次的需要已得到满足，越来越多的消费者开始追求更高层次的需要，需要的形式也越来越多样化。

精准化营销指的是在精准定位的基础上，根据现代信息技术手段对目标顾客进行个性化的营销推广活动，其核心思想是精确可衡量。传统的营销定位和营销活动往往定性的程度较高，缺乏量化特征和准确性。精准化营销通过数据库等技术大大提高了营销定位的准确性和针对性，让企业的产品可以准确地响应消费者内心的需求，满足消费者的个性化需求。大数据时代为企业的营销活动带来了新的机遇。面对海量的数据，企业可以运用大数据分析技术，为企业的个性化和精准化营销提供良好的支持。例如，Facebook 结合大量用户信息定制出高度个性化的用户体验，创造出新的广告模式。

第4节　信息获取与决策涉入度

一、消费者的信息来源

消费者产生购买需要时，会有目的地广泛搜寻与产品有关的信息，辅助自己做出购买决策。为此，消费者需要收集三种类型的信息：一是在哪些商品之中做出购买决策；二是选择品牌的标准；三是被选择品牌的表现或特征。消费者在收集信息的过程中，会选择不同的信息来源和评价标准，运用多种信息渠道。

（一）获取信息的来源

（1）内部信息。为制定购买决策所收集的信息可以来源于消费者的内部或者外部。内部信息是存储于消费者记忆中的信息，大多源于以往的消费经验。消费者需要对商品作出比较选择时，可以从记忆中搜寻信息。

（2）外部信息。消费者经常从所处的环境中获取信息，如商业广告、销售人员推荐、亲友熟人的口碑相传，以及政府和社会组织的公开信息，这些都是信息的外部来源。外部信息来源分为营销人员控制的信息来源和非营销人员控制的信息来源。

营销人员控制的信息来源又称为商业来源。这类信息通常是企业和营销人员为推销产品而发出的，往往带有强烈的商业企图。这类信息主要包括广告、促销、人员销售以及产品的品牌和包装。由于商业来源的信息具有明显的营利动机，消费者往往对其抱有怀疑态度。

非营销人员控制的信息来源也称为非商业信息来源，是指产品的信息来源与商业企图无关，主要包括个人经验来源、个人关系来源以及公共来源。个人经验来源是指消费者亲身体验所获取的信息，如品尝、试用或曾经购买并使用过某种商品而获取的信息，这是消费者最信赖的信息来源。个人关系来源指消费者通过个人关系所得到的信息，如亲友的使用经验，或者参照群体提供的信息和建议。公共来源的信息是指交易双方之外的第三者如大众媒体、政府机构及其他非营利组织等所提供的信息。例如，政府发布的商品检验标准，媒体对企业产品质量的报道等。公共来源的信息被认为具有客观性和公正性，往往为消费者所信赖。

（二）信息来源的评价标准

不同的信息来源对消费者是否接受信息有直接影响。消费者评价信息来源时主要看重其可靠性和吸引力。

（1）信息来源的可靠性。信息来源的可靠性是指信息来源在消费者心目中的专业性、客观性和权威性。信息来源是否可靠与消费者的信念有关，专家、权威人士或意见领袖因为具备专业知识、有较高的社会信誉或拥有消费经验，比较容易得到消费者的信任。例如，药品通过名医或者权威医学机构推荐，易被消费者接受。

（2）信息来源的吸引力。信息能否被消费者接受，与该信息来源的吸引力有关。信息来源的吸引力是指信息来源在公众心目中的社会价值。这种社会价值来源于信息提供者的外表、个性、社会地位，或者与接受者的相似之处，消费者容易接受与自己相似的人的意见。一个引人注目的信息来源对消费者具有很大的影响力，相应的产品也会因晕轮效应产生良好的市场反应。

实践中，聘请专家或明星做广告和形象代言人已成为很多商家的常用策略。利用名人宣传产品通常耗资巨大，但名人的号召力或感召力可以提高企业知名度，增强品牌吸引力，特别是对于同质化较高、品牌差异较小的产品，名人代言能有效地将本企业产品与竞争产品区分开来。

（三）对信息来源的使用

消费者在购买过程中所处的阶段影响他们对信息来源的使用。营销人员控制的信息来源在购买决策的早期阶段更为重要，因为这时消费者正在获取有关产品的信息。在将要完成决策时，朋友、同事的意见和消费者自己的经验变得更为重要，因为消费者认为这些信息来源更可靠。

消费者的个体差异也会影响他们对信息来源的使用。缺乏产品知识的消费者可能以朋友或同事作为信息来源，他们认为朋友和同事提供的信息比销售人员提供的信息更加可信。具有丰富产品知识的消费者可能更依赖自己的经验，他们对自己的评估和判断充满自信。

二、信息搜寻的类型和成本－收益分析

（一）信息搜寻的类型

消费者信息搜寻的努力程度与消费者愿意为购买决策投入精力的大小有关，也同决策本身的重要程度、商品价值大小、消费者对商品知识掌握多少等有关。由此，可以将

消费者的信息搜寻方式分为零信息搜寻、有限的信息搜寻和广泛的信息搜寻三个类型。

对于某种商品的购买来说，消费者掌握的信息较少，了解的商品知识有限，但运用消费者过去存储的信息就能解决问题，消费者能回忆起唯一令人满意的解决方案（某品牌或商店），进一步的信息收集可能就不会发生。这种情况下的购买决策一般是习惯性决策，相应的信息收集过程就是零信息搜寻。比如，某个消费者患感冒时想起 999 牌感冒灵曾缓解过他的感冒症状，于是在没有进一步搜寻其他感冒药信息的情况下再次购买 999 牌感冒灵。

如果消费者掌握较多的商品信息，重视购买决策，愿意投入大量精力进行选择，则是有限的信息搜寻。如上例中消费者可能会被药店里陈列的某种新感冒药吸引，在阅读产品说明后发现它具有某种新的功效，此时，消费者在没有进一步收集其他药品信息的情况下就可能做出购买决定。有限的信息搜寻也涉及内部信息收集。如果上例中的消费者还要寻找具有同样功能的其他品牌产品，或为比较价格而去了其他药店，就是同时运用内部信息和外部信息的有限的信息搜寻过程。

如果消费者掌握的商品信息十分有限，但高度重视某项购买决策，愿意投入大量精力收集信息，他就会进行广泛的信息搜寻。广泛的信息搜寻主要依靠外部信息渠道。

（二）外部信息搜寻的衡量

营销人员非常关注消费者的外部信息搜寻，因为这是企业向消费者施加影响的主要信息通道。然而有研究发现，广泛的信息搜寻仅仅是某些个体如家庭主妇或退休老人具有的特征，可能因为这类群体有足够的时间或以此为乐，大多数消费者在购买之前只进行很少的外部信息搜寻。

衡量外部信息搜寻的方法很多，主要有被访商店的数量、被考虑的选择方案的数量、所使用的个人信息来源的数量等，每一种方法衡量了信息搜寻行为的不同方面。进一步的研究发现，由于大多数消费者在购买前很少搜寻信息，外部信息搜寻接近于有限的信息搜寻。调查显示，大多数耐用消费品的购买决定是消费者在仅去了一家商店之后做出的，被考虑的选择方案的数量也表明购买前的信息搜寻十分有限。另一项研究发现，27%的大件电器购买者只考虑一个品牌。关于个人信息来源和其他非商业性信息来源的研究也表明，消费者信息搜寻水平非常有限，大约 40%的电器购买者会向他人咨询，50%的电器购买者很少或干脆不搜寻外部信息，只有 12%的人广泛搜寻外部信息。

（三）外部信息搜寻的成本－收益分析

消费者很少搜寻外部信息的部分原因在于消费者对特定购买情形下信息搜寻的收益和成本在感知上存在差异。在成本—收益分析或估计的基础上，大多数消费者都能决定是否进行外部信息搜寻和在多大程度上搜寻外部信息。外部信息搜寻的利益如更好的产品质量、更好看的样式、更高的性价比、降低风险、增加购买信息，或者平添了乐趣。消费者对这些利益的认识会随着消费者的市场经验、媒体使用习惯、消费者与他人相互影响的程度或所属参照群体的不同而存在差别。消费者的多数购买行为很少进行外部信息搜寻或者全无外部信息搜寻，原因可能是他们没有感觉广泛的信息搜寻会带来很大的利益。

同时，外部信息搜寻需要成本，搜寻成本分为货币成本和非货币成本。货币成本包括与搜寻活动相关的支出，如交通费，与时间相关的成本，如损失的工资、机会成本等。相比之下非货币成本不太明显，但可能产生比货币成本更大的影响。几乎每一种外部搜寻活动都消耗体力和精力，除了疲劳之外，搜寻中的挫折、搜寻活动与其他事情之间的冲突也可能减少搜寻努力。因此，大多数消费者只进行有限的信息搜寻，只有少部分消费者在少数购买行为中进行广泛的信息搜寻。

三、消费者购买决策涉入度

下面将分析决策涉入度的作用机制及营销意义。

（一）决策涉入度的作用机制

素养园地　网红探店不能损害消费者权益

决策涉入度是消费者由某一特定购买需要产生的对决策过程关心或感兴趣的程度。决策涉入度是消费者在制定购买决策过程中的一种暂时状态，它受个人、产品及情境等因素的影响。

对于不同产品或同一产品在不同情境下的购买，消费者的决策涉入度是不同的。例如，在购买电器、家具等大件产品时，消费者的决策涉入度会明显高于购买食盐、纸巾等日用品。对同一产品如化妆品的购买，作为礼物送人和自己使用，决策所花费的时间和精力也会存在很大差别。

一般而言，大多数高价产品的决策涉入度都比较高，但价格和决策涉入度并不是完全对应的关系。购买决策的涉入度取决于风险的类型和高低，无论是质量、价格风险，还是心理、社会风险，都可能提高消费者的决策涉入度。

我们通过表 8－2 来比较一下高涉入度消费者和低涉入度消费者的表现。

表 8－2　高涉入度的消费者和低涉入度的消费者

低涉入度的消费者	高涉入度的消费者
1. 随机学习信息	1. 信息处理者
2. 是信息收集者	2. 是信息收集者
3. 广告对其影响很大	3. 广告对其影响很小
4. 首先进行购买，购后可能进行评价	4. 购买前评估产品
5. 寻求可接受的满意水平，熟悉是关键	5. 寻求最高的预期满意水平，在对产品多重属性比较的基础上购买
6. 个性和生活方式特征与消费行为无关	6. 个性和生活方式特征与消费行为有关
7. 相关群体对产品选择没有太大影响	7. 相关群体影响消费行为

资料来源：符国群．消费者行为学．4 版．北京：高等教育出版社，2021.

购买决策涉入度会直接影响消费者信息收集和信息处理的程度。高涉入度的消费者会细致了解关于产品或服务的专业知识，努力收集信息，并对学习产品知识有兴趣，这有利于他们对产品知识进行补充和升级；低涉入度的消费者几乎在没有产品信息的情况下做出购买决定，可能进行购后评价，对产品产生微弱的态度，并对以后的购买行为产生轻微影响。

（二）低涉入度产品和高涉入度产品的营销策略

由消费者的购买决策涉入度衍生出两个概念：低涉入度产品和高涉入度产品。消费者不会在购买中花费太多时间去思考或寻找的产品通常称为低涉入度产品。消费者不太熟悉且较昂贵的产品，不知道或不了解产品的质量、价格，需要投入大量时间思考和寻找的产品通常称为高涉入度产品。对于这两类产品，在进行营销策划时，营销宣传的重点和促销方法是不一样的。

1. 低涉入度产品的营销策略

（1）广告。首先，广告费应该花在重复率高的广告上，广告持续时间应较短，可采用高度重复和简短信息来鼓励消极学习，确保品牌熟悉度；其次，广告应强调少数关键点而不是范围广的信息，因为消费者很少对低涉入度产品的广告感兴趣；再次，要重视视觉和非信息成分，因为消费者会消极学习并迅速遗忘；最后，与印刷媒介相比，电视媒介应成为主要的信息传播载体，因为电视不要求消费者像对印刷品广告那样认真地评估信息内容。

（2）产品定位。低涉入度产品以问题最小化来定位，高涉入度产品以期望利益最大化来定位。像塑料袋这样的产品，按照高涉入度定位，应该强调诸如耐用、保鲜度好和无污染等利益，按照低涉入度定位，则应该强调不易撕破等特点。

（3）价格。购买低涉入度产品的消费者可能更具价格敏感性，他们经常根据价格高低作出购买决策。由于低涉入度产品的品牌差异较小，品牌对比不重要，因此，以降价为主要的促销活动或者赠送优惠券就足以影响消费者的购买行为了。需要指出的是，营销人员在推销低涉入度产品时，总是假定消费者在寻求最低的价格，这不一定完全正确。最佳价格应该是在消费者的接受区间内，即与消费者心理价位相适应的价格区间。如果产品价格高于或低于这一接受区间，消费者则会放弃对产品的购买。这是由于消费者往往以价格的高低来判断产品的质量，价格过低可能引起消费者的怀疑，如猜疑产品质量是否有问题、食品是否即将过期等，消费者反而会放弃对超低价产品的购买。①

（4）渠道。广泛分销对于低涉入度产品来说尤为重要，因为消费者没有足够的动力去搜寻某一品牌。如果商场中没有自己钟爱的品牌，消费者就有可能做出其他选择，因此，营销部门必须确保商场内产品的可获得性，以防品牌转移。

2. 高涉入度产品的营销策略

当高涉入度产品的品牌之间差异较大时，消费者倾向于选择符合自身特点的产品，因此，营销人员应该针对消费者的需求，使其相信所购产品是最适合自己的。同时，在传递信息时要将产品信息与企业品牌信息结合起来，以增加消费者对企业产品的信任感。企业还可以提供销量排行、质量验证等客观信息，提高消费者对产品的认可度。开展体

---

① 韦恩·D. 霍依尔，德波拉·J. 麦克伊尼斯. 消费者行为学：第4版. 北京：中国市场出版社，2008.

验营销可以使消费者亲自感受产品的优良品质，通过自我说服促进购买。

当高涉入度产品的品牌之间差异不明显时，消费者可能不会花很多精力收集品牌信息，会将注意力集中在产品价格、销售服务、购物环境等方面。为此，企业应努力提高服务质量，改善服务设施，加强售后服务，以提升消费者满意度。

（三）涉入度与购买决策类型

购买决策方式受到决策涉入度的影响，因涉入程度不同，消费者的购买决策呈现不同的类型。涉入度是指消费者由需要或价值观而产生的对购买决策过程关心或感兴趣的程度。当消费者的购买涉入度由低到高变化时，决策过程也随之变化，由此呈现不同的类型。具体从两个层面体现购买决策类型的差异：决策的复杂程度、涉入程度。决策的复杂程度是从决策到习惯的一个连续集合，消费者将决策构建在搜寻信息和评价品牌的认识过程基础上，当消费者满意并且一直购买某一品牌的产品时，就几乎不用进行决策了。涉入程度是从高涉入度到低涉入度的集合。高涉入度是指那些对消费者而言非常重要的购买活动，它们与消费者的自我意识及自我形象紧密联系，消费者会花费时间和精力仔细考察可供选择的产品；低涉入度是指那些对消费者并不很重要的购买活动，其财务、社会和心理风险不大，消费者不会花大量时间和精力去考察可选产品。

决策与习惯、低涉入度与高涉入度这 4 个变量的交叉产生四种类型的购买决策行为，如图 8－6 所示。

	高涉入度的购买决策	低涉入度的购买决策
决策（信息搜寻，考虑对品牌的选择）	复杂决策（汽车、电器等）	有限决策（麦片、快餐食品等）
习惯（很少或没有信息搜寻）	品牌忠诚决策（运动鞋、化妆品等）	惯性决策（纸巾、饮用水等）

图 8－6　消费者购买决策类型

资料来源：符国群．消费者行为学．4 版．北京：高等教育出版社，2021.

（1）复杂决策。复杂决策即消费者详细全面地对不同品牌进行评估。与其他类型的决策相比，这种决策需要搜寻更多的信息，评估更多的品牌。选购下列产品时更有可能发生：

- 高价位产品；
- 与操作风险相关的产品（医药、汽车）；
- 复杂产品（音响、电脑）；
- 与自尊、形象密切相关的产品（服装、化妆品）。

（2）有限决策。这是消费者在低涉入度购买情况下进行的决策。即使不是高涉入度购买，消费者有时也需要在购买中经历一个决策过程，因为消费者对该产品几乎没有经验。例如，市场上推出一种新的小食品，消费者在购买时会仔细阅读包装上的产品说明，并出于尝试心理选择购买。在这种情况下，消费者对信息的搜寻是有限的，也不与其他品牌作比较。另外，现存品牌的改变和对多样性的渴求都可能使消费者从常规化转向有限决策。

（3）品牌忠诚决策。对过去购买的满意评价和对某品牌的强烈认同使消费者几乎不进行任何比较选择就决定购买。在品牌忠诚决策过程中，形成信念和评估品牌都不是必要的部分。

（4）惯性决策。这是指消费者始终购买同一品牌的商品，但是重复购买并非出于消费者对该品牌的忠诚，而是他们认为不值得花费时间和精力去寻购替代品。因此，在低涉入度下，所谓的品牌忠诚仅仅是因为重复购买行为本身所固有的便利性，并不是对品牌的信赖。

第5节　评价标准与决策规则

一、评价标准

评价标准或选择标准是消费者在选择产品时所考虑的产品属性或特征。这些属性或特征与消费者在购买中所追求的利益、所付出的代价直接相关。评价标准可能在类型、数量和重要性上存在差异，受到产品差异、个体差异和情境差异的影响。购买的产品不同，购买的人不同以及购买的情境不同，评价标准也存在差异。

（一）产品差异

产品类型不同会影响评价标准的确定。产品类型有多种划分，例如，物质品和体验品，享乐品和实用品等。物质品是有形的，如电脑、手机、音响等，可以长久保存。体验品是无形的，如旅游、音乐剧、网上课程等。对于物质品，消费者选择时的评价标准可以是颜色、材质、外观等非常具体和明确的客观标准。对于体验品，消费者的评价标准则更加主观，即产品是否给消费者带来良好的体验和感受，评价标准也更多、更复杂，所需的评价时间也更长。享乐品是以审美或获取快乐为目的的产品，如一个昂贵精美的Bose耳机。实用品是以工具性和功能性为主要特征的产品，如一个用于英语听力的无线耳机。在购买享乐品时，消费者的评价标准更多考察商品是否可以在审美、体验方面给他们带来快乐。在评价实用品时，消费者会考察商品是否有实际的用途。

（二）个体差异

评价标准会受到消费者个体差异的影响。性别、年龄、受教育程度和收入水平等都会影响评价标准。例如，同样购买笔记本电脑，受教育程度和收入水平较高的人会更在乎笔记本电脑的性能、配置和售后保障等，受教育程度和收入水平较低的人则更在乎价格和外观。在购买笔记本电脑时，男性可能更在乎性能，女性则更注重外观。

（三）情境差异

购买情境会影响评价标准的数量和各项评价标准的相对重要性。例如，消费者在周末等时间充裕的情况下或购物环境人流量较少时购买产品会考虑很多评价标准，但在时间紧迫或购物环境拥挤的情境下，消费者会减少评价标准，很大程度上会把价格作为最主要的评价标准。

二、决策规则

在选择产品时，消费者通常采用五种决策规则或模式进行决策，分别是连接式、析取式、排除式、编纂式和补偿式。前四种是非补偿式决策规则，即一个很高水平的属性不能弥补一个低水平的属性。最后一个决策规则是补偿式的，即消费者均衡考虑各项属性，即一个较高水平的属性能够弥补一个较低水平的属性。连接式决策规则和析取式决策规则可能产生几个可接受的选项，排除式、编纂式、补偿式决策规则通常只产生一个最优选项。值得注意的是，消费者在进行决策时不会仅仅使用一种规则，通常同时使用多种规则。

（一）连接式决策规则

连接式决策规则（conjunctive decision rule）是指消费者对每个评价标准设置最低可接受水平，然后选择满足这些最低标准的品牌。任何一个低于这些最低标准的品牌都将被排除在进一步考虑之外。例如，准备购买手机时，我们首先选择苹果、三星、华为、小米、vivo 等品牌作为选择范围，接着设定外观、电池寿命、价格、性能、拍照质量等评价标准，并为这几个标准设置最低可接受水平。当某一品牌产品在外观、价格等方面都低于预设的标准，那么这一品牌将被排除在外。连接式决策规则在购买住房、计算机和自行车等商品、租赁公寓和选择度假地点时经常采用。对符合最低标准的选项，再采用其他决策规则来做出选择。

（二）析取式决策规则

采用析取式决策规则（disjunctive decision rule）时，消费者针对每一个重要属性设置一个最低可接受水平（通常比较高），任一品牌只要有一个属性超出了最低标准，即在可接受之列。当使用析取式决策规则时，首先应该确定临界点（cut off point），即只有产品属性超过了临界点，消费者才会考虑。例如，在租赁公寓时，将月租金在 2 000～3 000 元、距离上班地点路程不超过 40 分钟、附近有超市作为评价标准，如果选择范围内的房子满足了这三个标准就可以保留，做进一步考虑。

（三）排除式决策规则

排除式决策规则（elimination-by-aspects decision role）要求消费者对评价标准按照重要程度排序，并对每一标准设立临界点。从最重要的属性开始对所有品牌产品进行考察，超过临界点的备选品被排除在外。如果剩下的不止一个品牌，考察过程将根据第二重要的标准重复进行，将持续到仅剩一个品牌为止。例如，在准备购买笔记本电脑时，将苹果、惠普、戴尔、联想和宏碁作为备选品牌，从自己认为最重要的价格属性开始，将苹果排除，接着按照第二重要属性电池续航能力，将联想和宏碁排除，随后按照第三重要属性处理器，将惠普排除，最后剩下戴尔。

（四）编纂式决策规则

编纂式决策规则（lexicographic decision rule）要求消费者将评价标准按照重要程度排序，选择最重要属性表现最好的品牌。如果有两个或两个以上的品牌在最重要属性上表现相同，则对次重要属性进行评价，直到只剩下一个品牌。编纂式决策规则与析取式决策规则很相似，差别只是编纂式决策规则在每一步都寻求最佳表现的品牌，析取式决策规则只是寻求表现满意的品牌。例如，在购买笔记本电脑的例子中，首先选择在价格上表现最满意的品牌，如果有两个品牌在价格方面表现相同，那么接下来在电池续航能力方面表现好的品牌将被选中。

（五）补偿式决策规则

前四种规则都是非补偿式的，即消费者认为某一属性的优秀不能补偿其他属性的拙劣表现。补偿式决策规则（compensatory decision rule）指的是消费者将选择在有关评价标准上总体表现最好的品牌。用公式可以表述为：

$$R_{\mathrm{b}} = \sum_{i=1}^{n} W_i B_{i\mathrm{b}}$$

式中，R_{b} 为 b 品牌的总体排名得分；W_i 为赋予评价标准 i 重要性或权重；$B_{i\mathrm{b}}$ 为品牌 b 在评价标准 i 上的得分；n 为相关的评价标准数目。

针对那些使用补偿式决策规则的消费者，企业可以用一些相对较好的属性去弥补相对较差的属性。关键是在重要的特征上应该和竞争者相同或者接近，因为它们在决策中比其他特征具有更大的权重。补偿式决策规则往往最为劳神费时，这是由于消费者在决策过程中考虑多个属性是很困难的。

第 6 节　购后评价与消费者忠诚

一、消费者的购后评价

消费者购买之后，购买过程仍未结束，消费者还会对商品进行体验，做出评价，并将自己的感受、评价与他人交流。购后评价可能是多方面的，一般包括以下内容。

（1）对商品品牌做出评价。商品的品牌名称会留在消费者的头脑中，形成记忆和印象。消费者会将自己心目中对某品牌的印象向他人、消费群体及其他群体传播，这种传播就构成了商品的知名度，知名度会影响消费者下一次的选购行为。

（2）对商品质量做出评价。消费者依据个人感受以及他人意见来评价商品的质量，同时也从商品的价格、包装、功能和使用效果等方面对质量作出综合评价。这种综合评价的效果类似于平衡效应，商品的价格高，消费者要求商品的质量也要好，否则会得出质次价高的结论。

（3）对经营企业做出评价。包括对经销商、销售人员以及生产厂商进行评价。通常购物场所设施完备，环境优雅舒适，售货员服务热情周到，消费者会作出良好的评价。消费者对产品或者服务是否满意，还受到先前对质量水平期望的影响。生产厂商对商品的宣传与实际的差别越小，或者实际购得的商品的性能优于宣传的性能，消费者就会做出较高的评价；反之，当实际购得的商品的性能与预期不一致时，消费者就会做出负面评价。

购后评价直接影响消费者的重购行为和企业的产品及品牌形象，现代企业越来越重视对消费者购后评价的研究。许多企业把购后评价作为消费者信息反馈的主要组成部分，采用多种方法进行调查研究。问卷调查是了解消费者购后评价的有效方法，企业可以通过邮寄、电话、邮件、现场填写等方式向消费者发放产品评价问卷。例如，通过发放售后服务调查表了解顾客对企业售后服务的评价意见，调查内容包括：顾客对购物场所的总体印象，对售货员服务态度的总体印象，对某一服务人员的评价，对提供服务项目的满意程度，对购物环境设施有何要求等。有些企业则直接在商品说明书与质量保证书中附上评价表格，消费者在使用商品后可以随时反馈评价结果，从而使企业及时收集消费者的评价意见，处理他们在使用商品时遇到的问题。例如，海尔集团在销售冰箱时就采用这种方法来收集消费者对海尔冰箱的评价。

二、消费者满意

（一）消费者满意的含义

消费者满意是市场营销和消费者行为领域的一个重要概念。达尔多佐（Dardozo）1965 年首次在营销学中提出消费者满意的概念后，得到学术界的高度重视和普遍认可。综合许多学者的定义，可以把消费者满意（customer satisfaction，CS）定义为消费者对产品的可感知效果（或结果）与预先期望值进行比较后所形成的愉悦或失望的感觉状态。其中，可感知效果是消费者在购买和使用产品之后，依据自身体验形成的对产品让渡价值的认知；可感知效果越大，则消费者越感到满意。期望是消费者对产品或服务能够满足自身需求的估计，是消费者在过去的购买经验、朋友和他人的各种评论、销售者和竞争者的信息与承诺等基础上形成的。从该定义可以看出，消费者满意是期望与可感知效果比较的结果，它是一种消费者心理而不是行为。

（二）消费者满意管理

消费者满意管理（customer satisfaction management，CSM）是以消费者满意为核心的管理理念、管理战略（策略）和管理方式的综合。它的核心要义是：以消费者满意为关注焦点，以信息技术为依托，以消费者满意指标和消费者满意度测评为主要工具，不断改进和创新经营要素的整合，努力创造消费者价值，提升消费者满意度，以增强企业生存与发展优势。消费者满意管理对企业的重要意义表现在保留老顾客、获取新顾客、实现稳定的利润增长和维持长期的竞争优势等方面。

消费者满意管理是一项复杂的系统工程，包括消费者满意观念的确立、质量管理调研分析、满意度指标体系确定与测评、关键满意因素的确定与竞争优势建立、针对满意水平的资源调配与服务策略制定等多个环节和方面，形成了从企业内部到外部、从自身到竞争对手、从消费者满意到忠诚、从单一研究到连续监测、从改进成效到满意度水平不断提升的消费者满意管理系统结构。

消费者满意管理的实施主要分为以下几个步骤。

（1）围绕消费者满意建设企业文化。企业实施消费者满意管理，其核心在于确立以消费者为中心的企业文化，具体表现在企业的经营宗旨、经营方针和经营哲学上，涉及企业的质量、服务、社会责任、人才等各方面。

（2）建立以消费者满意为导向的企业组织结构。企业组织结构要保证与消费者通畅地双向沟通，形成全方位满足消费者需要的组织氛围，建立对消费者需求的快速反应机制。

（3）培养员工优良的综合素质。员工对企业经营活动的参与程度和积极性，很大程度上影响着消费者对企业及产品的满意度。

（4）加强消费者信息管理。企业应建立消费者信息管理系统，建立顾客档案和顾客信息反馈渠道，随时获取关于消费者满意与否的信息，同时结合消费者投诉的处理流程，把消费者的不满消除在萌芽状态。

（5）开展消费者满意营销。营销活动的三个主要环节——吸引消费者、保持消费者、固化消费者购买偏好，要始终围绕提升消费者满意度展开。

（6）进行消费者满意度测量。企业应开展消费者满意度调查和消费者满意度测量，将结果作为消费者满意管理的绩效考评依据。

三、消费者忠诚

忠诚的消费者是企业拥有的最大资产和利润源泉，因此，消费者忠诚是企业追求的理想目标。在商业领域，伴随着买方市场的日趋成熟，消费者比较和选择的权力越来越大，品牌转换的可能性和频率也越来越高，消费者忠诚问题引起了经营者的普遍关注。

（一）消费者忠诚的含义

一般认为，消费者忠诚是指消费者由于对某一品牌或供应商持有强烈的正面态度而产生的对该品牌或供应商的承诺行为，其表现形式为持续性的重复光顾和购买。消费者忠诚的内涵包括以下几点。

（1）消费者忠诚的行为特性，即一定时期内消费者多次实际购买。

（2）消费者忠诚强调消费者的心理或精神成分，体现对品牌及企业的情感依赖。

（3）消费者忠诚应包括有形的产品忠诚、无形的服务忠诚以及更高层次的品牌忠诚和企业忠诚。

（4）消费者忠诚应体现价值创造，即忠诚行为结果的盈利性。

总之，消费者忠诚应该达到实现消费者和企业双重价值的目的，使忠诚的消费者与企业共同创造与分享价值。

（二）消费者忠诚的影响因素

影响消费者忠诚的因素包括以下几个。

（1）产品或服务的质量。产品或服务是企业提供的满足消费者需求的对象物，其质量对消费者忠诚有直接影响。研究表明，产品或服务质量与愿意支付更高价格或在价格上涨的情况下继续保持忠诚之间有正相关关系，但不同产业的产品或服务质量与消费者忠诚之间的相关度存在差异。

（2）消费者满意。由前文关于消费者满意的分析可知，消费者满意是消费者忠诚的前提和基础。一般而言，消费者满意可以对消费者忠诚产生积极的影响，但在不同的竞争条件下，消费者满意对消费者忠诚的作用也不一样，市场竞争越激烈，消费者满意对消费者忠诚越重要。

（3）顾客让渡价值。顾客让渡价值是指总顾客价值与总顾客成本之差。[①] 总顾客价值是顾客从某一特定产品或服务中获得的一系列利益；总顾客成本是在评估、获得和使用产品或服务时顾客支付的所有费用，包括购买所花费的金钱、搜寻所花的时间和精力、交通成本等。顾客让渡价值的大小很大程度上决定了顾客满意度的高低，顾客满意度的高低在一定程度上又决定了顾客忠诚的建立。

（4）转换成本。转换成本是指消费者从一个供应商转向另一个供应商，即选择新的产品或服务所要付出的成本或代价。转换成本不仅包括有形的货币成本，而且包括无形的心理成本、时间和精力成本等。转换成本的高低对于维系消费者忠诚有直接影响，较高的转换成本有利于消费者忠诚的建立和维系。虽然消费者有时候发现有更适合自己的产品，但是因为转换成本太高，不足以弥补新增加的价值，就会放弃购买其他企业的产品或服务。特色产品或服务的不可替代性也能够大大提高消费者忠诚度。

（三）提升消费者忠诚的途径

提高消费者满意度的最终目的是建立消费者忠诚。在总结消费者满意的关键要素基础上，可以形成提高消费者忠诚度的方案。这一方案涵盖了从产品研发、定位、制造、沟通、宣传到售后服务的整个营销过程。

（1）寻找正确的顾客。企业提供的产品种类有限，不可能满足所有消费者的需求，因此进行市场细分是非常必要的。企业应该认真研究消费者的偏好和特征，寻找能发挥竞争优势的目标消费者市场，而不是盲目地面向所有消费者展开营销。

---

① 菲利普·科特勒，凯文·莱恩·凯勒，卢泰宏．营销管理：第 13 版·中国版．北京：中国人民大学出版社，2009：38.

（2）提升顾客感知价值。价值对营销活动的成败至关重要，它也是获取顾客忠诚的主要途径。正是由于价值影响顾客对企业的评价，因此，如果企业打算吸引并留住顾客，就应该了解如何为顾客创造和增加价值，以及如何让顾客感知到企业的努力。

（3）优化顾客体验。体验是企业给予顾客感官刺激、信息和情感等的集合。企业必须不断优化顾客体验，因为只有激起顾客的兴趣，让顾客在使用企业的产品和服务的过程中获得最佳的体验，才能保持他们高度的满意和忠诚，增加他们的重复购买，并积极为企业进行正面宣传。

（4）整合营销传播。通过运用整合营销传播（IMC），企业可以与顾客建立起双向、互动的沟通关系，这样就真正使得企业从顾客角度出发，考虑从产品或服务设计、内部流程到顾客服务和关怀的全过程。这种发端于顾客的营销传播活动是基于对顾客的深刻理解和密切关注，并寻求与顾客的长期关系和信任，顾客也往往会对这样的企业表现出更高的忠诚，融洽的关系、熟悉的氛围和彼此间的了解将牢牢牵住顾客的心。

（5）传递完美质量。产品或服务的质量是影响消费者忠诚的重要因素。很多时候消费者习惯把质量作为检验产品价值的唯一因素，因此，可以借助QFD（quality，function，and deployment，质量、功能与展开）这一管理工具来优化企业产品质量。

（6）互动与学习。互动与学习发源于“以客户为尊”的古老哲学。在当今的市场中，企业唯有充分了解顾客，才能全面又有针对性地满足他们的需求，才能让他们满意，令他们忠诚。互动在形式上表现为企业与顾客之间进行信息、情感和价值的交流，其核心就是学习，即通过双向交往，企业要掌握顾客需求，进而改进产品、优化内部流程。

（7）产品创新。企业获取消费者忠诚的一个重要手段就是通过创新向消费者提供比竞争对手更好的产品和服务。在制造和设计过程中，企业应该深入了解消费者需要的是什么，然后通过创新的方式比竞争对手更好地满足消费者的需求。在产品创新的过程中，企业要特别注意成本控制的问题，不能因为过度个性化而大幅提高产品的成本，同时也要避免产品或服务的过度创新，导致消费者不认同。

基本概念

刺激—反应模式 stimulus-reflection model
购买决策 purchase decision making
复杂决策 complex decision making
有限决策 limited decision making
信息搜寻 information search
购买行为 purchase behavior
购后评价 postpurchase evaluation
品牌定位 brand position
顾客满意 customer satisfaction
顾客忠诚 customer loyalty

思考题

1. 消费者的购买行为模式有哪些？

2. 简述消费者的购买决策过程以及每个步骤的意义。简析你在某次购买决策中的评价与选择过程。

3. 随着购买涉入度的提高，消费者的购买决策方式有何不同？

4. 高涉入度决策与低涉入度决策有何不同？分别论述针对高涉入度产品和低涉入度产品的营销策略。

5. 不满意的消费者会有哪些行为反应？针对这些反应企业应采取哪些措施？

6. 消费者的决策规则有哪几种？

7. 影响消费者满意的因素有哪些？

案例

蜜雪冰城的亲民路线

中国茶饮市场近年来呈现快速增长趋势，根据艾媒咨询的数据，2023 年中国新式茶饮市场规模达到 3 333.8 亿元，同比增长 13.5%，并预计 2025 年市场规模将进一步扩大至 3 749.3 亿元。茶饮品牌之间的竞争日渐白热化，各品牌通过快速开店、跨界联名、加强营销推广等手段，努力在一片红海市场中占有一席之地。

在竞争激烈的中国茶饮市场中，以“高质平价”著称的蜜雪冰城截至 2024 年底拥有 46 479 家门店（其中海外门店为 4 895 家），已成为茶饮连锁巨头。区别于喜茶、奈雪的茶、乐乐茶等定位于一二线城市的中高端茶饮品牌，蜜雪冰城的市场定位非常明确，主要面向包括三四线及以下城市和农村市场在内的下沉市场消费人群。该人群在作购买决策时对于产品价格和性价比最为看重，蜜雪冰城准确地把握目标消费者的需求和偏好，制定了合适的产品定价策略，多数产品价格亲民，易于接受。蜜雪冰城许多产品的定价都低于 10 元，如 3 元一个冰淇淋、4 元一杯柠檬水、6 元一杯的珍珠奶茶等产品因独特的口味和高性价比成为备受市场欢迎的明星产品。除了产品价格亲民，蜜雪冰城的产品线也丰富多样，从经典的冰淇淋到各种口味的果茶、奶茶等，满足了消费者的多样化需求。蜜雪冰城还十分注重产品创新，不断推出新品以满足消费者多变的口味需求。蜜雪冰城会根据季节变化推出特色饮品，比如夏季推出清爽解渴的西瓜汁、冬季则有暖身的热巧克力等，产品的快速上新维持了消费者对品牌的新鲜感。

当前互联网已经成为消费者（尤其是年轻消费者）获取信息的主要渠道，蜜雪冰城十分注重线上营销推广，通过各种形式的网络营销活动，蜜雪冰城成功塑造了俏皮亲民的品牌形象。它的主题曲《你爱我，我爱你，蜜雪冰城甜蜜蜜》在网络上广为流传，成为品牌的一大记忆点。蜜雪冰城还通过社交媒体、与 KOL 合作等方式，增强与年轻消费者的互动和沟通。在社交媒体上，蜜雪冰城通过活泼幽默的方式与消费者互动，精准把握了当代年轻消费者强烈的造梗欲和分享欲，通过一系列玩梗、造梗触动共鸣情绪，实现了品牌与用户之间的深入沟通。例如，蜜雪冰城与中国邮政联名推出全国首家绿色门店，相关话题“蜜雪冰城入编制”“蜜雪冰城变绿了”“中国邮政是懂奶茶联名的”等登上热搜，在社交平台上引发热议。再比如，蜜雪冰城在夏季推出桑葚产品时，雪王形象变黑，引发网友们自发玩梗“雪王黑化了”。年轻消费者对蜜雪冰城有较高的满意度和忠诚度。除了产品优质、形象亲民外，蜜雪冰城十分注重与消费者之间的情感纽带，通过各种年轻人喜闻乐见的营销方式不断拉近与消费者间的距离。

蜜雪冰城通过持续的产品创新、优质的服务体验以及有效的营销策略，成功地吸引了大量的忠诚顾客，并在市场上建立了良好的口碑。随着品牌不断成长和发展，蜜雪冰城有望在全球茶饮市场上继续扩大其影响力。

资料来源：品牌营销官．蜜雪冰城频繁出圈，背后的营销秘籍是什么？．https：//mp. weixin. qq. com/s/hfIpIP6OAR99CAx4EQ _ mbQ；界面新闻．蜜雪冰城为什么会持续爆火？雪王成功的秘密在这里．https：//www. jiemian. com/article/8376185. html.

素养提升阅读材料

第9章

消费者的决策偏见与非理性行为

价值引领

- 了解决策偏见的成因，学会用发展的眼光看待问题。
- 理解立足实际、科学决策的重要性。
- 引导学生思考如何进行理性决策，避免盲从。
- 帮助学生了解新时代人工智能治理的中国方案。

消费者的购买行为本质上是消费者对所有选项进行选择并决策的过程，因此消费者以何种方式、何种思维进行选择和决策是决定消费者购买行为的重要前提。消费者的特征与其购买行为之间的关系在之前的章节已经有了详尽介绍，这一系列对于消费者购买行为过程的解剖通常是建立在一个重要假设上的，即“理性人”假设。与完全理性下的决策相对应，消费者基于非完全理性产生的决策称为非理性决策，它与完全理性决策之间的差异称为决策偏差。研究消费者在非完全理性下的决策行为和决策偏差有助于全面把握消费者的决策特点与规律，为企业影响和引导消费者的购买决策与行为提供依据。

第1节　决策偏见的成因

一、消费者决策偏见的由来及含义

西方经济学有一个重要的前提假设，即理性人假设，指的是作为经济决策主体的人都是完全理性的，即不会感情用事，不会盲从，而是精于判断和计算。在经济活动中，经济主体所追求的唯一目标是自身经济利益最大化。然而，我们在生活中经常看到的是，消费者的购物车里放着因为促销而冲动购买的商品，肥胖者面对美食难以理智地控制食欲，烟民知道尼古丁的危害却仍然无法戒烟。事实说明，消费者并不是完全理性的经济人而是有限理性的社会人。

消费者有限理性的概念来源于特沃斯基和卡尼曼等学者的一系列实验和研究。他们认为，由于心理因素的作用，消费者会受到系统性认知偏差的影响，因此并非完全理性，泰勒教授将这种不完全理性称为“准理性”。在有限理性下，消费者会根据对环境的认知和自己有限的思维进行选择和决策，做决策时会出现有意的系统性的错误，消费者偏见便由此产生，例如“计划谬误”（一种对于完成某些事情所耗费的时间做出不切实际的乐观估计的倾向）。

可以说，消费者的决策偏见来源于消费者是不是基于完全理性假设进行选择和决策。当消费者是基于完全理性假设进行选择和决策时，消费者的决策是无偏的；当消费者是基于有限理性进行选择和决策时，消费者的决策是有偏的。消费者有偏的决策行为称为消费者决策偏见。

消费者产生决策偏见的原因是多样的，一句话可以总结为消费者在决策时无法如同机器一样，利用所有的认知资源，对所有的信息进行有效、准确的处理后再根据自身利益最大化做出决策。可见消费者的决策偏见可以产生在消费者决策过程中的任何一个阶段，消费者决策偏见可以体现在多个方面和维度上，例如，消费者决策偏见可以体现在消费者存在决策偏差、社会偏好以及文化影响等方面。为了更加明确地分析消费者决策偏见在消费者整个决策过程中的体现方式，消费者决策时的效用函数（即消费者 i 在时间 $t=0$ 时受限于某个事物的分布状态 $p(s)$）可以表示为（ε 为稳定的贴现率，$U()$ 为效用函数）：

$$\max_{x_i^t \in X_i} \sum_{t=0}^{\infty} \varepsilon^t \sum_{s_t \in S_t} p(s_t) U(x_i^t \mid s_t)$$

在消费者决策过程中有三个因素会决定消费者的决策行为，即消费者偏好、消费者推断以及消费者决策方式，接下来将分别进行详细介绍。

二、消费者决策偏见——消费者偏好

消费者偏好是消费者一切决策行为的基础，也是最重要的组成部分。在传统的经济学研究中，在对消费者偏好假设的基础上才能展开相关研究，可见消费者偏好对于分析整个消费者决策行为的重要性。传统的经济学对消费者偏好的假设可以概括为三个特征：完备性、可传递性和多选择偏好性。具备这样特征的消费者偏好是稳定的、风险中立且以最大化自身利益为目标的。

标准偏好理论中有许多限制性很强并可检验的假定。比如它假定偏好“独立于参考点”（reference independent），即偏好不受个体瞬时资产水平的影响。它还假定如果对各选项的描述只发生表面变化，那么偏好仍保持不变，并且只要度量偏好的方法是“激励相容”的，即对人们揭示偏好提供激励，那么所得出的偏好不依赖于度量偏好的方式是否精确。然而，消费者心理学的研究发现这样的假设并不符合消费者决策行为中的真正特征，消费者在决策中表现出的偏好非稳定性、风险非中立以及非最大化自身利益的特征是消费者产生有限理性决策的重要原因。

（一）偏好时间不一致

消费者偏好具有稳定性是消费者完全理性的重要体现，但现实的情况是消费者偏好会随着时间流逝发生变化，简单来说，就是当下的消费者偏好和未来的消费者偏好可能不一致，这导致消费者以当前的偏好决策未来要发生的事件会产生决策偏差。这种消费者偏好在不同时间和情况下的不一致性称为消费者的时间偏好，在《新帕尔格雷夫经济学大辞典》中解释为行为主体偏好现在甚于将来的现象。消费者在跨期（即当前决策未来事件）选择中通常会涉及不同时间的效用，消费者需要对获取的效用进行评价，因此消费者需要根据现在的情况来判断未来的效用大小进而决策。传统经济学基于消费者完全理性的假设通过引入贴现的概念让消费者在当前衡量未来选项所能够给自身带来的效用大小。贴现模型假定贴现率不变，也就是决策主体在整个时期中无论处于何地，其对两个相邻时期的相对偏好不会发生改变，也就是说决策主体对某两期的两个结果都推迟或者提前同样长的时间，不会改变决策主体对这两个结果的偏好。传统经济学的贴现模型使用指数模型 ε^t 对未来的效用进行加权。

然而 20 世纪 80 年代以来，行为经济学研究发现人们对于未来各期的偏好（即贴现率）并不相等，而是随着时间推移呈现递减趋势。泰勒在 1981 年做过一个实验，要求被试写出现在 15 美元分别与 1 个月、1 年和 10 年后的多少钱相等，被试的答案分别为 20 美元、50 美元和 100 美元，按照复利贴现计算的贴现率分别是 345%、120%和 19%，可见贴现率并非一直稳定不变而是呈递减趋势。贴现率的递减有时会导致人们早期制订的计划与实际的计划之间出现差异，后期选择不能完成前期计划，出现时间偏好逆转，例如，对于今天的 100 美元和 4 周后的 110 美元人们更愿意选择今天的 100 美元，对于 26 周后的 100 美元和 30 周后的 110 美元人们更愿意选择后者。同样是相差 4 周，金额相差 10 美元，但人们的偏好发生了逆转。

造成决策主体产生时间偏好不一致的原因有很多，不耐心递减是造成决策主体产生时间偏好不一致的重要原因之一。人们在进行选择时，总是期望收益越早获得越好而不太愿意推迟。人们通常会认为将来会更加富有，未来的财富边际效用较现在低，从而增加人们的不耐心。同时，人们具有系统低估未来需求的倾向，也导致不耐心更为突出。有限理性对时间偏好不一致的影响在于受制于自身原因，在多重目标的冲突下，人们没有追求整体效用最大化而是追求当前效用最大化。人们能否看得更远将直接决定对整体效用和当前效用的权衡，从而影响决策行为。

（二）偏好参考依赖

在经典的消费者理论中，个体的当前消费水平不会影响其对不同商品束的偏好。然而，与这种简化假定相反的是，许多证据表明偏好依赖于个体的参考点（也称为参照点）。参考点是体现消费者决策偏差的一个基本概念，运用参考点进行分析也是行为经济学相对于传统经济学解释决策者行为的重要区别，其在效用函数 $U(x_i r, s)$ 中可以直观体现，即决策者的效用是一个取决于参考点（r）的有条件函数。在消费者研究中，参考点可能取决于过去的消费、预期、现状等。人们通常会将自己所处的状态和参考点水平之间的差别作为决策的依据之一。

参考点依赖效用来源于卡尼曼和特沃斯基的前景理论，指人们在判断某一事物时总会不自觉地依赖一个自己所设定或者寻求的标准，或者一个可供对照或者比较的参考物，人们对于同一个事物的判断和表现出来的偏好，也会随着参考点的改变而发生变化。由此可见，选择怎样的参考点将决定消费者的偏好情况，反过来说，只有确定了参考点，消费者偏好才是确定的。依赖参考点来体现消费者偏好是消费者有限理性的重要特征之一。

（三）社会偏好

参考点除了可以是决策者自身的特征以外，以其他人为参考点也是参考依赖的一种延伸，其效用函数为$U(x_i，x_{-i}r，s)$。这种以其他人为参考点的特征在传统经济学研究中并没有体现，因为传统经济学认为消费者是自私自利的，仅以最大化自身的效用为目标，不会考虑其他人的获利/损失情况。假定人们对自身的财富水平以及其他个人物质目标进行最大化（被称为“自利”）是一种大体正确的简化方法，并且在经济学中广泛应用。

然而，现实的情况是决策者除了会考虑自己的获利或者损失外，也会考虑决策过程中其他人的获利或者损失情况。人们是会惩罚那些伤害过他们的人，酬劳那些帮助过他们的人，或者使结果更为公平。产生这种现实情况的根本原因是人们存在互惠（reciprocity）心理和对平均的认知，不患寡而患不均正是人们存在社会偏好的真实写照。

社会偏好是对他人获利、损失情况的关注，决策者乐意被人公平地对待，也会在别人表现得公平时公平地对待别人。社会偏好的类型可以细分为三类：利他偏好、互惠偏好和公平偏好。利他偏好指对他人福利的关心而愿意牺牲自身的福利。互惠偏好指人们会对对方善意的行为进行回报，对敌对的行为进行报复。公平偏好指人们有减少自身与别人收益差异的动机。当领先于别人时，决策者会牺牲自己的收益去帮助别人，当落后于别人时，决策者也会产生损害别人收益的行为。在社会偏好的三种类型中，对于公平偏好的关注是最多的，因为它和消费者的决策最为相关，并且涉及能否整体帕累托最优。社会偏好对决策者的影响通常会体现在一些具有社会性质情境的决策中，例如捐赠或者对公共物品的支付。

三、消费者决策偏见——消费者推断

消费者对决策事件发生概率的推断是消费者一切决策行为的必要元素，也是决策的重要组成部分。在有诸多决策时，决策者都要面对一个共同的情况，就是有一些事件的发生是存在一定概率的，并非100%会发生或者不会发生。当决策者的选项中有不确定性事件时，决策者对于发生概率的推断将间接影响事件发生带来的效用，从而最终影响决策者的决策行为。决策者对于事件发生概率的不正确推断，即$\tilde{p}(s)\neq p(s)$。

在经济学中，为了构造概率判断模型而使用的标准方法应该是统计抽样以及贝叶斯公式。首先，贝叶斯公式需要一个先验概率。其次，贝叶斯公式要求先验概率与对新事件的评估之间彼此分离。然而许多认知机制利用先验概率来过滤或者解释所观察到的现象，因而违背了这种分离要求。比如，在认知实验中，实验对象在某地认出某事物要比在其他地方认出该事物更加容易。例如，在人行道上认出消防栓要比在其他地方更容易。

再次，主观预期效用理论假定，对状态的概率判断与这些状态所带来的效用可以是相互独立的，但是一些自利的动机会违背这种独立性。最后，贝叶斯公式推断，各种新信息的到达次序不会带来影响。然而，次序效应在记忆中的作用是普遍存在的，如工作记忆中晚近信息的强度（近因效应）以及旧有记忆不断增强的再现作用（首因效应），次序效应说明，信息的不同到达次序会改变对概率的判断。

决策者的推断存在偏见在很多决策情境中都存在，大到公司决策小到一次赌博，都会存在对事件发生概率的推断。当决策者高估或者低估事件发生的概率时，往往会导致错误决策的产生。造成消费者推断产生偏差的原因有很多，例如，所谓的“常识”。在一些社会常识的影响下，消费者往往对事件发生的概率判断会存在误区，低估一些事件发生的概率，从而导致错误的决策。

四、消费者决策偏见——消费者决策方式

消费者决策方式是形成消费者决策的最后一步。不同的决策方式使得即便具备相同的偏好和推断水平，最终决策也会不同。消费者决策方式可简单概括为启发式决策（heuristic decision-making）和处理式决策（processing decision-making）。消费者决策方式不同，归根结底是消费者对于信息的处理能力或者认知资源水平有高低。启发式决策方式是人们进行判断时的一种便利捷径，在许多场合，这种方式能够使人们在最小的认知努力下得到合理的判断。然而，有时这种方式也会带来严重的错误。例如，如果某样本具有某种典型特征，那么人们会判断它更有可能属于某一类，但可能并不属于该类。

消费者对于信息处理的能力受制于他们的认知资源水平。当消费者的认知资源水平有限时，他们会选择一些较为简单的决策方式来进行决策；当消费者的认知资源水平不受限制时，他们才能使用复杂的决策方式进行决策。简单的决策方式容易造成决策偏差，并且容易受到其他因素的影响，例如决策者的情绪。决策者的认知资源水平有限也会导致即使面对较为全面的信息，决策者也无法对所有信息进行详尽、正确的处理，因此，消费者决策方式的选择也是导致消费者决策偏见的原因之一。

第 2 节　常见的决策偏见类型

上一节介绍了消费者决策偏见在决策过程中是如何产生的，并将产生决策偏见的原因归纳为三个方面，即消费者偏好、消费者推断和消费者决策方式。本节将根据这三个方面的原因，选取一些在常见决策情境中会出现的偏见类型进行具体介绍，加深对消费者决策偏见的了解。

一、基于消费者偏好产生的偏见类型

由于消费者偏好是消费者做决策的重要基础，由消费者偏好所引致的决策偏见在实

践中最为常见。与消费者偏好有关的决策偏见包括消费者偏好时间不一致、偏好参考依赖以及社会偏好等。考虑到消费者行为的研究主要发生在消费者和企业之间，较少涉及第三方，因此除去社会偏好产生的消费者偏见外，以下将介绍由消费者偏好时间不一致产生的自控问题和由消费者偏好参考依赖产生的损失规避和锚定效应这三种主要偏见类型。

（一）自控问题

自控问题源自消费者偏好时间不一致。消费者偏好并非不随时间变化而保持一个相对稳定的水平，由此引出将偏好时间考虑进来的模型，也就是双曲线时间贴现。双曲线时间贴现意味着决策者在为将来规划时（即所有的成本和收益都在未来发生时）会做出相对更有远见的选择，当成本或者收益可能立即发生时，则会做出相对短视的选择。在传统经济学理性人的假设下，无论时间长短，决策者都会做出同样的选择。相反，在双曲线时间贴现模型下决策者认为他对未来会做出更有远见的选择，而当成本或收益发生变化时，他的行为又会违背他的初衷，去追求一时的满足而不顾长期的规划。

决策者是否意识到他们的自控问题（分别称为“老练的”和“天真的”）将影响双曲线时间贴现行为的结果。在传统的经济学研究中，假定人的行为是老练的，但是由于存在一些技术的约束，决策者实际上并不清楚在未来能以多大程度控制过度消费，有时会过于乐观地相信他们将来的行为会与现在的行为保持一致，例如很多人购买了健身会员卡后却不会像购买前那样坚持去锻炼。由此可见，老练的人尽可能准确地预估自己在未来将如何行动，天真的人则不能意识到自控问题，认为自己会同老练的人一样是偏好一致的。

软弱的自控会因“天真”而更容易造成损害。比如，过于乐观会导致严重的延迟。只要个人觉得延迟一项任务的成本是微小的，他就会不断地延迟下去——“就算今天不做也不会有什么损失，那我就明天再做吧”，从而使得在多次任务延迟后积累了大量的延迟成本。一个老练的决策者会意识到这种延迟，会觉得如果他现在不去做某件事情，就必须在未来去做，因此还不如现在立刻去做。

（二）损失规避

心理学家卡尼曼和特沃斯基经过长期研究发现，人们对损失和收益的感知存在差异。相同的一样东西，人们失去它的痛苦要大于得到它的快乐，这种行为现象即为损失规避。与参考点相比，损失比等量获益产生的心理效用大。

损失规避心理最根本的一种表现是得失不对称性，用简单的数学公式来表达即为：$U(-x)>U(x)$（奚恺元，2006）。其中，x 代表一个客观的量，比如你得到钱或健康的万分之一可能性，（$-x$）就是等量的失去钱或者健康的万分之一可能性，$U(-x)$ 和 $U(x)$ 代表的就是人们对这个客观量的主观感觉。由于我们更在乎“失”，也就有意无意地尽量避免“失”，以至于当面对以相同概率发生的得与失时，人们对“失”比对“得”要敏感，从而做出非理性的行为。损失规避在有关赌博的决策中最为常见。比如抛硬币决定输赢，正面向上赢一些钱，反面向上输 100 美元，那么“一些钱”通常会在 200 美元左右，这就意味着只有赢得200美元的幸福感才能刚好抵消失去100美元的懊恼。

损失规避容易使人产生惰性，即一种强烈的保持现状的欲望。损失规避心理还可以引出其他一些常见的消费者偏见行为，如禀赋效应（endowment effect）和现状偏见（status quo bias）。

(1) 禀赋效应。对于某个事物或物品，人们往往在得到前和得到时并不认为具有重要价值，一旦让其放弃该事物时，人们就会感到它的重要性，并且再获取的价格要高于未拥有时购买它愿意支付的价格，这就是泰勒提出的禀赋效应。这一行为现象可以通过损失规避理论来解释，人们拥有某物即为“得”，让其放弃该物即为“失”，由于人们对“失”更加敏感，所以放弃时的索价就更高。

禀赋效应在商业中的应用之一体现在无条件退货政策上。为了让消费者放心购物，很多商家向消费者承诺无条件退货，但由于禀赋效应的存在，人们一旦购买了某个商品便不会轻易放弃，就算是一时冲动购买了不需要的物品，消费者也很少会退货，从而提升了商家的销售业绩。

(2) 现状偏见。禀赋效应使得人们对自己拥有的东西赋予非常高的价值，不愿意改变现状，这种行为现象即为现状偏见，它是损失规避的另一种表现形式，由萨缪尔森和泽克豪泽提出。根据损失规避理论，当想到可能要“失”的时候，我们的不快乐感超过了“得”带来的快乐感，因此大部分人宁愿选择维持现状也不冒“失”的风险。

在现实生活中，我们经常需要为各种原因忍痛割爱，但现状偏见的心理使得我们做出的选择或决定往往不是最优的。

（三）锚定效应

锚定效应的经典论证来自对决策的概率判断。卡尼曼和特沃斯基的实验发现，实验对象对于某一事件真实情况的猜测会受到给出的随机数字的影响，并将其作为“锚”进行预测数字的调节。判断与决策的结果或目标值向初始信息或者初始值即“锚”的方向过度接近而产生了估计的偏差。

锚定效应种类的划分主要来自对不同类型锚值的研究，根据问题决策中锚值的来源可以分为外部锚效应、内部锚效应、内外锚效应三种。外部锚效应指在外部锚问题决策中产生的偏差现象；内部锚效应的锚值是由消费者自行产生的。由此可见，锚值的选定会引出不同的偏好。

二、基于消费者推断产生的偏见类型

基于消费者推断产生偏见的核心就是对可能会发生的事件概率的推断，产生偏见的原因是消费者的概率推断与真实情况之间存在差异。基于消费者推断产生的决策偏见通常有三种：过度自信、赌徒谬误和投射偏见。

（一）过度自信

过度自信指决策者过度相信自己的判断能力，高估自己成功的概率和信息的准确性。

过度自信被经济学家广泛用来解释各种投资者行为以及投资决策领域的现象，当然它也可以用来解释一些消费者决策现象，例如购买健身卡。

过度自信有两种表现形式：一是决策者对事件发生概率估值的置信区间太小。例如，决策者认为，置信区间包含真实值的概率为98%，事实上可能只有50%～60%，即决策者估值的置信区间太小。二是决策者对事件发生概率估计很不准确。例如，决策者估计某一事件完全可能发生，但实际发生概率仅为80%；又或者决策者确信不可能发生的事件在实际中却是有可能发生的。决策者对于事件发生概率的估计往往是较为偏颇的，过高或者过低估计那些他们认为应该或者不应该发生事件的可能性，并基于错误的概率进行决策。

过度自信除了体现在对事件发生概率的分布和大小的错误估计上，还可能是错误地估计了信息的准确性或者自身对投资产品的估价能力，这些在消费者对金融产品的决策中较为常见。例如，公司的CEO会对他的能力过度自信，他会高估自己的管理能力，认为自己能够选择有成功潜能的项目并且管理公司。他对于自己能力的过度自信会导致他投资过多的项目并且对公司并购增加支出。决策者通常会通过自身行为的结果来了解自己的能力，在这个过程中存在自我归因偏差（self-attribution bias），即决策者在回顾过去时会高估自己的成功。相比那些与失败有关的信息，决策者更容易回忆起与成功有关的信息。从认知心理学的角度来说，由于存在归因偏差，决策者会高估某些信息而低估某些信息，从而加重了过度自信的心理。

（二）赌徒谬误

过度自信是非贝叶斯推断的一种，除此以外特沃斯基和卡尼曼还提到了由于对代表性信息过度解读导致的赌徒谬误。赌徒谬误（gambler's fallacy）是小数定律的一种体现。小数定律指人们会认为某个统计过程中所产生的小样本具有该过程的各种特征。如果一名棒球手的击中率是30%，但是他在某场比赛中连续四次没有击中，他就会认为下一次“应该能”击中，只有这样才符合他在比赛中的整体实力。

所谓的赌徒谬误是指，如果连续三次投掷硬币都是正面朝上，那么会认为下一次应为反面朝上，这是小数定律的一个很好体现。如果序列是随机的，就有可能出现一长串相同的投掷硬币的结果，此时人们对结果的判断错误是令人惊讶的，人们会误认为出现正反面的概率不相等，实际上是相等的。

与赌徒谬误类似的还有一种“热手效应”（hot hand fallacy）。许多人认为在赛场上存在某种正向的自相关关系，即同一事件会一直发生，例如某个篮球运动员一直能够投中球，但事实上这种效应并没有得到证明。

（三）投射偏见

投射偏见是让人们产生系统性不正确推断的一种情况。它指人们会认为未来的偏好与当前的偏好有相似性，例如他们会将当前的饥饿状态投射到未来。

这是因为人们通常以自己当下的情绪和认知状态为锚，进而推论未来的偏好和感受。故此，人们倾向于高估未来好的情况或是坏的情况对自己的影响。一个经典的例子是，人们会高估未来中彩票可能给自己带来的正面情绪持续时间，实际上并不会持续那么长时间。

另一种常见的投射偏见是将自己的喜好和思维模式投射到其他人身上的倾向，即在认知和对他人形成印象时，以为他人也具备与自己相似的特性的现象，把自己的感情、意志、特性投射到他人身上。举例而言，一个规避风险的人可能会认为其他人也一样会规避风险，进而预测大家也会和自己一样偏好风险较小的投资组合。

三、基于消费者决策方式产生的偏见类型

消费者决策方式是多样的。传统经济学的决策方式是需要所有与决策选项有关的信息，对这些信息做出无偏颇的分析，并在此基础上考虑所有选项带来的效用后再给出结果。然而，这种标准化、高准确度的决策方式无法适用于现实的消费者决策情境。在消费者决策情境中，由于消费者本身的局限性和对信息掌握与处理的能力有限，消费者无法做到传统经济学上所谓的标准化决策方式。因此，消费者决策方式的不准确性也会产生一些消费者偏见。

（一）框架效应

框架效应（framing effect）最初由卡尼曼和特沃斯基在关于“亚洲疾病问题”的研究中发现并提出。人们被告知有一种疾病正在威胁600名市民的生命，需要在两个令人不快的选项中做出抉择。在正向框架（positive frame）中，人们面临的选择是，如果选择方案A，可拯救200人的生命；如果选择方案B，则有1/3的概率使得600人全部获救，另有2/3的概率全部死亡。在反向框架（negative frame）中，人们面临的选择是，如果选择方案C，则有400人必定死亡；如果选择方案D，则有2/3的概率使得600人全部死亡，另有1/3的概率全部获救。虽然在人员伤亡和风险程度上，A与C以及B与D是一样的，但是大多数人会选择A或D。

这种选择偏好是由备选项的表达引起的。决策者对某一选择有关的行为、结果和意外事件的理解和认知称为决策框架（decision frame）。如果一个决策问题可以用T+加以描述（即T+框架），也可以用T－加以描述（即T－框架），T+和T－在实质上是相同的，那么被试在面对T+和T－进行决策时表现出的显著性差异就是框架效应。

除了在风险问题中存在框架效应，在其他类型的决策问题中也存在这一效应。依据框架结构对框架效应进行分类，可以将其分为风险选择框架（risky choice framing）、属性框架（attribute framing）和目标框架（goal framing）三种类型。在风险选择框架中，决策者被要求在都有一定风险的两种备选方案中进行选择，经典例证是卡尼曼和特沃斯基的“亚洲疾病问题”。根据框架效应所产生的结果，将框架效应进一步划分为单向框架效应（unidirectional framing effect）和双向框架效应（bidirectional framing effect）。双向框架效应是传统意义上的框架效应：在正向框架下，人们表现出更多的风险规避态度；在负向框架下，人们表现出更多的风险偏好。单向框架效应是指仅产生了决策者偏好移动（preference shift）的框架效应，此时在正向框架和负向框架下，人们的偏好是一致的，只是偏好的强弱程度不同而已。

属性框架一般与风险无关，更强调属性本身的正负性，是最为简单的一类框架。比如在“瘦肉占 75%”和“脂肪占 25%”的两种牛肉中进行选择时，导致不同决策的主要因素并非对决策风险的描述，而是对牛肉本身属性或者特征的描述。也就是说属性框架通过影响决策者对某个物体的评价来影响最终的决策结果。属性框架效应的产生是由于决策者在框架所提供的描述上对信息进行编码，从而唤醒决策者可能会引起支持或者反对行为的相关记忆。

目标框架强调行为选择的结果。与属性框架相比，目标框架让决策者评价的倾向性更为强烈，其构成也更加多样化，既可以表述强调采取（或者不采取）这一行为所得到（或者损失）的利益，也可以强调采取（或者不采取）这一行为所能避免（或者遭受）的损失。目标框架中的正向框架和负向框架都是促进同一结果的实现，属于单向框架，这也是它与风险选择框架、属性框架最大的不同之处。一般而言，在消费者决策中最关注的还是风险选择框架。

（二）有限关注下的信息处理

注意力是一种有限的资源，在决策过程中对信息的处理需要用到注意力。当消费者的注意力无法将所有需要的信息都进行处理或者根据所有的信息进行决策时，消费者的决策偏见就产生了。消费者对于一些细微的或者较小的成本是比较容易忽略的。

在 eBay 上进行产品拍卖，产品的价格会被消费者首先关注，运输费则容易被忽略，因为运输费通常不会在产品宣传中直接列出来，并且从购买经验来说商品的购买价格并不包含运输费用。类似的还有消费者购买时面临的消费税。当消费税被包含在商品价格中时，消费者的需求变化不大；当消费税和商品价格分离开来时，消费者会关注到消费税，从而影响他们的需求。这样的情况与消费者购买一些基础产品（例如宾馆房间、飞机座位）和一些附属产品（网络、客房服务）的情况类似。消费者对于已经将附属品价格包含在内的总价格敏感度不高，不会关注到附属产品的价格。

（三）菜单效应下的启发式决策

消费者作出购买决策时往往面对诸多选项，他们很难在有限的认知资源条件下对所有选项逐一分析并做出最佳决策。由此可见，在决策选项较多的情况下，消费者显然不会采用传统经济学所表述的决策方式进行决策，而是会选择启发式决策的方式。当面对众多选项时，消费者会采用一些启发式决策的准则，使决策变得更容易。

（1）过度多样化（excess diversification）。当消费者面对一个复杂决策时，他们会多样化地选择选项。当选项数量较少时，他们会选择 $1/n$ 的启发式决策准则来完成决策。例如，在储蓄或者投资情境下，决策者会将他们的储蓄或者投资资金分散到多个选项中。当备选项数量较多时，这种多样化的启发式决策准则不再适用。

（2）偏好熟悉（preference for the familiar）。另一种简化复杂决策问题的启发式决策准则是选择有一定熟悉度的选项，这在个人决策者投资情境中最为常见。这样做是因为决策者对熟悉的备选项掌握的信息更多，也是因为决策者往往是模糊厌恶的。比起了解程度较小的备选项，他们会选择熟悉度相对高的选项作为决策结果。

（3）偏好突出（preference for salient）。决策者简化复杂的选项时会选择突出的或者较为明显的备选项。这种情况通常出现在一些选举或者金融决策中。决策者会选择那个相较于其他备选项有突出特征的选项作为决策的结果。

（4）选项避免（choice avoidance）。这应该是消费者简化复杂决策最为特别的一种启发式决策准则。在一个有关消费者购买果酱的实验中，实验者发现提供较多的果酱种类给消费者连续试吃，并没有增加他们的购买，相反，有一些消费者在中途停止了试吃。由此可见，越多的选择并未带来越多的购买，这与传统的经济学模型给出的结果是相冲突的。事实是消费者面对较多的选项时，会发现做出决策是困难的，会寻找避免选项的方法。

当消费者要从较多的备选项中做出选择时，要利用有限的认知资源去逐个分析所有的选项，并根据经济学上的最优思想选出最优的备选项显然是不可能做到的。在这种情况下，消费者会采用一些启发式决策准则来简化这样复杂的决策问题。

素养园地 坚持立足实际、科学决策

第 3 节 规避决策偏见的方法

决策偏见是常见的，要想避免产生决策偏见并不容易。从上两个小节的介绍不难看出，在决策过程中的任何环节，决策者都可能由于各种原因，与标准理性人的思考特征产生差异，导致决策偏见的产生。因为决策的过程实质上就是一个根据自身特征和信息对备选项做出选择的过程，所以从自身入手和使用外界的助力来尽可能避免决策偏见是较为常见的规避决策偏见的方法。

一、强化内部理性思维

决策者运用思维方式进行决策。在人的大脑中存在两种思维方式：一种是直觉和自动的；另一种是思考和理性的。前者通常称为直觉思维系统，后者称为理性思维系统（也有一些心理学文献将两个系统分别称为“系统一”和“系统二”）。直觉思维系统靠的是直觉，反应迅速，它与平常意义上所讲的“思考”似乎沾不上边。与直觉思维系统相比，理性思维系统更具有计划性和自觉性。直觉思维系统来自人们的情感反应，理性思维系统来自人们有意识的思维。两种思维系统之间的区别见表 9-1。

表 9-1 两种思维系统

直觉思维系统	理性思维系统	直觉思维系统	理性思维系统
不受控	受控	速度快	速度慢
不费力	费力	无意识	有意识
联想	演绎	熟练	依照规则

资料来源：泰勒，桑斯坦．助推：事关健康、财富与快乐的最佳选择．北京：中信出版社，2009.

一些造成消费者决策偏见的原因是来自消费者对于自身特征认知的不够和直觉性地对一些事件进行推断，因此强化内部理性思维，“多想一想”再做决策，显然是尽可能使用理性思维系统制定决策的方式。

（1）增加对自身偏好特征的认知。若消费者能够更加准确地认知自身偏好，则有助于他们减小产生决策偏见的可能性。例如，理性思维系统会让消费者决策时认识到自身是否过于乐观，会考虑自己的偏好是否会在不同时期发生变化。只要消费者有意识地对自己的偏好进行认真思考，增加对自身偏好特征的认知，那么与消费者决策偏好有关的一些决策偏见是可以尽可能避免或减少的。研究发现，当消费者是老练的或者能够意识到自己存在自控的问题，那么他们在进行跨期决策时，就不会过于武断地以当前的偏好状况去决策在未来会产生成本和获利的事情。

（2）对直觉性预测偏见利用一些方法进行修正。在认知资源有限时，消费者会选择用直觉性预测来代替需要消耗大量认知资源的思考性预测。尽管这样符合人们的决策特征，但这样的预测显然是会产生偏见的。更为重要的是，这样的直觉性预测产生的偏见，并非通过简单的多想一想就能够改变，因为它并不是消费者意识到或者意识不到的问题，而是消费者如何去削弱的问题。

（3）明白有一些情况下事件之间是相互独立和没有直接关系的。这种情况主要出现在对一些有重复发生可能性的事件的概率判断上，例如运动员的水平，一些随机发生事件的概率等。显然，只要消费者知道每次事件的发生之间是相互独立的，错误的因果推断应该是不存在的。

当消费者明白一些由自己的直觉产生的偏误时，能够详细、认真地进行思考，认识到这些偏误，进而避免，消费者就可以尽可能减少或者避免在决策中产生由于自身偏好或者直觉思维系统的错误推断而做出错误的决策。

二、借助计算机

有一些关于消费者自身偏好和推断的问题是可以由消费者决策主观避免的，然而，更多的时候消费者决策是根据备选项所传递的信息和对信息进行分析后做出的，此时相较于主观可以意识到并且规避的偏好问题，受限于认知资源，消费者需要借助一些外部力量来尽可能减少获取或者处理信息过程中产生的决策偏误。

例如，使用贝叶斯定理使概率预测更加准确。除了对一些重复发生的事件强调每一次发生的独立性以外，对更多的事件人们是根据证据来不断改变自己的想法。贝叶斯定理说明了基础比率的重要性，即使在手头案例已有证据的情况下依然如此。通过分析证据得到的直观印象通常会被夸大，眼见即为事实与联想一致性的结合易使我们强化自己编纂的故事。通过贝叶斯定理使得概率预测更为准确，就是要明确两个关键点：以相对合理的基础比率对结果的可能性做出判断；质疑对已有证据的分析。然而，人们很难直接根据贝叶斯定理作出合理的推断，计算机的处理速度是很快的，因此将相关程序输入计算机后给出正确的预测概率，避免消费者产生决策偏见。

第4节 人工智能与消费决策

近几年来，随着技术的进步，人工智能已然成为一个热门话题。虽然尚未大规模应用于消费者决策中，但不难发现人工智能已逐渐渗透到消费者的日常生活的方方面面。在本节，我们将简要介绍人工智能的发展概况，并阐述人工智能对于消费者决策的影响和意义。

一、人工智能发展概况

（一）人工智能的定义

人工智能（artificial intelligence，AI）这一术语是由计算机专家约翰·麦卡锡于1956年在达特茅斯学院举办的一次学术会议上提出的，该会议被人们看作人工智能正式诞生的标志。目前，国内外学者对人工智能的定义尚未统一。一般而言，人工智能是与人类和动物的“自然智能”相对的、用人工的方法让机器或计算机对人的智能进行模拟、延伸和扩展的智能。从能力角度看，理想情况下的人工智能应当具备知觉、推理、学习、交流、适应复杂环境和解决各种实际问题的能力。从学科角度看，人工智能是计算机科学领域中研究、设计和应用智能机器的重要分支，是当前科学技术发展中的一门代表性前沿学科。

迄今为止，人工智能主要有三个发展流派：符号主义（symbolicism）、连接主义（connectionism）和行为主义（actionism）。

（1）符号主义又称逻辑主义，认为人工智能源于数理逻辑，主要原理为物理符号系统（即符号操作系统）假设和有限合理性原理，采用功能模拟方法，其代表性成果为启发式程序“逻辑理论家”和专家系统等。

（2）连接主义又称生理学派，认为人工智能源于仿生学，主要原理为神经网络及神经网络间的连接机制与学习算法，采用结构模拟方法，其代表性成果为M-P模型、误差反向传播（BP）算法、感知机等。

（3）行为主义又称进化主义，认为人工智能源于控制论，主要原理为控制论及感知一动作型控制系统，采用行为模拟方法，其代表性成果为基于感知一动作模式模拟昆虫行为的六足行走机器人等。

（二）人工智能的研究领域

目前，人工智能的研究和应用多是结合具体领域进行的，具体而言，人工智能可细分为专家系统、机器学习、计算机视觉、自然语言处理、机器博弈、机器人学等分支。

1. 专家系统

专家系统是指运用特定领域内一个或多个专家所积累的经验和专门知识，通过推理模拟人类专家求解问题时的思维过程来解决该领域中的各种复杂问题，并在运行过程中对知识不断进行更新的计算机智能程序系统。20世纪60年代末，费根鲍姆等研制了第一个专家系统DENDRL，该系统可以对化学分子结构进行推断。此后，专家系统的理论和技术不断发展，促进了人工智能从纯粹理论研究走向实际应用，是目前人工智能中最活跃、应用最广泛的一个研究领域。

2. 机器学习

从技术角度看，机器学习是人工智能领域的核心。机器学习的研究重点在于使计算机模拟人类的学习行为，并智能化地从经验中获取新的知识或技能。从实践角度来说，机器学习是一种利用数据、训练并使用模型进行预测的方法。在机器学习的发展历程中，出现了许多具有代表性的算法和模型，其中包括：贝叶斯算法、基于规则的方法、统计学习的方法、神经网络方法等。近年来，建立在神经网络基础上的深度学习方法已经成为新的应用与研究热点。

3. 计算机视觉

视觉是人类获取外界信息的重要方式，计算机视觉是指利用计算机和相关成像设备对人类的视觉系统进行模拟的技术，包括采集视觉信息和对视觉信息进行处理和解释两大过程。1982年，大卫·马尔撰写的《视觉》一书出版，标志着计算机视觉成为一门独立的学科。目前，计算机视觉已在商品识别、智能安防、刷脸支付、自动驾驶等方面进行了大规模的商业应用。

4. 自然语言处理

自然语言处理又称自然语言理解，旨在实现计算机对人类特有的书面和口头形式的自然语言信息进行有效处理和加工。作为人工智能领域的重要研究内容和关键技术，自然语言处理有着广泛的应用场景，涵盖了信息检索、文本分类与聚类、信息抽取、情感分析、自动摘要、自动问答、机器翻译、社会媒体处理、语音技术、医疗健康信息处理等内容。

5. 机器博弈

机器博弈被认为是人工智能领域最具挑战性的研究方向之一，是智能机器人技术、兵棋推演技术、智能决策系统的科研基础。机器博弈可以是机器与机器之间的博弈，也可以是机器与人类之间的博弈。1962年，阿瑟·萨缪尔开发出了跳棋AI程序并战胜了当时实力强劲的棋手罗伯特·尼雷。21世纪10年代，Google公司开发的AlphaGo在围棋领域大放异彩。

6. 机器人学

机器人是指可模拟人类思想或行为的机器，是人工智能理论、方法、技术的试验场。根据研究对象，机器人学可进一步细分为机器人本体设计、机器人传感器、机器人视觉、机器人语言、机器人智能等方面。按照应用领域，机器人可划分为工业机器人、服务机器人和特种机器人。其中，服务机器人需要与消费者进行互动，对人工智能技术的要求最高。

（三）人工智能的起源与发展

虽然“人工智能”一词1956年才正式提出，但人工智能的孕育可追溯到亚里士多德在其著作《工具论》中所提出的三段论，该方法至今仍是演绎推理的基本依据。17世纪，英国哲学家培根系统地提出了归纳法，推动了归纳推理的发展；德国数学家莱布尼兹提出万能符号理论，该理论认为一切现实事件都可以通过物理符号逻辑化并进行推理，奠定了数理逻辑的发展基础。1936年，英国数学家图灵创立了自动机理论，奠定了电子数字计算机的理论基础；1950年，图灵论述了计算机能够思维的观点并提出著名的“图灵测试”，由于上述贡献，图灵被誉为“人工智能之父”。在这一时期，世界第一台通用电子数字计算机ENIAC、第一个神经网络模型（M-P）相继问世，人工智能呼之欲出。

1956年夏季，约翰·麦卡锡在达特茅斯学院的会议上提议采用“人工智能”这一术语，人工智能开始正式走入人们的视野。虽然会议期间并没有对“人工智能”达成普遍的认识，但在会后，美国形成了多个人工智能研究组织，例如，约翰·麦卡锡和马文·明斯基共同创建的MIT研究组、阿瑟·萨缪尔的IBM工程研究组等。此后，人工智能进入了一个快速发展的时期，取得了许多令人瞩目的成就，例如，跳棋AI程序、逻辑理论家、人工智能语言LISP等。科学家对人工智能的未来异常乐观，1965年，赫伯特·西蒙提出“20年内，机器将能做人所能做的一切”。事实的发展却并不如此，早期人工智能解决的主要是良结构的特定问题，而现实中的问题多是不良结构的，加之当时数据量的缺乏和计算机性能的限制，人工智能在20世纪70年代进入发展低谷，并受到公众与多国政府的质疑。

在一段时间的沉寂后，1980年，由美国DEC公司和卡耐基·梅隆大学合作研发的专家系统XCON横空出世，该专家系统的运行为DEC节省了近4 000万美元。巨大的商业成功使得知识处理成为当时人工智能的研究焦点，衍生出以Symbolics、Lisp Machines为代表的硬件公司和以IntelliCorp、Aion为代表的软件公司。1981年，日本宣布了第五代计算机项目计划，目标是使计算机实现与人对话、解释图像、翻译语言和进行推理，掀起了新一轮世界范围内的人工智能热潮。好景不长，1987年，Apple和IBM生产的台式机性能已超过Symbolics等公司生产的计算机，专家系统风光不再；1991年，日本提出的第五代计算机计划也并未实现，人工智能进入了第二个发展低谷。

20世纪90年代中期，随着神经网络等理论的发展和计算机水平的进步，人工智能进入一个平稳发展的时期。1997年，IBM的深蓝计算机系统战胜了国际象棋世界冠军卡斯帕罗夫，成为人工智能发展的一个重要里程碑。2006年，杰弗里·辛顿正式提出深度学习的概念，这被认为是一项标志性的技术进步。2016年，基于深度学习原理的AlphaGo以4∶1击败围棋世界冠军李世石，人工智能再次成为人们关注的焦点。近年来，得益于大数据和计算机技术的发展、谷歌和微软等互联网巨头的投入，人工智能的发展日新月异，逐步走进了人们的日常生活，可以预见，人工智能将多方位改变传统的消费场景，给消费者带来全然不同的消费体验。

二、影响消费者使用人工智能的因素

（一）个体差异

根据埃弗雷特·罗杰斯提出的创新扩散理论（diffusion of innovations），新产品或新技术的采用是一个渐进的过程。在扩散早期，使用者很少，扩散速度也很慢；当使用者比例扩大到总人数的10％～25％时，扩散速度会突然加快；高峰期过后，扩散速度会逐渐回落。对于广大消费者而言，人工智能作为一项新技术目前仍处于扩散的早期或中早期阶段。因此，当下使用人工智能的消费者多是创新者或早期采用者，在个人特质上，他们乐于尝试新鲜事物、更具创新精神。在用户画像上，这类消费者可能年纪较轻、思想较为开放、拥有较高的文化教育水平。在消费习惯上，这类消费者可能热衷于追求新产品，寻求多样化和独特性倾向较高。

创新扩散包括五个阶段，分别是：知晓（knowledge）、说服（persuasion）、决策（decision）、实施（implementation）和确认（confirmation）。其中，知晓是消费者使用人工智能的先决条件，只有消费者拥有了解或接触人工智能的条件，才有可能经历后续阶段。消费者所处环境也会对人工智能的使用形成影响。例如，经济发达地区的人工智能应用更广，消费者接触后的使用机会也更多。此外，消费者在决策阶段还会受到他人的影响，当身边的亲朋好友都使用过人工智能时，消费者尝试使用人工智能的可能性更高。

（二）使用体验

对消费者而言，现有人工智能主要集中在消费服务场景中，例如，人工智能客服、智能服务机器人、智能推荐等。虽然人工智能的发展日新月异，但目前来看，人工智能在短期内仍然无法达到与人类相同的智能水平，因此，人工智能与传统人工服务在使用体验上有一定的差异。

服务质量有五个衡量维度，分别是有形性、可靠性、响应性、安全性和移情性。相比于传统人工服务，人工智能最大的优势在于其响应性，消费者在极短的时间内就可获得相应的服务。因此，对于追求时间效率的消费者而言，人工智能较高的响应性会增加其使用人工智能的意愿。人工智能最大的劣势在于缺失移情性，在现有技术条件下，人工智能很难做到像人一样设身处地为消费者着想，在脱离设定内容时，人工智能甚至难以与人顺畅交流。因此，对于有较高的人际接触需求、希望能获得定制化服务的消费者而言，人工智能的使用体验较差，会降低其使用人工智能的意愿。此外，由于人工智能的智能水平与人相比还有较大差距，很多消费者会对人工智能服务的可靠性产生疑问。在这一情况下，一些消费者会根据产品或服务的类型选择是否使用人工智能，例如，对于异质性较低的产品或服务，消费者使用人工智能的意愿较高，当异质性较高时，消费者使用人工智能的意愿会明显下降。

除了服务质量外，恐怖谷效应（uncanny valley）也会对消费者使用人工智能的意愿造成影响。该效应是指当类人物体如机器人的外形设计在一定范围内越来越接近人类时，消费者的好感度也会越来越高，但当接近程度超过一个点时，消费者会产生心理不适。因此，当人工智能机器人的外形设计超过临界点时，会带来较差的使用体验，从而降低消费者的使用意愿。德国心理学家斯坦和奥勒通过实验发现，当消费者意识到人工智能拥有人类的情绪和移情能力时，也会引发心理上的恐怖谷效应。因此，人工智能的“智能性”与消费者的使用体验并不是完全正相关的关系，在提升人工智能性能的同时还需与消费者的使用体验进行平衡。

（三）隐私担忧

为了提高人工智能的表现，除了开发更高效的算法外，另一个关键是收集海量数据对人工智能进行训练。如果没有高质量的数据支撑，人工智能就难以识别消费者的行为模式，无法进行有效的预测，消费者就难以获得精准高效的人工智能服务。因此，人工智能的开发方往往会利用多种方式收集数据，其中，从第三方获取数据是一个常见的方式。然而，目前隐私保护的法律法规还不够完善，为了获得更大的商业利益，第三方公司在收集数据时往往会侵犯个人的隐私权，例如，未经消费者许可就私自收集个人隐私信息、随意打包售卖个人隐私信息和忽略个人隐私信息存储安全等，该类行为的泛滥使得一部分消费者对人工智能产生了抵触情绪。

人工智能的使用也有一定的隐私泄露风险。为了提供更高效的服务，人工智能往往需要对使用者进行全面的信息收集，例如，借助物联网、大数据等技术勾勒出用户画像，了解并推测消费者的喜好。除了基本的个人信息外，人工智能会挖掘消费者更深层的隐私信息。智能家居等智能设备的兴起，使得人工智能可以及时地获取消费者的信息、监控消费者的一举一动。基于上述因素，有较高隐私担忧的消费者会尽量避免使用人工智能，或选择性地在使用过程中提供虚假用户信息。

三、人工智能对消费者决策的影响

人工智能的迅速发展和广泛应用对消费者的决策过程产生了深刻影响。通过个性化推荐、降低决策成本、提供理性参照和提升消费者体验，人工智能在多方面影响消费者的决策和行为。

（一）个性化推荐

个性化推荐是人工智能在消费者决策中的一个重要应用。通过分析消费者的历史行为数据，个性化推荐系统可以为消费者提供个性化的产品和服务建议，从而提高消费者的满意度和购买意愿。

1. 个性化推荐系统的工作原理

个性化推荐系统的核心在于数据的收集与分析。它通过追踪消费者在平台上的浏览记录、点击行为、购买历史等信息，建立起消费者的兴趣模型。推荐系统主要依赖以下几种算法。

（1）协同过滤。这种过滤算法通过分析相似用户的行为来进行推荐。例如，如果用户 A 和用户 B 在历史上有相似的购买记录，当用户 A 购买了某件商品时，该商品也很可能被推荐给用户 B。协同过滤可以细分为基于用户的协同过滤和基于物品的协同过滤。

（2）基于内容的推荐。这种算法根据用户过去的行为（如购买的商品或浏览的内容）进行推荐。系统会分析商品或内容的属性，寻找与用户历史兴趣相似的商品或内容进行推荐。

（3）混合推荐。混合推荐这一算法是将协同过滤和基于内容的推荐相结合，利用多种算法的优势，为消费者提供更为精准和多样化的推荐。目前，混合推荐系统已成为市场主流。

随着深度学习的发展，个性化推荐系统也在不断进化。例如，深度学习模型（如神经网络）逐渐被应用到个性化推荐系统中。相比于传统算法，深度学习模型可以处理海量数据，捕捉复杂的用户行为模式和兴趣变化，使推荐系统能够提供更为精准和个性化的服务。

2. 个性化推荐系统的实际应用

目前，个性化推荐系统已经广泛应用于多个领域，对用户体验起到了显著提升作用。在电商平台上，随着大数据的发展，个性化推荐系统可以根据用户的浏览和购买历史记录等信息数据来推荐用户可能感兴趣的商品。例如，淘宝等购物软件中的“猜你喜欢”板块就是个性化推荐系统的应用。在社交媒体上，个性化推荐系统可以根据用户的兴趣和社交关系推荐可能感兴趣的内容或朋友。例如，Facebook 和 Instagram 通过分析用户的点赞、评论和分享行为，向用户推荐相关的帖子和好友。在视频流媒体平台上，推荐系统可以根据用户的观看历史和评分来推荐其可能感兴趣的内容。例如，Netflix 和抖音等视频平台通过个性化推荐系统，向用户推荐符合其兴趣的视频内容，大大提升了用户的观看体验和订阅率。在音乐流媒体平台上，推荐系统可以根据用户的听歌历史和评分推荐其可能感兴趣的歌曲和歌手。例如，网易云音乐通过个性化推荐系统向用户推荐符合其音乐偏好的歌曲和播放列表，提升了用户的使用黏性和满意度。整体而言，个性化推荐系统通过提高用户体验不仅增加了用户黏性和促进了消费行为的发生，而且为企业带来了显著的商业价值。

（二）降低决策成本

消费者的购买决策需要经历认知需求→收集信息→比较选择→择优决定→购后评价五个程序。当决策的涉入度较高而消费者的产品知识不足时，消费者需要花费大量的时间和精力来搜寻外部信息，在此基础上对产品进行比较选择，因此，消费者面临较高的决策成本。人工智能在帮助消费者降低决策成本方面具有重要作用。通过智能搜索、比较和推荐，人工智能可以显著减少消费者在信息搜寻和比较选择上所花费的时间和精力，提高决策效率。

1. 智能搜索与比较

在了解消费者偏好的基础上，人工智能可以对消费者进行综合性分析，明确消费者的具体需求。由于人工智能拥有快速收集和处理信息的能力，消费者可以借此显著减少在信息搜寻上所花费的时间。此外，人工智能还可以对数据进行快速预处理，在过滤大量的无效信息后筛选出有利于消费者决策的关键信息。通过智能搜索和比较功能，人工智能可以帮助消费者快速找到最适合的产品或服务。例如，在旅游预订平台上，智能搜索引擎可以根据用户的偏好和预算，快速筛选出符合条件的酒店和航班。此外，价格比较工具可以自动比较不同商家的价格，帮助消费者找到最优惠的购买选项。

2. 智能助手

智能助手是人工智能应用的另一个重要方面。智能助手可以通过自然语言处理技术理解用户的需求并提供相应的建议。例如，智能语音助手（如苹果的 Siri、谷歌的 Google Assistant 和亚马逊的 Alexa）可以根据用户的语音指令，提供购物建议、预订服务和信息查询等功能。智能助手的应用不仅提高了用户的决策效率，而且提升了用户的使用体验。

3. 自动化决策工具

在比较选择的过程中，人工智能还可以通过自动化决策工具，帮助消费者做出复杂的决策。具体而言，人工智能可以有效解决消费者产品知识不足的问题，帮助其更好地理解所收集的信息，并规避信息不对称造成的决策失误。此外，人工智能提供的个性化推荐可以精简消费者面对的选择集合，有效降低消费者的认知负荷，为消费者找到最佳选项。例如，金融领域的智能投顾服务可以根据用户的风险偏好和投资目标，自动生成个性化的投资组合建议。这样的工具不仅减少了消费者在决策过程中的时间和精力投入，而且提高了决策的科学性和准确性。

（三）提供理性参照

人工智能可以为消费者提供理性参照，帮助消费者做出更加理性的决策。通过协同过滤和智能分析，人工智能可以模拟理性经济人的决策过程，为消费者提供最优选择建议。

1. 模拟理性经济人

理性经济人假设是经济学中的一个基本假设，认为个体在决策时会考虑所有可用信息，权衡各种选项的成本和收益，从而做出最优决策。相比于人类，人工智能是完全理性的，因此在理论上可以模拟经济学中的理性经济人。通过输入相关的决策特征信息，人工智能可以通过大数据分析和机器学习算法模拟理性经济人的决策过程，以完全理性的方式对不同的决策选项进行评估，并根据所给信息从中筛选出最优决策，为消费者提供科学的选择建议。例如，在投资决策中，智能投顾系统可以分析大量的市场数据和历史趋势，为用户提供基于理性分析的投资建议。

2. 减少认知偏差

人类在决策过程中常常受到各种认知偏差的影响，如自控问题、损失规避和过度自信等。这些偏差会导致决策的非理性和次优选择。人工智能可以通过客观的数据分析和算法模型，减少这些认知偏差的影响，帮助消费者做出更加理性的决策。例如，在购物决策中，智能推荐系统可以基于用户的实际需求和偏好，提供客观的产品推荐，避免消费者受到广告宣传和品牌效应的过度影响。在协同过滤方法中，人工智能会找到与当前消费者相似的其他消费者，计算所有选项对于该类消费者的效用值，并根据效用值对选项进行排序等来找到最优选项。通过这种方式，人工智能可以削弱消费者个体的不理性对于整个消费决策的影响。

3. 实时反馈和优化

除了上述内容外，人工智能还可以通过实时反馈和优化机制帮助消费者不断改进决策过程。例如，在健康管理领域，智能健康助手可以根据用户的健康数据和生活习惯，提供个性化的健康建议和干预措施。通过实时监测和反馈，智能健康助手可以帮助用户调整生活方式，优化健康决策，提高用户的生活质量。

（四）提升消费者体验

人工智能不仅在决策过程中发挥作用，而且在提升消费者体验方面具有重要意义。通过智能客服、智能助手等应用，人工智能可以提供更高效、更便捷的服务，提升消费者的满意度和忠诚度。

1. 智能客服

智能客服是人工智能在提升消费者体验方面的一个典型应用。智能客服系统通过自然语言处理技术，可以快速理解用户的问题，并提供相应的解决方案。例如，许多电商平台和服务网站都配备了智能客服机器人，可以 24 小时回答用户的咨询，解决常见问题，减少用户等待时间，提高服务效率。

2. 智能助手

智能助手不仅可以帮助用户做出决策，而且可以提供多样化的生活服务。例如，智能家居助手可以通过语音识别和控制技术，帮助用户管理家庭设备，如调节室温、控制照明、播放音乐等。智能助手的应用使用户的生活更加便捷和智能化，提高了用户满意度。

3. 个性化体验

人工智能可以通过个性化服务，提升用户体验。例如，音乐流媒体平台可以根据用户的听歌历史和偏好，推荐其喜爱的歌曲和播放列表。视频流媒体平台可以根据用户的观看历史和评分，推荐符合其兴趣的电影和电视剧。个性化服务不仅提高了用户体验，还提高了用户对平台的依赖和忠诚度。

4. 情感互动

随着人工智能技术的不断发展，情感计算成为提升消费者体验的一个重要方向。情感计算通过分析用户的情感状态和行为特征，提供更加贴心和人性化的服务。例如，智能客服系统可以通过语音识别技术，分析用户的语气和情感，从而调整服务方式，提供更加温暖和关怀消费者的服务体验。

最新实践

Stitch Fix：人工智能助力消费者决策的创新之路

Stitch Fix 是一家总部位于美国旧金山的创新时尚电商平台，凭借先进的人工智能技术，成为 2024 年时尚电商领域的行业领军者。与传统零售商不同，Stitch Fix 深度整合人工智能技术，通过个性化推荐服务重新定义了消费者的购物体验。这种模式不仅显著简化了购物流程，而且大幅提升了购物效率，成为时尚电商领域的重要标杆。Stitch Fix

的核心业务是为消费者提供高度个性化的服饰推荐服务。在用户注册时，平台会收集详细的个人信息，包括身高、体重、穿衣风格、预算以及特定场合的服装需求等。基于这些信息，平台的人工智能系统会利用机器学习算法对用户偏好和需求进行深度分析，预测用户可能喜欢的服饰。每次发送的“Fix”包裹都会综合考虑用户个人偏好、体型特征和最新的时尚趋势，确保每件衣物都高度契合用户的需求。消费者可以在家试穿这些服饰，根据穿着效果决定是否购买或退回不适合的商品。

2024年，Stitch Fix进一步提升了人工智能推荐服务的精准度和个性化水平。每当用户退回某件衣物时，系统会记录相关反馈，并在未来的推荐中避免类似选择。通过这一反馈学习机制，平台不断优化算法，不仅在风格和尺码上做到精准匹配，而且在细节方面进行精细化调整，从而有效缓解了消费者的选择疲劳，显著提高了购买满意度。在供应链管理方面，Stitch Fix的人工智能技术同样表现出色。通过对消费者需求、时尚趋势和市场动态的综合分析，平台能够精准预测即将流行的款式和颜色，优化库存管理策略，减少库存积压。这种智能化库存管理不仅提升了供应链效率，而且确保消费者能够快速获得心仪商品，为用户带来流畅的购物体验。

展望未来，Stitch Fix将继续结合人工智能技术与数据洞察，深化个性化服务的优势。随着技术的持续升级，平台将进一步优化推荐算法，开发更多适应消费者动态需求的服务功能。在为消费者提供高效、便捷购物体验的同时，Stitch Fix也将继续推动时尚电商行业的技术进步与模式创新。

资料来源：How Stitch Fix Is Using Generative AI To Help Us Dress Better.（2024-03-08）. Forbes网站.

基本概念

损失规避 loss aversion

禀赋效应 endowment effect

现状偏好 status quo bias

框架效应 framing effect

赌徒谬误 gambler's fallacy

启发式决策 heuristic decision making

人工智能 artificial intelligence

思考题

1. 消费者产生决策偏见的原因有哪些?
2. 回顾你以往的购物经历，简述你在某次决策过程中产生了哪种非理性的决策偏见。
3. 偏好时间不一致会带来什么问题? 人们是否有避免产生相关决策偏见的方法?
4. 赌徒谬误是如何产生的? 对事件发生概率的推断如何避免直觉推断产生的问题?
5. 当面对有较多选项的决策时，有哪些启发式决策准则用于决策?
6. 人工智能对于消费者决策的影响有哪些?

案例

沃尔玛助推消费者进行健康选择

沃尔玛作为全球最大的零售商之一，一直致力于推动可持续发展和改善消费者健康。近年来，随着全球范围内肥胖率上升和相关疾病的不断增多，消费者对健康食品的需求日益增长。然而，许多消费者在选择健康食品时面临信息不足和选择困难的问题。为此，沃尔玛在2021年启动了一个助推项目，旨在通过优化产品陈列和标识，帮助顾客在购物时做出更健康的选择。

该健康助推项目主要包括以下实施方式。首先，沃尔玛在商品陈列和包装上增加了明确的健康选项标识，使顾客能够快速识别更健康的食品。健康选项标识包括低糖、低脂、高纤维等类别，帮助顾客在短时间内做出更健康的选择。例如，低糖食品的标识采用绿色标签，而低脂食品则使用蓝色标签。通过这种方式，顾客无须详细阅读成分表即可快速识别健康食品。其次，为了增加健康食品的曝光率，沃尔玛对货架进行了优化。具体而言，在食品区域，健康食品被放置在显眼的位置，不太健康的食品则被移至不太显眼的位置。这种货架优化策略不仅增加了健康食品的可见性，而且减少了不健康食品对顾客的诱惑。例如，在零食区，健康食品坚果和水果干被放置在与眼睛平视的显眼位置，而高糖零食则被移至下层货架。在促销方式上，沃尔玛优先推广健康食品，并通过折扣和会员积分等方式鼓励顾客购买这些产品。例如，在每周的促销活动中，健康食品如全谷物面包、新鲜水果和有机蔬菜会有特别折扣。此外，沃尔玛还推出了“健康购物积分计划”，顾客购买健康食品可以获得额外的积分，这些积分可以在下次购物时使用。为了帮助顾客了解如何做出更健康的选择，沃尔玛还进行了教育宣传工作。具体而言，沃尔玛在店内和网上平台提供健康饮食和生活方式的教育材料。这些材料包括健康食谱、营养小贴士和健康生活方式建议。例如，在店内的健康食品区域，顾客可以找到有关健康膳食的小册子，在沃尔玛的官方网站上，顾客可以浏览详细的健康食谱和营养指南。

根据项目启动后的初步数据统计，沃尔玛的健康食品销售额显著提升。对于有明显健康标识的商品，沃尔玛的助推效果更加明显。例如，有绿色标签的低糖食品销售额增加了20%，而有蓝色标签的低脂食品销售额则增加了15%。这一增长趋势表明，健康选项标识在帮助顾客做出更健康选择方面发挥了重要作用。在该项目实施后，许多顾客表示，新的陈列和标识帮助他们更容易找到并选择健康食品。在一项顾客满意度调查中，75%的受访者表示对健康选项标识感到满意，70%的受访者表示货架优化让他们更容易找到健康食品。此外，顾客还表示，健康促销活动和教育材料增加了他们的健康意识和知识。长期来看，沃尔玛的助推项目有助于改善消费者的食品消费习惯，从而降低与不健康饮食相关的疾病发病率。

未来，沃尔玛将继续推进这一助推项目并不断创新和改进。例如，沃尔玛计划引入更多种类的健康食品标识，如无麸质食品、低钠食品等，以满足不同顾客的健康需求。此外，沃尔玛还将利用人工智能和大数据技术，进一步优化健康食品的推荐系统。通过分析顾客的购物数据，沃尔玛可以为每位顾客提供个性化的健康食品推荐，从而更有效地促进健康饮食。此外，沃尔玛还计划与更多的健康组织和科研机构合作，共同开展健康饮食和生活方式的推广活动，进一步扩大项目的影响力。

素养提升阅读材料

第10章

家庭生命周期、角色分工与购买行为

价值引领

- 理解家庭消费与国家经济发展之间的关系。
- 理解家庭在个人消费观形成中的作用，践行社会主义核心价值观。
- 了解中国家庭结构的变迁，理解国家的人口政策。
- 厘清在对儿童进行营销活动时应该遵守的道德规范。

家庭作为社会结构的基本单位，与消费活动有着极为密切的关系。据统计，大约80%的购买决策与购买行为是由家庭控制和实施的。家庭不仅对家庭成员的消费观念、生活方式、消费习惯有重要影响，而且制约着消费支出的投向、购买决策的制定与实施。为此，有必要深入研究家庭对消费者行为的影响。

第1节　家庭、家庭规模和家庭结构

一、家庭的含义与特征

家庭是指建立在婚姻关系、血缘关系或继承、收养关系基础上，由夫妻和一定范围亲属组成的一种社会生活组织单位。家庭既是消费者参与的第一个社会群体，又是现代社会生活的细胞。作为社会的基本组织，家庭具有许多功能。与消费者行为研究关系比较密切的有以下四种功能。

（1）经济功能。在小农经济社会，家庭既是一个生产单位，也是一个消费单位，发挥着重要的经济功能。在现代社会，家庭的经济功能尤其是原来的生产功能有所削弱，但为每一个家庭成员提供生活福利和保障仍然是家庭的一项主要功能。传统上，丈夫是家庭经济收入的主要提供者，因而在家庭决策中占有支配地位。在现代社会，随着越来越多的女性参与到工作中，她们对家庭的经济贡献越来越大，家庭地位不断提高，在家庭决策中的影响逐渐加大，其影响力逐渐和男性持平。

(2) 情感交流功能。家庭是思想、情感交流最充分的场所，家庭成员关系是最亲密的人际关系。一个人在工作、生活等方面遇到困难、挫折和问题，常常能够从家庭得到安慰、鼓励和帮助。家庭成员之间的亲密交往和情感建立在亲缘关系的基石上，有较为牢固的基础。在竞争日益激烈的现代社会里，人们对获得家庭的关爱有更强烈的需求。

(3) 赡养与抚养功能。抚养未成年家庭成员、赡养老人和丧失劳动能力的家庭成员，这是人类繁衍的需要。当子女还没有独立生活能力时，父母负有抚养责任，否则他们就无法生存，人类也就不能延续。当父母年老且丧失劳动能力时，子女也负有赡养义务。家庭的这类功能将随着社会保障制度的完善部分地由社会承担，但不可能完全外移。

(4) 社会化功能。家庭成员的社会化尤其是儿童的社会化是家庭的主要或核心功能。人从出生时的一无所知，到慢慢地获得与社会文化一致的价值观、行为模式，这一过程大部分是在家庭中完成的。孩子们通过接受父母的教育或模仿大人的行为，获得待人接物、适应社会的观念、规范和技巧。儿童时期所习得的行为、观念对人的一生都将产生深刻的影响。从这个意义上，家庭所履行的社会化功能对个人的成长是非常关键的。

二、家庭规模与消费

家庭规模一般用家庭成员人口数的多少来表示，即家庭的人口组成。家庭规模对家庭消费的影响主要表现在：首先，影响商品的消费数量。就消费总量而言，一般来说，家庭规模与商品消费数量成正比，即家庭人口越多，其消费的商品总量越大。由于家庭消费存在一定的规模经济和公共品现象，因此在某些商品和服务类型上，家庭规模和人均消费之间可能还会有负相关关系，即人均消费随着家庭人口数的增加而逐渐下降。其次，影响消费决策过程，家庭人口越多，家庭购买决策越复杂。最后，影响家庭消费水平和消费质量，在家庭收入不变的情况下，新成员的增加将使家庭消费水平和质量降低。

我国家庭规模趋于小型化。国家统计局住户调查数据显示，我国城镇户均人口逐渐下降，1985 年为 3.89 人/户，2009 年下降到了 2.89 人/户。从趋势上看，1985—2009 年城镇户均人口的变化与时间呈现显著的对数关系（见图 10-1）。2021 年城镇户均人口为 2.62 人/户，比 2010 年的 3.10 人/户减少 0.48 人。

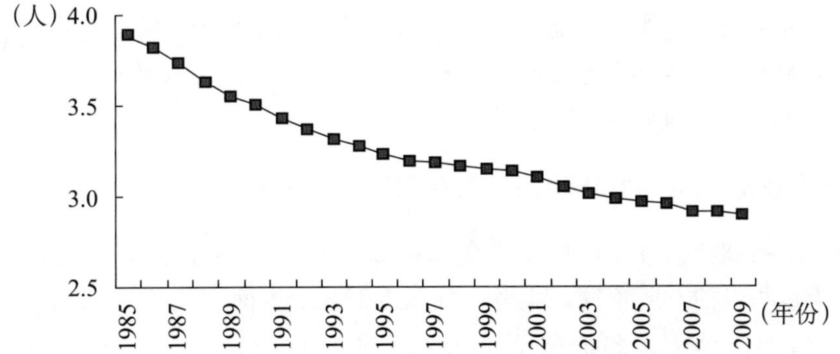

图 10-1 1985—2009 年城镇户均人口变化

资料来源：国家统计局，2013.

家庭规模小型化将对家庭购买行为产生很大的影响，主要表现在：家庭的消费量下降但质量提高，适合小型家庭需要的小包装食品及包装精美的馈赠礼品流行起来；对住宅的功能性要求增加，对厨房、卫生间面积及配套设施的要求提高；对半成品、熟食制品、快餐食品等的需求大量增加。

家庭规模小型化的发展趋势意味着产生一些新的市场机会。比如，我国即将迎来“独子养老”时代，子女赡养老人的负担会越来越重。2001 年我国老年抚养比为 0.11 左右，即每一个劳动年龄的人口需供养 0.11 个老年人。2020 年我国老年抚养比为 0.197。养老、抚养等社会问题十分严峻，同时，对于那些从事老龄服务、家政服务的企业来说，如老年俱乐部、老年大学、家政服务等是一个非常宝贵的发展机会。

三、家庭结构与消费

（一）家庭结构的含义和类型

家庭结构是家庭成员的集合体，通过文化规定的角色，家庭成员在社会许可范围内进行互动，并以一种重复的、相对稳定的模式执行家庭功能。对此，我国著名社会学家费孝通先生曾提出一个更具操作性的定义，即家庭结构就是“一个家庭里包括哪些成员和他们之间的关系”。根据家庭规模和不同代际家庭成员的血缘和婚姻关系，家庭结构一般可分为以下几种形式。

（1）夫妇二人家庭。这种家庭结构包含两种可能的情形：一是尚未生育子女的一对夫妇组成的家庭；二是空巢家庭，即子女已经成婚并另立门户，只剩下夫妇二人的家庭。

（2）核心家庭，指由夫妻双方或其中一方和未婚子女组成的家庭。

（3）主干家庭，指由一对父母和一对已婚子女组成的家庭。

（4）复合式家庭，也称扩大的家庭，由核心家庭和其他亲属如祖父母、叔伯姨舅、堂兄妹等组成，即中国式的三代或四代同堂的大家庭。

（5）联合家庭，指由父母双方或其中一方同多个已婚子女组成的家庭，或兄弟姊妹婚后仍不分家的家庭。

家庭结构类型不是一成不变的，由于社会文化和家庭功能的变化，在一个社会中会存在很多种家庭结构。比如，当前中国出现越来越多的非传统家庭，包括单身户、同居情侣家庭、单亲家庭、分居户等。不同结构的家庭，由于收入水平和稳定性不同，家庭消费决策制定、消费结构和消费水平等许多方面也不同。

（二）我国家庭结构的变化趋势及其对家庭消费的影响

随着经济发展和社会进步，近年来我国的家庭结构发生了显著变化。与之相对应，家庭消费行为也与以前有所不同，主要表现在以下几个方面。

1. 家庭结构简单化，家庭消费中心发生迁移

中国社会科学院社会学研究所 2008 年的抽样调查数据显示，核心家庭、夫妇二人家庭和单亲家庭占全部家庭形式的 73.8%，其中，与以往几次家庭结构调查中核心家庭约

占60%的情况相比，核心家庭所占的比例又有所增加。实际上，以独生子女家庭为代表的核心家庭在城市家庭中已经普遍存在并成为主体性家庭结构。独生子女核心家庭的关系结构简单，家庭成员之间只形成三种关系（夫妻、父子、母子）。家庭关系的简单化使得家庭消费中心也随之发生迁移，由过去的“父母中心”转向“孩子中心”。许多父母斥巨资购买子女所需的各种物品，特别是教育，这方面的消费支出占整个家庭支出的很大部分，孩子在家庭中的地位越来越高，其在家庭购买决策中的影响力也越来越大。

2. 婚姻的责任意识淡化，单亲家庭增多

从我国社会近年来婚育行为的变化来看，婚姻制度的功能经受着更注重个人价值和生活享乐的价值观念和生活方式的挑战，婚姻观念正在削弱和淡化。统计数据显示，2020年全国共有约612万对夫妻办理离婚手续，离结率为39.33%。离婚代表着生活中的重大转折，可能导致生活方式的重大改变，消费者要完成许多关键的任务，例如，处理过去的财物、组建新的家庭和建立新的消费模式。离婚率上升还导致单亲家庭的增加。由于单亲父母必须赚钱和抚育子女，对于便利品和服务需求高于其他家庭。与双亲家庭相比，单亲家庭平均收入较低，在大多数时候花费较少，更有可能租房而不是买房，同时对较小的食品包装和较便宜的家具、日用品、陈设品等的需求量也会增加。

3. 家庭养老模式发生重大改变，养老消费需要发生改变

随着家庭结构的改变和核心家庭的大量出现，空巢家庭和老龄鳏寡孤独家庭随之增加，年轻人的赡养观念也发生了变化，他们对赡养父母的方式有了不同的理解。城市人口中已婚子女更喜欢以探访的方式回馈父母，未婚青年更喜欢以金钱代替劳动的方式孝敬父母。由于中青年群体的生存竞争压力加剧，跨地域流动频繁，生活方式改变，传统的家庭养老模式随之改变，单纯依赖家庭养老的状况已不复存在。社会对老年福利设施、老年活动场所及老年服务项目的需求大量增加，并要求为老年人提供必要的精神慰藉、医疗援助和应急服务等。

4. 婚龄推迟，家庭消费个性化凸显

当今，越来越多的人推迟结婚。根据2017年全国生育状况调查，2006—2017年妇女平均初婚年龄从23.6岁上升到26.5岁。2010年以来全国30岁以上才结婚的人数大幅增长，2020年30岁以上结婚人数占总结婚人数的46.5%。推迟结婚的原因有很多，结合中国国情来看，主要有四个方面：其一，婚姻观的改变。现代年轻人崇尚个人主义，其行为讲究个性化、独特性，奉行自由、我行我素的生活观，不愿过早受到婚姻家庭的束缚，因此，独身状态较为普遍。其二，由于中国市场改革进程逐步深化，社会竞争激烈、生活节奏加快，年轻人面临较大的生活压力，大部分时间花在工作上，社交的机会和精力有限，导致结婚年龄推迟。其三，结婚费用的增加以及对婚姻的高质量追求，使得很多年轻人不轻易选择结婚，宁愿等到攒够结婚所需的钱才结束单身生活。2021年度《中国结婚产业发展调查报告》的数据显示，现在年轻人结婚的平均花费（不含买车、购房）达到约13.8万元，如此高昂的结婚费用必然导致越来越多的单身青年从单身到结婚等待的年限变长。以上这些因素在很大程度上制约了婚姻家庭的产生，众多的个体不得不选择单身状态。由此，单身户的消费决策也就和消费者个体决策融为一体，这样的家庭消费倾向于时尚化、个性化及潮流化。

四、家庭消费的意义与特征

（一）家庭消费的意义

作为消费的基本单位，家庭消费有重要的意义，主要表现在以下几方面。

（1）家庭是大部分商品的主要销售目标。这主要是因为家庭消费不同于个体消费，家庭消费在数量和种类上都远远多于个人消费。此外，生活日用品的购买主要是以家庭为单位，一些高档耐用消费品的购买，大多没有脱离以家庭为中心的购买方式，如电冰箱、私人轿车等。因此，家庭是消费活动的主力，是企业营销活动的主要目标市场。

（2）家庭决定其成员的消费行为方式。在消费活动中，子女受父母消费观念和消费习惯的影响，逐渐形成与父母相似的消费观念和行为习惯，这种影响会在较长时期内潜移默化地影响子女及其家庭的消费态度和消费方式。

（3）家庭的消费价值观影响其成员的价值观。家庭的消费价值观是一个家庭在长期生活中逐渐形成的稳定的消费态度和价值标准，主要表现在对消费行为的价值和意义的认识上。例如，在消费方式上是追求勤俭节约，还是奢侈浪费。家庭消费价值观会对家庭成员产生直接的难以抗拒的影响，但这种影响也不是绝对的，因为子女除受父母长辈的影响外，还会受到社会环境和自我发展等因素的影响。

（二）家庭消费的特征

家庭消费有不同于个体消费的特征，具体体现在以下方面。

（1）家庭消费的阶段性。消费者在其家庭所处的不同阶段，消费心理和消费行为有明显的差异。这种由家庭生命周期引起的家庭消费规律变化，是家庭消费的阶段性特征。例如，在家庭的形成阶段，即青年男女新组成的家庭中，多表现为夫妻自身消费行为；在家庭发展阶段，即新生儿降生后，消费中心则由夫妻转向子女。

（2）家庭消费的稳定性。家庭消费的稳定性是由于家庭收入一般是相对固定的，用于日常消费支出及其他各项支出的比例也是相对稳定、均衡的，同时，由于我国传统文化及社会政治、经济、法律等因素的影响，家庭关系一般比较稳定，家庭消费也相对稳定。

素养园地　夯实强国建设民族复兴的家庭根基

（3）家庭消费的传递性。这是指家庭在形成发展的过程中，逐渐形成自身的家庭消费观念、消费习惯和消费偏好。这些具有家庭特色的观念或习惯会对家庭中的子女形成潜移默化的影响。当这些年轻人脱离本来的家庭并组建自己的家庭时，必然将原有的消费习惯及观念带入新的家庭。

第 2 节　家庭生命周期及消费变动

一个家庭建立后，随着时间的推移其结构和成员的作用会发生周期性变化。家庭生命周期（family life cycle，household life cycle，HLC）是指绝大多数家庭都要经历结婚成家、生儿育女、儿女成人、自立门户、夫妻退休、丧偶等变化过程，它是一个描述从单身到结婚（创建基本的家庭单位），到家庭的扩展（增添孩子），再到家庭的收缩（孩子长大后独立生活），直到家庭解散（配偶中的一方去世）的家庭发展过程的社会学概念。

一、传统家庭生命周期

根据家庭所处生命周期的不同阶段，可将家庭归入不同类型。通常可以根据婚姻状况、家庭成员的年龄、家庭规模、一家之主的工作状况等标准划分家庭生命周期。有关学者提出了五阶段、六阶段、九阶段乃至十阶段等多种划分方法，其中，最受认可的是传统的家庭生命周期类型，即威尔斯（Wells）和库巴（Gubar）1996 年根据家庭主人的年龄、婚姻状况、配偶情况、工作状况、孩子数目与年龄等标准划分的九阶段模型。

（1）未婚阶段，也称单身阶段。处于这个阶段的群体由 18～35 岁未婚的、不再在家里生活的年轻人组成。在这个阶段，他们离开父母逐渐建立起自己的个人生活。他们刚开始职业生涯，收入一般较低，但由于没有经济负担，可以任意支配的收入较多。该群体还可以进一步分为 25 岁以下和 25 岁以上两个群体。25 岁以下者通常收入不高、与父母住在一起，部分地获得家庭的经济援助。一般来说，这一群体的生活内容较为丰富，社交广泛，喜欢泡吧、看电影、听音乐会，也喜欢购买运动类产品。25～35 岁的单身者收入高一些，也更为独立，常常与人合住，并承担更多的经济义务，他们所购买的产品与在家居住的单身者相同，他们已经开始为今后打算，将收入分散在保险、投资等方面。

（2）新婚夫妇阶段。指没有孩子的年轻夫妇，这一阶段从新婚蜜月开始到第一个孩子出生为止，这是一个双方适应婚姻生活的时期。一般情况下，双方都工作，有双重收入，经济上比较宽裕，可以追求类似单身生活的物质享受，也常外出就餐娱乐。他们还会在新家庭的建设上投入不少财力，如布置舒适的卧室，添置汽车、冰箱等耐用消费品。这个群体还是剧院、服装、度假、餐馆饮食以及酒精饮料等商品的大量消费者。

（3）满巢Ⅰ阶段。指年轻已婚夫妇最小的孩子在 6 岁以下。第一个孩子的到来往往会改变年轻夫妇的家庭生活模式和消费方式。一方面，婴儿服装、家具、食物和保健用品等新的消费品会出现在这一阶段；另一方面，由于抚养小孩占用大量时间和开支，家庭可供自由支配的收入和闲暇时间会大幅减少，许多妇女在生育后放弃了工作，家庭总体收入有所下降。一般来说，这类夫妇大都手头较紧，或者储蓄很少。他们从家庭中获取乐趣，很少外出吃饭，他们可能搬到新的住处以适合孩子居住，同时，度假、餐馆、汽车的选择也必须适合有小孩的现实。美国家庭从没有孩子的阶段进入有孩子的阶段，支出会发生一些变化，如表 10－1 所示。

表 10－1　美国家庭支出变化（从没有孩子阶段进入有孩子阶段）

开支比重的变化（%）	开支比重的变化（%）
食品 2.4	娱乐－5.6

续表

开支比重的变化（%）	开支比重的变化（%）
酒类饮料－33.8	教育－28.9
住房 9.5	捐赠－32.1
服装 10.8	投资－8.3
保健 49.3	

资料来源：德尔·I. 霍金斯，等. 消费者行为学：原书第12版. 北京：机械工业出版社，2014.

（4）满巢Ⅱ阶段。指已婚夫妇最小的孩子在6岁以上。比起年轻夫妇，这个阶段的家庭财务状况有所好转，就业主妇增加，孩子也更加独立，然而长大的孩子又会有一些特殊的需求。一般来说，有6岁或更大的孩子的家庭，是各种类型的辅导班（钢琴、舞蹈、体操等）、牙医、软饮料、低糖麦片和各种快餐的主要消费者，尤其是为孩子积攒教育费用的需要使家庭经济压力加大。此外，由于需要更多的空间，这类家庭往往会购买更大的房子和汽车，对日用品的消费也倾向于购买大包装或大容量。

（5）满巢Ⅲ阶段。指年长夫妇及一起生活的小孩。这种类型的家庭是年轻夫妇的延续，人口中大部分处于这种家庭之中。中年夫妇的挣钱能力是最强的，他们大都事业有成，进入事业的黄金期。他们一方面在家享受天伦之乐，一方面积极参与社区活动。他们不愿搬迁，把钱花在更新家具和其他耐用消费品上，在日渐长大的孩子的教育、服装、食品和娱乐上也投入不少，同时，他们也进行投资和储蓄。他们较少受广告的左右，不过那些渲染一家人愉快地共度假日的旅游广告恐怕要例外。

（6）空巢Ⅰ阶段。指年长夫妇，未退休，但无小孩的家庭。通常家庭中的两个成年人都有工作，十分繁忙，没有孩子的负担，他们又拥有较年轻时更多的空闲时间。他们的开支主要用于外出用餐、度假、购买第二套住宅，他们还可能是金融服务的主要购买者，大量购买高档儿童用品，作为礼物送给亲友及朋友的孩子。他们购买的产品从服装、书籍到电子产品，非常广泛，代表了一个新兴的日益增长的高档消费品市场。

（7）空巢Ⅱ阶段。老年夫妇，已退休，没有孩子在家生活。这一阶段开始于退休之后。由于年龄的关系、社交倾向和日益下降的经济地位，他们对于保健、住房、食品和娱乐有一系列的特殊需要。他们虽有更多的时间享受生活，但由于收入显著下降，且经常为健康问题所忧，因此他们会精打细算地过日子，并且购买药品以及有助消化、睡眠和滋补的商品。随着现代社会人口的老龄化，这类家庭将日益增多。

（8）孤寡者Ⅰ阶段。配偶中一方去世，孤寡者尚在工作。处于这个时期的一般为中年单身者，他们比年轻单身者的收入要高，其需要一般与年轻单身者相似，但是其生活方式使他们花钱更多。他们可能住在豪华公寓，常去昂贵的餐馆就餐，购买高档汽车或者经常旅游，他们还是重要的礼品消费者。

（9）孤寡者Ⅱ阶段。配偶中一方去世，达到退休年龄。由于女性的平均寿命比男性长，这种老人半数以上是女性。许多人可能卖掉房子，搬进公寓或养老院。他们过着简单而经济的生活，在保健方面的开支相对增加。他们的突出需要是友爱、护理和安全保障。

由上述分析可见，处于不同生命周期阶段家庭的经济收入状况、支出方式、决策策略存在差异，各有特定的消费需求和消费方式，因此营销者可以把家庭生命周期作为分析家庭消费市场的重要工具。

二、现代家庭生命周期

近年来随着社会的发展变迁，家庭生命周期呈现许多新变化：（1）工作压力的增大、结婚费用的增加以及对婚姻的高质量追求，使得许多年轻人推迟了结婚年龄；（2）抚育孩子的成本增加和压力加大，促使许多人推迟了生育时间；（3）人们的平均寿命延长，拉长了家庭的生命周期，尤其是其中的空巢阶段；（4）离婚率上升，单亲家庭日益增多，消费水平有所下降；（5）生育率下降，很大程度上改变了各个阶段的年龄分布和时间长短。

根据上述现象，美国学者默菲（Murphy）和斯坦普利思（Staples）提出了现代家庭生命周期模型（见图 10－2）。

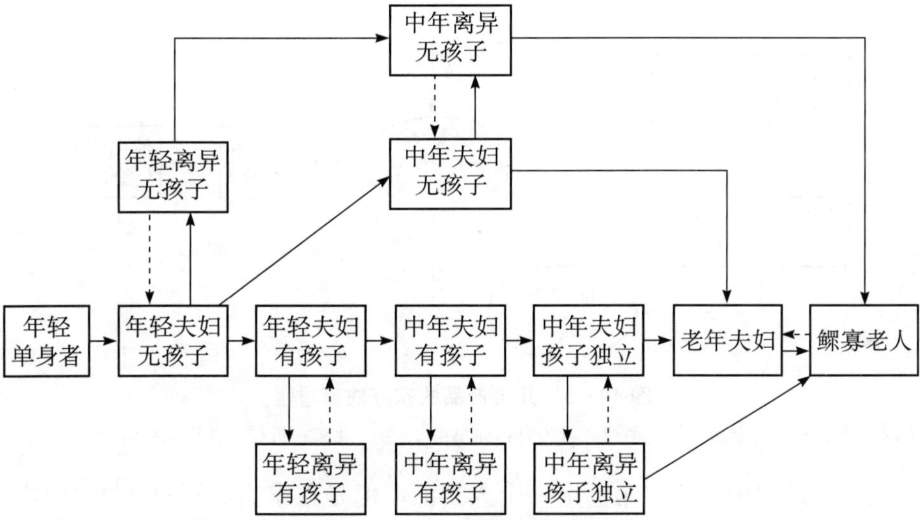

图 10－2　现代家庭生命周期模型

资料来源：Murphy P E，Staples W A. A Modernized Family Life Cycle. Journal of Consumer Research，1979，6（1）：12－22.

在现代家庭生命周期模型中，家庭以家长年龄为 35 岁、65 岁为分界点区分为青年家庭、中年家庭和老年家庭，并且根据有无孩子再细分各类家庭，但是这一模型没有反映出孩子的就学情况，并且由于以 65 岁的标准区分中年家庭和老年家庭，没有反映退休的情况。

第 3 节　家庭角色与家庭购买决策

一、家庭角色的划分

家庭成员的消费通常以家庭为单位，但在购买某些具体商品的决策方面，每个家庭成员所扮演的角色会有所不同，每一个角色往往与“家庭角色自然分工倾向”有关。家庭角色自然分工倾向是指家庭成员受自然因素、社会因素、经济收入水平、成员的个性心理特征及成员自身的观念等因素的影响，形成自觉或有意识承担的责任。

一般情况下，根据家庭角色自然分工倾向，可将家庭成员在购买过程中扮演的角色分为以下五种（如图10-3所示）。

（1）提议者。首先意识到某个问题和需要，或者启动购买过程的家庭成员。

（2）影响者。为购买提供评价标准，提出哪些产品或品牌适合这些标准，是直接或间接影响购买决策或挑选商品的家庭成员。

（3）决策者。有权单独或与其他家庭成员共同做出购买决策的人。

（4）购买者。亲自到商店进行购买活动的家庭成员，购买者与决策者可能由不同的家庭成员担任。

（5）使用者。在家庭中实际消费或使用所购商品或服务的家庭成员。

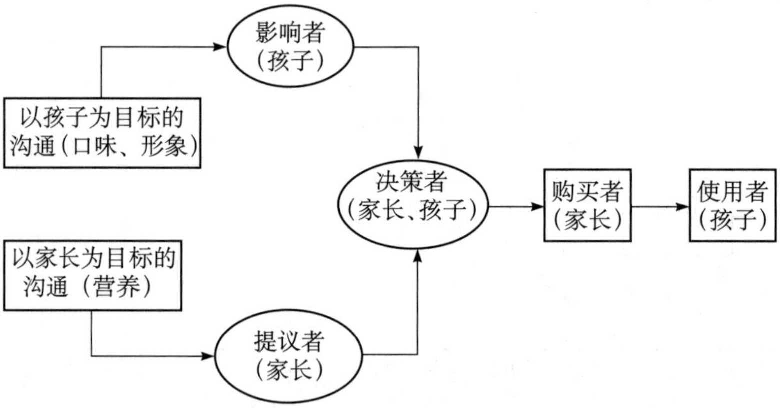

图10-3 儿童产品的家庭决策过程

资料来源：德尔·I.霍金斯，等．消费者行为学：原书第12版．北京：机械工业出版社，2014.

在个人购买过程中，这些角色由一个人扮演，但是在家庭购买过程中则不同，不同的家庭成员往往会担当不同的角色，且有可能担当多个角色。此外，也可能是一个角色被不同的家庭成员共同担当（同一角色可能被一人以上共同担当）。正因为这样，在家庭中产品的使用者通常并不一定是购买者。例如，某家庭夫妻二人决定去购买一台高清电视，全体家庭成员是这一购买行为的受益者，即高清电视的使用者。

家庭成员在购买决策中的角色可以是工具性的，即他们影响购买决策，如何时购买和买多少，也可以是表达性的，即他们决定家庭的规范，例如颜色和式样的选择。传统上，丈夫通常扮演工具性角色，妻子扮演表达性角色，但性别角色的转变正在改变这一模式。

二、家庭购买决策类型

家庭购买决策是指直接或间接由两个或两个以上的家庭成员做出购买决策的过程。家庭做出购买决策的过程在很多方面不同于消费者个人独立做出购买决策的过程。此外，与组织的购买决策相比，家庭没有像组织一样明确、整体的目标（如利润最大化、执行规定预算等）来引导购买，而且大多数家庭购买会直接影响到家庭的其他成员，组织购买对那些没有参与的人直接影响很小。

（一）家庭购买决策类型

在典型的家庭购买活动中，家庭决策可分为丈夫主导型、妻子主导型、联合（或配合）型和自主（或个人）型。

（1）丈夫主导型。在决定购买什么和如何购买的问题上，丈夫起主导作用。这在有较强传统观念的家庭中很常见。其特点是：家庭的经济来源以丈夫为主，旧的传统观念仍较强。有许多家庭仍属于这种决策模式。另外，当丈夫的理财、购物能力高于妻子时，也会形成这种模式。

（2）妻子主导型。在决定购买什么和如何购买的问题上，妻子起主导作用。这种决策模式的形成，一类是由于丈夫忙于工作或交际应酬，没有时间料理家庭事务，妻子自然地承担起家务和购买的任务，从而做出大部分购买决策。另一类是妻子理财、购物的能力大大强于丈夫，也易于形成此类模式。前类家庭的购买行为比较随意，机动性较大，后者则往往比较精明，比较挑剔。

（3）联合型。指家庭购买决策需要由丈夫、妻子和孩子共同协商做出。在独生子女家庭中，孩子在家庭中受重视的程度较高，随着孩子的成长、知识的增加和经济的独立，其在家庭购买决策中的影响力逐渐加大，这种决策模式也较普遍。这种家庭的主要特点是，夫妻双方关系融洽，有良好的教育基础和良好的协商环境。

（4）自主型。指多数购买决策由家庭成员包括丈夫、妻子或者孩子独立地做出。这种类型多属于开放型家庭，一般来说，家庭成员经济收入较为宽裕、受教育程度较高。在这种家庭中，家庭成员的购买行为既不受经济收入的限制，也不受其他成员的约束，其购买决策的自主性高和随意性大。

（二）影响家庭购买决策类型的因素

家庭购买决策究竟采取哪一种方式，要受到以下多种因素的影响。

（1）家庭购买力。一般来说，家庭购买力越强，共同决策的观念越淡漠，一个成员的购买决策越容易为家庭其他成员所接受；反之，购买力弱的家庭，其购买决策往往由家庭成员共同参与制定。

（2）家庭的民主气氛和家庭分工。民主气氛浓厚的家庭，家庭成员经常共同参与决策；相反，在专制的家庭中，通常由父母或其中的一人做主。

（3）所购商品的重要性。一般来说，价值较低的生活必需品在购买时无须进行家庭决策，但购买高档耐用消费品及对全家具有重要意义的商品时，大多由家庭成员共同协商决策。

（4）购买时间。购买时间越急促，越可能由一个人做出决策，全家共同商定决策通常要花费较长时间。

（5）可觉察风险。在购买家人比较陌生、缺乏足够信息、没有充分把握的商品时，由于所觉察到的购买风险较大，家庭成员共同决策的情况较多。

（6）其他因素。文化知识水平、销售场所距离、家庭成员个性等也会对家庭决策有一定的影响。

在具体购买活动中，夫妻购买决策的形式因所购商品的类型不同而有所不同。国外研究人员调查了73户家庭，发现在25种有代表性的商品购买过程中，夫妻所扮演的决策角色是不同的。一般来说，妻子对食品、化妆品、服装、生活日用品、室内装饰用品等商品的购买有较大决策权，在购买家电、家具、汽车、住房等大件商品时，丈夫所起的作用要大一些。此外，夫妻在商品特性选择方面的影响力也存在差异。美国的研究者发现，“何时购买汽车”的决策，有68%的决策主要受丈夫的影响，只有3%的决策主要受妻子影响，有29%的决策是夫妻双方的影响力相当。“购买什么颜色的汽车”这个决策，有25%的决策是受丈夫的影响，有25%的决策是受妻子的影响，有50%的决策是双方共同决定的。

（三）夫妻在家庭购买决策中的地位变化

夫妻在家庭购买决策中的地位经常会随着一些因素的变化而发生变化。这些因素如两性的地位倾向、妻子的就业状况、家庭生命周期阶段、购买的重要性以及人口的社会经济发展水平等。①

（1）两性的地位倾向。夫妻间的两性地位可以放在从传统到现代的一个连续体上进行考察。两性的地位倾向指某一行为和规范与一个人的性别相关而非两性共享的程度。传统观点将丈夫和妻子的地位分为两极，现代观点认为夫妻之间存在更多的责任共享。现在出现的趋势是，在家庭购买过程中，购买者、付款者和使用者三种角色常常由一个人承担，同一个角色（如付款者）又往往由夫妻双方共同承担。

（2）妻子的就业状况。妻子的就业状况对两性地位倾向有很大的影响。如果妻子在外面上班，她的收入就会成为家庭经济来源之一，而且由于接触面广，产品信息多，妻子在一些重大家庭决策中的作用就愈发重要，决策也更容易被接受，其他家庭成员也会征求她的意见，以便做出最佳购买决策。

（3）家庭生命周期阶段。家庭生命周期也会对夫妻做出购买决策时的地位产生影响。新婚夫妇往往倾向于共同决策；随着结婚时间的加长，夫妻在家庭中的经济地位开始分化，对家庭事务逐渐形成分工，与家庭事务相关的购买（如做饭时用的东西，修理汽车时所用的工具）也开始偏重于由某个人决定。从表10-2中可以看出，家庭共同决策从新婚第一年到第二年有很明显的减少。不过，结婚时间的长短不会影响重要购买决策的制定。

---

① 杰格迪什·N.谢斯，本瓦利·米托.消费者行为学：管理视角：原书第2版.北京：机械工业出版社，2004：240.

表 10-2　不同结婚年限夫妻家庭决策的变化

主要的家庭决策人	结婚时间	
	第一年	第二年
丈夫	26%	27%
妻子	25%	36%
共同决策	49%	37%

资料来源：Ferber R，Lee L C. Husband-wife Influence in Family Purchasing Behavior. Journal of Consumer Research，1974，1（1）：43－50.

（4）购买的重要性。购买的重要性是指产品对家庭的重要程度。购买的重要性可通过该产品价值占家庭收入的比重及对家庭成员的影响程度来衡量。购买越重要，夫妻双方就越可能共同做出决策，因为购买决策会占用家庭的共同资源，而且这个决策会在很长时间内影响家庭成员的生活，如房子、汽车等重要商品。

（5）人口的社会经济发展水平。在不同的地区，由于社会经济发展水平不同，人们所持的观念不同，两性地位与分工也就各有不同。具体来说，发达地区的女性与不发达地区的女性相比，更能受到社会的认可和尊重，有更多的机会参与社会事务。随着社会经济的发展、城镇化水平的提高以及妇女就业的普遍化，女性在家庭购买决策中的影响力会进一步提高。

（四）子女在家庭购买决策中的地位

在现代家庭模式下，子女在家庭购买活动中也占有相当重要的地位。在独生子女家庭中，子女是消费活动的中心，对家庭购买决策有重要影响。子女对家庭购买决策的影响程度由下列因素决定。

（1）子女在家庭中的地位。研究表明，父母越是以孩子为中心，孩子说话口气越是肯定。那些以孩子为中心的父母，除了想使孩子高兴外，也想为孩子做他们所喜欢的事情，他们还想方设法让孩子扮演他们自己希望和要求的角色。可见，孩子在家庭中地位越高，对家庭购买决策的影响也越大。

（2）子女所在家庭类型。一般来说，城市家庭的父母比农村家庭的父母更注意听取子女的意见；经济条件好的家庭比经济条件差的家庭更能满足子女的要求；民主气氛浓厚的家庭比专制的家庭在做购买决策时受子女的影响更大。不同的家庭文化类型也决定了子女影响的性质[①]：

- 权威型家庭强调服从；
- 忽视型家庭控制较少；
- 民主型家庭鼓励自我表达；
- 骄纵型家庭放弃管束。

在忽视型和骄纵型家庭中，孩子可能更多地直接控制决策；在民主型家庭中，孩子更有可能影响决策。不过，孩子的影响在决策过程中的不同阶段有很大差别，通常在决

① 韦恩·D. 霍依尔，德波拉·J. 麦克依尼斯. 消费者行为学：第 4 版. 北京：中国市场出版社，2008：349.

策过程的早期阶段影响最大（问题识别和信息搜寻），在评估阶段和选择阶段影响逐渐下降。研究显示，每五位家长中就有一位在购买日常生活用品时带着孩子，因此孩子对日用品购买的影响会更大一些。

（3）子女的年龄。年龄是影响子女参与购买决策的一个重要因素。子女年幼时由父母照顾。随着年龄的增长，孩子开始有自己选择商品的意识，特别是在购买与他们有关的商品时，父母也开始重视孩子的意见和要求，特别是在购买一些重要商品时，孩子的意见有时会对父母的购买决策产生重要影响。特别是进入青少年时期的子女已具备评判商品的能力，他们在某些方面的商品知识甚至会超过父母。

（4）所购买商品与子女的关系。一般来说，除不具备表达意见能力的婴幼儿以外，多数家庭在购买与子女有关的商品时会征求他们的意见，独生子女家庭的这一倾向更为明显。随着商品知识和购买经验的积累，子女在选购他们熟悉的商品时，往往会取代父母而成为家庭购买的决策者。

总之，家庭成员角色不同，在购买决策中所起的作用也不相同，这将直接影响家庭消费活动的指向和方式。企业应充分了解家庭成员的角色分工特点，根据不同角色设计有针对性的传播和营销策略。

第 4 节　影响家庭购买行为的营销策略

前面我们讨论了家庭的结构及变化趋势、家庭生命周期不同阶段的消费特点、家庭购买决策方式等内容，下面进一步探讨针对上述趋势和特点，企业可以采取哪些营销策略来影响家庭的购买行为。

一、发现新的市场机会

（一）针对家庭结构变化采取的营销策略

如前所述，我国的家庭结构正在经历着诸如家庭规模小型化、家庭模式多样化以及离婚、单身户增多等一系列变化，这些变化给企业带来挑战，也意味着新的市场机会和潜力，企业应敏锐捕捉这一市场机会，从中发现商机。

例如，家庭规模的小型化会从多方面影响家庭消费行为。首先，从住房方面来讲，小家庭需要的住房与大家庭的需要有明显差别，房地产开发商应针对这一差别提供面积较小、更经济实用的住房。其次，小型家庭每次消费的商品量较小，这就需要企业对此做出调整，如生产小容量的冰箱、电饭煲等家用电器，提供小包装日用品等。此外，家庭规模的小型化意味着家庭户数的增多，这会给家用电器、住宅、厨房用具等产品的生产厂商带来更大的市场销量。

现代家庭变化的另一个趋势是越来越多的人选择单身生活。单身户具备家庭的基本消费功能，但与传统家庭相比又有其特殊性。这种家庭需要较小面积的住宅、较小的食品包装和较便宜的家具、日用品、陈设品等。此外，保持单身生活使年轻男女有更多的时间进行“自我投资”，如读书学习、参加培训、娱乐休闲、健身旅游等，这也要求企业提供更多的相关产品和服务。

（二）针对家庭生命周期不同阶段采取的营销策略

在家庭生命周期的各个阶段，受经济收入和家庭生活模式的影响，家庭的需求差异很大（如表10－3所示）。企业应充分认识这种需求差异，采取有针对性的营销策略，以发现和挖掘有价值的市场机会。

表10－3 家庭生命周期不同阶段的需求特点

家庭生命周期不同阶段	主要的需求特点
单身阶段	比较关心时尚，崇尚娱乐和休闲
新婚夫妇阶段	名牌服装、餐馆饮食、高档家具、旅游度假等产品或服务的重度购买者
满巢Ⅰ阶段	购买婴儿食品、婴儿服装、玩具等很多与小孩有关的产品，同时，在度假、用餐、家居布置等方面均需要考虑小孩的需要
满巢Ⅱ阶段	不仅要为孩子准备衣、食、住、行等方面的各种物品，还要带孩子参加各种兴趣班、学习班，购置诸如钢琴、小提琴之类的乐器
满巢Ⅲ阶段	更新大件商品，购买更新潮的家具，还会花很多钱用于接受牙医服务、在外用餐等
空巢Ⅰ阶段	继续接受教育，夫妻单独外出旅游，购买一些高档的物品
空巢Ⅱ阶段	外出旅游，参加老年人俱乐部，需要健康类产品与服务
老年独居者阶段	医疗开支增加

（三）针对家庭购买决策特点的营销策略

针对家庭购买的特点，企业首先要了解不同家庭成员在购买和消费活动中扮演的角色以及相关产品的家庭购买决策程序。由于细分市场的目标消费者处于家庭生命周期的不同阶段，家庭决策程序常常是不同的，必须在确定的目标市场范围内，对家庭决策过程进行分析。为此，营销者应把握以下重要问题：

（1）确定在决策的每一阶段各有哪些家庭成员参与；

（2）确定他们的动机和兴趣所在；

（3）制定能够满足每位参与者需要的营销策略。

例如，对于新型玩具，儿童常常会参与到问题的确认阶段，他们可能会被新型玩具的色彩或功能吸引并要求购买，这时家长（通常是母亲）可能会因孩子的要求而对产品发生兴趣，但是她更倾向于关注玩具的安全性和价格。因此，在推销商品时，营销者应当向孩子传达有趣、令其兴奋的信息，向父母传达安全、价格实惠的信息。企业可以通过周末的卡通片和类似媒体向孩子传达信息，而要与母亲们进行沟通，则必须借助报纸、杂志广告或包装传递信息。

美国学者霍金斯提出了建立在家庭购买决策过程基础上的营销策略分析框架（见

表 10－4）。

表 10－4　建立在家庭决策过程基础上的营销策略分析框架

细分市场			
决策阶段	涉及的家庭成员	家庭成员的动机和兴趣	营销战略与战术
认识问题			
收集信息			
评价选择			
购买			
使用与消费			
处置			
评价			

资料来源：德尔 · I. 霍金斯，等．消费者行为学：原书第 12 版．北京：机械工业出版社，2014.

二、向孩子进行营销

我国少年儿童数量庞大，据第七次全国人口普查数据，我国 0～14 岁人口为 2.53 亿，占全国人口总数的 17.95%。随着家庭结构的小型化和独生子女家庭占主导地位，少年儿童在家庭购买决策中所起的作用越来越突出，少年儿童消费市场极富潜力。如果能够成功地向孩子进行营销，将会大大增加家庭的购买活动。

向孩子进行营销，首先应当考虑到他们有限的信息吸收能力。应该针对孩子的特点，设计市场营销活动，以满足孩子及家长的需求。最重要的是产品的安全性，孩子常常会把东西放在嘴里，有可能被噎住，因此在传递产品信息时，应当特别注意这一点。此外，产品还应当注意包装安全。儿童用品广告在推广产品的同时应提倡积极的价值观，如懂得分享、注重营养等。

在美国，为了使信息到达孩子，企业主要在星期六早间卡通片节目上做广告，此外，还有许多其他媒体可供选择，包括针对孩子的《芭比》《户外孩子》《儿童运动画报》等杂志，它们在具有阅读能力的孩子中传播很广，为孩子和父母都提供了娱乐、教育和接收商业信息的机会。互联网也能够为孩子提供服务。

直接邮寄可以成为使信息到达更小孩子的有效方法。许多企业通过成立儿童俱乐部来吸引孩子或者有孩子的家庭。俱乐部能为孩子提供既有趣又富有教育性的活动，还能传递负责任的商业信息。例如，在汉堡王儿童俱乐部，孩子（或者他们的父母）可以免费从任意一家汉堡王餐厅领取一张会员表，填好后就能得到一个装有会员证、不干胶标签、会员卡的信封，过生日时，他们还可以到当地的餐厅免费享用一顿午餐。另外，每个月会员家庭都会收到一本 32 页的彩色月刊，这本杂志根据会员的年龄分为三个版本，每期有 6 页商业广告。

同时应当注意到，对儿童进行营销产生了道德上的问题。[①] 这些问题主要源于幼儿吸收信息的能力以及由此做出购买决策的能力有限，这就要求企业在对儿童进行营销时，必须考虑不良价值观、不好的饮食习惯和不健康的家庭冲突等问题对孩子造成的影响。

基本概念

家庭 family；household　　家庭规模 family size
家庭结构 family construct　　家庭生命周期 household life cycle，HLC
家庭角色 family role　　家庭购买决策 family purchase decision making

思考题

1. 什么是家庭？家庭有哪些基本类型？
2. 家庭结构与家庭消费行为有何联系，其变化趋势如何？
3. 简述家庭生命周期各阶段的一般特点。
4. 描述家庭购买角色的划分。
5. 家庭购买决策有哪些类型，受哪些因素影响？
6. 企业针对家庭生命周期的不同阶段应采取何种营销策略？

案例

Babycare：瞄准新生代群体的母婴品牌

随着“三孩政策”的出台和居民消费能力的不断提升，母婴消费占比逐年走高，市场潜力巨大。新生代宝妈群体崛起，90 后及 Z 世代人群成为母婴产品核心用户群体，对母婴品牌的功能、个性、情感、设计等方面有更细致的要求，这些都为品牌 Babycare 的发展带来良好的机遇。Babycare 是一个专注于为 Z 世代年轻消费人群提供全品类母婴用品的品牌，旨在为新一代家庭提供一站式、全品类的解决方案。成立以来，Babycare 快速发展成为一个涵盖 150 多个二级类目、拥有约 3 万个 SKU 的母婴行业巨头。2022 年“双十一”期间，Babycare 在天猫等电商平台上的销售额突破 9 亿元。

最初，Babycare 通过一个较为小众的产品——婴儿背带切入市场，婴儿背带在当时是一个相对冷门的品类，Babycare 成功地在这一细分市场中占据了领先地位。随后，Babycare 逐步扩展产品线，包括牙胶、奶嘴等婴儿啃咬类产品、母婴电器、喂养用品、湿纸巾和纸尿裤等高频次使用的快消品等，让用户从孕期到孩子 6 岁的育儿周期的几乎各项需求都能被满足。新生代宝妈群体对母婴产品的品质、设计和颜值尤为关注。Babycare 的核心创始人具有设计师背景，因而品牌非常注重产品的设计和用户体验，与其他品牌形成差异化的竞争优势。在“为爱重新设计”的品牌理念引领下，Babycare 准确识别了当代家庭母婴消费的需求，不断发现并改变行业中存在的不合理之处，以此为指导来打造产品，不仅在产品功能上不断创新，

---

① 德尔·I. 霍金斯，等. 消费者行为学：原书第 12 版. 北京：机械工业出版社，2014.

更在设计上追求美观和实用的完美结合，实现了产品高颜值、高安全、高品质落地，赢得了消费者的广泛认可。

母婴领域的痛点在于产品繁多、品质难以保证；产品地区差异大，缺乏一体化母婴购物体系；妈妈承担大部分甚至全部的育儿责任，家庭分工不平衡……Babycare针对不同人群需求，完成痛点提炼，再结合产品优势打出一套直击用户的组合拳。Babycare联合专家进行直播科普宣传，为消费者提供优质的育儿经验和母婴产品；推动母婴产品去性别化，让越来越多的爸爸参与到带娃过程，爸爸带娃，妈妈快乐；通过“爱的2平方”母婴室公益项目、“Babycare白贝壳关爱专项基金”无痛分娩公益项目等活动，传递了品牌对于社会问题的关注与关爱。这些措施不仅顺应了母婴群体的消费需求，而且缓解了家庭在育儿过程中的矛盾，提升了家庭在母婴消费中的幸福感。母婴行业天然是就是爱分享、高复购、高黏性的行业，非常适合做私域运营。针对这一行业特点，Babycare的官方客服号及社群建立了内容运营、会员运营、节点活动运营、日常社群运营等成熟完善的用户运营方法体系，让用户关系成为品牌营销核心，延长了用户生命周期，沉淀了用户价值。Babycare通过一系列的战略规划和创新实践，精准把握了当代家庭在母婴消费中的特点和需求，成功地从一个小众市场起步，逐步成长为一个覆盖全品类的母婴产品的领导品牌。它的成功不仅在于产品本身的优秀设计和技术含量，还在于对市场需求的敏锐捕捉和对消费者心理的深刻理解。

资料来源：品牌研究室．Babycare：设计先锋与市场领航者的品牌传奇．https：//mp. weixin. qq. com/s/ _ 1l8ZjrJI87R6RFCqBz2Eg；果集．GMV突破50亿！自来水式种草！Babycare如何打动4500万家庭？．https：//mp. weixin. qq. com/s/kZix2GNkuzigH0qsYVVyjg.

素养提升阅读材料

第11章

群体消费心理与行为

价值引领

- 重视口碑传播的作用，不信谣、不传谣。
- 重视在践行社会主义核心价值观中发挥榜样的力量。
- 了解从众心理与行为，树立正确的价值观和消费观。
- 理解人口高质量发展与中国式现代化的关系。

消费者群体是由具有某些共同特征的消费者集合而成的。在群体状态下，消费者表现出诸多不同于个体的群体心理与行为现象，如群体规范、群体压力、群体沟通、参照群体、暗示、模仿、从众、消费习俗与流行等。现实中，消费者经常以群体的方式对环境刺激产生心理与行为反应，进而对市场运行产生较大影响。因此，研究各类消费者群体的心理与行为对于企业开展营销活动具有重要意义。

第1节　消费者群体特征与类型

一、消费者群体的含义与形成

群体是社会协作的产物，也是一种极为普遍的社会现象，涉及人类生活的各个方面，如政治群体、工作群体、娱乐群体、朋友群体等。广义的社会群体泛指一切通过持续的社会互动或社会关系结合起来进行共同活动，并有共同利益的人类集合体；狭义的社会群体指由持续的、直接的交往联系起来的具有共同利益的人群。①

消费者群体的概念是从社会群体的概念引申而来的。通常具有相同或者相近消费特征的消费者称为消费者群体，比如收入水平相近、购物兴趣相同，或处于同一年龄段，或工作性质与职业类似的消费者构成相应的消费者群体。

---

① 郑杭生．社会学概论新修．5版．北京：中国人民大学出版社，2019.

消费者群体是由某些具有共同消费特征的消费者组成的群体。同一消费者群体内部的消费者在消费心理、购买行为及习惯等方面有许多共同之处；不同消费者群体之间则存在诸多差异。

消费者群体的形成是消费者内在因素与外部环境因素共同作用的结果。

一方面，消费者因自身生理、心理特点的不同而形成不同的消费者群体。例如，由于性别的差异，形成男性消费者群体和女性消费者群体；由于个性特征及价值观念的差异，形成开放型、保守型、享受型、节俭型等消费者群体。这种由于生理及心理特征差异而形成的消费者群体，在消费需求、消费心理、购买行为等方面存在差别，但在群体内部具有许多共同点。

另一方面，不同消费者群体的形成还受外部因素的影响，如经济发展水平、文化传统、民族、宗教信仰、地理气候条件等。这些因素对消费者群体的形成具有重要作用。例如，随着经济发展和社会分工的细化，社会职业的种类越来越多，不同职业的劳动环境、工作方式、能力要求、收入水平等存在较大差异，这些差异必然对人们的消费观念、消费方式、消费习惯及购买行为等产生影响，久而久之，便形成了以职业划分的工人消费者群体、农民消费者群体、知识分子消费者群体等。又如，地理位置的不同，使得山区、丘陵、平原、沿海、内地、南方、北方的消费者在生活方式、消费习惯上均存在差异，由此形成了以地域划分的不同消费者群体。

二、消费者群体的类型

消费者群体可以采用多种标准加以划分。由于划分标准不同，消费者群体分为多种不同的类型。

（一）根据地理因素划分

根据地理因素可以将消费者群体做不同划分。按国家地区划分，可分为国内消费者群体、国外消费者群体；按自然条件、环境及经济发展水平划分，可分为山区、平原、丘陵地区消费者群体，沿海、内地、边远地区消费者群体，城市、乡村消费者群体等。处在不同地理位置的消费者对企业的产品有不同的需要和偏好，其消费水平、消费结构以及消费习惯都有很大的差别。如南方消费者因气候比较潮湿，选择偏辣的食物，北方消费者因气候干燥且冬季寒冷，饮酒习惯以白酒为主。

（二）根据人口统计因素划分

人口统计因素是指人们的性别、年龄、职业、民族、经济收入、受教育程度等。以此类标准划分的不同消费者群体，其消费心理和消费行为也有所不同。例如，按性别划分，可分为男性消费者群体、女性消费者群体；按年龄划分，可分为少年儿童消费者群体、青年消费者群体、中年消费者群体和老年消费者群体等。

（三）根据消费心理因素划分

现实生活中，人们会发现许多消费者尽管在年龄、性别、职业、收入等方面具有相似性，但购买行为并不相同。这种差别往往是心理因素的差异造成的，可以作为消费者群体划分依据的心理因素有个性、价值观、自我概念、生活方式等。例如，罗兰·贝格管理咨询公司根据其提炼的消费者核心价值元素（如质量、定制化、简约化、美誉、服务等 16 项），将中国消费者划分为自我中心型、极致享乐型、传统奢华型、现代理智型、勤俭持家型、进取精英型、传统安逸型和简约中庸型八大群体。[①]

（四）根据消费者对商品的现实反应划分

消费者对商品的现实反应不同，购买行为也不尽相同。对商品的现实反应主要表现为购买商品的动机、对商品品牌的偏好度、对商品的使用时间、对商品的使用量、对商品要素的敏感性等方面。例如，从购买动机来看，有炫耀性消费、求实动机消费、便利动机消费、求新和求廉动机消费等不同消费者群体。

应当指出的是，上述消费者群体的形成因素相互关联，共同对消费者群体心理与行为产生影响。还应该注意到，消费者群体形成后，并非固定不变，而是随着时间、地点、环境条件的变化而不断发展变化。某些消费者群体可能解体，某些可能重新组合，新的消费者群体也会不断涌现。随着社会经济的发展，消费者群体的变化呈现如下趋势：不同消费者群体的数量增加；消费者群体的划分越来越细；消费者群体的内在素质不断提高；消费者群体的演变加快。为此，企业应针对多种因素共同影响下的消费者群体特点，关注消费者群体的变化与发展，适时地调整自己的营销策略，才能更好地满足不同消费者的需要。

三、主要消费者群体的心理与行为特征

年龄和性别是两个常用的划分消费者群体的标准。按此标准划分的消费者群体包括少年儿童消费者群体、青年消费者群体、中年消费者群体、老年消费者群体、男性/女性消费者群体等，对研究消费者群体心理与行为特征具有重要作用。

（一）不同年龄段的消费者群体[②]

在心理社会期发展论中，美国哈佛大学心理学教授艾里克森（Erik Erikson）根据时间发展将人生过程分为八个时期，简称人生八段，每一阶段都有其发展主题（见表 11-1）。

表 11-1 艾里克森的心理社会期发展论

时期	年龄	心理危机（发展关键）	发展顺利	发展障碍
1	1 岁	信赖与不信赖（trust vs. mistrust）	对人信赖，有安全感	与人交往，焦虑不安
2	2～3 岁	主动与羞愧（autonomy vs. shame and doubt）	能自我控制，行动有信心	自我怀疑，行动畏首畏尾

① Roland Berger. 2010 年度中国消费者报告，2010-07-28.
② 罗子明．消费者心理学．4 版．北京：清华大学出版社，2017.

续表

时期	年龄	心理危机（发展关键）	发展顺利	发展障碍
3	3～6岁	主动与内疚（initiative vs. guilt）	有目的方向，能独立进取	畏惧退缩，无自我价值感
4	6岁～青春期	勤奋与自卑（industrious vs. inferiority）	具有求学、做事、待人的基本能力	缺乏生活基本能力，充满失败感
5	青年期	自我统合与角色混乱（identity vs. confusion）	自我观念明确，追寻方向肯定	生活缺乏目标，时感彷徨迷失
6	成年期	亲密与孤独（intimacy vs. isolation）	成功的感情生活，奠定事业基础	孤独寂寞，无法与人亲密相处
7	中年期	爱心关怀与颓废迟滞（generosity vs. stagnation）	热爱家庭，栽培后进	自我恣肆，不顾未来
8	老年期	完美无憾与悲观绝望（integrity vs. despair）	随心所欲，安享天年	悔恨旧事，徒呼负负

资料来源：张春兴．现代心理学．上海：上海人民出版社，2005：281.

在消费者行为领域，营销者依据年龄变量通常把消费者分为少年儿童消费者群体（0～14岁）、青年消费者群体（15～35岁）、中年消费者群体（36～55岁）、老年消费者群体（56岁以上）。因研究目的不同，各年龄段的划分标准会做相应调整，比如中年消费者群体还可以细分为36～45岁、46～55岁两个年龄段，老年消费者群体可以分为56～65岁、66岁及以上两个年龄段。

1．少年儿童消费者群体

少年儿童消费者群体由0～14岁的消费者组成。这部分消费者在总人口中占有较大比例。从世界范围看，年轻人口型国家中，0～14岁少年儿童占30%～40%；老年人口型国家中，少年儿童占30%以下。根据第七次全国人口普查结果，我国0～14岁少年儿童占总人口的17.95%。这一年龄段的消费者构成一支庞大的消费大军，是具有特定心理与行为的消费者群体。

0～14岁的少年儿童又可根据年龄特征分为儿童消费者群体（0～11岁）和少年消费者群体（11～14岁）。下面分别就这两个年龄段的消费者群体心理与行为特征进行探讨。

（1）儿童消费者群体的心理与行为特征。从初生婴儿到11岁的儿童受一系列外部环境因素的影响，他们的消费心理和消费行为变化幅度较大。这种变化在儿童年龄阶段表现得最为明显，即乳婴期（0～3岁）、学前期（3～6岁，又称幼儿期）、学初期（6～11岁，又称童年期）。在这三个阶段中，儿童的心理与行为出现三次较大的质的飞跃，心理表现为：开始了人类的学习过程，逐渐有了认识能力、意识倾向、学习、兴趣、爱好、意志及情绪等心理品质；学会了在感知和思维的基础上解决简单的问题。行为方式上逐渐从被动转为主动。这种心理与行为特征在消费活动中表现为以下方面。

①从纯生理性需要逐渐发展为带有社会性的需要。儿童在婴幼儿时期，消费需要主要表现为生理性的需要且纯粹由他人帮助完成。随着年龄的增长，儿童对外界环境刺激的反应日益敏感，消费需要从本能发展为有自我意识加入的社会性需要。四五岁的儿童

学会了比较，年龄越大，这种比较越深刻。这时的儿童仅是商品和服务的使用者，很少成为直接购买者。处于幼儿期、学初期的儿童已经具有一定的购买意识，并对父母的购买决策产生影响，有的还可以单独购买简单商品，即购买行为由完全依赖型向半依赖型转化。

②从模仿型消费发展为带有个性特点的消费。儿童的模仿性非常强，尤其在学前期，对于其他同龄儿童的消费行为往往有强烈的模仿欲望。随着年龄的增长，这种模仿性消费逐渐被有个性特点的消费代替，购买行为也开始有了一定的目标和意向。

③消费情绪从不稳定发展为比较稳定。儿童的消费情绪极不稳定，易受他人感染，易变化，这种心理特性在学前期表现得尤为突出。随着年龄的增长，儿童接触社会环境的机会增多，有了集体生活的锻炼，意志力增强，消费情绪逐渐稳定下来。

总之，儿童的消费心理多处于感情支配阶段，购买行为以依赖型为主，但有影响父母购买决策的倾向。

（2）少年消费者群体的心理与行为特征。少年消费者群体是指11～14岁年龄阶段的消费者。少年期是儿童向青年过渡的时期。在这一时期，他们在生理上呈现第二个发育高峰，在心理上也有较大变化，如有了自尊与被尊重的要求，逻辑思维能力增强。总之，少年期是依赖与独立、成熟与幼稚、自觉性和被动性交织在一起的时期。少年消费者群体的心理与行为特征可以从以下几点表现出来。

①有成人感，独立性增强。有成人感是少年消费者群体自我意识发展的显著心理特征，他们认为自己已长大成人，应该有成年人的权利和地位，要求受到尊重，学习、生活、交友都不希望父母过多干涉，希望能按自己的意愿行事。在消费心理与行为上，表现出不愿受父母束缚，自主独立地购买所喜欢的商品。他们的消费需求倾向和购买行为还不成熟，有时还会与父母发生矛盾，但正处于形成和发展的过程中。

②购买的倾向性开始确立，购买行为趋向稳定。少年时期的消费者，知识不断丰富，对社会环境的认识不断加深，幻想相对减少，有意识的思维与行为增多，兴趣趋于稳定。随着购买活动的次数增多，感性经验越来越丰富，对商品的判断、分析、评价能力逐渐增强，购买行为趋于习惯化、稳定化，购买的倾向性也开始确立，购买动机与实际的吻合度有所提高。

③受影响的范围逐渐扩大，从受家庭的影响转向受社会的影响。儿童期的消费者所受影响主要来自家庭。少年消费者则由于参与集体学习、集体活动，与社会接触的机会增多，范围扩大，受社会环境影响逐渐增加。这种影响包括新环境、新事物、新知识、新产品等，其影响媒介主要是学校、老师、同学、朋友、书籍、大众传媒等。与家庭相比，他们更乐于接受社会的影响。

总之，少年儿童消费者群体构成了一个庞大的消费市场。企业把握少年儿童的心理与行为特征，是为了刺激其购买动机，满足他们的心理和物质需求，积极培养、激发和引导他们的消费欲望，从而大力开发这一具有极大潜力的消费市场。

2. 青年消费者群体

青年是指由少年向中年过渡的人群。处于这一时期的消费者，形成了青年消费者群体。根据我国情况，青年消费者群体的年龄段在15～35岁之间。根据艾里克森心理社会期发展理论，人生八阶段中处于第五阶段的青年期是关键期。在社会多元化与教育普及的今天，多数青年人的自我意识逐渐成熟，自我控制能力也在增强，更多地强调个人意志和自我选择。在消费领域，相对于其他消费者群体，青年消费者的探索意识和冒险意识非常突出，他们的体力和精力都处于人生的最高峰，拥有极大的消费潜力。具体来说，青年消费者群体具有如下特征。

（1）敏感性强，追求时尚潮流，是新商品的创新采用者。青年消费者一般还未形成固定的消费习惯和品牌偏好，他们交际广泛，信息灵通，在购买时顾虑较少，对新事物、新知识、新商品有渴望，大胆追求，不断地更换品牌，以获得不同的体验。这些特征反映在消费倾向中，即追求时尚和流行，力求领导消费潮流，往往是新商品的创新采用者。

（2）强调个性，注重表现自我。自我意识的成熟、对自我形象的关注以及自我表达能力的增强，都赋予青年消费者群体以鲜明的个性，他们力求通过拥有独特的商品来充分展示自我与众不同。在购买决策中，他们不易受成年人的影响，但很在乎同龄人是否接受或喜欢。① 此外，有研究发现，青年的自我构念存在地域和年龄的差异。出生在大城市的青年更偏向于独立型自我，出生在乡镇的青年更偏向于依赖型自我。相对于青年，中年人更倾向于依赖型自我。

（3）注重情感，消费冲动性强。由少年向成年过渡的青年消费者处于自我统合阶段，他们开始思考“我是谁”与“我将走向何方”两个问题。在这一过程中，青年的思想倾向、志趣爱好、未来规划等都还未完全确定，行动也较容易受到自身情绪与情感的支配。这一特征反映在消费活动中，表现为青年消费者易受客观环境影响，情感变化剧烈，经常发生冲动性购买行为。

（4）消费行为日渐成熟，趋向追求实用。随着年龄的增长以及自我统合的顺利完成，青年消费者的消费倾向从不稳定向稳定过渡。青年人收入水平不高，因此在追求时尚、表现自我的同时，也意识到商品实用性的重要，他们开始考虑所购商品的性价比，理性地决定购买行为。由于青年人大多具有一定的文化水平，信息渠道丰富，因此在选择与购买过程中盲目性较小，购买动机及购买行为表现出一定的成熟性。

素养园地　培养德智体美劳全面发展的社会主义建设者和接班人

针对青年消费者群体的心理与行为特点，企业应及时推出顺应时代潮流、先进技术、兴趣爱好、价值观念、时尚追求等的商品或服务，通过有特色的营销手段，刺激其购买，促成购买行为。

3. 中年消费者群体

中年一般指36～55岁的年龄段，由中年消费者组成的群体即为中年消费者群体。中年消费者群体的收入水平趋于人生中的最高峰，支出能力增强，消费商品的范围广泛，他们反应敏捷，消费技能强。中年消费者一般已成家立业，家庭负担重，工作压力大，这些特征对该消费者群体的心理有很大影响。

（1）消费角色的多重性和消费行为的复杂性。中年消费者上要赡养老人，下要抚养

---

① 张红霞，丁瑛，Lee A Y，徐菁．依赖VS独立？中国消费者自我构念的地域和年龄差异及其对广告诉求偏好的影响．营销科学学报，2013（1）：50-61.

小孩，承担家庭生活的全部开销，制定购买决策时要考虑所有家庭成员的需求，在消费活动中担当多重角色，多重角色决定了中年消费者群体行为的复杂性。

（2）量入为出，计划性强，消费理性。随着年龄的增长，进入中年后，人的性情和情绪反应趋于平稳，能理智地支配自己的行动，感情用事的情况减少。为了合理分配家庭各方面开支，中年消费者大多奉行量入为出的原则，消费支出计划性强，很少计划外开支和即兴消费。中年消费者一般养成了勤俭持家、精打细算的习惯，购物时注重产品的实用性和价格，讲求科学、合理的消费行为。

4. 老年消费者群体

一般将退休后离开工作岗位的消费者称为老年消费者，由老年消费者组成的群体称为老年消费者群体。第七次全国人口普查数据显示，65岁及以上人口占全国人口的13.5%，与2010年第六次全国人口普查相比其比重上升4.63个百分点。中国进入老龄化社会，老年人在吃、穿、住、用、行等方面都有特殊要求，这个群体的消费行为与其他消费者群体有诸多不同。

（1）消费习惯稳定，品牌忠诚度高。由于年龄和心理因素，与年轻人相比，老年人形成了比较稳定的态度倾向和习惯的行为方式，他们的消费观较为成熟，消费行为理智，冲动性消费和目的不明的计划外消费很少，更倾向于选择老品牌。

（2）选购商品注重实用性。我国现阶段的老年消费者经历过较长一段时期并不富裕的生活，一般都很节俭，他们把商品实用性作为购买决策考虑的首要因素，至于商品的品牌、款式、颜色、包装则放在第二位。价格便宜对于老年消费者选择商品有一定吸引力，随着收入水平的提高，老年消费者在购买商品时也并非一味追求低价格，品质和实用性也是他们考虑的主要因素。

（3）需求结构侧重健康保健。随着生理机能的衰退，老年消费者对保健食品和用品的需求大大增加。只要某种食品、保健用品对健康有利，价格一般不会成为老年消费者的购买障碍。同时，由于需求结构的变化，老年消费者在穿着及其他奢侈品方面的支出大大减少，对满足兴趣爱好的商品的购买支出明显增加。

（4）抱有补偿性的消费动机。在子女成人独立后，老年消费者的经济负担减轻，部分老年消费者产生了强烈的补偿心理，试图补偿过去因条件限制未能实现的消费愿望。他们对美容美发、穿着打扮、营养食品、健身娱乐、特殊嗜好、旅游观光等同青年人一样有着强烈的消费兴趣，同时乐于进行大宗支出。

针对老年消费者群体的生理与心理特点，企业不但要提供老年人所需要的方便、舒适、有益健康的消费品，还要提供良好的服务，同时要考虑老年人娱乐休闲方面的要求，提供适合老年人特点的健身娱乐用品和休闲方式。

（二）不同性别的消费者群体

1. 女性消费者群体

女性消费者群体是以性别区分的一类消费者群体。女性消费者在消费活动中处于特殊的角色地位，形成了独具特色的消费心理与行为特征。

（1）是大多数购买活动的行为主体。女性是一个潜力巨大的消费者群体。据统计，中国社会购买力70%以上掌握在女性手中，在庞大的消费市场中80%的购买决策通常由女性做出，尤其是随着电子商务的兴起，女性作为消费主力军的地位更加突出。有调查显示，有网络购物行为的女性消费者不仅在数量上多于男性，进行网络购物的频率也更高。女性消费者不仅数量众多，在购买活动中也起着特殊的作用，她们不仅为自己购买所需商品，而且在家庭中承担了母亲、妻子、主妇、女儿等多种角色，是大多数儿童用品、男性用品、家庭用品、老人用品的主要购买者。

（2）注重外观和感性特征，易产生非理性消费。女性消费者在个性心理上具有较强的感性特征，即感情丰富、细腻，情绪波动频繁且变化幅度较剧烈，富于幻想和联想。这种特征反映在消费活动中，一方面，表现为女性消费者对商品外观形象、感性特征等较重视，在同样质量功能的条件下，品牌名称、款式色彩、包装装潢、广告诉求等方面感性色彩强烈的商品，容易引起女性消费者的兴趣；另一方面，女性消费者容易在某种情绪或情感的驱动下产生购买欲望，引发非理性购买行为。具体表现为：易受打折、促销、广告等刺激而进行冲动性购买；他人购买、劝说及卖场氛围容易诱发从众行为；一些女性试图通过购物来发泄不良情绪。

（3）比较挑剔，注重商品的实用性和便利性。女性消费品品种繁多，弹性较大，加之女性特有的细腻、认真，她们对商品的选择挑剔程度较男性高。在家庭中的地位及从事家务劳动的经验，使女性消费者对商品的实际效用要求较高，特别是细节之处的设计优点，往往能迅速博得女性消费者的欢心，如家庭洗涤剂精巧的喷头设计、家用微波炉使用的专用器皿等。同时，大部分中青年女性既要工作又要承担家务劳动，因此对日常生活用品的便利性有强烈需求，每一种能减轻家务劳动的新型便利性商品都能博得她们的青睐。

（4）有较强的自我意识和自尊心。女性消费者一般有较强的自我意识和自尊心，对外界事物反应敏感，她们往往以挑选眼光、购买内容及购买标准来评价自己、评价别人，希望通过明智或独特的购买活动体现自我价值，即使作为旁观者，也愿意发表意见，并且希望被采纳。在购买活动中，售货员的表情、语调、介绍及评论等都会影响女性消费者的自尊心，进而影响其购买行为。比如，售货员“您穿这件衣服显得特别年轻”的恭维话会激起中年女性消费者的购买欲望。

鉴于女性消费者在消费领域的重要地位，企业应特别重视针对女性消费者群体的心理与行为特点制定营销策略。例如，商品的款式、色彩要新颖时尚，注重细节，突出实用性和便利性；广告宣传要引发女性消费者的情感共鸣。另外，现场促销还应注意语言的规范性，讲究语言艺术，尊重女性消费者，以赢得其好感。

2. 男性消费者群体

男性消费者主要是指成年男性消费者。与女性消费者相比，男性消费者购买商品的范围要窄一些，但他们往往是家庭中购买高档商品的主要决策者，这是因为与女性相比，男性就业率和经济收入相对较高。在购买活动中，男性对产品结构与功能的了解要优于女性，这往往使他们成为结构较为复杂的产品或高档耐用消费品（如轿车）的选购者。出于男性特有的成就感和控制欲，他们在新产品接受方面比女性更为积极主动。男性较多地通过广告获取商品信息，购买决策一旦形成，他们就会迅速果断地付诸实施，实现购买行为，而且男性在购买产品时较少挑剔，也不愿在同类产品之间反复比较和权衡，因此他们选购产品的范围较窄。男性消费行为更趋于理性，他们去商店一般都有明确的购买目标。针对男性消费者群体的特点开展营销活动，对于企业促进销售和扩大消费者群体具有重要意义。

第 2 节　群体规范、群体压力与内部沟通

消费者群体作为一种特殊的社会群体，因内部成员间的相互作用形成了一定的结构模式。规范、压力以及内部沟通作为这种结构模式中的要素，对成员及群体的消费行为具有重要影响。

一、消费者群体规范

群体规范是指在某一特定群体活动中，被认为是合适的成员行为的一种期望，是群体所确立的一种标准化的观念。[①]

群体规范的形成有一定的心理机制。人们在共同生活中，对于外界事物的经验具有一种格式化、规范化的自然倾向。这种规范化的经验称为定型，它有助于人们再遇到此类事物时尽快做出反应。美国心理学家谢里夫（M. Sherif）认为，群体中人与人相互作用，逐渐形成了成员共同的判断标准或依据原则，使各成员的判断趋于稳定，这个过程就是群体规范形成的基本过程。

按照规范的形式，可以将消费者群体规范分为成文规范与不成文规范两类。成文规范一般由组织正式规定，通过制定明确的书面条文以行政、政策乃至法律的手段为成员提供行为标准，强制性地影响消费者的心理与行为。如为了打击酒后驾车行为，我国政府颁布了禁止酒后驾车的规定。

不成文规范常指群体成员所认同的文化与习俗对于个体的约束，其作用形式表现为通过群体压力迫使消费者调整自身行为，以适应、顺从群体的要求。例如，白领这一职业群体上班时一般都需要穿着正式服装，如果某个成员着装过于休闲或暴露，则会受到指责或被视为另类。

二、消费者群体的群体压力

任何消费者群体都会对所属的个体消费者的心理产生一定的影响，其影响方式是通过具体的信念、价值观和群体规范对消费者形成一种无形的压力或约束力，这种压力即群体压力。受到群体压力时，消费者会自动或被迫按照群体目标和准则调整自己的行为。

群体压力与权威命令不同，它并不是通过自上而下的明文规定强迫个体与群体保持

---

① 郑杭生．社会学概论新修．5 版．北京：中国人民大学出版社，2019.

一致，而是通过大多数人一致的意见来影响个体的反应。群体压力虽不具有强制性，却使个体在心理上难以违抗而顺从群体并与之保持一致。因此，群体压力对于消费者行为的改变常常比权威命令效果更明显。

心理学家莱维特在《管理心理学》一书中详细地描绘了群体压力产生的过程。他认为群体压力的形成主要包括以下四个阶段。

第一，辩论阶段。在辩论阶段，群体成员充分发表自己的意见，并耐心听取别人的意见。经过辩论，意见逐渐分为两派，即多数派和少数派，这时，少数派已经感到某种压力，但他们仍据理力争。

第二，劝解说服阶段。多数派劝少数派放弃他们的主张，接受多数派的意见，以利于群体的团结。此时，多数派已由听取意见转为劝解说服，少数派感受到越来越大的群体压力，有些人因此放弃原来的观点，顺从多数人的意见。

第三，攻击阶段。个别少数派仍坚持自己的意见，不肯妥协，多数人开始攻击其固执己见。此时，个别少数派感到压力极大，但可能还强顶着。

第四，心理隔离阶段。对于少数不顾多方劝解和攻击仍然坚持自己的意见的人，大家采取断绝沟通的方法，使其陷于孤立。这时，个体会感到已被群体抛弃，处于孤立无援的境地，除非脱离群体，否则将处于难堪的境地。

上述过程在消费者行为中表现为：当消费者对某一问题尚未表达意见和看法时，他在群体压力下有可能做出和大家一致的表示。如果消费者已经明确表达了自己的态度，此时如果屈服于群体压力，会使其觉得在公众面前损害了独立性和自我形象，因此不轻易从众。研究表明，随着自我介入水平的提高，人们不服从群体压力的倾向，即保持原来观点的倾向也越来越强烈。

三、消费者群体的内部沟通

如同组织的内部沟通一样，在消费者群体中也存在各种形式的内部沟通，成员之间分享和交流商品与服务信息，以及购买、使用商品后的评价和心理感受，其目的在于通过向群体内的其他成员转告、传播、倾诉，来求得他人的了解和认同。消费者不仅在群体内传播消费信息，而且与其他成员分享自己对产品或服务的感受。消费者的感受一般可分为满意与不满意两种，由此衍生出两种不同的群体沟通方式。当消费者在购买、使用某种商品后获得满意的体验，心理上得到极大满足时，会出现传话效应，即把自身良好的心理感受和经验转告他人，这属于积极沟通。当消费者由于各种原因而产生不满的心理体验时，会通过抱怨、发泄、投诉等方式，将消极信息传递给其他消费者或企业，以求得到同情和补偿，这便是一种消极沟通。

消极沟通通常有以下三种表现形式。

（1）抱怨。消费者会向他人抱怨经营者的商品质量或服务态度不佳，并主动找有关部门反映，要求协调处理质量和服务问题。

（2）传话。消费者会把所遭受的利益损失情况转告其他消费者，希望得到他人的同情，也就把对企业不利的信息传给了其他消费者，使其他消费者产生戒备心理，给企业形象造成不良影响。

（3）投诉。这是消费者运用舆论、行政或法律手段保护自身权益所采用的手段。当消费者遭受重大利益损失，出现严重后果时，企业如果不能及时妥善地加以解决，消费者就会诉诸媒体、政府部门或消费者权益保护组织乃至法律机构，以求得到公平的解决。

当消费者群体中出现消极沟通时，企业应该及时指定专人负责解决问题，赔偿消费者利益损失，消除其不满情绪，使传话人的传话行为尽快终止。此外，企业还要通过媒体在广大消费者中澄清事实、消除影响，尽可能减少消极沟通产生的不良后果。

第 3 节 口碑传播和创新扩散

一、口碑传播

（一）口碑传播的概念

口碑传播（word of mouth）一词来源于传播学。在研究消费者口碑传播时，我们将其定义为个体之间关于产品和服务看法的非正式人际传播，传播内容包括正面的观点和负面的观点，但不同于向公司提出正式的抱怨或赞赏。现实中，消费者在评判、选择商品时，常常受到朋友、同事、邻居等相关群体态度和意见的影响。由于消费者认为这些意见和看法不含商业意图，比较客观可靠，值得信赖，因此会直接影响自己的态度与购买决策。由于在影响消费者态度和行为中所起的重要作用，口碑被誉为“零号媒介”。

现代营销学者高度重视口碑传播，认为口碑传播是对消费者最具影响力的信息源，也是市场中最强大的控制力之一。摩根士丹利公司（Morgan Stanley）的一位分析家认为，沃尔玛就是“靠口头传播建立声誉的公司”，其原因在于：沃尔玛在出名之前，以提供“天天低价”、丰富的品种、充实的货架和一流的服务使顾客感到满意，这些满意的顾客又将店内的情况转告他人，顾客越来越多，由此，沃尔玛成为美国最大的零售店，但它的广告费只占销售额的 0.5%，远远低于其竞争对手凯玛特和西尔斯。显然，良好的口碑对企业来说价值不菲。

（二）口碑传播效应

国外研究者曾对口碑传播现象进行专项调查，结果发现，在同一住宅区内，如果有一户安装空调设备，其他住户会陆续安装；相反，如果没有一户安装空调设备，则可能全体住户都不装空调，这种现象就是由邻居间的口碑传播所致，最早的购买者会直接影响自己的近邻，从而引起连锁反应。

美国学者阿恩特（J. Arndt）研究了口碑传播信息对新产品普及的作用。他发现，第一，购买新产品的人常常同别人提起这种新产品。如表 11－2 所示，62%的购买者、32%的非购买者是由口碑传播得到新产品的信息。

表 11-2　购买商品与口碑传播信息的关系

口碑传播	购买商品者（%）	非购买商品者（%）
谈过话	62	32
未谈过话	38	68

第二，购买者明显地受到了善意的口碑传播信息的影响。从表 11-3 可以看出，想要购买新产品的人，根据口碑传播的信息，做出了购买决策。另有学者对到大城市购物的消费者利用何种信息源购买商品进行调查，得到了同样的结论。

表 11-3　购买商品与口碑传播信息的影响

口碑传播信息的影响	购买商品者（%）	非购买商品者（%）
善意的影响	26	17
无影响	10	11
非善意的影响	1	4
没谈过话	63	68

口碑传播依产品类别的不同而不同，并随着人口统计特征发生变化。表 11-4 显示了在购买产品或服务之前，男性和女性向他人征求意见的百分比。

表 11-4　男女购物征求意见百分比

项目	男性（%）	女性（%）
新产品	45	47
法律咨询	41	42
汽车修理	40	49
饭馆	39	38
电影	26	28
个人贷款	17	20
汽车购买	15	22
理发	10	24

资料来源：德尔·I. 霍金斯，等．消费者行为学：原书第 12 版．北京：机械工业出版社，2014.

（三）有效的口碑传播管理

口碑传播不同于一般意义上的人际交往。整合营销传播理论强调口碑传播不是一个被动的人际传播过程，其传播信息的活动对于企业形象和消费者认知与行为具有直接影响，因此，进行有效的口碑传播管理具有重要意义。

1. 实施有效的主动口碑传播

加强顾客体验是实施主动口碑传播的重要方式。顾客体验就是顾客与企业产品、人员和流程互动的过程。在体验中，要让顾客置身于生产制造的全过程，或者让顾客切身享受消费的乐趣，从而形成“以自己希望的价格，在自己希望的时间，以自己希望的方式，得到自己想要的东西”的强烈消费体验。体验式消费的感受越是深刻难忘，形成的口碑传播越是生动形象，其感染力也会越强烈。实际上，这是 IT 时代迎合定制化营销和关系营销的一种趋势。

运用典型故事或事件树立正面口碑也是主动口碑传播的重要途径。故事或事件的传播带有情感，是口碑传播的有效工具。在许多情形下，做出消费决策的瞬间往往是情感性的或已形成的潜意识发挥作用，而非大量费力的理性分析。

2. 进行有效的负面口碑传播管理

整合营销传播理论认为，保持顾客比发展顾客更有意义（富有效率和效益）。有研究显示，只有 4%的不满意顾客会对企业提出抱怨，但 80%的不满意顾客会对周围的人谈起自己的不愉快经历。在所有表达抱怨的顾客中，如果其抱怨得到了解决，有 54%～70%的顾客会再次与企业发生商业关系。因此，建立完整的顾客档案系统和有效反馈机制是消除负面口碑传播的关键。

实施有效的口碑管理，要消除顾客投诉的阻碍因素，这些因素通常包括：没有合适的投诉渠道；顾客存有疑虑，如担心公司不理睬、处理不公、进行报复等。要扫除这些障碍，公司应当做到：鼓励顾客投诉，如采用奖励和补偿方式；培训顾客投诉（如何投诉和获得解决方案）；建立顾客投诉方便网络；建立有效投诉处理小组。

二、创新扩散

（一）创新扩散的概念

创新是指被相关的个人或群体视为新颖的构思、操作或产品。某个产品是不是创新产品，取决于潜在消费者对它的认知，而非取决于对其技术改进的客观衡量。某些产品可能有悠久的历史，但如果被消费者认为有新颖之处，便是创新产品。根据对原有消费模式的影响程度，可将创新划分为三种类型：一是连续创新，指对原有产品只做一些细微的或无关紧要的改变。这种创新对消费模式的影响很有限，顾客购买产品后，仍可按原来的方式使用。例如，宝洁公司推出的飘柔牌水果香型洗发水，就是在原有配方的基础上加入芳香剂，但这并不影响使用方式。二是动态连续创新，指对原有产品的某个不太重要或中等重要的属性进行重大改变。这种创新会对原有的消费模式加以改变，但又不是彻底的。例如，MP4 就是在 MP3 的基础上进行的动态连续创新。三是非连续创新，指引进和使用新技术的创新，要求顾客必须重新学习和认识创新产品，彻底改变原有的消费模式，如电动汽车。

创新扩散是指新产品上市后随着时间的推移不断地被越来越多的消费者采用的过程，也就是说，新产品上市后逐渐地扩散到其潜在市场的各个部分。传播学者罗杰斯在新事物发展的 S 曲线理论中指出，几乎大部分新思想、新事物的创新扩散过程都呈 S 形曲线。开始时人数很少，扩散进程很慢，当人数增加到大众的 10%～25%时会突然加快，曲线呈迅速上升趋势，在接近最大饱和点时再次慢下来。也就是说，无论所研究的创新产品或涉及的消费者群体如何，创新扩散过程随着时间的推移都会呈现相似的模式（如图11-1所示）。此外，研究显示，不同新产品从导入市场到达到市场饱和的时间各不相同，从几个星期、几个月到几年不等。这引发了两个问题：影响创新产品在某一细分市场扩散速度的因素是什么？在创新扩散过程中如何区别不同阶段的消费者？

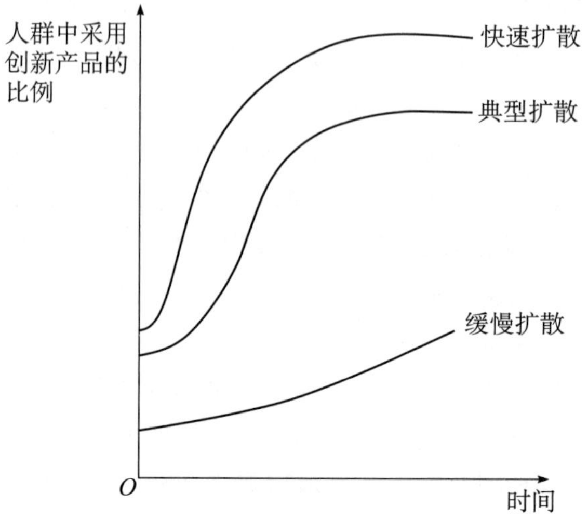

图11-1　创新产品随时间的扩散速度

资料来源：德尔·I. 霍金斯，等. 消费者行为学：原书第12版. 北京：机械工业出版社，2014.

（二）影响创新扩散的因素

从消费者心理与行为角度来看，创新产品的扩散速度取决于以下几点。

（1）消费者个人因素，如性格、文化背景、受教育程度和社会地位。不同的消费者对新产品的接受快慢程度是不同的。

（2）群体类型。有些群体比另外一些群体更容易接受改变。一般来说，年轻人更易接受新事物、新观念，新产品在这一群体中扩散得更快，如iPhone在青年群体中迅速扩散。因此，目标市场是决定创新产品扩散速度的重要因素。

（3）决策类型。决策事实上可以分为个人决策和集体决策两种类型，做出决策的人数越少，创新产品扩散就越快。因此，涉及两个或两个以上决策者的创新产品，要比只有一个决策者的创新产品扩散得慢。

（三）创新扩散模式

图11-2的曲线描述了创新产品随时间推移被消费者采用的过程，从图形可以看出，一小部分消费者会很快采用创新产品，另一部分消费者则需经历一个漫长的过程才会采用创新产品，大多数人介于这两者之间。在创新扩散过程中根据消费者接受快慢的差异，可将消费者划分成五种类型，即创新采用者、早期购买者、早期大众、晚期大众和落后采用者。

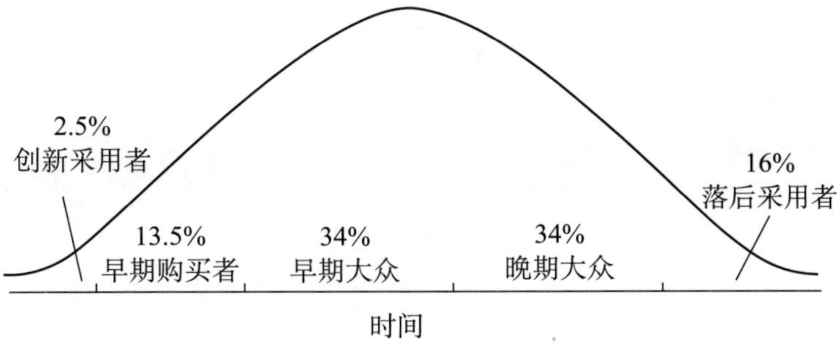

图 11－2　创新扩散模式图

资料来源：郭国庆．市场营销通论．9 版．北京：中国人民大学出版社，2022.

（1）创新采用者。该类消费者是富有冒险精神的采用者，能够承担因采用不成功产生的经济和社会损失，占全部潜在采用者的 2.5%。任何新产品都是由少数创新采用者率先使用的，他们一般是交际广且信息灵通的年轻人，收入水平、社会地位和受教育程度较高。创新采用者通过各种广告媒体、推销人员和专业性信息来了解新产品。

（2）早期购买者。早期购买者占全部潜在采用者的 13.5%，他们事业有成，受过良好教育，通常是群体中的意见领袖，在所属群体内有很高威信或权威。这类消费者在产品的导入期和成长期采用新产品，并对后面的采用者产生很大影响。他们也使用广告、专业信息和人际信息源，并向他人提供信息。值得注意的是，早期购买者并不是在所有方面都倾向于创新。表 11－5 显示了家用计算机的早期购买者与录像机的早期购买者之间的差别。

表 11－5　家用计算机和录像机的早期购买者

	家用计算机的早期购买者	录像机的早期购买者
年龄		
18～24 岁	103	163
25～34 岁	113	91
35 岁及以上	94	84
受教育程度		
大学毕业	179	152
大学肄业	125	86
高中	77	92
婚姻状况		
已婚	209	92
单身	107	136
拥有产品		
网球	0	＋
壁球	0	－

续表

	家用计算机的早期购买者	录像机的早期购买者
冲浪板	－	＋
标枪	－	＋
保龄球	－	＋
滑雪鞋	－	0
豪华汽车	－	0
男士钻戒	－	＋
经典民乐唱片/磁带	0	－
流行爵士乐唱片/磁带	－	0
读书俱乐部	0	－
太阳能暖气系统	＋	－
食品干燥机	＋	－
电动冰淇淋机	－	＋

注：(1) 表中的结果是以100作为平均消费水平的指数。(2)“＋”为大量消费；“0”为中等消费；“－”为少量消费。

资料来源：符国群．消费者行为学．4版．北京：高等教育出版社，2021.

(3) 早期大众。这类采用者的采用时间较平均采用时间要早，占全部潜在采用者的34%。他们受过一定的教育，有较好的工作环境和固定收入，但是在购买时深思熟虑、态度谨慎，决策时间较长，一般在创新产品被证明成功后才采用，从而成为赶时髦者。

(4) 晚期大众。这类采用者的采用时间较平均采用时间稍晚，占全部潜在采用者的34%。通常他们对创新产品持怀疑态度，很少借助宣传媒体收集所需要的信息，之所以采用新产品是因为社会压力和老产品越来越难获得，而不是出于对新产品有好感。显然，对这类采用者进行新产品扩散是很困难的。

(5) 落后采用者。这类采用者是采用新产品的落伍者，占全部潜在采用者的16%。他们思想保守，只在当地活动，社会活动很少，拘泥于传统的消费行为模式，在产品进入成熟期后期乃至衰退期时才会采用。

第4节　参照群体的影响

一、参照群体的概念及类型

(一) 参照群体的概念

参照群体又称相关群体、榜样群体，是指一种实际存在的或想象存在的，可作为个体判断事物的依据或楷模的群体，它通常在个体形成观念、态度和信仰时给予其重要影响。参照群体并非某一成员所属的群体，但它被某一成员用做所属群体的参照对象。参照群体对个人的影响在于：个人会以参照群体的标准、目标和规范作为行动指南，将自身的行为与参照群体进行对照，如果与参照群体标准不符或相悖，就会改变自己的行为。参照群体的标准、目标和规范会成为个人的“内在中心”。在现实生活中，对消费者影响较大的参照群体是其联系密切的某些社会团体，或较少接触但羡慕并愿意模仿的社会群体，如明星、名人、高收入群体等。例如，轩尼诗公司（Hennessy）的广告代理商雇用一批有魅力的模特和演员到时尚的酒吧里喝酒，这些模特、演员通过找理由为所有人或某群人点轩尼诗马爹利酒，使人们觉得这种酒很时尚，从而形成购买。

（二）参照群体的类型

社会学家将参照群体按不同标准分为各种类型。例如，按照参照群体内部关系是否规范，参照群体可分为正式群体和非正式群体；按照对成员影响的大小，参照群体又可分为主要群体和次要群体；按照个体与群体所属关系，还可将参照群体分为成员式群体和背叛式群体。就消费者群体而言，研究者更倾向于按照是否渴望加入该群体的行为，把参照群体分为准则群体、比较群体和否定群体。

（1）准则群体。指人们希望或愿意参加的一种群体。这种群体的价值观念、行为准则、生活方式、消费特征等是人们赞赏、推崇并愿意效仿的。通常这种群体对消费者的影响最大。

（2）比较群体。指人们仅把它作为评价自我身份与行为的参考依据，但并不希望加入的一种群体。例如，一些消费者追随模仿影视明星的衣着打扮、行为举止等，但并不想成为其中的一员。因此，比较群体对消费者行为的影响有较大局限性。

（3）否定群体。指人们对其持否定态度、加以反对的一种群体。对于这种群体的某些方面，人们是不赞同或厌恶的。消费者通常不会购买那些与否定群体典型特征有关的产品。

（三）影响消费者的主要参照群体

（1）家庭成员。家庭是个体开始社会化过程的第一个社会环境，家庭成员成为消费者最重要的参照群体，包括消费者的血缘家庭和婚姻家庭的成员。家庭成员的个性、价值观以及成员之间的相互影响形成了一个家庭的整体风格、价值观念和生活方式，对消费者行为有直接的影响。

（2）同学、同事等同龄群体。由于长时间共同学习或在同一个组织机构中合作共事，消费者常常受到来自同龄群体的同学或同事的影响。

（3）社区邻居。我国消费者受传统习俗影响，比较注重邻里关系。在消费活动中，居住社区、左邻右舍的消费倾向、价值评价、选择标准等往往成为人们重要的参照依据。

（4）亲戚朋友。这也是影响消费者行为的主要参照群体。在某些情况下，由于具有共同的价值取向，朋友的看法往往更具说服力。

（5）社会团体。各种正式和非正式的社会团体，如党派、教会、书法协会、健身俱乐部等，也在一定程度上影响消费者的购买选择。

（6）名人专家。政界要人、专家学者、影视明星、优秀运动员、著名作家等受人崇拜和爱戴的权威人士，都可能成为消费者的参照对象。

二、参照群体对消费者行为的影响

（一）参照群体的影响方式

参照群体对消费者的影响有三种主要方式：信息性影响、规范性影响和价值表达性影响。[①]

1. 信息性影响

参照群体的信息性影响是将关于消费者本人、他人或者物质环境方面（如产品、服务、商店等）的有用信息传达给消费者，其影响程度取决于被影响者与参照群体的相似性以及施加影响的参照群体成员的专长性。例如，某消费者发现自己所关注的某个长跑运动员在使用某个品牌的营养品，于是决定试一下这个品牌的营养品，这个健康和充满活力的长跑运动员对该品牌营养品的使用提供了间接信息。有时信息性影响是直接的，如一位想要购买手机的消费者很可能向了解这方面信息的朋友寻求建议。

2. 规范性影响

又称功利性影响，指个人为了获得赞赏或避免惩罚而满足群体的期望，即当参照群体可以给予消费者某些重要的奖赏或者惩罚时，参照群体就对消费者的行为或者情感、认知有了功利方面的影响。例如，为了得到配偶或邻居的赞同，你或许会专门购买某个牌子的葡萄酒，或者因为害怕同事嘲笑而不敢穿某件心仪的衣服。

3. 价值表达性影响

也称认同性影响，这类影响的产生以个人对参照群体价值观和参照群体规范的内化为前提。在内化的情况下，无须任何外在的奖励，个体就会依据参照群体观念与规范行事，因为个体完全接受了参照群体的规范，参照群体的价值观实际上已成为个体的价值观。

参照群体对消费者的上述影响如图 11－3 所示。

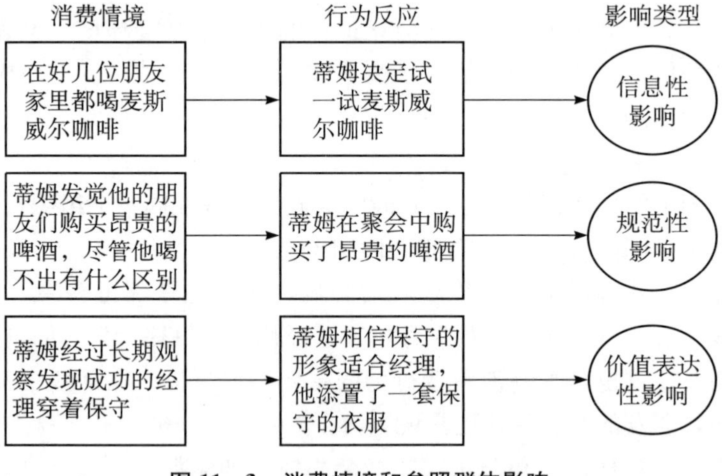

图 11－3　消费情境和参照群体影响

资料来源：德尔 · I. 霍金斯，等 . 消费者行为学：原书第 12 版 . 北京：机械工业出版社，2014.

---

① 德尔 · I. 霍金斯，等 . 消费者行为学：原书第 12 版 . 北京：机械工业出版社，2014.

（二）参照群体的影响因素

在不同条件与环境下，参照群体对消费者行为影响程度存在显著差别。现实中，参照群体对消费者影响的大小主要取决于以下因素。

1. 消费者的个性特征

消费者的个性不同，受参照群体的影响程度显著不同。一般来说，自信心强、善于独立思考、具有较强分析判断能力的消费者，受参照群体的影响较小；相反，习惯依赖他人、缺乏主见、优柔寡断的消费者，往往容易受到参照群体较深的影响。

2. 消费者的自我形象

每个消费者内心深处都有自己设定的自我形象，其中既包括实际的自我形象，也包括理想的自我形象。在实际生活中，每个参照群体都有其独特的价值观、行为准则与消费特征，当某个参照群体符合消费者的自我形象时，消费者就会对该参照群体产生强烈的认同感，把它视为塑造自我形象的一个榜样群体；相反，如果参照群体的特征与消费者的自我形象相差甚远，则参照群体不会对消费者产生积极影响，甚至会成为消费者回避的群体。

3. 选购商品的类型

有学者认为，不同性质的产品也可成为改变参照群体影响力的因素。例如，产品被他人认知的程度，即自己使用这种产品能否引起别人的重视，这个产品的品牌能否被别人识别。在选购大众化商品和私人化商品时，参照群体对消费者的影响有显著差别。此外，消费者对商品的需求强度也能改变参照群体的影响程度。对于必需品如冰箱，参照群体的影响较小，对于名表、汽车等奢侈品，参照群体则发挥着很大的参考作用。表 11-6 说明了在不同商品购买中参照群体影响程度的差异。

表 11-6　参照群体对四类商品的影响程度

认知程度	影响程度	
	必需品	奢侈品
私人化	参照群体对商品的影响：弱 参照群体对品牌的影响：强 例子：手表、手机、汽车	参照群体对商品的影响：强 参照群体对品牌的影响：强 例子：滑雪用具、游艇
大众化	参照群体对产品的影响：弱 参照群体对品牌的影响：弱 例子：家具、灯饰	参照群体对商品的影响：强 参照群体对品牌的影响：弱 例子：笔记本电脑、制冰器

资料来源：德尔·I. 霍金斯，等. 消费者行为学：原书第 12 版. 北京：机械工业出版社，2014.

第 5 节　消费者模仿与从众行为

一、模仿

（一）模仿的含义

模仿是指通过观察和仿效其他个体的行为而改进自身技能和学会新技能的一种学习

类型。模仿可以是自觉的，如果被模仿的行为具有榜样作用，而且在社会和群体内部又得到大家的宣传和引导，这种模仿就是自觉的。在现实生活中，模仿更多的是一种无意识或不自觉的行为，社会心理学家认为人类作为群体动物在社会行为上有模仿的本能。正如定义提到的，模仿是一种学习类型。人所具有的一切知识和行为，都是在后天的社会环境中如家庭、学校等组织的影响下逐渐学习而成。

模仿是一种普遍存在的社会心理和行为现象。在消费领域，可供模仿的内容极其广泛，从着装、发型、家具到饮食习惯，都可成为消费者模仿的对象。例如，名人、明星的装束打扮经常为人们所竞相模仿。多数消费者共同模仿的结果是引发消费流行，如时装的流行就是大量消费者模仿所造成的。消费流行的直接表现形式是时尚的形成，时尚是社会上相当多的消费者在短期内共同追求某种新奇的消费方式并导致扩散效应。

（二）消费者模仿行为的特点

随着社会的发展，模仿消费在引导人们的消费行为和消费价值观念方面起着越来越重要的作用，逐渐成为一种广泛认可的社会消费模式。模仿消费具有普遍性、从众性、跟随性、多样性等特点，并受群体、个体等多重因素的影响。一般可从以下角度分析模仿消费行为的特点。

（1）热衷于模仿的消费者一般兴趣广泛，注意力易分散。这类人群大多对新事物反应敏感，接受能力强，喜欢追随消费潮流和时尚，经常被别人的生活方式吸引，并力求按他人的方式改变自己的消费行为和消费习惯。

（2）模仿是消费者理性思考与感性冲动共同作用的结果。对于成熟度较高、自我概念清晰、消费目的明确的消费者而言，选择模仿对象前通常是经过深思熟虑和认真选择的；相反，对于消费观念模糊、缺乏明确目标的消费者，更容易出现盲目跟风的模仿消费行为。

（3）模仿行为具有普遍性。在消费领域，一切活动都可以成为模仿的内容，只要是消费者羡慕、向往、感兴趣的他人行为，无论流行与否，都可以加以模仿，所有消费者都可以模仿他人的行为，也可以成为他人模仿的对象。

（4）模仿并非一种强制性行为，即引起模仿的心理冲动是消费者自愿选择的结果。在模仿中，消费者将他人的行为视为榜样，并主动努力加以模仿，而不是受到社会或群体的命令强制发生。模仿的结果会给消费者带来愉悦和满足的心理体验。

二、从众行为

（一）从众行为的概念与形成

社会心理学指出，个体在群体中常常会受到群体的压力，在知觉、判断、信仰以及行为上表现出与群体中多数人一致的行为倾向，这就是从众现象，或称从众行为。与模仿相似，从众也是在社会生活中普遍存在的一种社会心理和行为现象。在消费领域，从众行为通常表现为消费者自觉或不自觉地跟从大多数人的消费方式，以保持与多数人行为的一致性，避免因不一致产生心理冲突。这种个人因群体影响而遵照多数人消费行为的现象，就是从众消费行为。

人们为什么会从众？按照社会心理学的解释，个体往往认为众人提供的信息更加全面可靠。生活经验告诉人们，个人生活中所需要的大量信息都是从别人那里得到的，离开了众人提供的信息，个人几乎难以活动。从众行为的产生可以从个体与群体的特点角度理解。

1. 个体的特点

一般来说，容易发生从众行为的消费者大多对社会舆论和别人意见十分敏感，缺乏自信，非常注意社会和别人对自己的评价。有研究表明，性别差异也对从众行为有影响，从总的情况看，女性比男性更容易出现从众行为。

2. 群体的特点

一般认为，群体规模越大，即持有一致意见的人越多，持不同意见者感到的压力越大，从众表现越显著。同时，群体的内聚力、一致性越强，群体领袖人物越具有权威性，影响力越大，从众行为越容易发生。个体在群体中的地位越低，越容易被影响，也越容易采取从众行为。

（二）消费者从众行为的表现形式

消费者的从众行为多种多样，归纳起来有以下几种表现形式。

（1）从心理到行为的完全从众。当消费者对某种商品不了解时，由于群体的暗示或认为多数人行为能提供有效信息，容易产生完全从众行为。

（2）内心接受，行为不从众。指消费者对形成的消费潮流内心已完全接受，但在形式和行为上予以保留。例如，多数美国人认为到市郊的超级市场购物既方便又便宜，上层社会人士由于身份、地位等顾虑，虽内心赞成，行动上却不便支持。

（3）内心拒绝，行为上从众。这是一种权宜从众行为。某些消费者对某商品抱有抵触心理，但无力摆脱群体的压力而不得不采取从众行为。例如，在正式场合穿西装戴领带是现代消费者通行的行为方式，少数人尽管不习惯或不喜欢，但为避免与多数人相左，不得不遵从这一行为规范。

（三）消费者从众行为的特点

从众行为尽管在表现形式上有所区别，但有某些共同特征。

（1）从众行为往往是被动接受的过程。许多消费者为寻求保护，避免因行为特殊引起群体压力和心理不安而被迫选择从众。在从众过程中，消费者会产生复杂的心理感受，除安全感、被保护感等积极感受外，还会有无奈、被动等消极的心理体验。

（2）从众行为现象涉及的范围有限。就总体而言，消费者行为的表现形式多种多样、各不相同，这是由消费活动的个体性、分散性等内在属性决定的。因此，通常情况下，让大多数消费者保持一致性消费行为是不可能的，也就是说，从众行为不可能在所有的消费活动中呈现，它的发生需要一定的客观环境和诱因刺激，如社会不稳定、舆论误导、小道消息蔓延、重大突发事件冲击等，极易使消费者因不明真相、无从判断而盲目从众。

（3）从众消费行为发生的规模较大。从众现象通常由少数人的模仿、追随开始，继而扩展成为多数人的共同行为。多数人共同行动后，又刺激和推动了更大范围更多消费者做出相同或相似的消费行为，从而形成更大规模的流行浪潮，因此，从众行为是消费流行的先导。

需要指出的是，从众消费行为作为一种多数消费者共同采取的大规模消费现象，必然对宏观经济运行、社会消费状况产生重要影响。这种影响既有积极的一面，又有消极的一面。由于从众现象是通过多数人的行为来影响和改变个人的观念与行为，因此，一方面，政府可以利用从众心理，倡导正确的消费观念与消费方式，带动多数消费者，创造全社会健康文明的消费氛围；企业也可以利用从众心理进行宣传，引导新的消费观念和时尚形成，促进大规模购买行为的实现。另一方面，在特定条件下，从众行为也可能导致盲目攀比、超前消费、抢购风潮等畸形消费现象，对于这些消极影响，政府和企业应采取积极措施加以防范。

基本概念

消费者群体 consumer group
群体规范 group norm
口碑传播 word of mouth，WOM
创新扩散 innovation diffusion
参照群体 reference group
模仿 imitation
从众心理 conformist mentality

思考题

1. 简述消费者群体的细分变量有哪些。
2. 分析青年消费者群体的心理与行为特征。
3. 阐述消费者群体压力的形成过程与影响方式。
4. 消费者群体内部沟通的方式有哪些？
5. 分析口碑传播的作用，企业应如何进行口碑传播管理。
6. 简述创新扩散的模式及消费者创新扩散的差异。
7. 简述参照群体的类型与影响方式。
8. 分析从众行为产生的原因与特点。

案例

喜茶的跨界营销

随着消费升级，消费者的关注点逐渐从价格转移到品质上。特别是新生代消费者，在进行产品选择时往往更倾向于选购最新推出的产品和季节限定款。喜茶精准抓住了这一新的消费趋势，从当初广东的一家小店发展到如今遍布国内外400多家门店。喜茶之所以能成为年轻消费者群体心中的知名品牌，是因为它专注于品牌体系化打造，以“灵感之茶”为宗旨，联动质量、服务与宣传逐渐向生活方式类品牌靠拢，形成了一套独特的社交营销与跨界营销模式。喜茶坚持以产品取胜，不断推出差异化的新产品抢占市场份额，契合目标消费群体追求高品质和尝新的心理。喜茶的“灵感”外化最明显的特征就是千变万化的跨界营销。

喜茶跨界营销的合作对象广泛，不仅仅与类似的食品品牌进行联名，比如星期零和出前一丁，推出汉堡包与餐包，还与一众生活类以及互联网品牌进行意想不到的联名，比如与太平鸟联名推出服装，与 QQ 音乐联名推出灵感音乐公司。对喜茶来说，与不同类型的品牌合作，可以顺势推出新品，例如与养乐多和奥利奥联名推出的波波冰，与文和友推出的臭豆腐蛋糕等，这些均进一步激发了喜茶的品牌活力与创造力。喜茶跨界营销具有多元化形式特征，结合产品推新、线下活动、限定周边等多种形式进行品牌跨界营销。除了与其他品牌进行联名，喜茶还注重针对热点借势营销，例如在各大节假日推出特定新品，如“520”的阿喜有礼卡，又如，在兴起的“地摊经济”中，喜茶在深圳推出阿喜茶摊，占据行业的领先点。喜茶在借势营销上侧重于品牌精神的宣传，例如在“世界环境日”喜茶策划推出“绿色喜茶”表达环保理念，设计环保新包装（如纸质吸管和杯托），鼓励消费者绿色生活、环保消费，体现了公益性与社会责任意识，提高了在消费者心中的品牌形象。喜茶借势营销的独特之处在于能够使喜茶一直处于信息传播之中，持续在消费者思维之中叠加烙印。喜茶作为新式茶的代表之一，体现着一种全新的年轻态度，传达了“喝茶也可以是酷的”观念，致力于“让喝茶成为一种风格和生活方式”。从喜茶的产品体验、包装设计、门店风格以及营销活动，都可以感受到喜茶一以贯之的酷文化，或者说更加具体的“灵感”和“禅意”，这一“灵感”文化充分契合当前 Z 世代的年轻消费者群体。

喜茶擅长跨领域传播，以触点多、社交强的全触点营销布局打通消费者获取品牌信息的渠道，将触点形成全场景营销闭环，促进了营销的立体化与场景化。一方面，通过种草、直播、卡券、赠品吸引用户回归线下做消费升级；另一方面，通过线下门店的引导将消费者吸引到线上的流量池。此类以消费者为中心的渗透模式，基于万物互联的社交环境，交互传递其“灵感之茶”的品牌调性，促进消费者成为传播媒介。在此基础上的跨界营销，选择的合作方在调性上与受众契合，引发社交媒体上的讨论，触发分散式裂变传播，达到了良好的传播效果。

资料来源：喜茶：灵感营销制作人．(2020-08-04)．SocialBeta，https：//socialbeta.com/t/105995.

素养提升阅读材料

第 12 章

社会文化与消费者行为

价值引领

- 增进爱国主义情怀，坚定文化自信。
- 理解中国优秀传统文化对消费者行为和习惯的影响。
- 理解不同文化信仰的人在消费行为上的差异。
- 了解针对不同人群实现共同富裕的途径。

人类创造了文化，文化反过来又深刻地影响着人类生活的各个方面。每个消费者都生活在一定的社会文化中，其消费心理与行为不可避免地受到文化环境的影响和制约。因此，有必要深入研究社会文化及亚文化在消费者心理形成中的作用，跨文化及全球文化对消费者行为的影响，社会阶层与消费者行为的相关关系，参照群体对消费者心理与行为的影响，消费者行为中的文化和伦理问题等内容。在此基础上，应进一步探讨企业如何利用社会文化对消费者行为的影响作用，制定正确的营销策略。

第 1 节　文化、亚文化与消费差异

一、文化的含义

一直以来，对文化有各种定义，存在多种观点。正如英国学者威廉斯所说，“文化”一词是英语中最复杂的词汇之一。国外学者对文化的理解有很多种。美国的德尔·I. 霍金斯等学者认为文化是知识、信念、艺术、法律、伦理、风俗及其他为社会大多数成员所共有的习惯、能力等构成的复合体。迈克尔·R. 所罗门则将文化理解成社会的个性，认为文化不仅包括一个群体所生产的物质产品和提供的服务，而且包括该群体所重视的抽象的观点（如价值观和道德观），文化是一个组织或社会成员共有的意义、仪式、规范及传统的积累。保罗·彼得等将文化定义为一个社会群体中大多数人享有的生活方式。学术界公认英国人类学家泰勒是在文化定义上具有重大影响的人。泰勒在《原始文化》

一书中对文化所下的经典定义为："文化或文明，就其广泛的民族学意义来讲，是一个复合整体，包括知识、信仰、艺术、道德、法律、习俗以及作为一个社会成员的人所习得的其他一切能力和习惯。"

文化可以从广义、狭义、中义三个层次加以界定。广义的文化是指人类社会在漫长的发展过程中所创造的物质财富和精神财富的总和。狭义的文化是指社会的意识形态，包括政治、法律、道德、哲学、文学、艺术、宗教等社会意识的各种形式。中义的文化介于广义文化和狭义文化之间，是指社会意识形态同人们的衣食住行等物质生活、社会关系相结合的一种文化，如服饰文化、饮食文化、日用品文化和各种伦理关系、人际关系等。我们这里采用中义的文化含义，包括人们在社会发展过程中形成并世代流传下来的风俗习惯、价值观念、行为规范、态度体系、生活方式、伦理道德观念、信仰等。

二、文化的特征与消费者行为

（一）文化的特征及其对消费者的影响

素养园地　文化的社会传承性

（1）文化的社会传承性。文化是一种社会现象。作为社会交往和人际沟通的信号系统，文化是把个人凝聚为社会和群体的纽带。文化的观念、习惯、行为模式由生活在同一社会中的人分享，并且出于社会或群体压力而保持相对的一致性。每一代人创造的文化通过社会机体传递到下一代，为后代社会成员所继承和延续。同一社会的现有成员及后代成员所享有的文化往往具有社会传承性。这一状况同样适用于消费者。

（2）文化的共有性。文化是由社会成员在生产劳动和生活活动中共同创造的，它为全体成员所共有，并且对社会每个成员产生深刻影响，使其心理倾向和行为方式表现出某些共同特征。特定的文化必然对社会中的每个消费者产生直接或间接的影响，从而使消费者在消费观念、生活方式、消费习惯、偏好禁忌等方面带有该文化的深刻印迹。例如，使用筷子是中国人世代相袭的用餐方式；春节、中秋节等是中国人阖家团聚的传统节日；红色用于庆典，黑色、白色用于丧葬之事。

（3）文化的差异性。每个国家、地区、民族都有自己独特的区别于其他国家、地区、民族的文化，即有自己独特的风俗习惯、生活方式、伦理道德、价值标准、宗教信仰等，由此构成了不同文化之间的差异。例如，风靡全球的可口可乐，在世界几乎所有地区均采用红白相间的包装，在阿拉伯国家却改为绿色包装，因为对于那里的人来说，绿色意味着生命和绿洲。

（4）文化的动态性。文化不是固定不变的，随着社会的发展演进，文化也在不断演化更迭。与之相适应，人们的爱好、生活方式、价值观念也必然随之发生变化和调整。消费品市场是反映文化变化的一个最敏感的窗口，文化的发展变化经常导致市场上某种消费时尚及商品的流行。企业应敏锐地观察和捕捉消费者的观念变化，及时开发适合新的文化趋向的新产品。

（5）文化的适应性。文化的适应性是多种社会因素乃至自然因素综合作用的结果。对于企业而言，文化及特定文化环境下消费者心理与行为特性有其客观性和不可控性。企业唯有适应文化环境，满足特定文化环境中消费者的特殊需求，才能在激烈的竞争中立于不败之地，尤其在跨国经营中，保持高度的文化适应性更是企业成功的先决条件。企业应主动适应目标市场的文化传统，尊重消费者特有的风俗习惯、宗教信仰和消费偏好等。

（二）中国消费者的文化传统与价值观

中华民族经历数千年的发展延续，形成了独有的文化传统和价值观念，对消费者有着极为深刻的影响。具体体现在以下方面。

（1）家庭伦理观念。儒家思想及伦理观在中华民族的道德传统中有着根深蒂固的影响，儒家的伦理观是以血缘关系为基础的，中国消费者历来非常重视家庭及家族成员之间的关系。以家庭为中心的中国消费者对于重大的消费活动往往由家庭共同决策、共同购买。传统的中国家庭都非常重视子女，很多消费决策亦是围绕子女进行的。比如，大多数家庭非常重视子女教育，将子女教育费用列为家庭的首要开支之一。

（2）“面子”思想。中国社会几千年的文化积淀形成了各种行为规范和传统礼仪，这些规范和礼仪为大多数人所共同认可和遵循，谁违背了就会“有失面子”。中国消费者在涉及“面子”的消费活动中，往往格外注意遵从礼仪规范，尽量不失自己的“面子”或伤别人的“面子”，有些人甚至为“不失体面”而不顾自身经济状况，超前超高消费、攀比消费、炫耀性消费。例如，某些家庭婚丧嫁娶时极尽铺张，大讲排场；有些人节衣缩食购买名牌高档品来包装自己，向人炫耀。“宁可背后受罪，也要人前显贵”，就是这种“面子”思想的典型反映。

（3）注重人情与关系。中国人注重人与人之间的感情关系，包括亲情、友情、爱情以及亲友关系、同学同乡关系、同事关系、上下级关系等。在人际交往中，往往把人情视为首要因素，以维系人情作为行为原则。这一观念反映在消费活动中，表现为消费者具有明显的社会取向和他人取向，人情消费在消费支出中所占比重较大。

素养园地　习近平关于优秀传统文化的重要论述

（4）崇尚勤俭节约，量入为出。中国传统文化将节约、克俭视为美德，受其影响，消费者注重积累，强调支出的计划性。多数消费者特别是中老年人在花钱时较为谨慎，对西方人的“花明天的钱，圆今天的梦”的超前消费理念以及借债消费方式难以接受，选购商品时更注重商品的实用性。

三、亚文化与消费差异

（一）亚文化的含义

亚文化是文化的细分和组成部分。通常一个国家或社会内部并不是整齐划一的，社会成员因民族、职业、地域等方面的差异而组成一些特定的社会群体。同属一个群体的社会成员往往具有共同的价值观念、生活习俗和态度倾向，从而构成特有的亚文化。亚文化与文化既有一致和共同之处，又有自身的特殊性。总体而言，亚文化在形成基础和历史积淀上与所属社会文化一脉相承，但在具体内容和表现形式上因种种构成因素的差异而呈现明显的独特性。

亚文化对人们有很大的影响，这种影响在消费者行为中体现得尤为明显。例如，中产阶层因收入水平、从事的职业及受教育程度相近，在消费观念、消费倾向和消费方式上表现出较大的相似性和某些共有特征，相应地，属于中产阶层的消费者在住房、生活社区、子女学校、汽车、购物场所、商品品牌等消费选择上往往刻意与所属阶层亚文化保持一致，带有亚文化群的鲜明印记。

（二）亚文化及消费特点

亚文化的划分维度有种族、民族、阶层、宗教信仰、地域、年龄、性别、职业、收入、受教育程度等。下面简要说明几种亚文化及其消费特点。

1. 民族亚文化

大多数国家都不是由单一民族构成的，我国有56个民族。各个民族在长期生存和繁衍过程中逐渐形成了本民族独有的、稳定的亚文化，体现在生活方式、消费习俗和偏好禁忌等方面，并且形成该民族特有的消费方式。

2. 宗教亚文化

目前世界上主要的宗教有基督教、伊斯兰教、佛教等。不同宗教信仰的消费者在价值观念、生活方式和消费习惯上具有差异，从而形成宗教亚文化消费者群。企业应考虑不同宗教信仰对消费方式的影响，在产品设计和经营中注意特定宗教信徒的消费禁忌。

3. 性别亚文化

性别不同，形成了相应的男性亚文化群和女性亚文化群。两大亚文化群的消费者在消费兴趣偏好、审美标准、购买方式、购买习惯等方面都有很大不同。例如，女性消费者对时尚的敏感度要高于男性消费者；女性消费者往往重视商品的外观，男性消费者更注重商品的性能与实用性；女性消费者对价格的敏感度高于男性消费者。在购买过程中，女性消费者往往有足够的耐心且细致，男性消费者往往目标明确。

4. 职业亚文化

不同职业亚文化消费者群在消费观念、生活方式以及消费习惯上有很大区别，这些区别又与职业收入差别相联系。例如，高收入职业消费者在消费水平和消费方式上与低收入职业消费者就有明显差别。这种以职业区别形成的亚文化包含着较复杂的其他文化因素。

从以上分类可以看出，亚文化消费者群具有如下基本特点：(1) 他们以一个社会子群体出现，每个子群体都有独特的文化准则和行为规范；(2) 子群体与子群体之间在消费行为上有明显的差异；(3) 每个亚文化消费者群都会影响和制约本群体内消费者的消费行为；(4) 每个亚文化群还可以细分为若干子亚文化群。

对企业而言，研究亚文化的意义在于：消费者行为不仅带有某一社会文化的基本特性，而且具有所属亚文化的独有特征。与文化相比，亚文化往往更易于识别、界定和描述。因此，研究亚文化的差异可以为企业提供市场细分的有效依据。

第2节 消费者行为的跨文化差异

当今时代，经济全球化和国际市场一体化已成为不可逆转的趋势，越来越多的企业参与到跨国经营活动中。在不同国家和地区，消费者的消费观念和购买习惯有很大差别，这主要是由不同文化的差异所致。据统计，大多数跨国公司在国际市场上遭遇的失败都源于对当地文化不了解。企业对目标市场所在国（或地区）文化的适应程度越高，跨国营销的风险和成本就越低。因此，企业只有深入理解不同国家（或地区）消费者的文化差异，根据目标市场的文化理念在产品、品牌、价格、分销渠道、促销和广告等方面进行有效协调和整合，才能提高跨文化营销能力。

一、影响消费者行为的跨文化差异

（一）语言

语言是文化的基本要素和主要载体，也是跨文化传播的必备要件。在跨文化传播中，由于文化差异的存在，语言会造成人们的焦虑和不确定性，因此，对语言在跨文化传播中意义的描述、理解和反思一直是跨文化研究的主要议题。许多营销失误就是由于缺乏对语言跨文化差异的了解。例如，我国曾出口一种名为“芳芳”的口红到北美，其中文拼音为FangFang，但在英语中，fang意为蛇的毒牙，可想而知，当地消费者当然不愿意购买“毒牙牌”口红了。

（二）价值观

价值观是关于价值的观念，是人们基本的信念、信仰和理想系统。在同一客观条件下，人们对待同一个事物，由于价值观不同会有不同的态度和行为反应。世界上各个国家都有与其特定文化相对应的价值观。在价值观的影响下，各国消费者会形成不同的消费观念和倾向。例如，以欧美为代表的西方价值观主张个人主义，东方人强调集体主义；西方人在表达方式上直率、张扬，东方人往往含蓄、内敛。这些差别会对消费者产生影响。例如，西方消费者在选择品牌时，特别注重自我感觉和标新立异，东方消费者往往避免与众不同，容易随大流。了解不同价值观导致的消费差异，对跨国公司制定营销策略和整合传播策略非常重要。

（三）风俗习惯

风俗习惯是特定社会文化区域内历经数代人而为人们所共同遵守的行为模式或规范。风俗习惯是经长期的社会历史演进形成的，也是社会道德与法律的基础和相辅部分，对社会成员具有很强的行为制约作用，相应地，风俗习惯对人们的购买行为会产生直接或间接的影响。每个国家和民族都有属于自己的风俗习惯，这在节日消费习俗中体现得尤为明显。例如，中国人在元宵节吃元宵、逛灯会，端午节吃粽子、赛龙舟；西方的圣诞节时，人们会装饰圣诞树、赠送礼品。赠送礼物是协调人际关系、表达情感的重要手段，不同国家的送礼习俗不尽相同，如表 12－1 所示。

表 12－1　不同国家的送礼习俗

	印度	日本	墨西哥	沙特阿拉伯
送礼时间	排灯节	元旦	圣诞节	古尔邦节
宜送的礼品	糖果、坚果、水果、象牙雕刻品、烛台等	纪念品、新年挂饰、食品伴手礼等	特色食品、文化手信等	可以为祈祷者确定方向的工具或羊皮制品等
送礼禁忌	不送皮革品、蛇的图案的礼品	不送偶数礼品，不送刀具等意思不吉利的礼品	不送紫色物品	不送酒

（四）审美观念

由于文化的长期积淀，每个国家或民族都会形成各自的审美观。不同国家或民族的审美观有相当大的差异。例如，日本人钟爱樱花，荷兰人钟情于郁金香。又如，黑色在美国和欧洲象征哀悼，日本和中国都用白色象征哀悼。企业在跨文化营销中必须重视不同国家或民族审美观的差异，特别应调整品牌名称、包装、广告等的寓意，以及色彩、造型、音乐表现形式等，以适应当地的审美文化。

（五）宗教信仰

宗教信仰涉及宗教思想、宗教组织、宗教礼仪规范、宗教文化等丰富的内容，宗教信仰对人们的生活习惯、消费方式会产生巨大影响，不同宗教信仰的人的消费观念和消费习惯有明显差异。

二、消费者行为的跨文化分析

为了理解和解释不同文化以及跨文化行为之间的差异，企业的营销人员可以通过有关变量及其相互关系建立跨文化行为分析模型，如图 12－1 所示。该模型的假设条件是所有国际商务都是创新和变革的过程，出口商及跨国公司从一国向他国出口的产品或服务，在当地都被看作新的、不同的东西而被接受。这个模型概括了绝大多数影响不同文化环境下消费者购买、评价和接受新消费方式的变量。

此模型的关键变量是变革倾向性，它是三个因素的函数：（1）文化生活方式，即个人如何坚持自己的传统信仰和态度，哪些文化因素起主要作用；（2）变革的代表者，如跨国公司；（3）战略观点的倡导者，如社会中坚人物。其中，文化生活方式的差异又可以用四个主要的文化层面来说明，这些层面包括：1）个人主义与集体主义程度，如

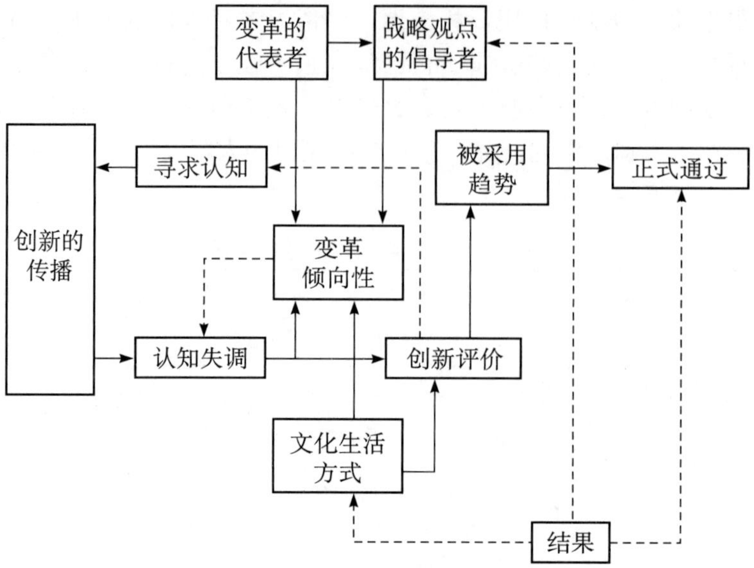

图 12-1　跨文化行为分析模型

"我"的意识和"我们"的意识；2）权力距离，如社会平等的程度；3）不确定性规避程度，如对正式规制的需要；4）大男子主义的程度，如对成就的态度，男性和女性的地位等。图 12-2 显示了一些国家和地区在这些层面上的定位。为了区分文化的差异性，还增加了第五个层面，即长期或短期的侧重性。

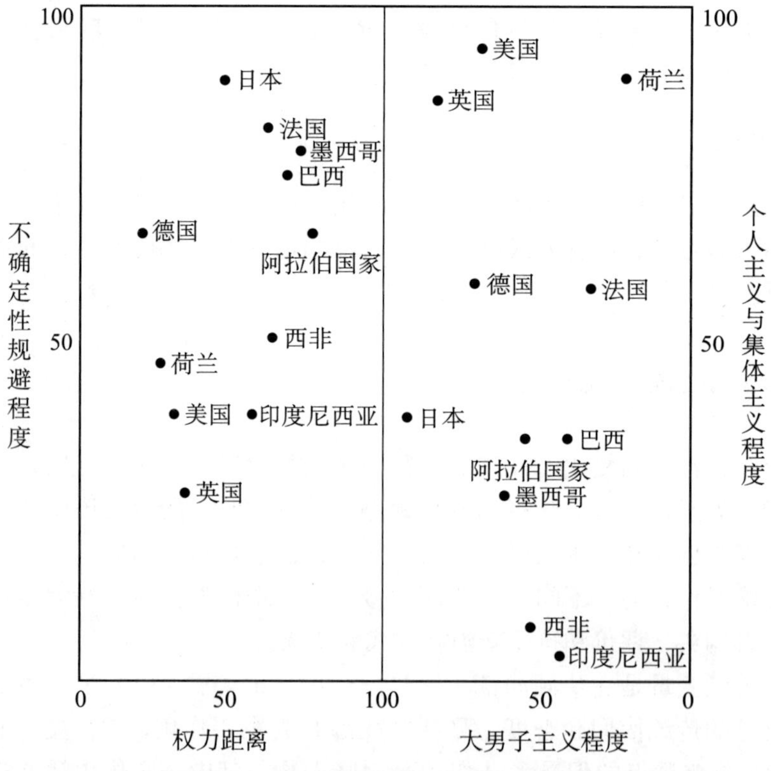

图 12-2　一些国家和地区的文化层面的定位

资料来源：彭华民．消费社会学．天津：南开大学出版社，1996：248-250.

跨文化分析能够帮助营销人员制定跨国营销组合。例如，西非、印度尼西亚等地的个人主义程度较低，可向该类市场提供差异化程度较小的产品，并将营销重点放在新产品的社会可接受性上。又如，美国的个人主义程度较高，营销重点应当主要面向个人。

需要指出的是，如果对文化差异没有深刻认识，任何跨文化分析都不会是全面的。对文化差异的理解必须突破自身文化的限制，切忌用本国文化观念去推测他国消费者的购买行为，这种做法在国际营销中称为自我参照准则。美国的詹姆斯·李在《海外经营中的文化分析》一文中首次提出自我参照准则（self-reference criterion，SRC）的概念，即“无意识地参照自己的文化价值观”，指的是营销人员在国际营销中解决具体问题时，倾向于用自己的价值观作为理解这些问题的尺度和标准。显然，自我参照是由文化传统的积淀形成的无意识行为，这种无意识行为会对跨文化营销形成障碍。为此，詹姆斯·李提出解决这一问题的具体方法及步骤：（1）按照本国的文化特点、习俗或规范来确定业务问题及目标；（2）按照外国的文化特点、习俗或规范来确定业务问题或目标；（3）把 SRC 在该问题或目标中的影响单列出来，分析 SRC 如何使问题变得复杂；（4）在没有 SRC 的影响下，重新确定业务问题，确定最合适的业务目标。

跨文化分析的过程需要对外界因素所导致的变化及公司自身的变化进行观察。同时，要控制文化优越感，不能认为自己的文化比其他文化优越。要承认文化优越感的存在，并且纠正它对经营决策的影响。

三、跨文化营销策略分析

企业开展跨文化营销时要考虑诸多因素，这些因素将决定企业是否进入某个国外市场以及采取何种策略进行跨文化营销。

（1）就文化层面而言，某一地域的消费者是同质的还是异质的。营销活动经常是在特定的地域范围内和一定的政治经济制度下展开的。人们常常假设地理或政治的边界等同于文化的边界，然而该假设经常是不正确的。例如，在拉丁美洲，营销策略适合以大都市这一层级来制定，因为拉美国家的内部存在非常大的差别。又如，虽然加拿大各个地区在语言上存在差异，但仍把加拿大视为一个单一的文化市场。

（2）在某种特定文化下，某产品能满足何种需要。很多公司在进入新市场时，仍沿用现有产品和技术，在跨文化营销中，正确的做法是企业应考虑对现有产品做出何种改进和调整，以便与当地文化相适应。例如，在美国，自行车和摩托车主要供运动和休闲之用，但在许多新兴国家，它是一种基本的交通工具。

（3）目标消费群体的购买力如何。为回答这一问题，需要进行初步的人口统计分析，以确定有多少人或家庭有能力购买产品。此外，还要考虑客户采用信贷方式购买、获得政府补贴或购买价格稍低的同类产品的可能性。例如，Levis 阿根廷公司发起了一项庞大的以旧换新促销活动，消费者将旧的 Levis 牌牛仔裤折成 2 万比索（约 7 美元）来换新款牛仔裤。

（4）与产品的购买和使用有关的价值观是什么。当地消费者的价值观会影响对产品的拥有、购买、使用与处置。应当对消费者的价值观进行认真分析和研究，以此为基础制定营销策略。

（5）对产品有哪些政治法律限制。一国的政治法律对企业市场营销组合策略有重要影响。例如，百事可乐所做的与可口可乐比较口味的广告（即在广告中呈现消费者比较百事可乐与可口可乐的口味）在阿根廷禁止播放。对市场营销尤其是广告活动的限制在全球范围内有日益增强的趋势。例如，在有些国家，不符合规定的比较广告可能引发不正当竞争纠纷。目前尚未有全球统一的法律限制，各国根据自己的法律对营销活动加以限制，这增加了国际营销的复杂性与成本。

（6）应采取何种方式传播产品信息。了解产品信息的传播方式需要对以下方面展开调查：①有哪些媒体可以利用，目标受众是谁；②产品满足何种需要；③与产品及其使用相联系的价值观；④文化中的语言系统与非语言沟通系统。企业营销组合的所有方面应当建立在对这些因素的分析之上。

（7）在其他国家销售某种产品是否会引起伦理道德上的问题。所有营销活动既要从财务上也要从伦理道德层面予以评估。实践中，企业在开展国际营销时会面临很多伦理道德问题，需要慎重考虑。

第3节　社会阶层与消费者差异

一、社会阶层的含义和构成

（一）社会阶层的含义

社会阶层是依据经济、政治、教育、文化等多种社会因素所划分的相对稳定的社会集团和同类人群。应当指出的是，社会阶层不同于社会阶级，其划分测量的标准不仅包括经济因素，还有各种社会因素，如社会分工、知识水平、职务、权力、声望等。

消费者社会阶层通常指消费者在社会中所处的地位，是由收入、家庭背景和职业等一系列复杂变量决定的。社会阶层既能直接影响社会成员的消费行为，又能通过影响人们的价值观、决策方式等间接影响消费行为。同一阶层的成员往往有相类似的目标、受教育程度和对生活的态度，做出相似的购买决定。[①] 所属社会阶层不同，消费者的心理与行为也有明显差异。营销人员往往根据消费者群体的社会阶层来进行市场细分和界定目标市场，并且据此制定针对特定社会阶层消费者群体的营销策略。

---

① 王海忠．美国不同社会阶层的消费行为．市场与人口分析，1996（3）．

（二）社会阶层的影响因素

1. 职位声望

职位声望是评价人们价值的一种方式，职位声望的层次划分在不同社会中趋于类似。一个典型的职位声望的层次包括高层专业、商业职位种类，如公司的CEO、大学教授，还包括清洁工等低层次的工作。由于个人的职位与其业余时间的利用、收入的分配等存在高度相关性，所以一个人的职位声望被认为能够很好地预测其社会阶层。

2. 收入

财富是一种社会标记，向人们传递财富所有者处于何种社会阶层的信息。拥有财富的多寡及财富的性质不仅决定也反映了个人的社会地位。各阶层间的财富分配是不平均的，根据20/80原则，占人口20%的富人拥有全社会80%的财富。不过人均收入并不能很好地预测社会阶层，因为花钱方式仍可能有所不同。

3. 个人成就

除职业上取得的成就外，个人成就还包括其他非工作上的成绩，如见义勇为、支持公益事业等。一个人在工作和非工作中逐渐按照一定的阶层形成自己的行为模式，包括购买模式，从而使他归属于某一社会阶层。

4. 交往

一个人的交往对象及其待人方式等都有助于区分其所属的社会阶层。经常与阶层内的成员交往，也是维持与该阶层关系的重要手段。不同社会阶层成员之间的交往往往受到群体规范、心理屈从等无形因素的影响，同阶层成员之间的交往则会使他们对商品的选择及品牌的挑选趋于一致。

5. 价值取向

同一阶层内的成员互动更频繁，他们在价值观上具有共同点和相似性。这种共同的的价值观一经形成，就会成为一项衡量标准，用来确定某一个体是否属于该阶层。不同社会阶层的人对事物的理解和对金钱、生活的看法有所不同，这实际上是价值取向差异的折射。

二、社会阶层的分类和测量

（一）主观测量法

社会阶层的分类是以个体的自我知觉或自我意识为基础的。社会阶层通常反映了个体的归属感或与群体其他成员的一致性。主观测量法通常采用以下问项：

以下哪一个是对你所处社会阶层较为恰当的描述：

- 上等阶层 [ ]
- 上中阶层 [ ]
- 下中阶层 [ ]
- 下等阶层 [ ]

• 不知道/拒绝回答　[　]

这种测量方法的缺点是会造成过多的人把自己划分到中间阶层，测量结果与事实往往有较大的出入。

（二）名誉测量法

社会学家用名誉测量法来了解社会成员所属的社会阶层。这种方法要求被试对社区中他人的社会阶层作判断，以此来确定被试所属的社会阶层，然而，最后往往是专业研究人员来评定社区成员的社会地位。消费者研究人员参与社会阶层的测量，是为了更好地理解市场和消费者行为而不是社会结构。从这方面来看，在研究消费者行为时，名誉测量法的准确性不是很高。

（三）客观测量法

客观测量法由涉及被调查者的各种人口统计变量或社会经济变量组成，主要包括职业、收入、受教育程度等。研究者通过问卷向被试询问有关他们自己、家庭或居住地的问题，然后根据统计数据分析被试属于哪个社会阶层。营销人员可以利用这些数据以及社会阶层进行市场细分和选择目标市场。社会阶层的客观测量法可以分为两种类型：单变量客观测量法和复合变量客观测量法。

1. 单变量客观测量法

单变量客观测量法是只用一个社会统计学变量来评估社会成员的分层，主要变量包括收入、职业或教育。

个人或家庭收入是一个常用来评估社会阶层的社会统计学变量。研究显示，家庭收入是预测家庭休闲活动最重要的指标。职业是一个广泛接受的，也可能是最易证实的测量变量，它反映了一种身份地位。市场营销人员经常根据职业类别来考虑产品的市场定位。一般认为接受正规教育的水平越高，人们得到的回报也越高，社会地位和受尊敬的程度也会较高。

2. 复合变量客观测量法

将多个社会统计学变量加以综合可得到一个社会阶层的复合指数。与单变量客观测量法相比，这种方法更能够反映社会阶层的复杂性。这种方法会根据特定研究的需要提取相应的指标。西方学者在划分社会阶层时较常用的有二因素、三因素、四因素甚至更多因素的综合测量方法。两种比较重要的复合变量测量指数是身份特征指数和社会经济地位得分。

（1）二因素法。这种方法选取职业和教育两个因素，首先确定等级差别，即职业等级和教育等级，然后确定它们的权数，职业等级权数为7，教育等级权数为4，最后进行等级评分，确定社会阶层。具体计算方法如下：

$$社会阶层得分=职业等级\times7+教育等级\times4$$

得分越高，则社会阶层越高。

（2）霍林谢德三因素法。此方法通过综合住房、职业、收入三个主要因素划分主要阶层。划分时确定的权数分别为：住房为6，职业为9，收入为5。

(3) 沃纳多因素法。沃纳综合四个主要因素(职业、收入来源、住房条件、居住地区),或者五个主要因素(另加收入数额),或者六个主要因素(再加教育)来划分社会阶层(见表12-2)。实践证明,用四个、五个或六个主要因素划分的结果往往差别不大。

表12-2 沃纳多因素法划分社会阶层的标准

阶层	人口百分比(%)
上上层	1.4
上下层	1.6
中上层	12.7
中下层	28.8
下上层	33.0
下下层	22.5

(4) 身份特征指数。身份特征指数(index of status characteristics, ISC)是重要的复合变量测量指数。ISC是对职业、收入来源、房屋类型、居住环境等社会统计学变量的一种加权测量。

(5) 社会经济地位(socioeconomic status, SES)得分。这是美国人口普查局开发的一种社会阶层分类方法,它的分类主要依据三类基本的社会统计学变量:职业、家庭收入和受教育程度。

三、社会阶层对消费者的影响

(一)社会阶层对消费者心理的影响

(1) 基于希望被同一阶层成员接受的认同心理,人们常会依循该阶层的消费行为模式行事。例如,自认是上等阶层的人,不管是否真心喜欢,都倾向于以高尔夫球、桥牌等为主要的休闲活动,以配合其上层身份。

(2) 基于避免向下降的自保心理,人们大多抗拒较低阶层的消费模式。例如,一位自认为有名望的富翁,可能会认为跟普通百姓坐在一起吃路边摊"有失身份"。

(3) 基于向上攀升的高攀心理,人们往往喜欢采取一些超越层级的消费行为,以满足其虚荣心。例如,许多人将拥有名牌奢侈品作为身份地位的象征,因此,有的低收入者节衣缩食购买名包、名表等,以获得提升身份的满足感。

(二)不同社会阶层消费者的行为差异

社会学家布厄迪指出,个人的社会阶层在很大程度上决定了个人消费什么、如何消费。就消费者而言,所处社会阶层不同,其消费模式和购买行为也存在诸多差异。

1. 不同社会阶层消费者的信息利用方式和类型存在差异

处于最底层的消费者通常信息来源有限,对误导和欺骗性信息缺乏甄别力,出于补偿的目的,他们在作购买决策时可能更多地依赖亲戚、朋友提供的信息。中等阶层消费者较多地从媒体上获得各种信息，而且会主动从外部收集信息。随着社会阶层的上升，消费者获得信息的渠道增多，高社会阶层的消费者往往更善于利用多种渠道获取商品信息。特定媒体和信息对不同阶层消费者的吸引力和影响力也有很大不同。

2. 不同社会阶层消费者对购物场所的选择存在差异

不同阶层的消费者喜欢光顾的商店类型明显不同。高层消费者乐于到高档商店、专卖店购物，以满足其优越感和自信心。社会阶层对消费者选择商店类型的影响可通过表12-3的统计数字体现出来。

表12-3 社会阶层对消费者选择商店类型的影响（选择比率）(%)

各种商店类型	阶层		
	下层	中层	上层
价格优惠的商店	48	33	19
品种齐全的商店	37	51	12
时尚的商店	7	25	68

3. 不同社会阶层消费者的购买指向存在差异

美国学者将美国社会划分为六个社会阶层，各阶层消费者的购买指向特征如下。

(1) 上上层，由少数商界富豪或名流家族组成。他们是名贵珠宝、古董、艺术品的主要购买者，也是高档消遣、娱乐方式的主要顾客。

(2) 上下层，主要由工商界人士、政界显要人物或经营特殊行业而致富的人组成。他们大都经过艰苦奋斗而由中产阶层进入上流社会，因此有强烈的显示自我的愿望，渴望在社会上显示其身份、地位。他们是私人别墅、游艇、游泳池及名牌商品的主要消费者。

(3) 中上层，由各类高级专业人员如律师、医生、大学教授、科学家等组成。他们偏爱高品质、高品位的商品，注重商品与自己的身份地位相匹配。他们大都拥有良好的住宅、高级时装、时髦家具等。

(4) 中下层，由一般技术人员、教师和小业主等组成。他们喜欢购买大众化、普及性的商品，对价格较为敏感，努力保持家庭的整洁和舒适。

(5) 下上层，由生产工人、技工、低等级职员等组成。他们整日忙碌于工作与生活，很少有精力和兴趣去关心社会时尚的变化，喜欢购买实用价廉的商品。

(6) 下下层，他们属于贫困阶层，几乎没有受过教育，收入属于社会最低水平。他们通常没有固定的购买模式，是低档商品的主要消费者。

4. 不同社会阶层消费者对新产品的态度存在差异

消费者对新产品的态度也会受到社会阶层的影响。一般来说，高层消费者往往是一个或几个知名品牌的忠实顾客和拥护者，一旦有新产品问世，他们很乐意接受和尝试。他们大多不太在意产品价格的高低，更重视产品的品质、品牌、外观和流行度。中层消费者由于更在意产品的性价比，对新产品一般持比较慎重的态度，因此，当新产品进入市场时，他们会在收集有关信息、进行比较评估等一系列过程后，才做出决策。价格和质量是中层消费者是否接受新产品的两大重要影响因素。下层消费者由于受经济条件的限制，不会很关注新产品，对他们来说新产品基本没有吸引力。

由上述分析可知，不同社会阶层的消费者在获取信息、购物场所、购买指向及新产品购买方面都有明显差别。把握这些差异有助于企业根据不同阶层消费者的消费偏好进行市场细分，以更好地满足目标市场消费者的需求。

第4节　社会比较与消费心理

人们对社会阶层的认识与了解并非自发形成的，而是通过与周围人的比较形成的。根据社会比较理论，人们在界定自身所处的社会地位时，往往会将自己与其他人进行多方面的比较，比如财富即为重要的比较内容之一。

一、社会比较的核心概念与内涵

（一）社会比较的维度

根据利昂·费斯汀格于1954年提出的社会比较理论[①]，人们有获得准确的自我评价的内在动机，当客观评价标准不可得时，人们就会转而与他人进行比较，以获得评价自我的信息。不同的个体在社会地位、财富水平、受教育程度、职业、智力等方面千差万别，为了解自己在社会群体中的位置，人们往往需要在以上这些维度上与他人比较。社会比较的维度并不局限于以上这些，还涵盖外在的个人特征和内在的个人品质，比如外表吸引力、诚信、道德标准。通常对于人们的自我定义越重要的维度，社会比较所产生的影响就越大。一个特定的社会比较维度对于个体的重要性还取决于个体所承担的关键社会身份，比如对于一名在校大学生而言，学业成绩十分重要，但对于一名刚毕业初入职场的大学生而言，工作能力则显得更为重要。因此，特定社会身份影响着人们对比较维度的选择。

（二）社会比较的对象

"与谁比较"是社会比较的核心内容。为了获得用于评价自己在某一方面表现水平的信息，人们需要选择一个比较的对象。在社会比较的过程中，任何人都可以被个体选作比较对象，但只有个体与那些密切相关的人或者处于同一社会阶层的人进行比较时，社会比较所产生的影响才最大。"同行是冤家"，伯特兰·罗素在其《幸福之路》[②]中曾提到的"乞丐并不会妒忌百万富翁，但是他肯定会妒忌收入更高的乞丐"，均直接反映出人们在社会比较中所选择比较对象的特点。

---

① Festinger L. A Theory of Social Comparison Processes. Human Relations，1954，7（2）：117－140.

② 伯特兰·罗素．幸福之路．刘勃，译．北京：华夏出版社，2016.

（三）社会比较的类型

基于比较对象在特定比较维度上的表现，可以将社会比较细分为三种类型：平行比较（parallel comparison）、上行比较（upward comparison）和下行比较（downward comparison）。相对于发起比较的主体而言，如果所选比较对象在比较维度上的表现相近、相差不大，那么与之进行的比较称为平行比较；如果所选比较对象在比较维度上的表现更好、更优越，那么与之进行的比较则称为上行比较；如果所选比较对象在比较维度上的表现更差、更平庸，那么与之进行的比较称为下行比较。不同类型的社会比较对个体的心理和行为产生的影响存在差异：通过平行比较，人们可以获得准确的、相对中立的自我评价；上行比较则往往导致消极的心理后果，如"人比人，气死人"；下行比较则会提升人们对自我的积极感知和评价，如"比上不足，比下有余"。

（四）社会比较的动机

不同类型的社会比较背后通常有着不同内在动机的驱动，人们进行社会比较的基本动机有三个：自我评价（self-evaluation）、自我完善（self-improvement）和自我增强（self-enhancement）。在不同动机的驱使下，人们会做出相应的社会比较行为。具体而言，自我评价的动机会促使人们选择与自己在比较维度上的表现水平相近的人进行比较，此时的社会比较为平行比较；自我完善的动机会激发个体寻找一个比自己更优秀的目标进行比较，从而激励自己不断提升与改善，以达到更高的水平，此时的社会比较为上行比较；在自我增强的动机驱使下，人们更倾向于选择一个比自己更差的人进行比较，以增强积极的自我感受和满足感，此时的社会比较为下行比较。

二、社会比较对消费者心理的影响

（一）情绪

社会比较直接影响人们的情绪，不同的社会比较产生的情绪后果可基本划分为对于个体有利的情绪和对于个体不利的情绪。上行比较往往会导致消极情绪的产生，比如不满、嫉妒、怨愤、自卑、抑郁、羞愧，下行比较则更多地引发自豪、幸灾乐祸、轻蔑、同情等情绪。

（二）自我评价

自我评价是社会比较的重要功能之一，也是个体进行社会比较的基本过程。不同类型的社会比较会导致积极的或消极的自我评价。与更优秀的人进行上行比较会对人们的自我评价产生消极影响，下行比较则更能够提升人们的自我评价。需要指出的是，比较对象和个体之间的心理亲密程度影响着社会比较后的自我评价。当个体将比较对象视为自我延伸的一部分时，比如自己的家人、恋人、好朋友，上行比较反而会提升自我评价，此时的上行比较产生的是同化效应。

社会比较对个体自我评价的影响依赖于社会比较发生的具体社会情境以及个体对于社会比较的运用方式。在下行比较过程中，如果个体更关注自己与比较对象之间的相似性信息，个体会预期自己的处境也可能变得与比较对象一样，从而导致消极的自我评价，此时产生的是下行比较的同化效应；反之，如果个体更关注自己与比较对象之间的差异性信息，那么下行比较会导致积极的自我评价，此时产生的是下行比较的对比效应。

（三）自尊

社会比较影响着人们的自尊。在大多数情况下，上行比较会损伤个体的自尊，下行比较则能够增强自尊。下行比较理论认为，人们更倾向于和不如自己的人比较，以此来维护自尊和提升主观幸福感，当个体经历失败、挫折或者自尊受到威胁时，更可能和处境更差的人比较。自尊水平还调节着社会比较对个体自我评价的影响。自尊水平较高的个体在上行比较中更可能产生积极的自我评价和主观幸福感，自尊水平较低的个体在上行比较中更可能产生自卑、嫉妒等消极情绪，更可能通过下行比较来获得积极的自我评价。

三、社会比较对消费者行为的影响

（一）补偿性消费者行为

1. 亲社会消费者行为

作为消费者行为的重要内容，亲社会消费者行为是指消费者以帮助他人、造福社会等利他主义目的而做出的慈善捐赠、购买绿色产品以及参加志愿者活动等消费者行为，亲社会消费者行为能够帮助个体获得社会支持、人际合作和互助，从而更好地适应环境。

社会比较影响人们的亲社会消费者行为。相比于上行比较，下行比较更可能导致消费者的亲社会消费者行为。具体包括：对于处境更差的比较对象以及对于不相关的他人所做出的亲社会消费者行为。相关研究结果显示[①]，相对于上行比较的消费者，进行下行比较的消费者更乐于帮助处于劣势地位的比较对象，更愿意给慈善机构捐款，更可能帮助与自己不相关的其他人。消费者之所以在下行比较后有更高的亲社会消费者行为倾向，主要是因为下行比较增强了他们的同理心。[②]

2. 炫耀性消费者行为

炫耀性消费者行为是指消费者为了显示自己的财富而购买非必需的昂贵商品。昂贵商品所代表的社会经济地位、生活方式和品位可以帮助消费者展示积极的自我形象，获得积极的心理感受和他人的认可。因此，炫耀性消费者行为可以用于管理自我概念、建立和向他人传达积极的自我形象。在补偿动机的驱动下，消费者在上行比较后会表现出

---

① Schlosser A E，Levy E. Helping Others or Oneself：How Direction of Comparison Affects Prosocial Behavior. Journal of Consumer Psychology，2016，4（26）：461－473.

② 郑晓莹，彭泗清，彭璐珞．“达”则兼济天下？社会比较对亲社会行为的影响及心理机制．心理学报，2015（2）：243－250.

更高的炫耀性消费者行为倾向。在社会比较中，上行比较会给消费者造成更多的心理威胁，引发消极的自我评价以及无能感、无价值感、低控制感等。人们有维持积极自我评价的需要，因此，消费者会通过象征性的事物和行为进行自我补偿，以弥补自己在特定比较维度上的劣势和不足。营销学者提出[①]，除了财富的直接攀比外，其他与消费无关的重要维度上的上行比较也会引发炫耀性消费者行为。此时，炫耀性消费是一种替代性的心理需求满足工具，消费者以此来弥补由于上行比较导致的心理劣势感和自我威胁感，当这种威胁感经由其他非消费途径得以缓解后，消费者在上行比较后的炫耀性消费者行为倾向就会消退。

（二）非补偿性消费者行为

在如今的营销服务场景中，消费者所面对和接触的服务人员大多都有较高水平的外表吸引力，这是十分普遍和被广泛运用的企业营销策略。在现实中，尽管外表吸引力较高的服务人员能够引起消费者的积极反应，使其产生较高的购买意愿，但实证研究表明[②]，当消费者的自我展示动机凸显时，消费者对外表吸引力较高的服务人员会产生消极的反应。比如，购买容易引起尴尬情绪的减肥药。当消费者的自我展示动机被唤起时，服务人员外表吸引力的高低会对消费者的心理和后续的产品购买意愿产生积极或消极的影响。当服务人员与消费者的性别不同时，外表吸引力较高的服务人员会激发消费者的求偶动机，导致消费者更倾向于进行良好的自我印象管理和自我展示，从而产生较高的产品购买意愿；当服务人员与消费者的性别相同时，外表吸引力较高的服务人员会激发消费者的社会比较倾向，与吸引力更高的同性进行上行比较会威胁个体的积极自我和自尊，因此，社会比较会导致消费者的嫉妒情绪以及对服务人员的消极印象和评价，也会产生较低的产品购买意愿。

基本概念

文化 culture　　亚文化 subculture

跨文化 cross-culture　　跨文化营销 cross-culture marketing

社会阶层 social class　　社会比较 social comparison

思考题

1. 文化的特征有哪些？
2. 解析文化、亚文化与消费者行为的关系。
3. 企业在进行跨文化营销时应考虑哪些因素？

---

① 郑晓莹，彭泗清，戴珊姗．社会比较对炫耀性消费的影响：心理补偿的视角．营销科学学报，2014，10（3）：19－31.

② Wan L C，Wyer R S. Consumer Reactions to Attractive Service Providers：Approach or Avoid?. Journal of Consumer Research，2015，42（4）：578－595.

4. 阐释社会阶层的概念及划分。不同社会阶层的消费者在心理与行为方面有哪些差异?

5. 简述社会比较的基本类型和动机。

案例

传音控股的海外市场开拓之路

传音控股公司，全称为“深圳传音控股股份有限公司”，是一家以制造手机为核心，从事智能终端设计、研发、生产、销售和品牌运营的公司。其主要市场集中在非洲、南亚、东南亚、中东和拉丁美洲等新兴市场，全球销售网络覆盖超过70个国家和地区，成功地打造了一个“中国人的国际品牌”。2023年，传音手机整体出货量约1.94亿部。根据IDC(国际数据公司)数据统计，2023年传音在非洲智能机市场的占有率超过40%，在非洲排名第一。在南亚市场，传音在巴基斯坦智能机市场的占有率超过40%，排名第一；在孟加拉国智能机市场的占有率超过30%，排名第一；在印度智能机市场的占有率为8.2%，排名第六。

本地化经营是传音控股的一个突出标签，也是其在非洲市场的竞争优势之一。传音深知了解当地市场对于一个跨国企业的重要性，它没有把非洲看成统一的大市场。非洲有50多个国家和地区，各地的语言、文化、习俗、政策均有差异。传音秉持“全球化视野、本地化创新”(Think Globally, Act Locally)的理念，致力于进行目标市场本地化产品规划和技术研发创新。传音进入非洲不同的市场，首先建立专门的本地化团队，进行市场调研和用户洞察，深入了解当地消费者的实际需求，为他们做出个性化创新。其洞察团队不只深入非洲的一、二线核心城市，甚至走进三、四、五线地区，去了解当地消费者到底需要什么样的产品和服务。

传音针对不同的消费者群体，推出了三大手机品牌，即TECNO、itel及Infinix。TECNO是传音旗下的中高端品牌，主要面向中高端市场，提供领先的拍照影像技术和出色的用户体验；Infinix针对追求时尚科技的年轻人群，提供时尚智能的产品体验，在当地市场引进粉丝经济、线上销售等互联网玩法；itel作为大众品牌，为广大基础消费者提供质量好、价格优且耐用的产品。这样的多品牌战略帮助传音很好地满足了不同人群的消费需求。

传音重视针对不同市场，定制个性化服务。非洲消费者汗液酸性高，对手机腐蚀性强，传音基于非洲消费者汗液酸碱度数据库，开发表面防腐蚀涂层技术，防水防腐蚀设计功能能抗酸达到PH3.5。同时，传音开发了指纹防汗防油污算法，对于经常沾有油污的、易出汗的手，传音手机指纹解锁成功概率高于同行业。除此之外，传音的TENCO品牌，在产品的外观、功能上做出了差异化，Camon 20系列推出了与涂鸦艺术家联名的夜光版本，以迎合年轻消费者的喜好。

传音针对深色皮肤的用户，推出了基于眼睛、牙齿的夜间人像捕捉技术，不仅解决了非洲地区夜间人脸识别困难的问题，也解决了人像拍摄失真的问题。传音拥有海量的深肤色影像数据样本，在此基础上建立的数据库可用于深肤色面部特征点检测及人脸属性检测模型训练测试。同时，传音基于本地化场景数据开发分类训练模型算法、基于实际场景开发参数调优算法，还开发深肤色美颜功能的产品，重点解决了深肤色用户的拍照美颜问题。

传音搭建了具备自动化测评、自动化调试等专业性和本地化特色的影像实验室。针对新兴市场不同肤色人种，传音通过对屏幕显示色彩科学的研究，提升屏幕色彩一致性和消费者的视觉舒适性，形成领先的屏幕显示体验，增加覆盖多种肤色的影像系统兼容能力，从而更好地服务更多的海外新兴市场。

传音通过“广告＋渠道”来打造文化认同。结合足球在非洲地区的高关注度，传音会赞助相关的赛事，进一步将品牌融入本地人的文化之中。传音先后与英超曼城足球俱乐部、莱斯特城足球俱乐部签署合作协议，成为球队官方合作伙伴。2019年TECNO与曼城足球俱乐部签署三年合作协议，提升传音在中东影响力，2020年TECNO与曼城足球俱乐部在迪拜建设足球训练营。2020年传音旗下中高端家电品牌Syinix与莱斯特城足球俱乐部成为官方品牌合作伙伴。随着宣传工作的开展，传音影响力和知名度得到提升。

另外，针对非洲国家局部地区经常停电、早晚温差大等问题，公司还研制了低成本高压快充技术、超长待机、环境温度检测的电流控制技术等；针对非洲消费者的娱乐方式，研制了适合非洲音乐的低音设计和喇叭设计，适合非洲人的收音机功能设计，并在音乐、内容聚合等领域开发了契合非洲用户偏好的移动互联网应用。

目前，除了手机业务，传音的移动互联、智慧终端（家电、耳机）、售后服务等业务也在逐步增长，形成了数码配件品牌Oraimo，售后服务品牌Carlcare和家用电器品牌Syinix。Oraimo旗下产品包括智能音箱、智能手环、移动电源等，卖得最好的是蓝牙耳机。据非洲电商平台Jumia的数据，2023年，Oraimo蓝牙耳机的整体销量在非洲所有品牌中排名第一，市占率超过30%；Syinix旗下产品包括电视机、空调、冰箱、洗衣机、音响、微波炉、榨汁机，基本涵盖了常用电器与小家电，传音的家电产品和手机一样，主打性价比，用低价占领市场；传音的售后品牌Carlcare，服务网点已超4 000个，不仅是非洲，还覆盖了中东、东南亚、南美等地区，除了传音手机，传音的家电、3C产品也可以拿到Carlcare进行售后服务。“手机＋移动互联网服务＋家电、数码配件”的商业生态模式是传音的最终目的。

资料来源：李华清．传音控股：非洲等新兴市场仍处于“功能机向智能机切换”的趋势当中．(2024－05－20)．经济观察报，https：//baijiahao. baidu. com/s？id＝1799585880735863241&wfr＝spider&for＝pc；传音控股：持续领跑非洲市场，“本地化”优势不断扩展．(2024－06－28)．新浪科技；薛逸民，陈杭．传音控股：非洲手机之王的过去、现在、未来．(2020－09－16)．华尔街见闻，https：//wallstreetcn. com/articles/3605080.

素养提升阅读材料

第13章
品牌消费心理与行为

价值引领

- 理解品牌对于企业的价值，增强民族自信心。
- 树立正确的品牌消费心理，践行社会主义核心价值观。
- 了解品牌强国建设战略，认识到品牌在国家综合实力中发挥的作用。

在现代市场环境中，品牌已成为消费者识别商品的重要标志及评价、选择商品并制定购买决策的主要依据。随着竞争的不断升级，企业已进入品牌竞争时代，品牌成为企业争夺消费者的制胜利器，因此，进行品牌消费心理与行为研究具有重要的现实意义。

第1节　品牌的内涵与构成

一、品牌的定义

"品牌"一词源于古挪威语"brandr"，意思是"打上烙印"。[①]《英汉大词典》中"brand"一词有两个意思：一是指商标或商品的牌子；二是指牲畜、奴隶身上标明所属的烙印。[②]《兰登书屋英语大词典》中对品牌的解释是"代表某一种产品或服务的广为人知的品牌名称"。[③]

科特勒认为品牌是一种名称、术语、标记、符号或设计，或者它们的组合运用，目的是借以辨认某个销售者的产品或服务，并使之同竞争对手的产品或服务区别开来。现代营销品牌理论认为，"品牌已经不只是一个名称、一个标志或象征，而是消费者心目中的一组无形资产。品牌是一个以消费者为中心的概念。品牌不仅存在于工厂或营销部门，

---

① 保罗·斯图伯特．品牌的力量．北京：中信出版社，2000：3.
② 陆谷孙．英汉大词典．上海：上海译文出版社，1996.
③ 杜纳·E. 科耐普．品牌智慧．北京：企业管理出版社，2001：8.

而且存在于消费者心目中。品牌有一个建立过程，在品牌开发之初，它属于制造商或服务提供商。品牌建设的转折点是营销者把它‘放进’消费者的心理空间。”[①] 所谓把品牌“放进”消费者心中，不是简单地让消费者知晓品牌，而是让品牌牢牢占据消费者的心理空间，在消费者心目中树立牢固的地位。

二、品牌的构成

素养园地　开创品牌强国建设新局面

成功品牌的一个重要特征就是始终如一地将品牌的功能与消费者的心理欲求联结起来，将品牌信息传递给消费者，产生心理效应。品牌一般由以下三个要素构成（见图 13－1）。

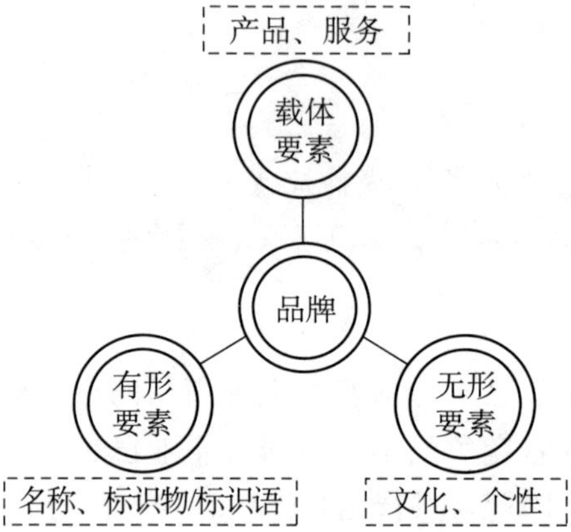

图 13－1　品牌的构成要素示意图

（一）品牌的载体要素

品牌附着在企业提供的产品和服务上，以产品和服务为载体。每个品牌都对应着一定的产品和服务，如果脱离了产品和服务，品牌也就失去了存在的意义，因此产品和服务是品牌最基础的要素。其中，产品是使顾客产生信任和忠诚最直接的要素，企业只有通过好的产品满足顾客特定的利益或需求才能使品牌具有生命力。服务是产品的延伸，是整体产品不可分割的一部分。对现代企业而言，服务是竞争制胜的关键。在当今市场激烈的竞争中，服务领域的竞争越来越激烈，服务成为构成品牌必不可少的基础要素之一。

（二）品牌的有形要素

品牌名称、标识物及标识语是品牌的有形要素，是某一品牌区别于其他品牌的重要标志。三者各具个性，统一互补，极易被消费者接受、认同和产生心理效应。

品牌名称体现了品牌的内容，通常由文字、符号、图案构成。好的品牌名称内涵深

① 卢泰宏，邝丹妮．整体品牌设计．广州：广东人民出版社，1998.

刻，通俗易懂，朗朗上口，具有良好的宣传、沟通、交流作用。品牌的有形要素经过长时间的积累会形成统一稳定的品牌视觉形象，这是品牌吸引消费者的重要条件之一。

标识物本身能够帮助消费者对产品产生认知、联想，并使消费者产生积极的感受、喜爱和偏好。标识物直接反映品牌，同时把名称和产品类别以及服务联系在一起。如果标识物能够引起消费者的注意和兴趣，则品牌走进消费者的心中指日可待。

标识语的作用首先表现在可以为产品提供联想。比如，麦斯威尔咖啡在进入中国市场时，面对雀巢牢固的市场地位，推出了“好东西要与好朋友分享”的品牌标识语，把咖啡与友情结合起来，人们一看到麦斯威尔咖啡，就能联想到与朋友一起分享的快乐。标识语还可以清晰地表达产品的定位，比如，金利来的标识语“男人的世界”明确地把产品定位于成功和有身份的男士，通过多年的品牌建设，成为男装中的精品。因此，企业在设计品牌标识语时，不仅要通过个性化的语言吸引消费者的注意，更要通过简明清晰的表达促进消费者理解和记忆，从而达到沟通、传播的最佳效果。

（三）品牌的无形要素

品牌的无形要素是指营销者赋予品牌的能够被消费者感知和接受的品牌个性与文化。一个品牌的个性与文化越独特，消费者的感知就越清晰。例如，小米手机作为国产手机中极具影响力和号召力的品牌，拥有众多“米粉”。小米手机独特的品牌个性和文化广受消费者喜爱，特别是对于许多年轻消费者而言，小米手机已经不仅仅是一个手机，它更代表了一种生活态度和潮流时尚。

品牌的无形要素也是消费者表达某种特定情感的载体。企业可以给品牌附加很多文化内涵，塑造鲜明的品牌个性，为顾客提供更多的情感利益，由此获取产品以外的品牌价值。例如，Smart 被誉为汽车世界的精灵，是梅赛德斯-奔驰（Mercedes-Benz）与斯沃琪（Swatch）联袂推出的灵感之作。字母 S 代表斯沃琪公司，M 代表梅赛德斯公司，art 代表艺术、灵敏和聪慧。从诞生之日起，从车型设计到性能创新，Smart 挥洒个性、灵巧机动、高效节能、独具魅力。今天，Smart 代表了一种城市灵动的生活方式，它带给全世界车友无限的驾驶和生活乐趣。

三、品牌的功能

（一）识别功能

识别功能是指品牌自身含义清楚、目标明确、专指性强，只要提起某品牌，就能唤起消费者的记忆和联想，引起相应的感觉和情绪，意识到品牌指的是什么。有些知名品牌的名称、标识物、标识语等已成为区别于其他品牌的重要特征，消费者早已铭记在心，如深蓝色的 IBM 标识，给人以博大精深和值得信赖的联想，传遍全球。

（二）信息浓缩功能

信息浓缩功能是指品牌的名称、标识物、标识语含义丰富深刻、幽默具体，以消费者所掌握的关于品牌的整体信息形式出现，可以使消费者在短时间内获得高度浓缩的信息。心理学研究显示，人的记忆是以网络方式存储短小的块状信息，品牌信息能够提供进入网状记忆的刺激，激活相关的记忆块，触发与消费者的沟通联系。

（三）安全性功能

声誉卓著的知名品牌本身就意味着卓越的品质和一流的服务，能够满足消费者所期待的效用和心理价值，可以最大限度地减少购买风险，给消费者带来信心和保证，使其获得安全感。

（四）附加价值

附加价值是指消费者所追求的产品基本功能之外的效用或利益。优秀品牌应能比一般品牌提供给消费者更多的价值和利益，使消费者得到超值享受。尽管不同品牌提供的附加价值有所差别，但是在价值享受、功能享受、心理效用等关键利益上，成功的品牌至少应有一种或几种利益优于其他一般品牌。

四、品牌资产

（一）品牌资产的含义

“品牌资产”（brand equity）一词自 20 世纪 80 年代起广泛使用。品牌资产研究的著名学者凯勒提出了基于消费者的品牌资产（customer based brand equity）概念，他认为品牌之所以对生产企业和经销商有价值，根本原因在于其对消费者有价值。基于消费者的品牌资产是指消费者的品牌知识导致的对品牌营销的差别化效应。①

加州大学伯克利分校教授阿克（Aaker）认为，品牌资产是一系列与品牌、品牌名称、标识物相联系的资产和负债，它能增加或减少提供给公司或顾客的产品或服务的价值。从消费者角度讲，品牌资产是指品牌在目标群体心目中所代表的价值。品牌资产的构成要素包括品牌忠诚、品牌认知、感知质量、品牌联想和其他专有资产等。②

（二）品牌资产的作用

1. 提高购买的兴趣和可能性

消费者的品牌偏好体现着自身的消费倾向和价值追求，只有企业的品牌内涵与消费者的价值取向一致，品牌才能引起消费者的兴趣和购买欲望。知名品牌因丰富的品牌内涵和准确的品牌定位与特定目标消费者群相契合，容易引起目标消费者群的共鸣，成为其首选对象。

2. 保持和提高价格的能力

现实中功能、质量相同或相近的产品，一旦贴上品牌标签，价格往往会有明显差距。

---

① 俞满娇．品牌资本是一个有用的指导工具吗？．南开管理评论，2001（1）．

② 万后芬，周建设．品牌管理．北京：清华大学出版社，2006：297．

知名品牌因品牌效应可以实行较高定价，这种差额收益就是品牌资产的附加值。

3. 提高品牌延伸的能力

品牌资产可以提高品牌延伸的能力，如海尔集团因生产电冰箱而闻名，此后海尔以品牌资产为依托，向家电业相关产品甚至其他行业延伸，成功开发了海尔洗衣机、海尔空调等家电产品以及智能穿戴设备、全屋智能等产品。

总之，品牌资产的价值就在于能够吸引消费者，品牌资产价值的高低主要取决于品牌对消费者的市场影响力。在市场竞争中，高品牌资产更能影响新消费者，留住老顾客。具有良好价值的品牌，不仅有助于消费者理解和存储大量与该品牌有关的信息，而且会大大增强他们购买和使用该品牌产品的信心。

第2节 品牌的心理基础和形成机制

一、品牌的心理基础

当代社会消费者越来越注重心理的、精神层面的需求，这类需求的满足是通过品牌消费来实现的。消费者对于品牌的心理诉求可以分为以下两类。

（一）品牌的象征意义

品牌的象征意义源于消费者认识自我、表达自我并期待得到他人或社会肯定的需要。首先，消费者希望通过消费活动表现个性，展示自我形象。消费者在购买活动中总是寻求能表现自己个性和自我形象的商品，那些赋予商品独特社会象征意义的品牌更容易受到消费者的青睐。其次，消费者往往通过购买和使用商品向外界表达自我，证明自我价值，如使用香水的人相信能通过不同的香味和品牌来传达自己的某些想法和追求。

品牌的象征意义是指在消费者心目中品牌所代表的与特定身份、形象、品位相联系的意义和内涵，能够体现消费者的知识涵养、价值观念、身份地位、生活方式等。一定意义上，品牌的象征意义是消费者表达自我的一种工具或载体。

（二）品牌的情感意义

品牌的情感意义来源于消费者的情感需要。情感是与人的社会性需要和意识紧密联系的内心体验，具有较强的稳定性和深刻性，对个体的影响长久而深远。品牌的情感意义是指在消费者心目中与品牌相联系的审美性、情感性文化意蕴，它巧妙地构建了一种生活格调、文化氛围和精神世界，引导人们通过移情作用在商品消费中找到自我，得到慰藉。

品牌文化是凝结在品牌中的经营观、价值观、审美观等审美形态及经营行为的总和。品牌的文化价值使品牌具有人格化的魅力，使拥有者产生情感共鸣。

二、品牌的心理作用机制

品牌如何使消费者心理或精神上高层次的需要得到满足呢？这需要从消费者对品牌的认知过程和情感形成两方面分析品牌的心理作用机制。

（一）品牌认知

品牌的认知过程是指消费者认识、了解、确信并接受品牌的过程，是品牌发生作用的心理基础。消费者一旦形成对某一品牌的认知，就会从中发现自我形象、社会象征、情感等方面的需要，并希望通过品牌体现自身的生活方式、文化艺术品位、声誉与名望等。

1. 品牌定位

消费者的品牌认知是通过企业的品牌定位和品牌个性化实现的。一段时期以来，品牌定位被认为是企业主导的行为，消费者只是被动地接受品牌，其实这种看法恰恰是本末倒置，因为企业进行品牌定位的最终目的是使消费者形成品牌认同，因此，品牌定位必须符合目标消费者的自我定位，品牌个性选择必须符合目标消费者的个性特征。品牌定位可以从品牌定位的内容和过程去理解。

（1）品牌定位的内容。品牌定位的首要内容是文化定位，即将某种文化内涵注入品牌之中，形成品牌在文化上的差异。消费者总是生活在一定的社会文化背景之下，特定的社会文化、亚文化使消费者形成了特定的价值观、消费观等，这将影响消费者的食品偏好、衣着选择、娱乐方式和购买习惯等。只有品牌的文化定位符合消费者所处社会的文化标准，品牌在整体上才能不被消费者排斥，进而获得他们的心理认同和情感共鸣，这是品牌定位的基础和前提。

其次是情感定位，即将某种情感寄托于品牌，使品牌成为某种情感的象征。情感对消费者的影响是长久和深远的，只有情感定位准确，品牌才能通过移情作用使消费者在商品的消费中找到自我，得到慰藉，获得情感寄托和心理共鸣。在进行情感定位时，一定要做到与消费者之间深切的情感沟通，也就是说让品牌与消费者产生情感联系。

最后是情境定位，即将品牌与一定环境、场合下的商品使用情况联系起来，唤起消费者在特定情境下对品牌的联想。消费者购买某一商品，总是希望在某种特定情境下展示自己的文化知识水平、社会地位、名望声誉等。品牌只有情境定位准确，消费者才会在一定的环境、场合下使用该品牌的产品。

（2）品牌定位的过程。

①了解消费者的特征。首先，要通过目标消费者所处的社会环境和所属消费者群体分析其个性心理和消费行为习惯，了解目标消费者的需要、愿望和利益要求。例如，在美国市场上，本田汽车定位于中低收入的消费者和家庭，因此就不能像梅赛德斯一样处处体现华贵的气派和做工精细，要适应中低收入消费者希望满足经济适用性的需要。

②通过信息沟通传达品牌信息。企业应利用广告宣传、一对一服务等多种信息沟通渠道和方式，将品牌定位传达给目标消费者。品牌定位要保证信息表达准确无误，更要

确保消费者在理解信息时不发生曲解和歧义。

2. 品牌个性化

品牌个性研究的心理学基础是人本主义心理学派与精神分析学派的理论，它们非常注重人的独特性，主张人是自由的、有理性的，具有个人发展的潜能。在心理学领域，个性是指人所具有的稳定而持久的特征，包括能力、气质、性格和兴趣等方面的特质。由于每个人的个性各不相同，具有绝对差异性，因此个性具有识别人的功能，也就是说人们可以根据态度或行为表现出来的个性来认知他人。这些长期积累的心理学知识被成功地运用到品牌个性研究中。

人们对品牌的认知最初着眼于影响品牌的各种外在因素，如品牌属性、名称、标志、包装、价格及声誉等。随着消费者心理活动特别是记忆的不断积淀与扩散，品牌就像人一样具有独特的个性形象。这种个性形象不单是由产品的实质性内容确定的，还包括其他一些联想、创造的成分。品牌个性一旦形成，就具有不可模仿性和持续性。在品牌的构成要素中，无论是品牌标志，还是作为物质载体的产品功能属性，都是可以被模仿的，但对于体现品牌独特内涵的、无形的品牌个性，则如同人的个性一样难以模仿，故而我们所看到的奔驰等著名品牌的个性都是独一无二的。这种独特性经过长期持续的培育和维护，与其他品牌的区别会越来越明显。

总之，品牌个性化可以消除消费者的心理阻碍，使消费者从品牌的独特个性中感受到丰富的品牌内涵，产生高度的契合感，从而获得个性心理的满足。为此，企业都非常重视建立独特的品牌个性。总的来讲，品牌个性一般来源于以下几个方面。

(1) 产品自身。产品是品牌的物质载体和兑现承诺的基础，它可以向消费者提供功能利益、情感利益和自我表现利益，是形成品牌个性的主导力量。比如，Swatch手表的特点是紧跟时尚，Swatch品牌具有潮流先锋的个性；英特尔的CPU以极快的速度推陈出新，该公司的创新品质形成了英特尔最重要的品牌个性，为英特尔创造了巨大的品牌价值。

(2) 品牌使用者。由于一群具有类似背景的消费者经常使用某一品牌，久而久之，这群使用者共有的个性就被黏附在品牌上，形成品牌稳定的个性。摩托罗拉是中国手机市场的开拓者，一开始有能力购买手机的消费者大多为成功的商务人士，因此摩托罗拉的使用者集中在商务人士。渐渐地，商务人士共同的行为特征就凝聚在摩托罗拉手机上，从而形成了摩托罗拉成功、自信、注重效率的个性。

(3) 品牌价格。价格也可以反映品牌定位，暗示品牌个性。高价位的品牌可能会被认为是富有的、奢华的、有实力的、上层社会的，例如奔驰、劳斯莱斯、路易十三干邑等。低价位的品牌会被认为是朴实的、节俭的、平民化的、低档的，例如蜜雪冰城等。

(4) 广告。广告有助于塑造品牌形象，显示品牌个性，不同的广告主题、创意和风格会产生不同的广告效果。在绝对伏特加的平面广告中，长期坚持采用以独特形状瓶子的特写为中心，下方加一行英文，英文中又总是以"Absolute"为首，并以一个表示品质的词居次，如完美、澄清等；在表现题材上，设计者将品牌与产品、艺术、节日、口味、服装设计、欧洲城市、影片与文字、时事新闻等相结合，赋予广告无穷的魅力。绝对伏特加的品牌个性十分鲜明：时髦、独特、风趣、现代、年轻。

（二）品牌情感

过去20年来，大批学者研究消费者行为中情感或情绪的问题，反映了情感对于市场营销的重要性不断提升。就品牌而言，消费者对品牌的情感正是形成品牌附加值的源泉，并被确认为消费者行为的基本驱动因素。在品牌资产的形成和整体构成中，与更为传统的利益驱动相对应，品牌情感被看作两条基本路线之一，这得到了实证研究的有力支持。

情感通常被定义为“有效价的感觉状态”。对于品牌情感，乔杜里和霍尔布鲁克（Chaudhuri and Holbrook，2001）把它定义为普通消费者对品牌产生正面情绪反应的潜能。[①] 从心理活动的角度来看，消费情绪更多地与生理需要相联系，品牌情感则与社会性需要相联系，两者有一定的区别。

一旦消费者形成了品牌认知，消费者在长期的使用及与企业营销者的互动中便会进一步对品牌形成情感，这在很大程度上影响消费者品牌忠诚度的形成。美国NPD咨询公司曾对某一品牌的4 000多名忠诚者进行调查，将他们按情感和行为维度分为低情感—低行为忠诚者、高情感—低行为忠诚者、低情感—高行为忠诚者、高情感—高行为忠诚者。结果表明，3%的低情感—低行为忠诚者在第二年转化为高情感—高行为忠诚者；18%的高情感—低行为忠诚者转化为高情感—高行为忠诚者。可见，情感对消费者的品牌忠诚度具有重要影响。

由品牌情感转化为品牌忠诚的关键是激发消费者的情感意识，为此，企业要注重增加品牌的文化含量，还要进行长期的情感沟通与培养，不能期待一蹴而就。

三、品牌的心理效应

心理效应是指由于心理活动规律的作用，人们在社会认知过程中，对人或事所持有的一些特殊反应效果。刘建平等从心理效应角度总结，认为品牌的心理效应主要有以下五种。

（一）品牌的差异效应

即简化消费者的购买行为。认知心理学研究认为，面对信息超载，人们常常凭借片段的信息来辨认物体和认识事物，这就是主观认知。品牌作为产品的标志，可以用来表征并创造出同类产品之间的差异特征。识别差异的过程即对品牌信息提取、加工以形成认知的过程。从消费信息加工过程来看，品牌的名称、标识物、标识语作为一种速记符号被消费者注意并感知，与产品属性信息一同存储于消费者头脑中。由于人的记忆以网络方式存储短小的块状信息，品牌符号能够提供进入网状记忆的刺激，与记忆中已有的经验进行匹配，激活相关的网状记忆块，从短时记忆、长时记忆中提取相关内容，由此可以触发与消费者的联系。正是通过对各种商品信息的浓缩，品牌揭示了本产品与其他

---

① Chaudhuri A，Holbrook M B. The Chain of Effects from Brand Trust and Brand Affect to Brand Performance：The Role of Brand Loyalty. Journal of Marketing，2001，65（April）：81-93.

产品的不同之处。消费者依据自己的偏好、需求，在众多品牌中选择自己喜爱和信赖的品牌，从而简化购买行为。

（二）品牌的光环效应

心理学理论认为个体在缺乏充分必要信息的情况下，会从已有的知识结构中提取与目标对象相关的心理图式，由此产生对某事物的概括印象，称为光环效应（halo effect）。光环效应是根据第一印象或者某一方面的优缺点，铺陈开来，由点及面，形成对事物的整体认知。品牌的光环效应是指消费者因对品牌的认可或信任而减少购买时的风险感知，增强对产品的购买信心。品牌光环效应的心理基础是已有的消费经验定式，即消费者根据个人经验或他人经验形成对某品牌商品的认同和信赖，由此会延续或波及对该品牌所有商品的认可。对于消费者而言，品牌不仅是产品的代名词，它还涵盖了企业声誉、产品质量、承诺保障等多方面的内容，这些都给消费者创造了消费信心，使消费者在心理上形成品牌象征着高品质的光环效应。

（三）品牌的情感效应

情感是与人的社会性需要相联系的主观体验，是人类所特有的心理现象之一。心理学认为人的情感心理过程受到生理、自然环境与社会环境的影响，由可被激发状态的连续体组成。情感从平静到激动的过程因个体与外部诱因交互作用而发生变化。品牌的情感效应是消费者对品牌产生的深层次的心理定式，表现为消费者从认同品牌到信赖品牌，再升华到喜爱品牌，最终达到对品牌的移情，产生偏爱、忠诚的情感。

优秀的品牌无不注重对情感的诠释。品牌推广借助音乐、画面、人物形象，激发消费者的情感体验，满足他们的情感需求，使之喜爱并欣赏这种情感价值，进而认同和购买品牌产品。在一定意义上，消费者喜爱某品牌，正是对品牌有一种情感期待，品牌诠释了消费者的情感，形成罗森塔尔效应（Rosenthal effect）。① 消费者期待品牌诠释自己的独特情感，品牌提供给消费者美好的情感寄托，才会形成积极的品牌情感效应。

（四）品牌的魅力效应

品牌有神奇的魅力，使人心驰神往。在现代市场经济条件下，越来越多的消费活动成为外化消费者个性特征和体现社会价值的活动。一个人的服饰、谈吐、闲暇活动方式、饮食偏好、家居装饰、汽车选择等，都是其品位、个性与风格的认知指标。根据商品的社会象征性，人们可以对商品的拥有者进行解读或分类，这便是品牌给予消费者的魅力。

品牌的魅力效应是品牌发散的零散刺激在个体知觉系统中由部分感觉综合形成知觉的过程。人们通过感官得到品牌给予的信息，这些信息经过头脑的加工（综合与解释），产生了对品牌及其所承载对象的整体认识，进而形成对品牌拥有者身份地位或个性风格的识别判断。如今，消费者的购买动机不断趋于社会化、情感化。消费者的好恶不仅取

---

① 亦称皮格马利翁效应（Pygmalion effect）或期待效应，由美国著名心理学家罗森塔尔和雅格布森提出。在教育社会心理学中，人们把对某人或某事始终怀着憧憬、期待、热爱、关怀之情而产生意想不到的效果称为罗森塔尔效应。

决于产品的客观质量，更多地取决于产品给消费者带来的心理满足，这种心理满足的突出表现就是品牌的魅力效应，是品牌赋予消费者在别人眼中的认知识别。

（五）品牌的附加效应

人格化品牌形象塑造是为品牌附加一种特别的价值，这种附加价值是指消费者欣赏的产品基本功能之外的成分。正是品牌的附加价值体现了某种类型消费者群体的性格、气质，使品牌既具有亲和力，又与消费者在心理、精神上有一种贴近感，从而能培养消费者对品牌的心理归属和消费依赖。北京欣欣市场调查公司的一项调查显示：品牌消费与品牌的附加值有关，其中成就感占 45.8%，展示经济实力占 10.8%，显示身份和地位占 26.4%，引起别人的注意与羡慕占 17%。正因如此，消费者会觉得拥有品牌是一种超值享受。

第 3 节　消费者的品牌购买与转换行为

现代消费者的消费成熟度和需求层次不断提高，对产品的要求也越来越高，并趋于多样化。不同类型的消费者在选择品牌时心理反应和行为表现都有所不同。本节首先分析品牌对消费者购买行为的影响，再来分析消费者的品牌转换行为。

一、品牌对消费者购买行为的影响

消费者品牌偏好的形成需要经过一系列阶段，其购买决策过程相对复杂。在购买消费者购买过程的不同环节，品牌起着不同的作用。

（一）品牌在寻求解决方案中的作用

消费者在寻求解决方案时，首先要通过多种渠道广泛收集信息，如个人的记忆和经验、他人购买的启示、媒体广告宣传等。品牌的形象和品牌的独特个性使人们更容易记住品牌所代表商品的特点。亲友同事惯常选择的品牌，也会给消费者信息提示。此外，人们对特定品牌的良好情感会使该品牌从众多品牌中脱颖而出。例如，人们在购买电脑时，最先想到的品牌往往是联想、华为等；购买彩电时，大多会从海信、夏普、松下等品牌中选择。

（二）品牌在评价比较方案中的作用

通过收集信息，消费者根据掌握品牌信息的多寡及自身的价值观和偏好做出评价，其中有些品牌因不符合消费者的要求而被放弃，符合购买要求的则成为考虑品牌。经过多方权衡比较，消费者会选择其中的少数品牌作为重点考虑对象，最后根据自身需求及现实条件，选择购买最符合要求的品牌产品。在评价比较过程中，品牌个性是最强有力的选择标准，有的人可能喜欢物美价廉的品牌，有的人则喜欢高新科技的品牌，有的人更加关注有哪些类型的消费者曾经购买过该品牌商品。品牌的个性特征将商品的特色凸显出来，有助于消费者对商品加以评价比较，做出正确的选择。比如，在选择酒类品牌的过程中，有的人偏爱既尊贵又独具中国特色的茅台酒，有的人更喜欢华贵而充满异国风情的人头马 XO，有的人钟情于纯正实惠的二锅头，这里，品牌在评价方案中起了指引的作用。

（三）品牌在购后评价中的作用

为了证实自己的方案最优，所得效用最大，消费者往往在购买结束后进行购后评价。这种评价可以由消费者自己进行，也可以征求亲友和同事的意见，或者观察社会反应。品牌文化的社会影响和消费者对品牌的情感，将会给品牌带来更多的附加价值，从而增加消费效用。

品牌在购后评价中起到强化作用，为此，企业应对消费者的品牌消费倾向予以足够的重视，将建立强势品牌提到战略高度，开展全方位的品牌营销，不断提高企业产品的品牌形象，使品牌在消费者心目中享有高知名度和美誉度，成为企业的核心竞争优势和宝贵的无形资产。

二、消费者品牌转换行为

消费者的品牌选择行为对企业具有重要影响。在完成第一次品牌选择和购买后，消费者再次选择时会出现两种情况：一是继续选择该品牌并一直购买，向周围的同事、亲人、朋友等推荐，形成品牌忠诚；二是不再继续选择该品牌，转为选择其他品牌，即品牌转换。品牌转换是指消费者由于心理或外界因素的影响，从一个品牌转换到另一个品牌的过程，它涉及消费者在一次购买结束后再次购买时的品牌选择行为，是消费者选择心理在品牌上的反映与表现。

（一）消费者品牌转换的产生

消费者对商品的效用有一个预设的期望值。当所购商品的实际效用达到或超过该期望值时，消费者会感到满意，当产品实际表现未达预期时，消费者则会产生满意度下降、抱怨、传播负面信息，甚至品牌转换等反应。

首先，消费经历是消费者是否发生品牌转换的前因。研究发现，消费者发生品牌转换行为与其消费中的不满意相关，即使是满意的消费者也可能发生品牌转换，并且转换的品牌一定是消费者先前选择品牌时进入考虑集的备选品牌。由于曾经有过品牌选择的经历，因此消费者会将曾经考虑过的品牌作为转换品牌的备选。

其次，转换品牌会产生转换成本、搜寻成本等。由于新品牌存在信息不对称和感知风险，消费者转换新品牌的可能性会降低。在这种情况下，消费者可能选择不转换品牌以降低感知风险，或者增加转换效用以相对减少感知风险。只有品牌转换的效用超过不转换的效用，转换才有可能发生，因此，转换效用大于转换成本是品牌转换的必要条件。

（二）消费者品牌转换的影响因素

从品牌转换过程看，影响消费者品牌转换的因素可以归纳为消费者因素、企业营销因素和市场结构。

1. 消费者因素

(1) 消费者涉入程度。消费者涉入指消费者对产品与自己的关系或重要性的主观体验，主要涉及五个方面，即兴趣与乐趣、象征价值、风险重要程度、出错的可能性以及自我评估能力。当消费者知识水平较低时，涉入程度高会导致消费者较高的心理付出以及决策行为复杂性的提高。

(2) 消费者的产品知识。消费者的产品知识分为两种：客观知识（指在消费者长时记忆中关于产品的精确信息）和主观知识（指消费者对产品知道哪些、知道多少的自我感觉）。消费者的产品知识水平会影响决策行为，导致决策时间和信息搜寻数量等的变化。比如，产品知识少，会促使消费者努力搜寻更多的外部信息；产品知识丰富，消费者就会产生较高的购买意愿。需要注意的是，消费者对产品的主观知识受消费者自信程度的影响。

(3) 消费者特征。品牌转换与消费者的个体特征也有较强的关联性。年龄、性别、收入水平、受教育程度不同的消费者，其品牌转换心理也有所不同，这些因素对消费者是否发生品牌转换行为有一定影响。总体来讲，年轻消费者会比年老消费者更倾向于寻求变化；男性消费者会比女性消费者更频繁地寻求改变；收入水平高的消费者寻求变化的心理比收入较低的消费者要强。对于一个高收入的消费者而言，品牌转换的经济成本相比其自身收入来说不太值得关注，因此品牌转换对高收入消费者产生的影响可能比低收入消费者要小，对高收入消费者来说，品牌转换约束也较小，更容易发生品牌转换行为。

2. 企业营销因素

在企业营销因素中，影响品牌转换的主要有促销、广告和赠券等。在用 Logit 模型研究消费者决策的过程中，研究人员发现促销会影响消费者的选择，它使消费者从品牌 A 转换到品牌 B。有研究表明，广告导致品牌转换。另外，赠券对品牌有明显的积极作用，同时对竞争品牌的消费者的态度和意愿有负面影响。值得注意的是，如果某消费者发生品牌转换，更可能是发生在购买该品牌产品后很短的时间内而不是一段时间以后。

3. 市场结构

从品牌转换成本的角度看，消费者对某一品牌的忠诚度不仅取决于消费者感知的品牌价值，而且受到市场结构的影响，如竞争品牌与模仿品牌的多少以及品牌的差异程度。换言之，当品牌差异较大时，品牌转换成本增加，不易发生品牌转换；当品牌差异较小时，它们被认为具有相互替代性，消费者从一个品牌转换到另一个品牌的可能性就大；当竞争品牌数量增加时，转换成本减小，易发生品牌转换。

除了以上三类因素外，影响消费者品牌转换的因素还包括：消费者寻求多样化的行为；依据特定情境、偏好所做的品牌转换，如价格、不方便、低劣的服务品质、竞争品牌提供优质服务等。

三、当代消费者的品牌消费倾向

随着新消费时代的到来，消费者的品牌消费呈现出新的倾向。

（一）崇尚个性化

年轻一代消费者的消费热情引发许多新的消费热点和消费时尚，成功人士越来越趋于年轻化，带动了消费主体的年轻化。年轻人在品牌选择上更感性和冲动，更倾向于追求独特个性，对品牌的忠诚度与中老年消费者相比相对较低。年轻人寻求刺激、新鲜、实用的价值观，也对品牌个性产生了深刻影响。年轻人通常接触媒体信息较多，对新产品接受较快，这一特征有利于产品品牌的创新。

（二）注重高技术含量

新一代消费者对高新技术极其敏感，他们善于捕捉现代科学技术的微妙变化。这就要求提高产品的技术含量，以满足消费者对高新技术的追求和渴望，同时，产品应当简单易用，以吸引更多的普通消费者。

（三）支付意愿提升

随着收入和生活水平的不断提高，消费者在购车、买房、旅游、留学、子女教育等方面的支出占据收入的绝大部分。较高的收入提高了消费者的价格承受能力，他们有能力为中意的品牌支付高价，这也意味着消费者对品牌产品的质量要求在不断提高。

（四）追求精致品位

新一代消费者对新事物和美好生活孜孜不倦地追求，讲究精致的生活享受和消费品位，这种消费趋向将深深影响品牌个性。

第 4 节　消费者的品牌偏好与忠诚

提升消费者的品牌偏好与忠诚是企业进行品牌营销的最终目的与追求，然而，消费者的品牌偏好与忠诚的培养不是一蹴而就的。只有了解消费者的品牌消费心理和相关的心理形成机制，企业才能循序渐进地获得与预期相符的品牌营销成果。

一、品牌偏好的心理形成机制

品牌根植于消费者心中，品牌的成长过程就是品牌与消费者关系的发展过程。品牌偏好的心理形成机制包括品牌知名度、品牌联想度、品牌美誉度和品牌忠诚度四个方面。“四度”代表了品牌价值的层级，也构成了消费者对品牌偏好的层级和程度。消费者品牌偏好的心理形成机制大致可以概括为：（品牌）信息→注意→感知→记忆→联想→（购买）动机→试用→评价→态度→口碑→信任→强化→（情感）共鸣（忠诚）（见图 13－2）。

（一）品牌知名度的形成

品牌知名度是指知晓品牌的消费者人群规模及其知晓水平。知晓品牌的人越多，品

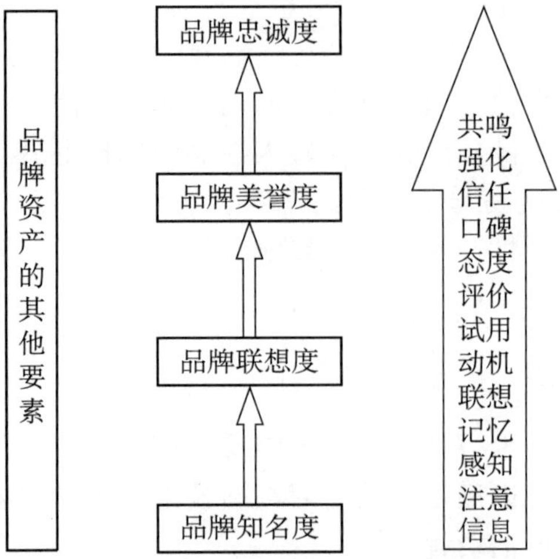

图 13-2　品牌偏好的心理形成机制

资料来源：迈克尔·所罗门，杨晓燕，等．消费者行为学：第12版．北京：中国人民大学出版社，2018.

牌知名度越高；消费者对品牌的知晓水平越高，则品牌知名度越高。品牌知晓水平有两个层级，即品牌再认和品牌回忆。品牌再认是指在有提示的情况下，消费者能够辨别出那些以前听说过的品牌名称，虽然这是较低水平的品牌知晓，但对消费者的品牌选择非常重要。品牌回忆是指在没有任何提示的情况下，消费者能够回忆起某类产品的某个品牌。显然，品牌回忆是较高水平的品牌知晓。品牌回忆要求人们不仅听过或见过某类产品的某个品牌，而且对它有一定的了解或比较深刻的印象。

品牌知名度的形成涉及消费者的需要、期望、注意、感知和记忆等心理活动。

消费者每天会面对大量的品牌信息，只有那些与当前需要、兴趣、期望有关，新颖独特、冲击强烈、与其他信息形成明显对比的品牌信息才会引起消费者注意。根据精细加工可能性模型（ELM），消费者对品牌信息的加工从注意开始呈现两条路线：一条是浅层加工路线，即品牌信息引起消费者的无意注意，该信息不是消费者正在搜寻的信息，此时消费者对该信息只作浅涉感知（low involvement perception）。因为消费者涉入程度低，不可能对该信息做深入细致的加工，所以在大脑里只留下浅层印象，达到品牌再认的知晓水平。另一条是深层加工路线，即由于外界的品牌信息正好与消费者的欲求、期望有关，引起了有意注意，此时消费者倾向于对该信息作深涉感知（high involvement perception），即激活已有的知识和经验，对该品牌信息做深入细致的加工并寻求进一步解释，从而在头脑中留下深刻印象，达到品牌回忆的知晓水平。倘若无意注意的品牌信息与消费者当前的需要有关，这种无意注意可能会转化为有意注意，进而使消费者作深涉感知，最终达到品牌回忆的知晓水平。见图 13-3。

（二）品牌联想度的形成

每当提起某品牌，消费者就会在脑海里浮现出与该品牌有关的特性和形象，这就是品牌联想。品牌联想建立在品牌认知的基础上，只有对品牌及其产品的功能、特性、文化意义和象征意义等有深刻认知并达到品牌回忆的知晓水平，这些信息才可能在消费者

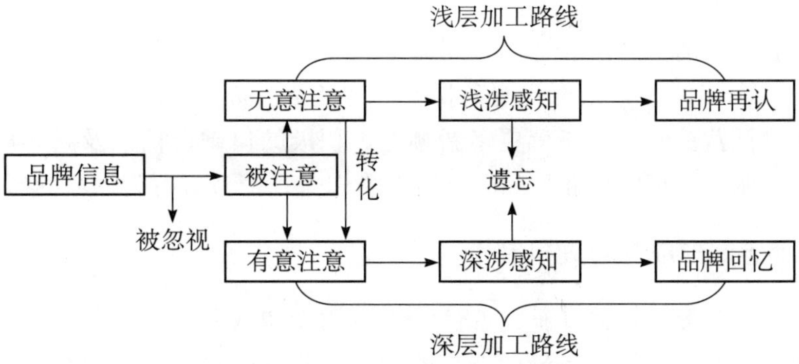

图 13-3　品牌知名度形成机制

资料来源：迈克尔·所罗门，杨晓燕，等．消费者行为学：第10版．北京：中国人民大学出版社，2014.

头脑中产生广泛的联系，形成网络系统，产生品牌联想。品牌联想度反映的是对某品牌能够产生联想的人数及其联想水平。

在提及某类产品时，品牌联想度高的品牌最先浮现在消费者头脑中，消费者会对它给予更高的重视。研究表明，品牌联想度高的品牌通常阻碍人们对其他同类品牌的回忆，在许多购买情境下，浮现在消费者头脑中第一位的品牌占据绝对优势，意味着别的品牌将不予考虑。

（三）品牌美誉度的形成

品牌美誉度是指目标消费者对品牌的赞美和提倡程度，可以从指名购买率和品牌推荐率两方面来测量。

品牌美誉度形成的心理机制为，当顾客购买后，总会有意或者无意地根据自己的期望对商品进行评价。如果该品牌产品的感知效果与期望值相匹配，顾客就会满意；如果感知效果超过期望，顾客会非常满意；如果不符合顾客的期望，顾客则会不满意。这些体验都会影响顾客的下一次购买决策，并且顾客会把对该品牌的感受告诉别人。满意的顾客不仅重复购买，而且会成为品牌倡导者，他们热衷于向别人说该品牌的好话，于是对该品牌有利的信息不胫而走，良好的市场信誉就在这种口碑传播中不知不觉地建立起来。随着消费者对品牌赞誉越来越普遍，产生品牌偏好的人越来越多，品牌的指名购买率随之攀升，在此基础上，消费者的品牌忠诚度开始形成。

二、品牌忠诚的概念与形成

（一）品牌忠诚的概念

品牌忠诚是一个复杂的多维度概念，包含认知、态度、行为的成分。品牌忠诚代表了对特定品牌的偏好态度，这种态度导致稳定一致的购买行为，即除了有重复购买的行为表现外，还有对品牌强烈持久的积极态度。在理解品牌忠诚的概念时，应注意以下方面：(1) 是非随机的，有倾向性的；(2) 具有行为反应，如重复购买；(3) 在较长时间内持续表现出来；(4) 经过某些决策过程；(5) 针对某品牌集合中的一个或多个特定品牌；

(6) 是决策、评价等心理过程的函数。

现有研究表明，消费者品牌忠诚度的小幅变化（如5%）会导致企业盈利水平的大幅变动（如2.5%～10%），这已经被企业界广泛接受。品牌忠诚还会给企业带来诸多营销优势，比如降低营销成本、获得更多新顾客、积极的口碑传播以及顾客对竞争对手的策略更强烈的抵制等。正因如此，品牌忠诚一直以来是消费者行为领域的研究热点。

（二）品牌忠诚形成的心理机制

对于品牌忠诚的形成过程，研究者认为可以用期望效用理论、满意度理论和刺激—反应的学习理论来解释。消费者最初选择购买特定品牌的产品，是一种基于信息检索和尝试的决策。当消费者在尝试购买后认为该品牌达到或高于自己的购前期望值，便会产生满意感并形成对该品牌的积极态度。这种态度经过与他人的信息交流以及各种营销手段的强化，会引发消费者的再次购买行为。当消费者再次获得高度满意感时，先前形成的积极的品牌态度又得到进一步强化。消费者对品牌积极态度的不断强化将发展成为品牌信任，这时消费者对品牌不仅有一种理性偏好，而且产生了情感上的共鸣，形成依恋感，这就使品牌忠诚上升到更高的水平。因此，品牌忠诚可以看作“认知→态度→行为”模式的典型代表。

1. 认知与品牌忠诚

对风险的认知是决策研究中很重要的认知变量。品牌忠诚被看作消费者降低购买成本和风险的一种手段。研究发现，品牌忠诚导致的重复购买，既增加了消费者对特定品牌的经验，又使他们的产品知识有所增加。随着产品知识的增加，消费者对品牌、产品知识的加工能力增强，可以提高决策效率，降低决策失误带来的风险。产品知识的增加还可以减少消费者对外部信息的检索，节省信息收集的时间和精力，降低决策成本。此外，特定品牌知识的增加提高了品牌转换成本，可以促进消费者对品牌的忠诚，并降低价格敏感性。

在新产品购买中，当消费者觉察到购买新产品的风险很高时，会更多地选择所熟悉的品牌产品，即降低了多样化选择的倾向，在一定程度上巩固了品牌忠诚。有研究数据表明，约70%的消费者将未曾购买过的产品剔除出考虑集，这体现了品牌忠诚对消费者选择策略的影响。

2. 态度与品牌忠诚

与品牌忠诚有关的态度方面的因素主要有信任和满意度。信任可以促进消费者对特定品牌的忠诚，以态度测量的观点看，品牌忠诚包含信任的成分。对品牌的积极情感反应与品牌忠诚存在较高的正相关关系，并降低消费者对价格的敏感性。

满意度和品牌忠诚的关系也很密切。满意的消费者更容易产生对特定品牌的忠诚，消费者产生抱怨时，如果得到企业恰当的对待，会比那些没有不满意，因而也没有任何抱怨的消费者产生更高的满意度，品牌忠诚度也会提高。

3. 行为与品牌忠诚

品牌忠诚的行为表现不仅仅体现在重复购买上，有研究者把消费者向他人推荐产品也看作品牌忠诚的一种行为表现，这与把向他人推荐意向作为满意度指标之一颇为一致。

品牌忠诚会导致消费者对于价格的敏感性降低，忍受性增强。消费者个体行为的集合构成宏观的市场行为。一般而言，市场份额高的品牌，拥有更高的品牌忠诚度；反过来，高度的品牌忠诚，可导致品牌市场份额增加。

此外，品牌忠诚的消费者在购买行为上还呈现一系列特点。

（1）较少受竞争产品的影响。品牌忠诚形成后，消费者很难为其他企业的产品所打动，甚至对其他产品采取冷漠和抵制的态度。根据顾客对竞争产品的态度，能够判断其对某一品牌的忠诚度。

（2）挑选时间缩短。由于信赖程度的差异，消费者对不同产品的挑选时间不同。一般来说，顾客挑选时间越短，说明对这一品牌的忠诚度越高；反之，则忠诚度偏低。

（3）价格敏感性降低。实践表明，对于喜爱和信赖的品牌，消费者对其价格变动的承受能力强，即价格敏感性低；对于不怎么喜爱和信赖的产品，消费者对其价格变动的承受能力弱，即价格敏感性高。因此，可以根据价格敏感性的高低衡量顾客对某一品牌的忠诚度。

（4）对质量风险的承受能力增强。任何一种产品都可能出现质量问题，即使是名牌产品也在所难免。顾客若对某一品牌的忠诚度高，则会对偶然出现的质量问题予以理解和宽容，不会因此否定和拒绝该产品。当然，也要考虑问题的严重性等因素。

三、如何提升消费者的品牌偏好与忠诚

在市场运作中，消费者高度的品牌偏好与忠诚能够给企业带来巨大的利益，因此，通过营销努力提升消费者的品牌忠诚，已成为现代企业高度关注的问题。

（一）经典条件反射的应用

经典条件反射是指借助条件刺激与某种反应之间的已有联系，经由练习建立起另一种中性刺激与同样反应之间的联系。在不同类型的品牌广告中，我们都能看到将品牌与一些美好的事物或积极的情绪联系在一起，经由广告的反复宣传，消费者在经典条件反射的作用下会自然而然地对品牌形成一种积极的态度，这种好感度的提升会显著提升消费者的品牌偏好和忠诚度。例如，家居品牌欧派通过在广告中展现一家人其乐融融的温馨场面，使得消费者将欧派与美好的家庭生活联系在一起。

然而，如果条件刺激只是偶尔与中性刺激同时出现，由于记忆的消退，经典条件反射将很难形成，因此，形成经典条件反射的基本前提是重复。为了实现有效的重复，企业首先应对品牌的广告宣传内容进行统一，并根据企业状况适当地调整品牌广告的投放渠道、数量以及频率。其次，在品牌经营上，企业应当适量采用差异化的品牌策略，这不但可以增加刺激的新奇性、强化记忆点和弥补消费者的记忆消退，还可以提升消费者对于刺激的甄别能力、保护宝贵的品牌资产。企业还可以利用刺激泛化原理进行品牌延伸，消费者对某品牌产生较高的品牌偏好与忠诚后，在购买其他产品时更有可能购买该品牌的相应产品。

（二）操作性条件反射的应用

不同于强调无意识反应的经典条件反射，操作性条件反射是个体主动进行能产生正面结果或避免产生负面结果的行为。在现实中，企业可以采用正面强化和负面强化的策略来提升消费者的品牌偏好与忠诚，正面强化的应用相对更广。为了进行正面强化，营销人员可以在消费者购买产品后向其提供适当的营销奖励，例如，支付折扣、赠品和优惠券等，这会增加消费者后续重复购买该品牌产品的可能性。此外，当消费者购买某品牌产品后产生较高的满意度时，会自然地形成正面强化。负面强化主要通过一些告诫式广告进行，强调不购买某品牌产品的负面结果。

除了强化物外，间隔式强化程序也会对操作性条件反射的效果产生影响，定比率强化和变化率强化都会对操作性条件反射的效果产生影响。需要注意的是，由于需要企业主动强化，对于购买间隔较长的耐用品来说，操作性条件反射的应用可能难以获得预期效果。

（三）提升产品与服务质量

产品和服务的质量是企业可持续发展的基础。面对消费者不断变化的需求，企业要使品牌获得消费者的认可和忠诚，就必须采取领先策略，在产品和服务方面做出创新。除了积极进行新产品研发外，企业还要注重提高服务质量。这是因为服务质量是影响消费者行为意向的重要因素，它直接影响消费者重复购买行为和推荐意愿的产生。企业应该从售前服务和售后服务两个方面来提升服务质量。售前咨询是售前服务的重要组成部分，尽管这种服务不直接创造收入，但它能帮助消费者了解品牌并形成初步印象，消费者的抉择也直接受到售前咨询的影响，售前咨询还可以建立企业与消费者之间的关系，使企业了解消费者的需求和品牌偏好。售后服务是一个不应忽视的环节。企业要及时与消费者进行沟通，妥善处理消费者的意见和建议，以最快的速度解决问题，从而加深消费者对品牌的好感。最后，企业要通过优质的产品和服务使消费者形成良好的感知价值，使消费者感受到品牌蕴含的象征意义和独特个性，获得更多的品牌附加价值。

（四）构建品牌信任

品牌信任是品牌忠诚形成的前提，是构成品牌忠诚的核心要素。为了提高消费者对于品牌的信任，首先，企业需要重视品牌维护。在法律层面，企业应当注重对商标的保护，保护商标的专有性、时效性；在经营层面，企业应当注重对品牌的适时更新，包括产品更新、名称更新、标识更新、广告语更新以及形象代言人更新等。

其次，品牌危机在品牌生命历程中是不可避免的，如果处理不当，就会对品牌造成极大的损害。因此，企业在品牌维护的基础上还应加强品牌危机的防范工作。为了更好地避免品牌危机和处理品牌危机，企业应在公司内部树立起全员危机意识、建立有效的危机预警系统并组建品牌危机管理小组，在品牌危机出现时按照主动性、迅速性、诚实性、统一性、全员性的原则，主动与媒体沟通，告诉公众事实真相，并借助专业机构，化解消费者的抵触心理，将危机的不良影响降到最低。最后，为了进一步强化消费者的品牌信任，企业应当促进品牌与消费者关系的转型。在传统的营销模式中，品牌和消费者之间以交易型关系（exchange relationship）为主，这种关系注重给予和获得之间的平衡，强调短期的、物质的交换。在互惠型关系（communal relationship）中，个体对于自身的给予并不期望一定得到偿还，更强调长期的、非物质的交换。交易型关系多适用于商业伙伴和点头之交，互惠型关系则多出现在与朋友、家人的关系中。通过建立品牌档案、增加品牌与消费者的友好互动等举措，消费者与品牌之间的关系将更加亲密并朝着互惠型关系转型，这有助于提升消费者的品牌信任和品牌偏好，提高品牌忠诚度。

第 5 节　基于消费者心理的品牌强国策略

在全球化背景下，品牌已成为国家竞争力的重要组成部分。如何利用消费者心理推动本土品牌走向世界、提升品牌竞争力，是一个值得深入探讨的课题。本节将论述如何基于消费者心理推进品牌建设，打造具有高竞争力的品牌。

一、提升品牌文化价值

品牌文化是品牌的灵魂，品牌是企业区别于竞争对手的重要标志。企业通过提升品牌文化价值，可以在消费者心中建立深厚的品牌认同和品牌忠诚。

（一）品牌文化的定义与重要性

品牌文化是凝结在品牌中的经营观、价值观、审美观等审美形态及经营行为的总和。品牌文化不仅体现在品牌的产品和服务中，更融入到品牌的传播、营销和管理之中。良好的品牌文化可以增加品牌的附加值，使品牌在消费者心目中占据独特的地位。

品牌文化的重要性在于其对消费者心理的深远影响。品牌文化能够塑造消费者的品牌认同感和归属感，使消费者在选购产品时，不仅仅考虑产品的功能和价格，更注重产品品牌所代表的价值观和文化内涵。此外，品牌文化还能使品牌具有人格化的魅力，使拥有者产生情感共鸣。因此，一个具有深厚文化底蕴的品牌更容易在激烈的市场竞争中脱颖而出，赢得消费者青睐。

（二）品牌文化的塑造与传播

塑造品牌文化需要深入挖掘品牌的核心价值，结合企业的历史、使命和愿景，形成独特的品牌故事和品牌符号。品牌文化的传播需要通过系统化的品牌营销活动，将品牌的核心价值传递给消费者。

1. 品牌文化的塑造

品牌文化的塑造包括以下几个步骤：

（1）核心价值的提炼。品牌文化的核心价值是品牌的灵魂，它决定了品牌的独特性和竞争力。提炼品牌的核心价值，需要深入理解品牌的历史、使命和愿景，挖掘品牌的独特优势和特质。

（2）品牌故事的构建。品牌故事是品牌文化的载体，它通过生动的情节和形象，传递品牌的核心价值和文化内涵。一个好的品牌故事能够激发消费者的情感共鸣，增强品牌的吸引力和感染力。

（3）品牌符号的设计。品牌符号是品牌文化的象征，传递品牌的核心价值和文化内涵。品牌符号的设计需要简洁明了、独特鲜明，能够在消费者心中留下深刻的印象。

2. 品牌文化的传播

品牌文化的传播包括以下几个步骤：

（1）广告宣传。广告是品牌文化传播的重要手段。通过电视、网络、平面等多种媒体，品牌可以将其核心价值和文化内涵传递给广大消费者。例如，电视广告可以通过生动的画面和故事情节深深打动观众，网络广告可以精准地定位受众，提高广告的有效性。

（2）公关活动。公关活动是品牌文化传播的重要方式。通过举办各种形式的活动，如新品发布会、品牌展览、文化节等，企业可以直接与消费者面对面交流，传递品牌的核心价值和理念。此外，企业还可以赞助公益项目，这不仅可以提升企业的社会责任感，还能增强品牌的社会影响力和美誉度。

（3）社交媒体。社交媒体是品牌文化传播的重要平台。通过微博、微信、抖音等社交媒体渠道，企业可以与消费者进行互动，增强品牌的亲和力和黏性。在社交媒体上，企业可以发布品牌故事、产品介绍等与消费者保持沟通。同时，企业可以利用社交媒体开展抽奖、直播等线上活动，吸引消费者关注和参与，以此传播品牌文化。

（三）品牌文化价值与品牌认同

提升品牌文化价值，可以增强消费者对于品牌的认同，从而提升品牌忠诚度。例如，许多消费者选择华为产品，不仅因为其高品质和创新性，更看重其独特的品牌文化和企业精神。

通过提升品牌文化价值，可以在以下几个方面增强品牌认同：

（1）情感共鸣。品牌文化能够激发消费者的情感共鸣，使消费者在购买品牌产品时，感受到品牌所代表的价值观和文化内涵，从而增强对品牌的认同感和归属感。当消费者能够在品牌的故事和理念中找到共鸣时，他们会更加倾向于支持和选择该品牌。企业通过讲述品牌的历史、使命以及背后的故事，可以使消费者产生深刻的情感连接。

（2）价值认同。品牌文化能够传递品牌的核心价值，使消费者在选择产品时将品牌所代表的价值观和文化内涵纳入权衡范围。这种价值认同可以通过各种方式实现，如环保理念、社会责任感、创新精神等。通过明确和一致的价值传递，品牌可以在消费者心中建立起强烈的认同感，提升品牌的忠诚度和吸引力。

（3）品牌忠诚。品牌文化能够塑造消费者的品牌忠诚，使消费者产生持续的购买行为和推荐行为。品牌文化价值通过长期的积累和传播，可以形成一种独特的品牌氛围，吸引消费者不断回购，并自发地向周围人推荐，从而增强品牌的市场竞争力和可持续发展能力。

二、强化品牌创新能力

品牌创新是品牌持续发展的动力源泉。通过不断进行产品、服务和营销创新，品牌可以满足消费者不断变化的需求，保持竞争优势。

(一) 品牌创新的意义与作用

品牌创新的意义在于其对品牌发展有深远影响。品牌创新能够推动品牌不断进步，满足消费者不断变化的需求，保持品牌的市场竞争力和可持续发展能力。品牌创新不仅仅是技术上的突破，还包括产品设计、营销策略、服务体验等多个方面的综合创新。通过不断创新，品牌可以在市场中占据领先地位，获得更多的市场机会和增长空间。品牌创新不仅是品牌发展的动力源泉，而且是品牌在激烈市场竞争中取胜的关键因素。具体而言，品牌创新的作用体现在以下几个方面。

1. 提升品牌竞争力

品牌创新能够使品牌在激烈的市场竞争中脱颖而出，赢得消费者的青睐和认可，从而提升品牌的市场竞争力和市场份额。通过引入新技术、新产品和新服务，品牌可以满足消费者的多样化需求，提高消费者的满意度和忠诚度。例如，苹果公司通过不断推出创新的产品和服务，如 iPhone、Apple Watch、Apple Vision Pro 等，不仅引领了科技潮流，还在全球范围内建立了强大的品牌影响力和竞争优势。

2. 增加品牌附加值

品牌创新能够使品牌产品具有独特的功能和特性，从而增加品牌的附加值和市场吸引力，吸引更多消费者购买品牌产品。创新不仅可以提升产品的品质和性能，还可以通过差异化的设计和个性化服务，增强产品的独特性和竞争力。例如，特斯拉通过在电动汽车领域的创新，推出了具有高性能和智能化的车型，不仅满足了环保和高科技的市场需求，而且树立了独特的品牌形象，吸引了大量消费者。

3. 增强品牌影响力

品牌创新能够使品牌在市场上具有更高的知名度和影响力，从而增强品牌的市场地位和社会影响力，提升品牌的美誉度和忠诚度。创新不仅可以带来商业成功，还可以通过塑造品牌的独特形象和文化内涵，提升品牌的社会价值和影响力。例如，耐克通过不断创新产品设计和营销策略，不仅在运动装备市场上占据领先地位，还通过品牌故事和广告宣传，传递了积极向上的品牌精神，赢得了全球消费者的认同和喜爱。

4. 推动行业进步

品牌创新不仅对品牌自身有利，还能够推动整个行业进步和发展。通过技术和产品创新，品牌可以引领行业的发展趋势，树立行业标准，促进产业链的升级和优化。例如，华为通过在通信技术领域的创新，不仅提升了自身的品牌价值，还推动了全球通信行业的发展，带动了相关产业的进步和合作。

(二) 消费者心理对品牌创新的驱动

随着社会的进步和生产力的发展，消费者在消费过程中越来越重视自身心理需求的满足。消费者的求新心理和求异心理已成为品牌创新的重要驱动力。在现代市场环境中，品牌必须不断创新，才能迎合消费者对新产品、新体验的期待，并在激烈的竞争中脱颖而出。

1. 求新心理

消费者对新事物有着天然的好奇心和探索欲，品牌创新能够满足消费者对新产品、新体验的追求，从而吸引更多消费者关注和购买品牌产品。新颖的设计、独特的功能和创新的体验能够激发消费者的好奇心，使他们产生购买欲望。例如，苹果公司每次发布新款 iPhone，都会通过创新的设计和功能，引起全球消费者的极大关注和热烈讨论。

2. 求异心理

现代消费者越来越注重自我表达和个性展示，他们希望通过选择独特的产品来体现自己的个性和品位。品牌创新能够提供个性化和差异化的产品，从而满足消费者的求异心理，增强品牌的市场吸引力。与此同时，通过创新设计和定制化服务，品牌能够提供独特的产品体验，吸引那些追求个性的消费者。例如，耐克的 Nike By You 定制服务，允许消费者根据自己的喜好设计独一无二的运动鞋，满足了他们的个性化需求。

（三）品牌创新策略的制定与实施

品牌创新需要企业进行系统的策略规划和具体实施。在策略规划上，企业首先需要进行市场调研。这能帮助企业了解消费者的需求和偏好，掌握市场的动态和趋势，为品牌创新提供科学依据和数据支持。随后，企业需要根据市场调研所获信息进行技术研发，推出新产品和新服务来增强品牌的市场竞争力和提升附加值。在此基础上，企业应当进行市场推广，通过广告、公关、社交媒体等多种方式和渠道，将创新成果传递给消费者，提升品牌的市场知名度和影响力，吸引更多消费者关注和购买品牌产品。

三、注重品牌保护与维护

在打造品牌的过程中，除了提升品牌自身的硬实力和软实力，企业还需要注重品牌形象的保护与维护。在信息化时代，品牌形象一旦受损，将对企业造成无法挽回的损失。因此，维护和保护品牌是企业长远发展的关键。

（一）品牌保护与维护的策略与措施

为了进行品牌保护，企业首先需要进行商标注册来保护品牌的商标权。这一举措能有效防止他人未经授权使用商标，维护品牌的独特性和市场地位，是用法律保护品牌的重要方面。为了防止他人未经授权使用品牌的技术和创新成果，企业还需要进行知识产权保护来维护品牌的技术优势和市场竞争力。通过专利申请、版权登记等手段，企业可以有效地保护品牌的创新成果。此外，企业应主动与市场监管部门合作，积极举报和打击假冒伪劣产品和侵权行为。这能帮助企业维护品牌的市场秩序和消费者权益，提升品牌的市场信誉和美誉度。

（二）品牌危机管理

品牌在发展过程中难免会遇到各种危机，如产品质量问题、负面舆论、管理不善、市场竞争受挫等。品牌危机管理是一项系统工程，涵盖了危机预防、危机处理和危机恢复。通过有效的危机管理，可以最大限度地减少品牌损失，维护品牌的良好形象，确保品牌在市场中持续健康发展。

基本概念

品牌 brand

品牌偏好 brand preference

品牌美誉度 brand favorite

品牌知名度 brand awareness

品牌资产 brand equity

品牌忠诚度 brand loyalty

品牌联想度 brand association

品牌个性 brand personality

思考题

1. 品牌的含义和构成要素是什么？
2. 品牌产生作用的心理基础是什么？
3. 品牌忠诚度对消费者购买心理与行为有哪些影响？
4. 当代消费者在品牌消费中有哪些消费特征？其品牌心理特点是什么？
5. 企业如何提升消费者的品牌偏好与忠诚度？
6. 企业如何打造高竞争力的品牌？

案例

“英雄”再归来——中国传统老字号焕发新活力

英雄钢笔创立于1931年，是中国钢笔行业的标志性品牌之一。作为中国文具品牌的代表，英雄钢笔以其卓越的工艺和稳定的质量在消费者中树立了良好的口碑，享有“钢笔之王”的美誉，成为几代中国人记忆中的经典品牌并在市场上占据了重要地位。然而，进入21世纪后，英雄钢笔面临着诸多挑战。首先是市场竞争的加剧，一方面，全球化带来了如凌美等国际品牌；另一方面，国内新兴品牌的崛起吸引了大批年轻消费者。其次是消费者需求的变化，随着数字时代的到来，传统书写工具的市场需求逐渐减少，消费者对文具的需求更加多样化和个性化。此外，品牌形象的老化也是一个亟待解决的问题，如何在保持传统优势的同时，更新品牌形象以适应现代消费者的审美和需求，成为英雄钢笔的重要课题。挑战中也蕴含着机遇。高端文具和定制文具市场逐渐兴起，这为英雄钢笔提供了新的发展空间。此外，通过文化传承和品牌故事的挖掘，英雄钢笔能够吸引那些关注传统工艺和文化的消费者。国际市场的开放也为英雄钢笔提供了新的增长点。在上述背景下，英雄钢笔通过一系列现代化转型策略，成功焕发了新活力，重新赢得了市场和消费者的青睐。

为了迎合现代消费者的书写需求，英雄钢笔在其 1962 年开售的 14K 金笔“英雄 100”的基础上进行了改革创新，研发设计出“新英雄 100”金笔。与“英雄 100”相比，升级后的“新英雄 100”的笔身更好地体现了人体工程学理念。在细节上，“新英雄 100”顶帽、尾帽、中圈均采用了 24K 真空镀金材质，笔尖制作经过合金铸造、压延、冲压加工等几十道工序的精密打磨，这不仅满足了现代消费者对高品质书写工具的需求，还将英雄钢笔的匠人精神体现得淋漓尽致。为了迎合新的市场环境，“新英雄 100”配备了简约时尚又兼具东方艺术感的礼盒包装，满足了亲朋礼赠、客户回馈、员工激励、年终盛典等场合需求。此款产品推出后迅速获得了钢笔爱好者的关注，使得英雄钢笔实现了销售的小高峰。

在此基础上，英雄钢笔抓住了在年轻消费者中兴起的“国潮风”，与国风文创设计师合作，推出了一系列具有中国传统文化内涵的特色钢笔产品。具体而言，英雄钢笔将中国文化元素深度融入钢笔的外观设计中，主要分为图案、工艺、材料等方面。在图案上，英雄钢笔使用了传统龙凤、牡丹、梅花等具有吉祥或正面意义的纹饰。与此同时，英雄钢笔还以中华传统历史、传说、典故为背景，用钢笔来讲述文化故事。在工艺风格上，英雄钢笔借鉴了中国传统的书法、绘画、花丝镶嵌、苏绣等多种形式。此外，英雄钢笔还选取了多种具有传统文化意义的材质，例如，竹子、檀木、玉石等。由此，钢笔已经不再局限于是一个书写工具，而是一个同时承载了“潮流元素”和“文化基因”的文创礼品。在 2023 年的天猫“双 11”期间，英雄推出了定价 800 元的 2024 新春龙年金笔文化礼盒，5 000 套礼盒迅速售罄，登上了天猫“双 11”单品类产销量的榜首。

英雄钢笔的现代化转型成功地平衡了传统工艺与现代需求。这一中国传统老字号的成功转型经验表明，传统品牌可以通过创新和适应市场变化战略，在竞争激烈的市场中实现可持续发展。

资料来源：“英雄”再归来，老字号品牌活力焕新．(2024 - 08 - 19)．上海市国资委，https：//www. gzw. sh. gov. cn/ shgzw _ zxzx _ gqdt/20240819/53d976f6a3cc42b8ad608492ca358184. html.

素养提升阅读材料

第14章

大数据时代的在线消费心理

价值引领

- 理解大数据战略是顺应时代潮流的产物，须做出前瞻性布局。
- 领会促进新型消费对经济发展的基础性作用。
- 体悟诚信观念与传统信德在“种草”行为中的重要性。
- 认识经济社会全方位数字化转型背景下维护广大人民群众在数据内容、个人隐私与数字人格尊严等方面利益的重要性。

随着数字经济这一新经济形态的出现，数据成为企业营销实践中的关键要素。消费者在每一次购买中产生的各种数据构成庞大复杂的数据集，成为企业生产与经营的重要依据。故此，更加深刻全面地理解大数据的含义与特征，透过大数据理解与预测消费者行为变得尤为重要。基于此，本章将系统讨论在大数据时代蓬勃发展的“种草”现象、直播带货与爆款现象，以及这些现象背后所涉及的消费心理机制。此外，本章还将探讨如何促进消费者做出购买决策、降低购物车弃置率、将添加购物车转化为实际的购买行为等在线消费问题。

第1节　大数据分析与消费者行为

一、大数据的定义

大数据在短时间内迅速渗透进社会的各行各业，成为一个引人注目的术语。对于大数据，一直存在多方面的理解。首先，了解数据管理的三个重要维度：数据量（volume）、速度（velocity）和多样性（variety）。数据量指数据集的大小，速度包含数据产生、传输和分析的速度，多样性意为数据来源的丰富程度。基于上述单个或多个维度，许多学者提出了关于大数据的定义。例如，第46届夏威夷国际系统科学会议从数据量大小的角度提出当数据字节超过10的18次方甚至更大时，大数据即产生。TechAmerica

基金会认为，“大数据是一个描述大量高速、复杂和多变数据的术语，需要利用先进的技术来实现数据捕获、存储、分发与管理，并对信息进行分析”。麦肯锡全球研究院（McKinsey Global Institute）提出了一个较为经典且被广泛接受的定义：“大数据是指数据量超过典型数据库软件工具的捕获、存储、管理和分析数据能力的数据集。”这一定义指出了企业因大量数据而面临的挑战，多样的数据种类和庞大的数据量使得企业无法使用传统方式和工具来进行处理。

随着大数据的深入应用，学者们关于大数据有了更为深刻的认识，在现有 3V 模型基础上引入了更多的变量，其中较为重要的是“价值性”（value）。甲骨文公司提出，以最原始的数据状态接收时，与庞大的数量相比，数据集的价值比较低；通过分析来获取价值，消除不重要的与不相关的部分数据，获得有价值的数据与结果后，才能称为大数据。数据要有价值，企业确定相关部分，快速提取数据并进行及时分析，从中获得洞察力并应用到特定领域，从价值的角度进行散发。约翰·甘茨将大数据称为“描述了新一代的技术和架构，通过实现高速捕获、发现和分析，从海量数据中获取经济价值”。兰尼和贝尔将大数据定义为“高容量、高速度和种类繁多的信息资产，需要新的处理形式来发现有价值的结果，进而实现决策和流程的优化”。

综合考虑，大数据是一种信息资产，不依赖于特定领域而存在，数据量、速度和多样性阐述了大数据的基本特征，涉及的技术与分析方法描述了大数据这一数据集的独特要求，经济价值体现了大数据对社会经济的影响以及将信息转化为可能创造的效益的洞察力。故此，关于大数据，一个较为综合的定义是：“大数据是一种具有高容量、高速度和多类特征的信息资产，需要特定的技术与分析方法才能将之转化为价值。”①

对于大数据定义的理解见图 14－1。

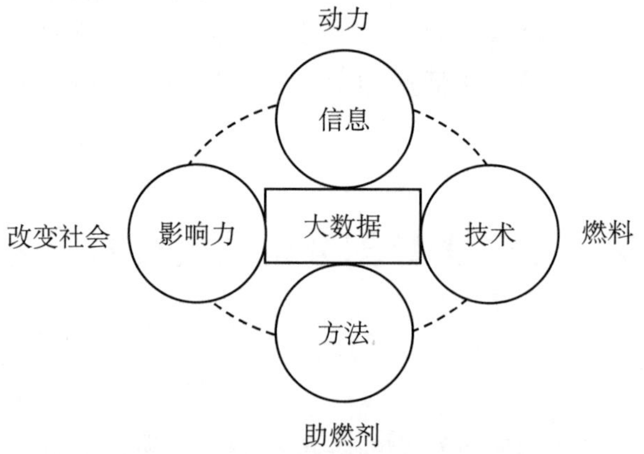

图 14－1　对大数据定义的理解

资料来源：Alshura M S，Zabadi A，Abughazaleh M. Big Data in Marketing Arena：Big Opportunity，Big Challenge，and Research Trends：An Integrated View. Management & Economics Review，2018，3（1）：75－84.

---

① Gandomi A，Haider，M. Beyond the Hype：Big Data Concepts，Methods，and Analytics. International Journal of Information Management，2015，35（2）.

二、大数据分析

（一）大数据分析的方法

透过大数据，我们看到背后的技术需求，具体包含数据存储与数据分析两个方面。在这里，我们更多关注数据分析这一层面。大数据是一个极度庞大复杂的数据集，以往传统的数据分析方法无法进行较好的分析乃至挖掘隐藏在背后的经济效益，因此，与传统的数据统计方法不同，需要有创造性的更为复杂的方法进行处理与分析。

（1）自然语言处理（nature language processing）。这一方法融合语言学和计算机学，是以计算机为载体进行语言研究，实现对语言信息的定量化处理，以期实现人与计算机之间交互通信的自然语言。这一大类分析方法下有众多细分的具体处理方法，如神经网络技术、预训练技术等。自然语言处理广泛应用于舆情监测、文本分类、机器翻译等领域。

（2）机器学习（machine learning）。这是一种跨学科、多领域技术，旨在研究计算机如何模拟实现人类的学习行为，利用现有的数据和经验来自动改进，优化某一程序的性能与表现，从而提高学习效率。传统的机器学习方法包括决策树、随机森林、贝叶斯学习等。随着大数据的深入发展，机器学习变得更为重要，通过机器学习对复杂的数据开展深入分析，智能高效地利用数据信息。在文本理解、图像检索、图形分析等方面，机器学习应用更为普遍。

（3）神经网络（neural networks，NNs）。这是根据生物神经网络的行为特征模仿实用可行的人工神经网络的模型，以算法模拟活动，进行分布式并行信息的处理，经过调整复杂网络系统内部众多节点之间的关系，实现信息处理的目的。包括神经网络原型、建立模型、算法研究三个步骤。

（4）社交网络分析（social network analysis）。此方法最早由社会人类学家拉德克里夫·布朗提出。社交网络分析综合信息学、社会学、心理学、数学等众多学科的理论，主要应用于社会结构和人类社会关系的理解与分析，例如社交关系如何形成、具有哪些行为、信息传播路径等。得益于社交网络的快速发展，这一方法得到了越来越多的应用。

（二）消费者行为领域大数据分析的特点

从大数据的定义中可以看出，大数据是一种文化、技术和学术共同促进的现象，其特性在于强调对社会的影响。在最大限度地发展技术、提高算法准确性的前提下，挖掘大数据可能增加经济效益，真正发挥出大数据优越的智能作用。也就是说，大数据在云端是毫无价值的，它需要落地来推动决策才能解锁其潜在的巨大价值。

美国市场营销协会（American Marketing Association）将市场营销定义为“创建、传达、交换对企业、消费者、利益相关者和整个社会有价值的产品的活动”，从中可见大数据对消费者行为研究的重要性。

（1）实时性。对于把握消费者行为而言，速度非常关键。掌握最新的、丰富且有效的消费者行为数据，营销人员才能作出更有效的决策。智能移动设备的发展带来了前所未有的流媒体数据创建速度，产生了大量高频数据。企业利用用户每一次的界面刷新行为的数据进行实时分析，可以推荐符合消费者偏好的内容。

（2）预测性。消费者行为领域的大数据分析更强调预测未来。根据拟合数据结果及预设的市场现象，再用数据来预测消费者将来的选择和偏好，企业需要始终走在消费者的前端，在消费者尚未反应时，即预测到消费者可能发生的行为的节点。

（3）协同性。要从数据中获得最大收益，需要依据所有相关的先验知识对现象进行解释。这意味着存储大量数据集并进行分析、比较和共享的必要性，这一点对消费者行为领域来说至关重要。

三、消费数据的类型与利用

大数据为企业的营销活动创造了众多的机会，营销人员可以较为轻松地在与消费者互动中获得大量信息，更深入地了解消费者的偏好与需求，以更快的速度和更低的成本从更大量的数据中获得洞察力，进而提供更为匹配的新产品与服务，吸引新顾客，开拓新市场，提高营销效率，并在更高层面上明确营销战略的方向。

（一）可获得的消费数据

在大数据背景下，企业能够从不同来源获得不同类型的消费数据，包含结构化与非结构化数据。以多种来源、不同类型的消费数据创建更为健康有效的生态系统，也是营销人员面临的一大挑战。

1. 结构化数据

结构化数据是指已由营销人员收集了一段时间、结构明确的数据，例如产品库存、客户记录等。这部分数据以较为传统的形式存在，在大数据管理下，这些数据的管理更为便利，能够实现周期性的循环与更新。

2. 非结构化数据

非结构化数据是大数据时代最重要的消费数据来源，具体包括：

（1）消费者对产品的评论信息。产品销售页面往往预留一个单独界面，供消费者发布有关产品的评论。在数值信息方面，评论信息包含产品的平均评分、最高分。在文本信息方面，最初，消费者只能在评论界面留下文字评价，随着技术发展，评论界面亦变得更为丰富：系统会对消费者评论进行关键词提取的处理，便于后续更加快速地把握评论的整体风向；对大量消费者评论进行分类，以便消费者选取自己想要查看的内容；更为多样的评论形式，除了文字，购买者还可以提供图片、视频内容，更为直观地展现消费体验。部分产品还会提供具体的品类榜单，用户能直接了解该产品在同类产品中的排名。

（2）消费者在社交媒体上发布的内容。这部分数据又可分为两个方面：其一，消费者日常在社交媒体上发布与个人有关的信息或与朋友分享的信息；其二，消费者在自己的社交媒体账号上发布的有关产品的使用体验、是否满意等。因不直接在利益相关的平台上发表评论，消费者会传达自身最为真实的态度与想法。社交媒体上的内容可以是文字、图片、视频等。

（3）透过产品获得的信息。对于一些人工智能产品，它们被赋予了部分收集用户信息的功能，例如智能语音助手。

（二）企业如何利用消费数据

1. 用户画像

利用消费者形成的各种“痕迹”，企业可以获得更为精准的用户画像。企业收集消费者在购物平台上的浏览、搜索、收藏、购买行为等数据，可了解消费者的消费习惯、社会属性等信息，将消费者进行相应的分类，将众多的消费者信息进行标签化，对不同标签赋予差异化权重，进而实现高效的定向广告投放和个性化推荐。

2. 预测消费者行为和市场趋势

海量的消费数据让营销人员能够更好地预测消费者行为，使企业可以先发制人地做出改变，主动应对市场环境的变化。首先，可以利用模型根据消费者的需求变化实现产品与服务的动态定价。例如，制定电影票价时，电影发行方可以将上片时间、销售速度、影院所在位置、主演、创纪录的可能性、在社交媒体中的热度等纳入模型进行分析。其次，可以利用在线评论数据，结合产品价位、评论数量、正面评论与负面评论的比例、被判定有用的评论等来预测产品的需求。企业也可以利用大数据改善产品，提高服务质量。

四、大数据时代更透明的消费者行为

（一）消费者隐私

数据收集的触手进入了消费者生活的方方面面，收集个体消费活动的各种数据。企业可以通过大数据，更好地理解消费者，更有效地配置资源，是大数据最直接的受益者。然而，消费者在一定程度上成为大数据滥用的直接受害者。由于大数据收集和利用无处不在，消费者在企业面前几乎处于一种“全裸”状态：企业知道消费者在哪个位置通过哪种渠道购买了什么产品以及购物的历史记录，还尝试预测他们将来可能的购买行为——横跨了过去、现在、未来完整的时间维度，更为严重的是，部分敏感的个人信息也暴露无遗。消费者面临着一些企业利用大数据“杀熟”的困境、对隐私泄露的担忧以及由此引发的更为严重的社会信任、道德及法理问题。

（二）数据可靠性

IBM 认为数据质量对大数据非常关键，必须认识到数据质量的重要性。随着可获取数据的不断增加，从海量数据中获取高质量数据是一个挑战。同时，因数据滥用问题，消费者在提供数据时有意隐藏自己的真实态度而提供部分虚假的信息。故此，面对许多不同来源的数据，企业需要考虑这些数据是不是可验证的，来源是否可靠，并从中识别出真实可用的数据。消费者有时并非故意提供虚假信息，譬如消费者在社交媒体上表达某种情绪，情绪本质上是动态变化、强不确定性的。因此，利用管理工具和技术分析方法来挖掘不确定性数据中隐含的宝贵信息，挖掘其中相对稳定的数据，是大数据分析应用在消费者行为领域时需要关注的重要方面。

（三）对相关性的过度重视

对于营销活动来说，大数据是决策与业务问题而不仅仅是技术问题。学者迈尔·施恩博格和库基认为，大数据分析的一个特征是对相关性的重视，甚至超越了因果关系。在消费者行为领域，过度关注相关性可能引起较为严重的问题。固然，消费者在一段时间内会有相对稳定的产品偏好和决策模式，但又受到多种情境因素影响，处于动态变化之中。如果仅关注数据相关性而忽略因果关系，不探讨消费者购买决策背后的心理与态度，企业的营销实践将被动地追随消费者而非主动地引领消费潮流。

（四）对数据的过分关注

营销组织拥有大量数据不一定会带来更好的营销效果。对于企业而言，大数据应该被视为未被雕琢的璞玉、未被开发的原材料，它拥有巨大的潜力，需要企业用恰当的技术与方法进行分析，挖掘其中的财富。海量数据本身并不十分重要，重要的是从数据中挖掘出有价值的信息，对数据进行解读并做出营销决策。企业过分关注数据而忽略其他因素，营销人员依赖数据结果做出决策而忽视自身的思考，都是舍本逐末的做法。

在某种程度上，对数据积累的过度重视还将引起“数字鸿沟”问题。占据市场领先地位的企业将积累更多、更有效的数据，相反地，处于市场劣势的企业可能因无法获得有效数据而在竞争中处于被动地位。可见，如果不能公正公平地享有获得消费者数据的权利，企业的创新发展将面临新的障碍。

第 2 节　传统营销与网络营销

一、网络营销的定义与特征

（一）网络营销的定义

随着互联网技术的发展，网络营销（e-marketing）越来越普遍，人们对网络营销的认识和理解亦随着时间推移逐渐加深。早在 1993 年，霍格提出了关于网络营销的初步设想，他认为网络营销是以一种或多种互联网方法实现产品或服务从卖方到买方的转移。这是一种相对简单的想法。戴夫·查菲提出网络营销是“应用在线数字渠道，通过增强营销人员对消费者知识（如个人资料、价值观、行为驱动因素等）的了解，满足顾客的个性化需求，提供集成性服务，并实现盈利的营销活动”。斯特拉斯与安沙里将网络营销定义为“在为客户创造与交付价值、与客户交流的过程中使用信息技术，以期使企业及其利益相关者受益的客户管理方式”。根据这一定义，网络营销不仅仅是使用信息技术工具的营销，更能实现品牌价值和增强客户满意度。斯特拉斯和弗罗斯特则认为网络营销是“使用网络数据和互联网技术来计划和执行营销活动，提供商品和服务，实现资源分配和定价，最终创建满足个人和组织目标的交流活动”。考尔等提出网络营销“将企业的营销实践转移到网络化的环境中，通过在线活动建立和维护客户关系，以满足企业和消费者双方想法的交换、产品与服务的转移”。

综合上述众多关于网络营销的定义可以看到，网络营销的定义至少应包含四个方面：（1）目的是营销并与客户建立起长期关系；（2）以互联网为基础，利用数字化的信息和网络媒体辅助实现商品与服务的转移；（3）发掘顾客价值，增强品牌与顾客之间的交互与互动；（4）是互联网时代新型的营销方式。

（二）网络营销的特征

通过网络营销的定义，我们可以发现网络营销具有以下特征：

（1）交互性。营销人员与消费者实时交流关于产品的感受，更好地了解消费者需求，获得非常有价值的消费者反馈，深入了解消费者的特征以及准确发现目标市场，继而建立起消费者信任的关系。

（2）跨时空。消费者可以在任何时间、任意地点查看品牌发布的宣传信息，无须像广告牌广告一样在指定地点和特定时间才能看到。

（3）多媒体。网络营销往往在多个平台同时实施多种营销策略。例如，社交媒体有很多类型，如短视频分享、内容创作等。

（4）高效性。能够及时衡量营销结果。企业甚至可将宣传资料的半成品公布在社交媒体上，供消费者选择更偏好的选项并做出反馈，营销人员可以据此更有针对性地进行产品改进甚或暂停营销活动，避免了宣传资料定稿而消费者不满意的情况。

（5）经济性。网络营销以互联网为媒介介绍产品，企业减少了广告位购买、店铺租赁和人力资本的支出，降低了顾客获取成本。同时，宣传资料在一定程度上仅需一些细微调整即可反复使用，并可触及更大范围的消费者群体。

（三）网络营销与传统营销的对比

传统营销模式下，企业产品进入市场，需要付出大量的营销努力，在电视和杂志上投放广告和线下张贴海报，吸引消费者，打进市场。一旦抓住了消费者的注意力，消费者可能频繁购买和使用。传统营销最大的好处是品牌忠诚的建立，消费者很难中途放弃已习惯使用的产品和服务。传统营销具有面对面沟通、覆盖特定人群的优势。假使企业针对某一群体营销新产品，可以在该群体高频出现的地点投放广告，具有很强的针对性。但是，上述优势也间接造成了传统营销的弊端：营销结果难以量化，高昂的营销费用。比如，在某一地点投放广告后，企业无法直接确定此次广告活动吸引了多少新用户，能够带来多少直接与间接的收益；再者，当投放新广告时，需要重新排版印刷，无法循环利用之前的广告；购买黄金时段的电视广告、繁华地段的广告位需要支付大量资金。

网络营销的结果是易于评估和量化以及重复使用的。营销人员能够清楚地看到某次营销活动在短期内的产出结果与长期的潜在利益。营销材料一经完成，可以在极广的范围内供无限的消费者查看。但这些也造成了网络营销的缺点：每一次营销活动可能需要经过一段时间才能检验是否成功，并且一次未成功的营销活动或者存在瑕疵的宣传内容在网络上将永久留存，成为企业的“污点内容”。

传统营销通常以侵入性的方式吸引消费者注意，强迫消费者接受一些宣传资讯。比如，在电视媒体上投放广告，消费者在观看正式节目时不得不接受这些侵入性广告。由于混乱的广告秩序，消费者在观看时注意力不集中，传统营销的竞争力正在逐渐下降。网络营销采用相对温和的非侵入性方式来吸引消费者，利用“鼓励”的手段说服消费者进行交易。例如，将产品广告插入社交媒体平台中，人们浏览内容时，不时地看到广告宣传信息，更进一步地，企业通过查看点赞、评论内容等，可以找到感兴趣的潜在用户。

传统营销与网络营销的差异见表14-1。

表14-1 传统营销与网络营销的差异

	传统营销	网络营销
基础方式	侵入打断	自然融入
聚焦点	寻找消费者	现有的、潜在的、特意寻找的消费者
营销目标	增加销量	通过触及消费者并将其转化为忠诚用户建立持久联系
客户目标	大量观众	感兴趣的消费者

资料来源：Opreana A，Vinerean S. A New Development in Online Marketing：Introducing Digital Inbound Marketing. Expert Journal of Marketing，2015，3（1）.

（四）网生品牌

网生品牌是互联网和通信技术进步的产物。在某种意义上，网生品牌是一个包含符号或与某个符号相关联的产品和服务的集合。理解网生品牌时，我们需要关注两个方面：（1）企业利用互联网技术在网络上建立起来的品牌；（2）其涉及的产品或服务在消费者心中的形象是较佳的。

网生品牌从互联网上成长起来，它们直面消费者，通过互联网这一桥梁与消费者建立起密切且深厚的联系；它们熟知网络营销的各种策略，在品牌传播方面具有极大的优势。

网生品牌的出现也是消费升级的表现。在消费快速发展的社会中，企业一般很难在产品的核心属性上做出创造性改变，只能在每一代产品上有些微升级，因此如何在产品的形式维度和附加维度上做出提升，换言之，怎样在包装、设计和服务上契合广大消费者的喜好，变得更为迫切。网生品牌的产品或拥有别致的产品造型、新颖的使用方式、创造性的宣传方式，或努力提高用户的互动性与参与度。这恰恰符合网生代消费者的特点：更加注重自身与品牌之间的价值契合和精神连接，渴望获得意见表达的机会。

二、提升网络营销的有效性

（一）网络营销的主要策略与模式

（1）优化搜索结果。营销人员通过付费广告、搜索引擎服务等工具来优化搜索结果在页面中的位置，使企业有机会在需要购买特定产品的用户眼前投放广告。通过此方法，企业提高了其在搜索页面上的可见性与可得性，使潜在消费者更容易找到关于产品的信息，从而提升品牌知名度。

（2）社交媒体营销。人们对社交媒体的频繁使用为企业提供了利用社交媒体增加产品流量和提升品牌知名度的机会。在社交媒体上，营销人员投放设计独特的宣传内容以吸引用户注意，并通过各种有趣的活动刺激用户与他人分享，放大品牌影响力。同时，社交媒体提供了企业与消费者实时交流和互动的机会，企业能直观地了解消费者对某次活动、新产品的态度，实现了产品与服务社会化。

（3）内容营销。创建和分发关于品牌有价值的、相关的、一致的内容，以吸引消费者与维持受众，加强消费者行为，最终从消费者那里获得利益。这是一种使用内容的在线营销策略，即从消费者视角，以独特的、高价值的品牌内容，拉近与消费者的距离。

（4）病毒营销。利用网络让品牌的营销信息像病毒一样快速传播与扩散，在短时间内由单点迅速传向多点，并烙印在消费者的脑海中，快速建立起消费者对产品的了解，以达到宣传的目的。

（二）网络营销有效性的衡量指标

（1）网站活动量。指在一定销售周期内，访问品牌产品的用户数量。具体包括：一次性访问网站的用户数量，重复性访问网站的用户数量，新增加的访问者数量，评论、转发、点赞的数量等。

（2）流量来源。指数据流量来源于哪些渠道。例如，某个产品购买页面，有多少是直接流量（直接在网络购物 App 的首页推荐里打开的访问者），多少来自其他网站引荐（从微博、抖音、爱奇艺等社交媒体链接过来的访问者），多少是自然访问（在执行搜索查询后到达该产品页面的访问者）。

（3）网站活跃度。用户在产品页面执行了哪些活动。具体包括：进入页面、退出页面、点击次数、在每页停留的时间、退出比率等。

（4）顾客反映。包括在产品页面上用户咨询的问题、最频繁被提及的需求、图片点击次数、用户查看具体信息的次数、内容下载、消费者参与度、社交媒体覆盖率、订阅数量。

（5）传统的整合营销指标。例如客户获取成本（COCA）、客户生命周期价值（CLV）、保留率、销售线索转化率、某次营销活动的盈利能力与收入增长率等。

（三）流量的重要性

美国广告学家刘易斯 1898 年提出了传统营销中经典的 AIDMA 模型，该理论提出消费者从接触产品信息到最终实施购买行为将经历引起注意（attention）、激起兴趣（interest）、唤起欲望（desire）、留下记忆（memory）、购买行动（action）。在这一过程中，消费者从宣传信息的被动接受者转变为主动了解者，从被动购买者转变为主动购买者。在互联网技术蓬勃发展的推进下，电通公司 2005 年提出了 AISAS 模型。在完整的五阶段模型中，前两个阶段与 AIDMA 相同，仍是引起注意和激起兴趣，从第三阶段开始，消费者行为发生了变化，消费者对产品信息进行主动搜索（search），组织和研究后实施购买行为（action），继而进行产品分享和口碑传播（share）并循环此过程。

AISAS模型指出了互联网时代搜索与分享的重要性，企业营销人员和消费者之间变成了双向互动的关系而非单项的信念灌输。在信息爆炸的时代，如何让消费者在信息搜索与分享过程中关注品牌产品的内容，流量至关重要。流量是互联网时代的核心。更高的流量代表着产品有更大可能性受到更广泛人群关注，企业才有机会吸引到有价值的用户，进而实现用户沉淀与关系建立。

在网络营销中，企业如何获得优质的流量呢？下一节将具体介绍网络营销背景下流行的直播带货、“种草”心理以及由此点燃的爆款。

第3节　直播带货、“种草”心理与爆款

一、“种草”的定义

根据艾瑞咨询发布的《种草一代·95后时尚消费》，“95后”是“种草经济”的领导者，成长于社交媒体高度发达的环境中，他们有十分强的意愿在各个社交媒体平台上分享自身的产品使用经验，与他人共享生活；同时，近七成的消费者认为“种草”对最终购买决策有很大影响，有约六成消费者在被“种草”后会进一步搜索信息，由此可见“种草”的影响力。那么，什么是“种草”呢？

“种草”，起初是一个网络流行用语，流行于美妆产品社区。“种草”有两种状态：在主动状态下，意为“带着激发他人购买欲望的动机，主动向他人分享某商品的优秀品质”，消费者主动将产品价值向一人或多人进行分享，代表着个体对产品有强烈的偏好；在被动状态下，“种草”指的是“消费者依据外界评价信息，对某一产品产生了购买欲”。从定义上看，“种草”很接近在线口碑传播（eWOM），但“种草”发生的场景更多是在社交媒体上，带有极为强烈的主观色彩。

“种草”本身是某个消费者与他人进行购物心得的交流。一方在自己选购的产品中选择较好的产品进行分享，为他人的购买行为提供建议，并不介意被“种草”人是否真正实施购买行为。然而，随着商业资本的介入，“种草”逐渐成为网红博主的“特权”，他们在社交媒体平台上拥有一定话语权，有一定的受众信赖他们的推荐。此时，“种草”变成了品牌方基于社交媒体平台的营销方式，带有强烈的督促被“种草”人进行购买的意图。在这种情况下，“种草”人通常是明星、品牌方自身、网红博主。

二、“种草”的心理基础

（一）网红经济

随着社交媒体的发展和完善，消费者越来越多地通过社交媒体来收集信息作为决策依据。社交网络是网红最常使用的平台，他们拥有大量的订阅用户和拥趸，也就成了意

见领袖。网红是营销传播中活跃的角色。作为意见领袖，他们对普通消费者的购买决策具有很大的影响。网红通常有不同的专攻项目，如美妆、母婴、文具等，他们在自己专精的领域内被视为普通消费者的引领者，分享原创性的产品评论和试用报告，这些被视为是值得参考的。

“种草”人往往是非传统意义上的明星，更多是拥有众多粉丝的博主，即网红，而不是传统的名人（如演员、歌星）。根据信源理论，来源可信度是指“任何一个会影响接收者的信息来源沟通者的正面特质”。市场营销学家奥哈尼扬发现，名人代言成功的前提是该明星必须有经验且有资格代表该产品发表意见，代言人的吸引力、可靠性和专业性能够增加消费者对产品的关注度。基于此，网红和明星的“种草”效果应是相似的。

相较于名人，消费者更愿意相信网红，尤其是女性消费者。原因在于信源相似性具有重要的影响。信息来源在个人经验（如生活方式）、社会特性（如态度、背景、社会地位）上与目标信息接收者的相似程度越高，越能增加信息接收者对产品的喜爱程度和认同感。明星代言某产品，将使特定产品和服务产生正面口碑，对品牌信誉产生积极影响。然而，明星的光环和经历是普通消费者无法拥有的，网红则与人们更为相似，消费者认为网红这一信源更具真实性和值得依赖，因此消费者更容易信任他们介绍的产品，从而被“种草”。

伴随着数字技术的发展，消费者对于网红的认知不再局限于真人，社交网络上涌现出越来越多的虚拟网红。以 Lil Miquela、Lu do Magalu、Seraphine 等为代表的虚拟网红拥有庞大的粉丝群，它们在社交媒体上分享日常生活与工作，与品牌合作推广周边商品，与真人网红一般，具备种草的功能。

（二）虚拟社区

意见领袖（网红）和订阅者之间建立起虚拟社区，彼此间建立了一种信任关系。虚拟社区是一群通过互联网沟通的人建立的，他们彼此有某种程度的了解、分享一些知识和信息，在很大程度上如同对待朋友一般，形成团体。基于社区承诺，意见领袖发布独创的、高质量的产品评论和试用报告，订阅者们提供一定数量的高品质的回复帖子，从而形成高水平的交流活动。这些忠诚的粉丝为网红带来了大量的流量和高曝光度，网红的拥趸是网红在品牌方的背书。

订阅者之间也有一种无形的承诺。他们是某个意见领袖的粉丝，还可以同时是另一个意见领袖的拥护者，但是粉丝不能对该意见领袖发表出格的负面评论，因这种举动不符合粉丝群体的身份标签，一旦违背，他们将被群体成员排斥。在这种情况下，社区内很容易发生从众现象。从众是指在群体影响下放弃个人意见而与大家保持一致的社会心理行为。当社区内成员表现出一致态度且需要公开回复帖子、发表言论时，某一粉丝从众的可能性更大。

三、直播带货的心理作用机制

（一）稀缺效应

刺激消费者产生稀缺感能够极大地促进购买。稀缺是指实际水平与更高的、更为理想的参照水平之间的差异。当差异存在时，个体会产生稀缺感。稀缺感涵盖众多维度，直播带货主要尝试激发消费者产生关于产品存量、商品价格、购买时间上的稀缺感。

（1）产品存量。强调产品存量有限是直播带货最广泛采用的方式之一。主播告知某产品在此次直播中所有的数量，分批次进行补货，明确告知观看者产品已下架等，会促使消费者的稀缺感逐步强化。

（2）商品价格。某产品在直播间上架时，它们往往有较大的折扣，与其他渠道相比，直播带货拥有明显的价格优势。但这种优势通常是在短时间内，消费者一旦错过只能等待下一个机会——“过了这个村儿，就没这个店儿”。

（3）购买时间。直播间销售产品通常有两种比较典型的激发消费者时间稀缺感的方式：产品上架前“5、4、3、2、1 上链接”的标志性倒计时语句和库存倒计时。这两种方式都营造了紧张刺激的购买氛围。

（二）视觉信息

相较于其他感官（如嗅觉、听觉）信息，消费者能更快地处理视觉信息。直播带货涉及的视觉信息主要包含直播间装潢设计与主播颜值两个方面。

（1）直播间装潢设计。直播间有明亮的光线，使观看者注意力更加集中到产品上；整体设计较为简约，色调统一但又非简单的黑白色调，通常统一色调更能刺激消费者的购买欲；直播间装饰的颜色往往是高饱和度的，搭配浓烈的图案，这能明显增强消费者满足感，表现出更高的喜爱程度。

（2）主播颜值。介绍产品的主播一般颜值较佳，刺激消费者进入直播间观看，对主播产生一种信任感，继而更偏好主播介绍的产品。需要注意的是，主播颜值过高有可能起到反作用，会分散消费者注意力，将消费者注意力从产品转移到主播个人身上。

（三）囤积心理

直播带货一个比较典型的特征是大批量销售，特别是生活类产品、美妆产品与零食。囤积心理是根植于人类血脉中的——人类祖先用容器储存赖以生存的食物。情绪管理理论表明，个体会选择一些媒介来分散自身的负面情绪或维持积极情绪。在生活与工作的重压下，囤积商品缓解了个体内心的不安与焦虑，带来了安全感。直播带货大批量销售的特征极大地释放了人们内心的压力。

（四）期望价格更低

消费者认为直播间应以更低的价格销售产品（相比于品牌网络旗舰店），如此才能凸显直播带货的竞争力。直播带货帮助品牌一次性消化现有的及将来一定周期内的库存，企业的库存成本和设施成本降低。为做出最佳购买决策，消费者通常不断比较每个品牌产品的信息继而选择最符合自身期望的产品，这意味着较高的信息搜索成本，消费者感知的时间成本、心理劳动增加，愿意付出的产品价格也随之增加。然而，一场直播带货中同一类产品不会出现两个及以上品牌，换言之，帮助消费者节省了信息搜索与比较的时间，消费者感知的价格门槛降低。

（五）冲动消费

冲动消费是一种相对不理性的购买。消费者进入直播间后，在上述稀缺效应、囤积心理和期望价格要低的推动下，受到视觉信息的刺激，会产生冲动消费的行为。尽管事先并没有购物意愿，但在直播间整体氛围烘托下，消费者很可能突发性地进行了消费。

最新实践

数字人直播　入局 AI 电商时代

2024 年 4 月 16 日晚上 6 点 18 分，以京东创始人刘强东为形象的“采销东哥”数字人在京东 App 开启直播首秀，同时亮相京东家电家居采销、京东超市采销直播间。刘强东数字人化身京东新晋带货主播，推荐好物、讲解产品、抽奖互动样样在行。尽管是数字人，但“采销东哥”的语言贴近生活，还带有一些刘强东的标志性动作，人物形象生动、性格鲜明。在抽奖互动场景，“采销东哥”时不时看下手机屏幕说：“看到你的留言了，回复了。”自“采销东哥”开始直播，直播间人气一路高涨。京东超市数据显示，“采销东哥”AI 数字人上播 30 分钟，直播间观看人数破千万；仅 40 分钟内，直播间观看人数就超过 1 300 万；直播时段用户平均停留时长达到日常均值的 5.6 倍。

这种以 AI 数字人形式出现的主播，是目前 AI 技术在电商领域的应用场景之一。刘强东数字人的直播呈现，或将助推京东快速进入 AI 电商时代。此前淘宝直播机构也开始布局 AI 数字人直播，一些头部直播间和品牌店铺直播间尝试使用 AI 数字人直播带货。

资料来源：半小时观看量破千万！“刘强东数字人直播带货”直播多款商品售罄！.（2024－11－14）. 搜狐网，https://www.sohu.com/a/826656697_121876127.

四、爆款的产生机制

直观上，爆款是指在产品销售中销售量很高的产品。爆款通常拥有很高的流量，并且企业的营销推广活动有效地将流量转换为成交量。爆款的出现既是企业多方面营销努力的结果，也与偶然性的市场机遇和背景优势有关。爆款产生的过程表现为：企业了解用户、信任用户，推出符合用户期望的质量过关的产品，搭配有效新颖的营销内容，点燃了散发式的星星之火；在经过“种草”、直播带货等网络营销后，积累了大量用户群体，形成了集体的优质口碑；在一次助推下，各方面数据爆发式增长，形成了燎原之火。

爆款的形成主要是利用了消费者的好奇心和从众心理。

（1）好奇心。当某一商品持续不断地曝光，消费者通常很难保持理性而不点击产品页面进行查看。产品出现在购物 App 的热卖排行榜中、推荐网站的打卡榜中，消费者认为他人使用过的商品更有保障的信念使其更有可能购买热榜中的产品，自然想点击进行查看，在好奇心驱使下，人们拥有更高的欲望水平和更强的动机。在查看人气产品的过程中，用户可以连续地访问信息，随时切换社交媒体平台和购物 App，随时交流感想，持续的社交联系和信息访问使消费者产生了强烈的沉浸感。

（2）从众心理。通过简单的信息搜索其实很难完成对产品质量的评估，只有实际购买和使用后才能做出真正有用的产品评价。然而，在网络购物时，无论如何先进的技术均无法向消费者提供与产品近距离接触的机会，因此，在线购物某种程度上是一种无所有权的体验，将许多不同属性的商品简单地变成了搜索产品，消费者通过持续不断地获取商品信息来选择最符合自身期望的产品。在线购物时，信息搜索大致可以分为三类：网络搜索、熟人建议、实际体验。实际上消费者更多地聆听了（客观的）第三方的意见——已经有购买行为的第三方对产品的态度。因此，评论更多、好评数量更多、评论形式更多样的产品进入消费者的视线，获得消费者青睐，进而积累了销量，循环往复，爆款就诞生了。

素养园地　以数字经济助力乡村振兴

第4节　购物车的最后一公里

随着互联网技术的发展，在线购物已成为人们的日常消费活动。第54次《中国互联网络发展状况统计报告》显示，截至2024年6月，在网上购买过外卖、到店餐饮在线服务的用户分别占网民的50.3%、20.7%，中国60岁以上网民网络支付的使用率已达75.4%[①]，形成了庞大的网络零售市场。将霍华德和谢斯的购买者行为理论运用到在线购买行为中，可以看到与线下购物同样的环节与过程：在线购物者首先形成需求，根据需求进行页面搜索与浏览，考虑不同备选项，继而进行评估，最终决定是否购买购物车中的商品。在上述过程中，在线购物车发挥了重要作用。

一、购物车的功能与意义

传统的购物车是实用的。实体零售商向客户提供购物车或购物篮，在产品选购过程中，消费者利用购物车来收集和储存立即要购买的产品，并用购物车将产品运输到收银台，以完成完整的购物流程。对于网络零售商而言，购物车是存在于购物网站/App上的容量相对有限的虚拟空间。本节所提到的购物车，统一指在线购物的购物车。

（一）享乐功能

相较于传统购物车，在线购物车的用途更为广泛。消费者利用购物车来满足自己的享乐需求。消费者会将自己喜欢的商品放在购物车中。这一用途被消费者视为一种有趣的体验活动而不是获取产品或服务的手段。消费者仅仅在寻求购物的乐趣，减轻无聊感。

① 中国互联网络信息中心．第54次《中国互联网络发展状况统计报告》，2024-08-29.

在线购物还提供了一种逃避现实的手段。在线购物可以帮助用户克服不良情绪，减轻压力，满足享乐需求。将商品临时储存在购物中并进行评估筛选，在一定程度上能增强消费者的控制感和自由感，让用户感受到自身积极的参与。对于喜欢购物但经济能力有限或尚无购买意图的消费者来说，将自己感兴趣的商品放入在线购物车获得了一种替代性满足，既可享受选购商品的乐趣，又无明显支出。

（二）功利功能

从功利功能的角度看，购物车的功能与传统实体零售店的购物车相似，帮助用户收集和储存要购买的商品。出于目标和任务导向，消费者有目的地使用在线购物车存放自己感兴趣的产品，进而兑现购买承诺、支付结账。除了产品储存外，为了最大限度地提高信息检索效率、减少信息过载，购物车还作为组织工具存在。组织工具意为“消费者出于某种意图，创建所需商品的一个愿望清单，为未来可能购买的商品添加书签，并将商品放入在线购物车中，后续逐步缩小范围以进一步评估”。这种用途使消费者在网络购物时有机会稍后返回购物车而无须再次搜索产品。在线购物车可以明确显示单个商品的价格、颜色、被选择的大小和可能的购买数量，消费者在后续决策环节可以直接到达购物车页面，依据自身的购买标准统一进行评估，决定是否要结账购买。当然，一些网络购物零售商也提供了有临时存储功能的收藏夹，供消费者标记自己感兴趣的商品、与他人分享。尽管购物车和收藏夹均能帮助消费者缩小备选方案的范围，但使用收藏夹意味着用户必须再次返回商品的具体页面在不同属性上选择自己想要的。

二、购物车弃置现象

（一）购物车弃置的定义

库卡·金尼与克罗斯认为，在实体零售店内，一旦消费者将产品放入购物车中，这一行为类似于做出支付承诺。出于社会规范和印象管理，即便顾客认为商品总体价格过高，他们也不太可能临时放弃购买或将商品重新放回货架上。

然而，在网络购物环境中，即使消费者处于即将支付的临门一脚状态，他们也有可能放弃购买。消费者使用在线购物车并不一定导致实际购物行为的发生，购物车仅被用作在线浏览或储存商品的工具而不是实际的购买工具。因此，当商品被放置在购物车中并不意味着最终会购买，而是处于决策过程中，就有可能出现购物车弃置（shopping cart abandonment，SCA）。购物车弃置是指在当次购物中，购物者将商品放置在购物车中未完成购买，放弃购买、放弃付款的现象。当弃置程度较低时，消费者在正式支付前出现了犹豫的心态，中止了在线交易，继而将产品保留在购物车中退出此次交易；当弃置程度较高时，用户实质上终止交易，从购物车中彻底删除曾加入的感兴趣的商品。

（二）研究购物车弃置的意义

在全球范围内，在线购物车弃置率缓慢爬升（见图 14－2）。购物车弃置率突破 70％意味着尽管企业投入了大量精力和资源向购物者推送产品、尽可能提供优质服务，但仍有近 3/4 的用户在浏览产品后离开，购物车弃置问题每年给网络零售商带来很大损失。因此，购物车弃置是网络零售业无法忽视且亟待解决的问题，了解购物车弃置为何发生以及如何减少对在线零售商至关重要。

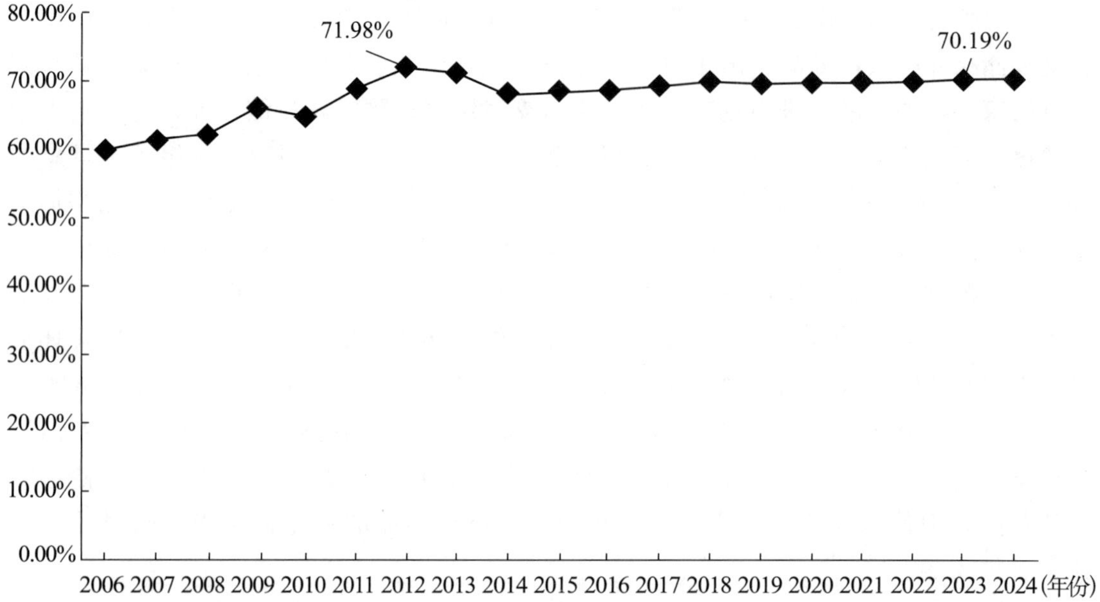

图 14－2　2006—2024 年全球范围内在线购物弃置率

资料来源：Statista. https：//www. statista. com/statistics/477804/online-shopping-cart-abandonment-rate-worldwide/.

三、购物车弃置的原因与消除

（一）购物车弃置的原因

购物车弃置现象的产生主要源于消费者感知风险的增加。在实体零售店购物时，消费者以触摸、试用等方式消除内心疑虑，但在网络购物环境下，几乎所有商品都变成了搜索产品——通过广泛的信息检索获得有关商品的信息，消费者会尽可能降低风险。伴随着更多的信息搜索行为，购物车弃置发生率也不断提高。这种增强的风险感来源于技术、产品和心理三个方面的因素。

1. 技术因素

在购物网站/App 中选购商品时，如果发生了技术性故障和问题，消费者放弃购物车中产品的可能性更大。技术性问题包括产品介绍页面的可用性较差，消费者在进行支付时出现问题，提示系统繁忙而无法正常查看购物车等。

2. 产品因素

(1) 当购买象征性产品时，消费者会感知自己承担着更大的社会风险，因为高价值产品代表着个人的身份和社会地位，相较于价值低的产品，高价值产品被加入在线购物车后更有可能出现弃置现象。

(2) 当消费者高频率地购买某一产品时，表明该产品为日常用品，消费者对此产品的认识和了解程度较高，消费者就会简化购买决策流程，花费较少的时间和精力来收集信息，购物车弃置的可能性降低。

(3) 产品不确定性较高。当产品页面未能准确或详尽地描述产品信息，或者消费者察觉产品介绍页面上暗示产品可能存在设计或功能上的缺陷，在对备选集里的产品进行权衡时，消费者会设想自己实际使用产品时遇到的困难，最终选择放弃购物车中的产品。

3. 心理因素

(1) 因移动智能设备的随时可得性和便利性，消费者在网络购物时有一种“我仍未准备好”的心理状态，这种心态使得消费者判断自己仅仅是在浏览产品，还未准备好购买。在这种情况下，即便消费者将自己感兴趣的产品加入购物车，发生购买的可能性也很低。

(2) 消费者思维方式的差异。根据解释水平理论，当以抽象思维来考察事物时，个体将更关注产品核心的、主要的特征；相反，当以具象思维考察事物时，人们更多注意产品的外围特征、与产品使用目的无关的属性。例如，对于围巾，抽象思维的个体关注围巾的保暖效果，而具象思维的个体关注围巾的颜色。当消费者以抽象思维进行决策时，与产品相关的核心属性在购买决策中是最重要的，购物车弃置的可能性降低、立即购买的可能性增加。

(3) 在线购物时，消费者的价格敏感性更高。人们认为网络零售的销售成本、运营成本和人力成本等较低，产品价格也应相应降低（低于传统零售业），这也是“在线期望价格更低”现象。[①] 在这种情况下，消费者对产品价格上涨的容忍度较低，可接受的价格门槛较低。因此，当购物车储存了价格较高的产品或者需要额外支付运费时，消费者对产品价格的期望未得到满足，他们更愿意等待产品降价、促销活动、包邮机会，购物车弃置现象很有可能出现。消费者将自己感兴趣的产品添加进购物车是在等待价格降低，他们会不时检查购物车，并在适合的时间购买。

(4) 享乐动机驱使下的购物者。当购物过程被视为一种娱乐时，为了消磨时间，逐页浏览、查看产品介绍即可极大地满足消费者，他们甚至不会选择产品的具体属性就将其加入购物车。即便添加进购物车，消费者也不一定实施购买。因此，当人们将网络购物作为娱乐的比例越大，购物车弃置的可能性就越大。

网络购物车弃置过程见图 14 - 3。

---

① Lo S K, Hsieh A Y, Chiu Y P. Why Expect Lower Prices Online? Empirical Examination in Online And Store-based Retailers. International Journal of Electronic Commerce Studies, 2014, 5 (1).

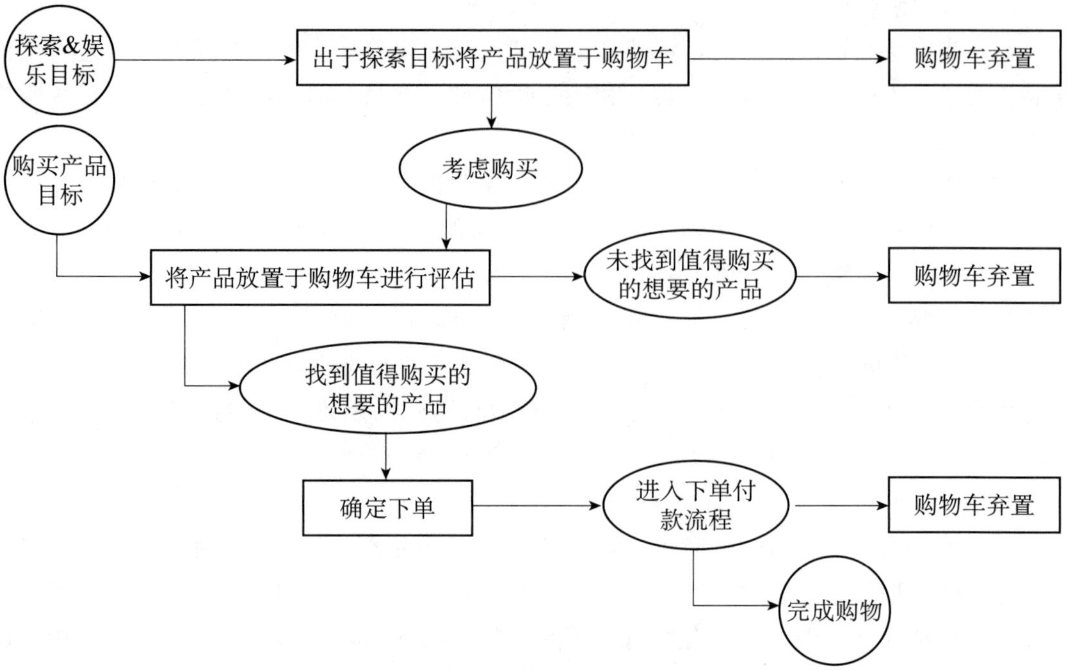

图 14-3　在线购物旅程中购物车弃置的发生

资料来源：Mittal B. The Psychology of Online Shopping Cart Abandonment：A Scrutiny of the Current Research Framework and Building an Improved Model of the Online Shopper Journey. Electronic Commerce Research，2023.

（二）及时清空购物车

购物车弃置问题对企业很重要，企业应降低购物车弃置率。根据购物车弃置的原因，在符合商业道德的前提下，我们从技术、产品、消费者心理三个层面提出如何促进消费者清空购物车。企业在消费者搜索产品时提供更契合其心意的产品、添加购物车后进行刺激非常重要。

1. 技术层面

企业要确保购物者在最后输入支付信息时能够顺利完成支付。除了提升网页浏览的顺畅性，还需要提高网页的美观性，充分调动购物者的视觉、听觉等多个感官，如此更有可能刺激消费者将产品添加到购物车并及时购买。

从技术角度上，企业应更加重视对消费者隐私的保护。为了获得网络购物的便利性，消费者已然舍弃了部分隐私：购物 App 实名认证绑定用户身份证信息、多个收货地址与联系电话；购物 App 安装时要求访问移动设备麦克风、存储内容、摄像头、联系人名单的权限，即便用户在安装时拒绝授予上述权限，在后续使用 App 时，要使用识图功能时，仍需开放上述权限。基于庞大的数据，企业几乎可以预测一个人现在和不久的将来可能的偏好，甚至通过各种通知、提醒来改变个体行动的意图，尝试突破消费者共享信息的界限。在这种情况下，购物者一定程度上丧失了个人数据的所有权，缺乏隐私权，似乎受到了购物 App 的监视，处于控制感被剥夺的状态。因此，企业应该使用更先进的数据存储技术，提高信息安全性，并明确告知购物者关于个人信息的去向和用途。

2. 产品层面

对于产品，特别是那些依靠信息来支撑用户决策的产品，解决信息不充分问题是促进支付的关键。一方面，在产品选择阶段，在产品介绍页面应提供充足翔实且易于阅读的产品信息，便于购物者掌握产品的整体情况。当购物者向客服进行咨询时，服务人员应提供有效的回复，解决用户问题。需要注意的是，现在网络零售商在店铺中均有人工客服和智能客服两种。通常来说，人们对智能客服有一种天然的抵触情绪，他们认为智能客服不考虑现实情况的不确定性以及每个人的独特性，且缺乏同理心，用户不愿意接受智能客服提供的咨询服务。人工客服和智能客服在不同问题上的回复效用是有差异的：人工客服更适合回复以享乐为主的产品的有关问题；智能客服更适合回复那些突出工具性、强调事实与逻辑的咨询问题，可以帮助购物者更好地实现消费的最终目的。

另一方面，网络零售商监测到某产品在购物车内长期没有变化时，应该及时发送信息，对消费者进行适当的刺激，内容可以是关于该产品库存紧张、产品即将降价、店铺促销活动等，以促进购物者及时查看购物车内容，增加立即下单购买的可能性。

3. 消费者心理

为了提高购买者的支付意愿，企业在最初推荐产品时，应向消费者推介其更偏好的产品。现在很多企业均提供个性化推荐，如何提高推荐效率十分关键。产品定向推荐所应用的复杂算法不仅基于个体过去的查看历史（基于产品的推荐框架），还将其他购物者的浏览情况（基于用户的推荐框架）纳入模型中。相较于“与此产品相似”这种基于产品的推荐，消费者更容易接纳“同样喜欢该产品的人选择”此类基于用户的个性化推荐，原因在于基于用户的推荐框架让购物者被标记为具有某种品位的个体，更重要的是，个体感受到自己的偏好被认同。

基本概念

数字经济 digital economy
大数据 big data
网络营销 e-marketing
意见领袖 opinion leadership
虚拟社区 online community
网红营销 influencer marketing
购物车弃置 shopping cart abandonment

思考题

1. 大数据在消费者行为中的应用有哪些？
2. 网络营销与传统营销有哪些差异？
3. “种草”行为利用了哪些消费者心理？
4. 解析直播带货的心理效应。
5. 如何理解“种草”、直播带货与爆款的联系？
6. 阐释购物车弃置的概念。如何有效降低购物车弃置率？

案例

有故事感、有生活感：董洁小红书的带货标杆

2023年1月13日，董洁在小红书开始第一场带货直播。之后的几次直播，董洁表现非常亮眼：第一场直播登上小红书直播带货热度榜第一名，账号涨粉50余万；第二场直播，网站成交额（gross merchandise value，GMV）超过3 000万元，观看人次突破220万，点进直播间的观众平均停留时间超过6分钟；单场直播销售额后续破亿元。继早期《幸福时光》《金粉世家》《天若有情》等影视作品之后，董洁借“董生活”直播间重新进入观众视线，找到了独属于自己的带货直播风格。

直播已高度融入消费者生活，数据显示，2024年直播电商渗透率达34.3%。尽管许多消费者已逐步习惯带货直播的销售模式，但小红书原生用户体量相对于其他社交媒体平台较少，且初期许多直播为博主互动分享，小红书在电商直播领域并不具备优势。在带货直播领域，淘宝、京东两个老牌电商巨头以及抖音、快手两个以短视频与直播为主的平台，占据了消费者绝大多数的注意力。早在2019年11月，小红书开始百亿流量扶植计划，旨在推动内容视频化、直播化与多元化，加速在美妆时尚、美食、财经金融、教育、舞蹈等领域深度发展。在带货主播类型方面，除了专职主播、企业主播外，随着带货直播增长态势明显，越来越多明星涌入此赛道，但真正长期持续、引起关注的明星直播间数量并不多。为什么“董生活”能够在众多明星直播间中异军突起？董洁与小红书之间是如何默契配合的呢？

小红书是内容社区平台，许多年轻用户在社区里践行着“种草”与“拔草”，他们分享日常精彩美好瞬间与购物心得，延伸至生活中的点点滴滴。这种优质内容与平稳氛围，使得博主与各大品牌在小红书上的“种草”通常是较为成功的。换言之，小红书诞生之初便带着“种草”的基因。

与热闹非凡、喧喧嚷嚷的“叫卖”带货形式不同，“董生活”直播间并未采用低价促销的路线，而是采用呈现给观众岁月静好式路线。没有激昂的倒计时，没有声嘶力竭的介绍，没有高调的上架通知，也没有快节奏的抢购下单，带货开播频率相对也不高，董洁在直播间总是以温声细语、不急不躁的口吻介绍货品，娓娓道来，轻声细语地介绍货品特性，分享自身使用产品的心得。与其他平台不同，董洁在小红书带货直播带的是非标品，特别是很多小众品牌，直播过程就是一次自在的“种草”过程。值得注意的是，这也意味着“董生活”直播间所售货品单价较高，超过千元的货品较多，更贴合“买手、主理人”而非单纯的卖货主播。由此可见，“董生活”直播间面向的是高消费力的群体。据调查，董洁小红书账号的用户构成几乎全部为女性订阅者，超过70%的女性粉丝处于25～44岁，超过60%的粉丝出自一线与新一线城市，这也符合小红书用户群体的主要特征。

同为直播电商，小红书对直播业务定义为“创作者的客厅”，作为一个用户记录生活的社区，个人感受在其中扮演着极其重要的角色。回看董洁，她身上有着极强的故事感与生活感。故事感来源于她在娱乐圈沉淀多年，年少成名，有较多的影视代表作品，事业上大起大落，经历过人生重要阶段，情感方面也有故事，有过负面舆论，是一个多面的、复杂的明星人物。在影视作品中，董洁早期总是呈现没有太多脂粉气又倔强的形象，后期多为精明干练、知性十足、顾盼生姿的形象，反差之中又有一些相似。这种辉煌过与经历过的调性，无论哪一个年龄段的女性都容易被吸引，特别是成熟高知女性和对董洁有情怀的人群。

生活感则来源于董洁一直以来在小红书上分享自己的日常生活。在生活中，她不再只是明星，还是妈妈，是热爱生活、喜欢分享的个体，她分享做饭等生活类内容，分享穿搭等时尚类内容，两者共同构成了消费者日常生活中非常重要的两个部分。在持续更新中，董洁呈现自己对人生的态度、对自我的接纳，呈现生活的阶段与过程，真正做自己生活的主人。从订阅者与观众的视角看，这是董洁在践行与构建"董生活"直播间的宣传理念："做自己的生活主理人；喜欢自己，比别人喜欢你更重要。"那些愿意在"董生活"直播间下单的消费者也是对董洁生活方式的一种认同：注重品质，有自身鲜明的风格。

资料来源：艾媒咨询．中国虚拟人直播电商产业运行大数据与消费行为大数据调查．(2024－07－01)．https：//www.iimedia.cn/c1061/101049.html；小红书急需要更多董洁．(2023－04－20)．中国企业家杂志，https：//36kr.com/p/2222935574054021.

素养提升阅读材料

第15章
消费者行为的新兴研究领域

价值引领

- 引导学生树立科学发展观，深入理解可持续发展，遵循人与自然和社会和谐发展的客观规律。
- 培养学生树立绿色消费和健康消费的生活理念，自觉践行绿色低碳的生活方式。
- 引导学生深入思考正确的消费观，理解企业只有真诚才能赢得消费者信任，体会到在商业消费领域也应坚持爱国、法治等社会主义核心价值观。

第1节　健康消费行为与偏好

健康消费是当代消费的新趋势。当前，保健、养生的主体已经不局限于老年人或是有基础疾病的人群。随着老龄化和慢性疾病年轻化等趋势加剧，人们越来越认识到健康的重要性。健康消费的新需求促使相关市场不断拓展和细化，除了传统的医疗保健领域，还涉及运动、睡眠、饮食、美妆、旅游等各个方面，涌现了很多健康消费新场景，比如健康餐桌、健康护理、居家护理、情绪疗愈、保健养生、深度睡眠等。

一、健康消费的内涵

健康消费的内涵可以从健康产业供给侧和健康消费需求侧的综合角度进行界定。[①] 所谓健康消费，是人们用于改善身心健康状况或降低健康折旧率的相关开支，既包括治疗改善、康复护理等医疗健康消费，又包括预防保健、减缓衰老、健康管理等非医疗健康

① 肖亮，郁建兴．健康消费的科学内涵、国际经验与促进政策．浙江工商大学学报，2024（2）：5－16.

消费。当前我国健康消费正在由被动健康消费向主动健康消费转变，并呈现三大升级特征，即从单一医疗健康消费需求为主向覆盖疾病预防、健康促进、保健康复的多元化健康消费需求迭代，从以个人为单位向以全家为单位的家庭场景迭代，从以身体健康为主向营养健康、身体健康、心理健康并重的全方位身心健康迭代。具体可划分为基础型健康消费和发展型健康消费两大层次。

（一）基础型健康消费

该类消费以疾病治疗、生命质量改善、健康检查和康复管理为主要内容，包括医疗服务消费，中西医药品、医疗器械消费及健康管理服务消费等。其中，医疗服务消费除以传统疾病治疗为主的医疗服务消费外，还包括以免疫医疗、再生医疗、营养医疗、生物医疗等为主要内容的精准医疗服务消费；健康管理服务消费是指以个性化健康检测评估、咨询服务、疾病康复、居家护理等为主的健康服务消费。

（二）发展型健康消费

该类消费是指以疾病预防和健康促进为目标，满足居民健康消费需求持续升级形成的新型健康消费，主要包括健康运动消费、营养保健食品消费、养老健康消费、美丽健康消费、健康文旅消费等。其中，健康运动消费是以体育运动、运动教学、居家体育用品及健身器材、运动服饰、智能运动可穿戴设备等为主的体育运动及用品消费；营养保健食品消费是指以滋补养生食品、营养强化、营养调整、膳食补充剂、特殊医学用途配方食品等为主的消费；养老健康消费是指传统产业融合银发人群健康需求形成的，以适老化日用品、养生保健品、养生保健器具及用品、抗衰医疗医药、医养康护一体化养老服务、智慧养老及护理服务等为主的消费；美丽健康消费是指面向女性群体的以医疗美容、口服美容、口腔护理、药妆、增肌减脂和体重管理等为主的健康消费；健康文旅消费是指传统文体旅产业融合运动康养等健康因素形成的，以户外运动、情绪疗愈、康养健身、野外探险、休闲康养等为主的消费。

二、促进健康消费的意义

（一）推动以治病为中心向以健康为中心转变

健康消费是推动以治病为中心向以健康为中心转变的最佳着力点，有利于全面实施健康优先发展战略。党的十八大以来，以习近平同志为核心的党中央始终高度重视保障人民健康。2016 年中共中央、国务院明确了“健康中国”的战略主题，将健康中国战略纳入“十三五”规划中。同年 10 月，中共中央、国务院印发《“健康中国 2030”规划纲要》，将健康强国作为一项基本国策。2019 年国务院印发《国务院关于实施健康中国行动的意见》、2022 年国务院办公厅印发《“十四五”国民健康规划》，再次强调要把保障人民健康放在优先发展的战略位置。2022 年 10 月，党的二十大进一步明确指出，要“把保障人民健康放在优先发展的战略位置”“坚持预防为主，加强重大慢性病健康管理，提高基层防病治病和健康管理能力”。总之，发展健康消费是落实党中央和国务院有关健康中国战略部署的重要抓手，对全面推进健康中国建设，加快实施健康中国行动，显著提升人民健康水平，具有重要意义。

（二）推动消费和投资相互促进的良性循环

健康消费是推动消费和投资相互促进的最佳契合点，有利于促进健康产业和消费“双升级”。从需求侧来看，我国居民健康消费需求日趋强烈。2022 年麦肯锡面向中国、美国、英国、日本、德国和巴西的近万名消费者进行的关于健康消费观念的调研显示，超过 60%的中国消费者在日常生活中视健康为头等大事，这个比例在美国是 37%，在日本是 14%，在德国是 8%。从供给侧来看，大健康产业涵盖多个产业领域，有望成为今后较长时期拉动经济发展的重要引擎。美国商务部相关经济调研数据显示，美国大健康产业产值占 GDP 的 17%，加拿大、日本等国超过 10%，均高于中国 6%的水平。发挥健康消费对产业链的结构牵引和资源配置作用，有利于加速聚集健康产业发展新动能，加快培育健康产业新业态、新模式，做优做强健康产业。

（三）促进形成和发展新质生产力

健康消费是培育塑造高素质健康劳动者的最强支撑点，有利于促进新质生产力加快形成。新质生产力由技术革命性突破、生产要素创新性配置、产业深度转型升级催生，以劳动者、劳动资料、劳动对象及其优化组合的跃升为基本内涵。健康人力资本的积累和跃升，是新质生产力中最积极、最活跃和最关键的因素。加快发展新质生产力，要提升全社会的人力资本，打造与新质生产力相匹配的劳动者队伍。发展健康消费有利于提高劳动者健康素养，促进劳动者结构优化，培育塑造更多健康的高素质新型劳动者，实现生产要素的创新性配置。

三、我国居民健康消费的行为表现

（一）健康消费理念持续升级

近年来，随着“健康中国”战略的持续推进，居民对健康的关注度逐渐提高，积极预防的健康理念已经深入人心，家庭健康管理意识也在不断提升。突发公共卫生事件后，健康品类的消费意愿增加最为明显，几乎不受年龄、地区、家庭情况及收入差异的影响，这充分说明人们对健康消费的高意愿性。根据国家统计局发布的统计数据，2019 年上半年、2020 年上半年、2021 年上半年、2022 年上半年、2023 年上半年，人均医疗保健消费分别为 941 元、848 元、1 015 元、1 041 元、1 219 元。我国居民的健康消费理念已逐步升级，健康消费支出持续提高，以预防为主要目的的健康管理行为将成为未来的主流趋势。[①]

---

① 符婷婷，吴剑明，刘花香．新时期我国健康消费升级的现实基础、发展困境与纾困方略．中国卫生经济，2024，43（3）：61－64，71.

（二）健康消费行为外延不断扩展

随着人们生活水平与健康素养的提升，维护健康的方式已从有病治病转为无病预防，健康消费需求从传统的疾病治疗拓展到疾病预防、疾病治疗、健康维护与健康提升等多元化、品质化需求。在人工智能、移动互联网、大数据等现代信息技术的驱动下，“互联网＋”与医疗、体检、健身、食品、保健、旅游等领域相融合的新兴消费业态层出不穷，一系列健康产品与服务应运而生，个性化医疗、休闲健身、养生保健、健康膳食以及依托数字技术为用户提供有效、精准服务的健康管理平台已成为新趋势，健康消费模式也从线下逐渐转到线上、线下相融合。同时，保健品市场迎来新热潮，居民保健类消费支出以年均15％～30％的速度增加，远超发达国家的增速，健康消费更趋向年轻化、数字化。有数据表明，26～35 岁人群成为保健器械产品的消费主力军，健康保健早已不再是老年人的专利，自我养护人群呈加速扩散的态势，年轻人的自我保健意识与消费能力推动着保健市场快速升温。[①]

（三）健康素养培育不深

当前我国居民的健康素养水平还不高，这已经成为影响我国人民群众健康的重要问题。[②] 首先，居民健康素养整体水平有待提高。根据相关调查数据显示，在我国居民中，仅有 6.48％的居民具备基本的健康素养。具体而言，只有 14.97％的居民具备基本的健康知识和理念，6.93％的居民拥有健康的生活方式和行为，而具备基本技能素养的居民占比仅为 20.39％。这些数字揭示了我国居民在理解并掌握健康知识、技能和行为方面处于较低的水平。[③] 其次，居民健康素养水平在城市与农村、不同地域之间存在显著差异。具体而言，城市居民的健康素养水平相对较高，超出农村居民的水平；东部地区的居民健康素养水平明显高于中西部地区。这种差异凸显了不同地区和社会经济地位的居民在获取和利用健康信息和服务方面存在差距。[④]

（四）健康消费分层明显，资源分配不均

医疗支出是支付医疗方面的费用，主要用于治疗疾病，避免健康状况恶化并最终恢复健康。健康休闲消费是指支付养护、锻炼和旅游等健康休闲方面的费用，主要用于维持和促进健康状态。值得注意的是，医疗支出和健康休闲消费都会存在群体差异，使得两者之间的关系容易产生一定的张力，将健康不平等的社会过程分为以不同群体为主的两类机制。一是健康再生产机制，即地位较高的群体往往能够获得较好的生活和工作待遇以及医疗、休闲条件，进而易于形成健康优势；二是不健康固化机制，即由于生活和

---

① 刘伟，聂蕊．健康中国战略下培育健康消费新业态的路径研究．卫生经济研究，2023，40（2）：1－5.

② 廖粤生，刘洪武，王先亮．我国实施主动健康战略的理论价值、现实困境与纾解方略．中国卫生经济，2023，42（9）：1－5.

③ 符婷婷，吴剑明，刘花香．新时期我国健康消费升级的现实基础、发展困境与纾困方略．中国卫生经济，2024，43（3）：61－64，71.

④ 王超，姜茂敏，沈世勇，等．上海市老年人健康素养的城乡差异及影响因素．中国卫生事业管理，2023，40（2）：148－152.

工作条件所限，地位较低的群体更易受疾病侵扰且健康经济资源相对有限，使得健康劣势进一步固化，如图15－1所示。具体而言，健康不平等，对地位较低的群体而言，主要是不健康固化机制，即医疗支出增长会固化其健康劣势；对地位较高的群体而言，则主要是健康再生产机制，即健康休闲消费增强了其健康优势。对这种健康不平等产生机制的发现，表明社会有必要为地位较低的群体在健康休闲方面提供更多的公共资源。[①]

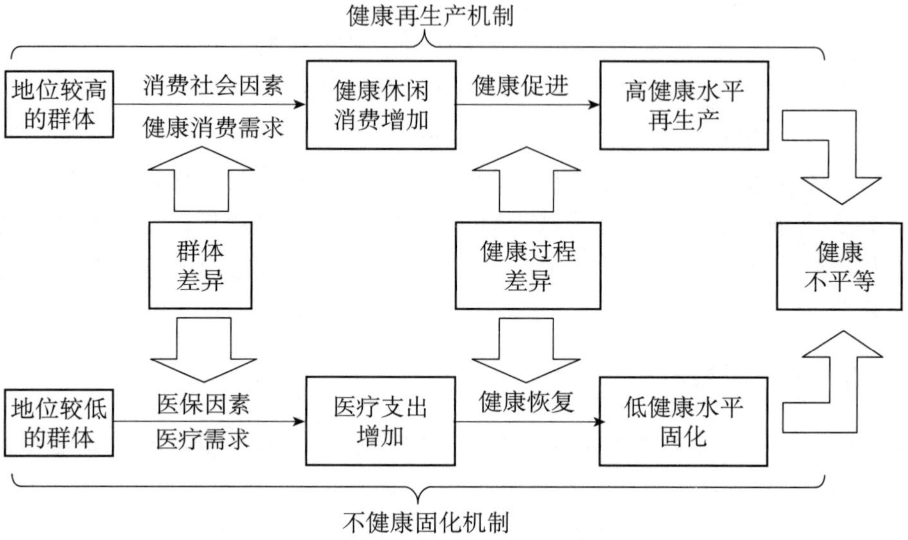

图15－1 健康不平等产生机制

四、健康消费市场发展的重点领域[②]

根据我国居民关于健康消费的人群差异特征，未来健康消费市场发展将重点聚焦于四个领域，即“一老一幼”康养托育消费、女性生命全周期健康消费、年轻群体即食便利便捷健康消费、家庭健康促进与改善消费。

（一）“一老一幼”康养托育消费

“一老一幼”康养托育消费包括适合老龄人群的养生健康咨询、生活照护、慢性病管理等健康管理服务以及婴幼儿托育产品与服务。未来应加快推进适老化改造和智能化产品开发，努力提升“药养”“食养”等特色养生养老服务水平，探索阳光康养、森林康养等旅居养老服务；要将失能、慢性病、高龄、残疾等老龄人群列入医养结合服务的重点人群，优化老龄人群精准医疗服务；要支持开展普惠托育服务，开发更多安全健康的国产婴幼儿用品、婴幼儿营养食品及膳食补充剂；要引导服务机器人、数智人、智能家居等新技术用于“一老一幼”群体的看护和陪伴，探索“互联网＋康养托育”消费新业态。

---

① 鞠牛，梁玉成．健康不平等产生机制及其治理途径探析：健康消费分层的视角．公共行政评论，2022，15（6）：154－172，200.

② 肖亮，郁建兴．健康消费的科学内涵、国际经验与促进政策．浙江工商大学学报，2024（2）：5－16.

（二）女性生命全周期健康消费

在女性生命全周期健康消费领域，可以聚焦女性群体生理健康、医疗健康、两性健康、孕产健康、养生保健的健康消费需求，重点培育壮大传统滋补养生、维生素和膳食补充剂等养生保健健康消费，医疗美容、口服美容、基因检测、精准医疗、健康体检等医疗健康消费，更年期助眠、情绪健康、运动营养以及体重管理等生理健康消费，子宫修复、卵巢抗衰、辅助生殖等孕产健康消费。

（三）年轻群体即食便利便捷健康消费

就满足年轻群体即食便利便捷健康消费需求而言，可以积极挖掘即食类滋补营养品、便利饮品/营养补充剂、便捷运动代餐食品、零食化营养保健食品、口服防脱产品、口服美容产品等营养保健食品消费热点；挖掘“膏方”“香囊”“药膳”“营养”“茶饮”等国药国潮消费热点；挖掘健康监测设备、运动健康芯片、运动可穿戴设备、智慧健身器材、“互联网＋”健身服务等运动康复消费热点，以及以科学健身指导、情绪健康、身材管理、睡眠改善等为重点的健康管理服务消费热点。

（四）家庭健康促进与改善消费

在家庭健康促进与改善消费方面，可以重点关注家庭健康管理服务，通过建立家庭健康档案，持续跟踪家庭成员的健康状况，为每个成员量身定制健康管理计划，并提供线上线下相结合的咨询和指导服务，实现全民良好的健康素养与生活习惯。此外，家居适老化改造与室内环境治理也是一大发展方向，包括空气净化器、净水机、软水机等智能健康家居设备的普及、营养餐配送服务、家庭健康保险套餐、环保家居建材等。

第 2 节　绿色消费心理与行为

一、绿色消费的概念

绿色消费又称可持续消费，是指消费者意识到环境恶化对其生活质量和生活方式的严重影响后，倡导并践行以绿色、自然、和谐、健康为宗旨的有益于人类健康和社会环境的新型消费方式，要求企业生产并销售绿色产品或提供绿色服务，以减少对环境的损害。

随着绿色经济的不断发展，绿色消费的内涵已经从最初购买绿色商品发展为人们生活方式及消费理念的绿色环保化，并不断推进绿色产业、绿色技术等宏观层面的发展。中国消费者协会参照国际标准，将绿色消费行为及理念概括为 5R 原则，即节约资源、减少污染（reduce）；绿色消费、环保选购（reevaluate）；重复使用、多次利用（reuse）；垃圾分类、循环回收（recycle）；保护自然、万物共存（rescue）。

二、绿色消费者的心理特点

（一）绿色需要

绿色需要是指人类为了健康和可持续发展而产生的需要，这种需要的满足有利于人类的“长青”生活。从狭义上讲，“绿色”是生态的代名词，绿色需要是指人类的生态需要，即由于人类在漫长的进化过程中内生的对自然环境和生态的依赖性与不可分割性而产生的需要，也是人们为了满足生理和社会的需要，对符合环境保护标准的产品和服务的消费意愿。①

素养园地 绿色发展与新质生产力

根据马斯洛的需要层次理论，绿色需要可以从两个层面来理解：一方面，狭义的绿色需要属于生理需要层次，因为对于健康的绿色食品、无污染的水、清洁的空气、良好的生存环境等的绿色需要，是为了维持和满足人的最基本的生理需要。另一方面，人们对于绿色产品的需要是一种更高层次的对高品质生活的需要。人类社会的不断发展推动着人们在低层次需要满足的基础上逐渐向高层次需要推进。

（二）简约主义

简约主义是 20 世纪 60 年代兴起的一种非写实绘画雕塑艺术形式，其理念是降低艺术家自身的情感表现，朝着单纯、逻辑的方向发展。随着绿色消费理念的兴起，简约主义被绿色消费者借用，成为绿色消费领域中一种独特的心理倾向，其核心思想是“Less is more”，少即是多。崇尚绿色消费的人以简约为荣，偏好适度、理性的消费方式。比如，时下越来越多富有的消费者，倾向于在不影响生活品质的情况下，花尽量少的钱来获取尽量多的愉悦，过有品质的理性生活。现在，简约主义越来越被消费者认可，影响着人们生活的各个方面。

（三）引致效应

人的行为方式容易出现各方面趋于同一倾向的特点。这一特点在消费者的绿色消费行为中明显地表现为引致效应，即人们对某一事物的态度会引起他们对其他同样会引起该种态度的事物产生相同的反应。②

绿色产品涉及多个消费领域，引致效应可以使得消费者的绿色消费从一个领域扩展到另一个领域，从而不断加深消费者的绿色消费程度，逐渐培养绿色消费习惯。比如，刚开始接触绿色消费的家庭，也许只会尝试购买绿色食品、无磷洗涤液等日用品，在经过一段时间的使用后，如果感觉良好，则会增强对绿色产品的整体好感并产生绿色偏好，进而逐步扩大绿色消费的领域，如购买绿色建材、小排量汽车等。然而，如果在尝试使

---

① 江林．消费者行为学．北京：科学出版社，2007.

② 颜弘，刘绍林．绿色消费者的心理和行为分析．当代经理人，2006（3）.

用阶段感觉不好，则会导致反效果。有研究发现，引致效应对绿色消费者的影响要比对一般消费者的影响显著。

三、影响绿色消费行为的因素

（一）社会文化因素

1. 绿色文化

文化因素对绿色消费行为具有广泛深远的影响。作为一种社会性的消费文化和消费习惯，绿色消费行为容易形成社会性的潮流趋势，比如绿色文化、绿色时尚等，进而影响个体的绿色消费行为。同时，一个社会及其文化的绿色程度，也会对该文化群体的绿色思想及环保意识产生直接影响，影响该文化下的绿色消费行为模式。

2. 参照群体

参照群体是指对个人态度、意见偏好和行为有直接或间接影响的群体，包括家庭、朋友、邻居、同事等直接影响者，也包括社会人士、崇拜和喜爱的明星等间接影响者，以上群体的建议和行为会对消费者的购买行为产生重要影响。比如，为了引起青年一代对环境保护的关注，绿色环保组织邀请当下最受欢迎的明星或有影响力的社会人士担任形象大使或代言人，这类群体的建议和行为容易被追随者接受和模仿，有利于绿色消费理念的宣传和推广。

（二）消费者个人因素

1. 生活方式

阿诺德·米切尔运用 VALS 划分法，将消费者划分为以下九种类型。

（1）求存者。绝望、压抑、被社会抛弃的处境不佳者。

（2）制造者。敢于为摆脱贫困而坚持奋斗的处境不利者。

（3）信奉者。维护传统、因循守旧、留恋过去和毫无进取心的人，这类人宁愿选择顺应型的生活方式而不愿有所作为。

（4）奋斗者。有抱负、有上进心和追求地位的人，他们总希望出人头地。

（5）成就者。能够影响事物发展的领袖，他们按制度办事，并享受优越的生活。

（6）创新者。年轻、自我关注、富于幻想的人。

（7）体验者。追求丰富的精神生活，希望体验生活的人。

（8）思考者。具有强烈的社会责任感，希望改善社会状况的人。

（9）综合者。心理成熟，能够把各种内向型因素和外向型因素中的最佳部分结合起来的人。

在以上各类消费者中，求存者和制造者处于需要驱使阶段，基本的生活需要尚未满足，因此不太可能践行绿色消费；信奉者、奋斗者和成就者处于符合客观外界标准的阶段，受外部环境影响较大，其绿色消费行为与所处环境的绿色化程度有密切关系；创新者、体验者、思考者和综合者有明确的价值取向，已经进入注重自我看法的阶段，通常来说，他们都是绿色消费的积极倡导者和践行者。

2. 经济状况

经济状况决定了个人的购买能力，在很大程度上制约着个人的购买行为。由于绿色产品或绿色服务的价格相对较高，对于那些认为价格因素权重大于绿色因素权重的消费者而言，收入在消费方面的分配对于绿色消费是一种制约。[①] 实用性对大多数理性消费者来说是第一位的，尤其在居民整体收入水平还不高的国家，价格和效用仍是消费者购买产品时考虑的主要因素。例如，在北京地区的一项调查显示，月收入在 2 500 元以下的人对绿色产品 5%的溢价一般不接受，月收入在 8 000 元以上的人 100%购买过绿色产品，其购买行为明显表现出深绿色消费者的特征。

（三）心理因素

1. 绿色购买动机

动机是一种推动人们为达到特定目的而采取行动的迫切愿望，是行为的直接原因。根据动机的起源，可以把动机分为生理性动机和社会性动机两类。对于满足人们基本生理需要的纯净的水、空气以及无污染的生存环境等所引发的绿色购买动机属于生理性动机，追求绿色健康高品质生活所引发的绿色购买动机则属于社会性动机。企业清晰地界定不同消费者的绿色购买动机，有助于制定有效的绿色营销策略。

2. 绿色知识学习

学习是指由经验引起的行为的改变，其中经验来自过往的实践和所获取的知识。在绿色购买方面，环境知识对于绿色购买行为的影响十分重要。通过对环境知识的学习，消费者会加深对所购产品环保属性或环保特征的理解与判断。随着环境知识的不断丰富以及对环境问题的深入理解，消费者购买绿色产品的可能性会增大。比如，随着消费者对防腐剂知识的了解，越来越多的消费者出于自身健康的考虑，更愿意选择不添加防腐剂的健康食品。

3. 绿色消费态度

态度是一个人对某些事物或观念长期持有的好或坏的评价、情感上的感受和行动倾向。与一般消费行为一样，对绿色环保的态度会对消费者的绿色购买行为产生重要影响。在态度的形成过程中有两种情形：一种情形是消费者在接受一般性观点后，态度发生了改变；另一种情形是消费者对所宣传的内容进行更深层次的思考后形成了新的态度。在这两种情形中，后一种更有可能产生绿色消费行为。

第 3 节　神经营销学与消费者行为

一、神经营销学的产生及定义

神经营销学是指运用神经科学方法来研究消费者行为，探究传统研究方法所无法了

---

① 王方华，张向菁．绿色营销．太原：山西经济出版社，1998：41.

解的消费者决策活动的深层次机理，找到消费者行为背后真正的推动力。神经营销学研究经典销售策略对消费者神经活动的影响，从脑神经活动的角度分析广告是否真正打动了消费者，以便制定恰当的营销策略、设计广告等。①

2002年，蒙塔古（Montague）教授首次采用磁共振成像技术对百事可乐和可口可乐进行品尝实验。蒙塔古的实验验证了品牌的作用，更重要的是他找到了消费者在大脑中对于产品的品牌和质量产生反应的部位，他的实验在神经学界和营销界产生了巨大的反响。蒙塔古的实验对于解释什么是推动消费者购买行为的根源这一问题提供了一个有力的科学工具，也开启了营销学界对神经营销学的研究。

此后，越来越多的营销学者开始关注神经科学并尝试把脑科学应用到消费者行为研究中，形成了神经营销学。美国营销科学协会（MSI）、美国商业市场研究协会（ISBM）和世界广告研究中心（WARC）从2007年开始征集神经营销的文章。目前全美从事神经营销学相关研究的商业机构有90多家，这些研究机构的应用型成果远多于学术型成果，这说明神经营销学对于企业界具有巨大的应用价值。

二、神经营销学研究的内在生理机制

人脑神经中枢的结构可以类比于电脑芯片，具有有序、可控和层级化的特点。人脑由前上往后下顺次有端脑、间脑、中脑、脑桥、延髓和小脑，其中，端脑是整个神经系统的最高级的神经中枢，它由皮层和皮层下的边缘叶、基底核等组成。皮层是人的意识发生、编码、存储、输出和输入的地方，为高级认知活动的活跃区。

皮层中有大的沟裂穿过，将其分为五叶，即额叶、顶叶、枕叶、颞叶和岛叶等，这是认知研究中最为关键的几个概念区域。额叶与躯体运动、发音、语言及高级思维活动有关；顶叶与躯体感觉、味觉、语言等有关；枕叶与视觉信息的整合有关；颞叶与听觉、语言记忆功能有关；岛叶与内脏感觉有关（见图15－2）。

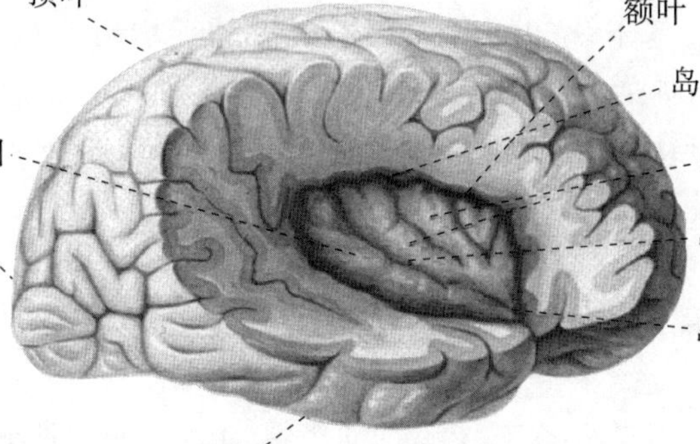

图15－2 大脑脑岛图

资料来源：脑岛解剖图片．影像园，http：//www.xctmr.com/picture/anato/ns/4927d2e30fe4009e－7bedf7c5dd951e15.html.

① 马庆国，付辉建，卞军．神经工业工程：工业工程发展的新阶段．管理世界，2012（6）：163－168.

大脑皮层可以整合身体内外感觉等信息，以产生意识。这种整合最终集中在皮层的联合区，它包括三大不同功能区：其一是前额联合皮质功能区，其主要功能为认知、运动、注意、语言和个性等；其二是边缘联合皮质功能区，其主要功能为情感与记忆等；其三是顶—颞—枕联合皮质功能区，其主要功能为各种感觉和语言等。另外，大脑两个半球有相对的功能差异，如左半球在理智、词语和抽象思维等方面占有优势；右半球则在知觉、情感、非语言、艺术思维等方面占有优势（见图 15-3）。

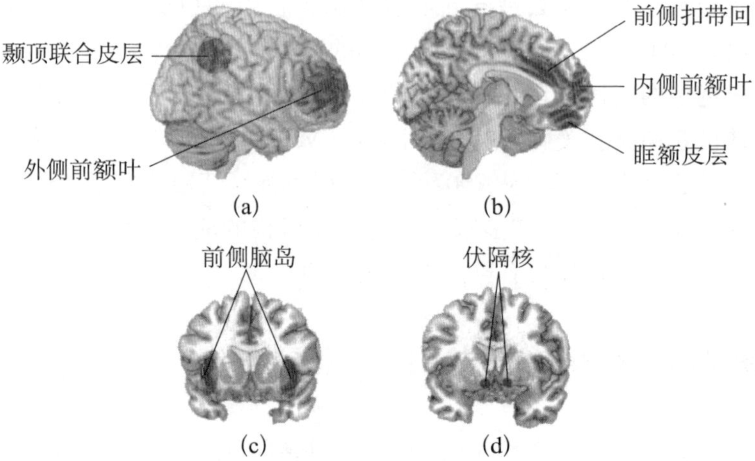

图 15-3　大脑皮层图

注：图（a）为大脑右半球外侧；图（b）为大脑左半球内侧；图（c）和图（d）分别为一前一后大脑横切面。4 个图都是上部为头顶。

资料来源：盛峰，徐菁．神经营销：解密消费者的大脑．营销科学学报，2013（1）：1-17.

认知神经科学对大脑的（认知）功能和脑功能区的关系的基本假设是：复杂的脑功能可以分解为更为简单和普通的过程，这些简单过程的发生区域可以从解剖学上进行定位，并且相对独立地加以研究。复杂脑功能（如基于认知的意识和思维等）通常由多个脑功能区联合完成。

大脑的认知活动以及基于认知的意识和思维活动，本质上是神经元的电生理活动，同时伴随有关生理变化（如血流量变化、血氧变化、某些化学成分变化）。这就为观察研究大脑的认知活动和基于认知的意识活动提供了一个宝贵的途径，进而成为神经营销学产生的重要前提条件。

三、神经营销学的研究方法和工具

认知神经科学的发展不仅得益于（脑）神经科学的发展和认知科学的发展，而且依赖于观测人脑活动的测量仪器和测量技术的发展。目前，研究脑活动（特别是认知活动）的设备主要有两大类：一类是记录脑活动的磁感应变化的成像设备。这类设备具有良好的空间分辨率，但全脑扫描速度慢，时间分辨率较低，例如功能性磁共振成像（fMRI）。另一类是记录脑电压在时间维度变化的测量设备。这类设备时间分辨率很高，但由于受颅骨、头皮阻抗影响，空间分辨率低，例如脑电图（EEG）。此外，还有针对眼球活动的测量工具——眼动仪等。

（一）功能性磁共振成像

功能性磁共振成像（fMRI）是 20 世纪 90 年代以来发展最快、最有效的一种测量脑活动的技术，它依据大脑在认知活动中不同功能区的血流量和血氧含量的不同所引起的磁场的不同，能够记录大脑的各类认知活动中不同功能区的活跃情况。fMRI 能够直观形象地观察人们在完成认知任务过程中大脑的活动情况，具有较高的时间和空间分辨率。随着科技的进步，fMRI 也不断发展，其中一个显著的发展趋势就是事件相关的 fMRI 的运用。事件相关的 fMRI 通过增加时间维度，不仅能提供有关单一神经元的时间信息，而且允许非传统的实验范式设计。

（二）脑电图 （EEG）

脑电图是通过在头部按一定部位放置 8～16 个电极，经脑电图机将脑细胞固有的生物电活动放大并连续描记在纸上的图形。正常情况下，脑电图有一定的规律性，当脑部尤其是皮层有病变时，规律性遭到破坏，波形即发生变化，对波形进行分析，可辅助临床对脑部疾病进行诊断。记录脑电图和处理脑电图数据的设备是建立在事件相关电位（event-related potential，ERP）分析技术上的。这种技术在 20 世纪 50 年代就出现了，其技术要点是：通过相同的诱发刺激，将大量微弱的 EEG 信号叠加（常达到 100 次以上）以去除白噪声，从而得到放大的、与事件相关的脑电波形。

（三）眼动仪

眼动仪是心理学、管理学等学科做基础研究的重要仪器之一，用于记录人在处理视觉信息时的眼动轨迹及特征。眼动仪可以跟踪瞳孔注视点的先后顺序、注视时间的长短，分析被试的注视点，将数据挖掘为各项指标，可用于广告研究、屏幕界面设计的研究等。

四、神经营销学在消费者行为研究中的应用

（一）考察产品选择与购买决策

神经营销学可以揭示消费者在选择产品时的决策过程，可以帮助商家在产品大规模生产和销售之前，通过考察消费者的神经反应来判断消费者对该产品的接受和喜爱程度，从而对产品的市场前景进行预测。通过这种方式，企业能够把有限的资源分配到市场前景较好的产品上，提高资源利用率。克努森等（Knutson et al.）于 2007 年最早尝试以神经指标预测消费者的决策，他们记录了 26 名被试在做购买决策时的神经活动。具体操作是呈现给被试一个产品（例如巧克力、枕头或台灯等），再呈现给被试这个产品的价格，然后让其决定是否购买，若被试选择购买则需要支付真实的货币并获得产品。结果发现，奖赏敏感脑区和惩罚敏感脑区能够分别独立地正向或负向预测被试最后的购买决定。这说明在产品决策时，商家可以以人脑奖赏敏感区的激活作为筛选指标，在定价时

则可以以人脑的惩罚敏感区的激活作为筛选指标，发现价格拐点，最大限度挖掘消费者的支付意愿。

（二）评估体验效果

以往对于产品体验的评价只能依靠行为测度，预测准确性有待商榷。神经营销学的出现和发展为准确测度产品体验、预测体验性产品市场效果提供了技术支持。伯恩斯（Berns）和穆尔（Moore）于2009年利用磁共振扫描仪给27名青少年播放20首新歌并评价对每首歌的喜好程度，发现被试的奖赏体验激活程度与评分高度相关。3年后，伯恩斯和穆尔收集这20首歌在这3年中的下载量，发现27名青少年的奖赏体验激活强度可以准确预测这20首歌在3年中的销量，但其喜好度评分则无法预测。这一研究说明，相比于行为测度，神经测度能更有效地预测体验性产品的市场效果。

（三）预测广告效果

利用神经科学的研究手段测度广告效果，进而优化广告，对于商家和消费者都意味着巨大的利益。广告几乎是现代营销中不可或缺的手段，因此一个具有说服力的广告对于商家至关重要。根据神经科学的研究，脑内侧前额叶的一个脑区与说服尤为相关，该脑区激活越强，则被说服的可能性越大。基于此，福尔克（Falk）等学者于2012年招募了30位有戒烟意愿的重度烟民，给他们播放三段即将公映的戒烟广告，让其对广告的劝诫效力进行评分并记录其大脑活动。戒烟广告的内容是鼓励烟民向美国国家癌症研究所拨打热线电话。之后他们以这三个戒烟广告各自播放后与播放前一个月内拨打戒烟热线电话的人次差异度量这三个戒烟广告的效果，结果发现30位烟民观看广告时与说服相关的前额叶的激活强度可以有效地预测戒烟广告的市场表现，即广告播放后增加的拨打热线电话的人次，但对戒烟广告劝诫效力的评分则不具有显著预测力。这说明利用神经测度，小样本研究依然具有行为测度无法比拟的市场预测力。

第4节　数智消费行为与元宇宙营销

信息技术和互联网的创造性应用彻底颠覆了传统的生活与社会，数智化生存逐渐成为人们生活的新常态，也驱动新消费时代的到来：消费对象呈现数字化、智能化和个性化特征，消费模式具有在线化、平台化和集成式特点，消费体验强调基于数智技术的互动特性和场景沉浸感。新的消费业态和消费模式不断涌现，“互联网＋”消费生态体系不断发展与完善，“智能＋”和“智慧”产品与服务创新、线上线下相互引流、沉浸式消费场景互动重构、供应链体系智能高效等特征日益明显。

一、数智时代新消费的基本特征

所谓数智时代的新消费，是指以消费者新需求为核心导向、以数智新技术为实现手段的商品与服务消费新内容、新形态和新模式，随着互联网、大数据和云计算等新一代信息技术的不断创新，产业的进一步细分和行业的有机融合应运而生。当前，消费者的学习、工作、购物、娱乐、聊天等活动都离不开数智化环境，这使消费者行为逐渐派生出如下一些新的特征。

（1）消费者偏好更加个性化。消费者不再满足于千篇一律的标准化产品和服务，而是会通过各种渠道寻求更具特色的个性化定制产品和服务。除了想要获得符合自身偏好的消费体验以外，消费者更加希望所购买的产品和服务能够满足其个性化的需求与期望，即设计和消费定制化乃至个性化的产品和服务。尤其是“90后”和“00后”的消费者，对定制化的产品和服务越来越青睐，大到房屋装修、旅游出行、婚礼设计，小到茶杯、袜子、睫毛、美甲，他们都喜欢根据自己的要求单独定制。定制化的产品和服务是消费者主权的延伸，彰显了消费者对美好生活的向往，因此更能引起消费者共鸣，使消费者产生兴趣。

（2）消费者行为更加难以预测。数智时代的消费者在产品和服务方面具有更加广阔的选择范围，其信息获取和传播的效率和范围都得到了提升，同时消费者接收到冗杂信息的可能性也逐渐增加。越来越冗杂的产品信息、越来越丰富的产品种类，很容易使对产品信息敏感的消费者面临选择困境，导致消费者行为变得更趋于感性化和非理性化，最终产生难以预测的冲动型消费行为。

（3）消费者更加注重多渠道的体验式消费。数智时代的消费者逐渐倾向于进行多渠道消费，并十分注重消费活动的综合体验，线上线下相融合的多渠道购物正逐渐成为主流的消费方式。同时，消费者逐渐从产品消费转变为体验消费，他们不仅追求高品质的产品和服务，而且需要在购买商品时收获愉快的购物体验，有些消费者更加重视购物过程中的整体愉悦感而非产品价格。

（4）消费者行为更加社交化。数智时代的消费者行为受社交网络的影响更大，甚至部分消费者行为是社交活动的“副产品”，社交媒体营销迅速兴起。基于社交媒体产生的消费，是消费者在社交生态中衍生出来的一种新的消费模式，消费者在社交媒体上与商家进行互动，或通过意见领袖和在线社区与商家进行互动，消费者行为与社交生态是紧密相连的。微信、微博、抖音等社交媒体工具的不断迭代，不仅允许消费者进行丰富的社交活动，而且推出了以小程序为代表的众多功能来帮助消费者在社交平台上实现商品的购买和消费。因此，在社交网络中，社交媒体的功能已经不仅仅是聊天、游戏和浏览新闻等，而是已经成为消费者进行产品和服务购买与消费的重要渠道。

（5）消费者行为更加讲求效率。数智时代的消费者更倾向于提升消费效率。有研究显示，大多数消费者对排队购买的等待上限是半小时，一旦超出这一时间上限，很多消费者就会反感和不满意。随着消费者变得缺乏耐心，消费者更加倾向于自身个性化需求能够得到及时满足，越来越看重产品和服务配送的时间和速度，为此不惜支付一定的费用，“闪送”业务正是基于这样的背景成长起来的。

二、元宇宙及其特征

Meta、微软、腾讯、字节跳动、阿里巴巴等国内外互联网巨头在用户消费行为数字化转变的关键发展阶段，投资布局元宇宙营销战略（阮啓源，2024）。当前，元宇宙已渗透至多类互联网高频应用场景，我们需要了解元宇宙消费行为及数智营销新方式。

元宇宙是以网络信息技术为基础建构的，通过镜像映射还原、延伸现实或创造原生数字场景生成的，有别于现实但与现实交互融合的虚拟数字空间。元宇宙的基本特征包括五个方面：(1) 要素丰富、沉浸体验。元宇宙互动渠道、场景和产品非常丰富，能够实现千人千面的定制服务，无限接近仿真与“在场感”的实现，元宇宙更具沉浸式特征。(2) 恒久开启、实时存在。真正意义上的元宇宙应同现实世界一样，纵使参与主体更替、玩法规则调整，世界本身依旧存续，是一种全新的不以人的意志为转移的生态系统。(3) 去中心化、规则共享。元宇宙单元规则互通、协议共享，其中的不同单元高度开放，参与主体可在不同单元间自由流转，无障碍地联通数据、扩散内容、无差别交易。(4) 跨越虚实、基于现实。用户需求依存于游戏平台、局限于虚拟空间而相对脱离现实，但现实中的个体除了有虚拟需求以外，还有享受美食、健身旅游等无法与现实世界相剥离的丰富需求，因此，由现实主体参与其中的元宇宙难以脱离实体世界独立存在。(5) 集体互动、强社交性。相较于传统环境，元宇宙所涉主体类型众多。元宇宙中现实主体的虚拟身份延展与多重个性塑造，打破了互动主体类型及各主体互动时空的边界，提供了自由度、参与性、多元化水平更高的互动体验。

三、元宇宙消费行为与品牌营销

元宇宙消费是消费伴随技术演进的新一轮跃升，它以既超越现实又弥补现实的消费价值催生出新型消费业态。元宇宙消费场景既实现了现实形态在虚拟空间的完整性复刻、突破性模拟，又创出了全新虚拟消费范式。例如，元宇宙中消费者可自由选择结伴以虚拟身份即时去特定商场，体验选购甚至个性化创新虚拟品牌商品，并作为体验者向同一空间的其他消费者分享评价商品。元宇宙消费场景，既满足虚拟空间需求，又赋能现实消费体验。元宇宙消费中的人物，涵盖消费者以自我为蓝本创造的数字化身、商家借助新兴技术创造的虚拟人物，以及消费者通过新兴技术创造的虚拟伙伴；元宇宙消费中的商品，涵盖现实中已有商品的复刻性数字虚拟化商品、现实中已有商品的延伸性数字虚拟化商品，以及完全原生于虚拟世界的新生数字品牌商品。

基于所偏好的消费体验内容，人们参与元宇宙消费的动机可能有所差别，包括参与虚拟活动、体验虚拟商品的探索动机，定制虚拟化身表达自我、与他人交流的社交动机等。可以说，元宇宙在赋予消费者新的动机偏好体验商品、参与互动的同时，也为消费者的自我表达和自我认同提供了新的方式。(1) 聚焦于功能性和享乐性诉求，消费者会出于更具针对性地满足产品需求、更高效理性地购物等功能性诉求，或是调剂、逃避现实常规生活，寻求新鲜感，在新的维度享乐等享乐性诉求而参与元宇宙消费。(2) 聚焦于现实与虚拟交互，消费者会为了在虚拟世界持续维系其在现实世界中的社会关系、成就声望而参与元宇宙消费，他们还可能会因为可以用数字化身在虚拟环境中扮演全新角色，以虚拟身份消费有别于现实的商品，在虚拟消费空间塑造全新社会关系而参与元宇宙消费。

元宇宙消费受众更多的是乐于尝新的年轻消费群体。对于企业而言，既要在为消费者提供沉浸式、虚实融合品牌体验的同时平衡现实情境中的品牌营销，又要针对元宇宙设计有别于现实世界的品牌营销活动。就品牌塑造而言，一方面，元宇宙中的多元平台给予了品牌更多试错和效益评估机会，但这也意味着品牌的塑造需要考虑其与不同元宇宙平台的契合度；另一方面，相较于在现实消费中被动接受品牌营销，在高度开放、去中心化的元宇宙中，消费者可随时随地、跨越场景地与品牌互动，乃至自由参与品牌的塑造，获得更多控制权与自主权。元宇宙消费中品牌的成功塑造需要放权，让消费者在参与品牌营销的过程中感知溢价。就品牌推广而言，在现实与虚实空间同时或不断切换进行品牌推广，原生虚拟品牌转换推广渠道，在现实市场寻求销售机会的过程中，虚拟人物的出现与交流互动的增进，预期将带来消费者品牌积极评价和助推行动。就品牌评价而言，实时互动、虚实相融、数据互通环境中的品牌需要应对更高的风险和不确定性，消费者将更注重元宇宙消费中品牌抗险机制的健全性和客户保护的有效性。与此同时，衡量品牌成功的指标亦有变化，除营销收支外，更贴合元宇宙情境的访问数、转化率、稀缺性、获客成本、客户参与度等指标也尤为重要。

基本概念

健康营销 health marketing　　绿色营销 green marketing
在线消费 online consumption　　神经营销 neuro marketing
元宇宙 metaverse　　元宇宙消费 metaverse consumption

思考题

1. 健康消费包括哪些内容？其重点发展领域是什么？
2. 影响绿色定价的因素有哪些？有几种绿色定价策略？
3. 绿色沟通策略包括哪些形式？
4. 在线消费行为的影响因素有哪些？
5. 神经营销的主要研究技术和工具是什么？
6. 数智时代新消费行为有哪些特征？
7. 元宇宙消费是什么？品牌如何围绕元宇宙消费行为进行创新？

案例

健康消费，新蓝海该怎样入局

浙江健拓医疗仪器科技有限公司销售中心负责人李阳明显感到这两年花钱买健康的势头越来越盛。他所在的企业频频“闯”入大家的视线，家用血糖仪、血压计、额温枪等健康产品的订单不断“飞”来。“像一阵风，渐渐地就刮起来了。”

2023 年 12 月的中央经济工作会议提出大力发展健康消费。2024 年全国两会，健康消费写入政府工作报告。“健康消费”这个新鲜词汇一度引发热议。这项顶层设计顺应了百姓的需求。市场上，健康生活类小家电走俏，健康饮食受追捧，医疗旅游前景看好。个性化、品质化、多样化的健康产品如雨后春笋般冒出来，走进千家万户。央行发布的《2024年第一季度城镇储户问卷调查报告》显示，在居民未来3个月准备增加支出的项目中，医疗保健占比为26.3%，居第二位。在2023年第四季度的同一项调查中，医疗保健占比为28.4%，居首位。

“脆皮青年”爱上中医养生

2024年初，刚退休的周先生跟风买下第一块运动腕表时，还要视频连线在外地工作的女儿，请教她怎样操作。几周后，周先生已玩得很溜，给老家的父母也买了运动腕表。“有助于健康保障，为什么不多买一份?”当被问及越来越多的类似花费是否值得时，周先生笃定地回答。

2024年1月，国家统计局发布的《2023年居民收入和消费支出情况》显示，全国居民人均医疗保健消费支出2 460元，同比增长16%，占人均消费支出的比重为9.2%。浙江省中医院医务部副主任叶文怡发现，这些年医患之间的沟通有一些小变化。“除了疾病的咨询之外，越来越多的人有了防患于未然的意识。比如，更关心如何预防疾病的发生、如何保持健康的生活方式等。”“生活节奏越来越快，工作压力也越来越大，人们能够注重预防、养生，这是一种更立体也更科学的健康观念。”叶文怡说。

周末，古色古香的杭州河坊街上，百年胡庆余堂人气挺旺。一张精心设计的海报上印着“老字号新食尚”的口号和一系列包装时尚的膏方介绍。胡庆余堂名医馆馆长郑小乐说，这几款养生膏方，已经有150年的历史了，现在非但没有过时，还受到不少年轻人的喜爱。自称“脆皮青年”的“90后”南京游客小张和同伴安排的这趟杭州周末游里，胡庆余堂是“打卡清单”上重要的一站。他们在社交平台上做足了功课，买了几盒有美容祛湿功效的玉仁玫白膏后，再到边上的胡庆余堂咖啡馆买一杯陈皮红豆拿铁。“现代人和古朴的养生理念相遇，本就是一种有趣的生活方式。”她说。

“脆皮青年”是网络流行词，是部分年轻人对身体或心理状况不佳、容易受伤的自嘲。近几年保健、养生的主体已经不局限于上了年纪的人或是有基础疾病的人。老龄化趋势、慢性疾病的年轻化趋势等，都在日益强化人们的认识：健康非常重要。《“健康中国2030”规划纲要》明确提出，对各类健康产业提供政策支撑，到2030年我国健康服务业总规模将达到16万亿元。

抢风口助产业迎风生长

当越来越多的人对健康咨询、养生产品“闻风而动”时，多地因势利导，鼓励并培育健康消费良性发展。健康产业是浙江省重点培育的八大万亿产业之一。《浙江省健康产业发展“十四五”规划》明确提出，到2025年，健康产业总产出、增加值分别达到1.5万亿元、6 000亿元，增加值占GDP比重超过6.5%。针对浙江中医药、生物医药等大健康相关产业发达、山水资源丰富等特色，2024年4月，浙江省发展改革委牵头制定的《2024年省促进消费十件实事》中提出：拓展康养服务消费，提升中医药膳等传统养生服务，拓展森林旅居等新兴康养服务，打造具有影响力的健康养老服务品牌。

2024年初，健康消费被写入温州市政府工作报告。位于温州市龙湾区的中国眼谷是眼健康新型研发机构和产业平台，由温州医科大学附属眼视光医院与龙湾区政府共建。目前中国眼谷有200多家企业入驻，在专业医疗资源的支持下，园区生产出不少健康养生产品。比如，园区里有各类造型新颖的护眼灯，很多是在眼科专家指导下生产的，能生成最适合人眼的室内光源；相关企业通过与眼视光医院的国家眼视光工程技术研究中心合作，推出含有中药成分的网红产品熏蒸眼罩等

贴“健康”标签马虎不得

“网上购买的产品，不知道怎么辨别真伪。”“健康产品的功能介绍越来越噱头，哪些对身体真正有效?”“健康产品越贵就越好吗?”一些消费者表达了担忧。

浙江-加拿大转化视觉认知联合实验室主任、温州医科大学附属眼视光医院视光诊疗中心副主任周佳玮教授的团队擅长视觉功能的精准评估，经常受邀为各类企业开展健康照明与显示、视觉认知等方向产品的测试服务。“比如，健康产品的有效性怎样评估? 商家是否会夸大其词? 到底哪些健康产品是大众真正需要的? 这些都不容忽视。”他说。在周佳玮看来，把生命健康和大众消费结合在一起，马虎不得。“产品的健康属性，需要针对用户和具体功能开展科学研究，方案设计、伦理评估、数据采集、报告分析等，缺一不可。”周佳玮建议，市面上合规流通的健康产品，哪怕是一片几块钱的眼贴，严格来说，都要在实验室里“过五关斩六将”，才能被贴上“健康产品”的标签。

当前，人工智能与医疗健康的融合步入发展快车道。可以预见，未来健康消费将实现爆发式增长。对企业而言，是机遇，也是挑战。不断升级的健康消费需求，为“AI＋健康”、生物科技等产品和服务创造了更多可能，但社交网络上，不少此类产品也受到了“智商税”的质疑。2024 年全国两会期间，针对健康消费，全国人大代表、浙江省人民医院院长葛明华建议，一方面，应当积极拓展“互联网＋医疗”、可穿戴健康产品和线上体育服务等新型健康消费，加大对人工智能医用设备等产品的研发力度；另一方面，企业要守住医疗健康安全底线，提供高质量产品和服务。

放眼未来，做大做强健康类消费市场，提升消费者健康素养也是不可忽视的一环。保健品向来是投诉最多的领域之一，这也在一定程度上反映了老百姓的健康素养不够，特别是老年人，容易受到各种因素影响而上当受骗。肖亮建议，将医疗健康相关课程纳入义务教育，从小培养科学理性消费意识，打造全社会健康消费环境。

资料来源：陈宁，周林怡，王艳琼．健康消费，新蓝海该怎样入局．浙江日报，2024-05-17.

素养提升阅读材料

参考文献

1. 符国群．消费者行为学．4 版．北京：高等教育出版社，2021.

2. 卢泰宏，周懿瑾．消费者行为学：中国消费者透视．2 版．北京：中国人民大学出版社，2015.

3. 王曼，白玉苓．消费者行为学．3 版．北京：机械工业出版社，2014.

4. 刘鲁蓉，孙顺根．消费心理学．北京：科学出版社，2007.

5. 王长征．消费者行为学．武汉：武汉大学出版社，2003.

6. 彭聃龄．普通心理学．4 版．北京：北京师范大学出版社，2012.

7. 李东进．消费者行为学．北京：机械工业出版社，2007.

8. 江林，李志兰．消费者行为学．5 版．北京：首都经济贸易大学出版社，2015.

9. 徐洁怡，马威．消费者行为学．北京：中国农业大学出版社，2005.

10. 林建煌．消费者行为．3 版．北京：北京大学出版社，2011.

11. 叶敏，张波，平宇伟．消费者行为学．北京：北京邮电大学出版社，2008.

12. 侯玉波．社会心理学．2 版．北京：北京大学出版社，2013.

13. 杨树青．消费者行为学．2 版．广州：中山大学出版社，2015.

14. 江林．消费者行为学．北京：科学出版社，2007.

15. 张艳芳．体验营销．成都：西南财经大学出版社，2007.

16. 李劲，李锦魁．情感营销．北京：经济管理出版社，2005.

17. 张炳达，陈渊，刘婷婷．现代营销学．上海：立信会计出版社，2006.

18. 冯丽云，孟繁荣，姬秀菊．消费者行为学．2 版．北京：经济管理出版社，2008.

19. 郑杭生．社会学概论．5 版．北京：中国人民大学出版社，2019.

20. 沙莲香．社会心理学．4 版．北京：中国人民大学出版社，2015.

21. 汪玉光．消费心理学．北京：化学工业出版社，2008.

22. 荆其诚．当代国际心理科学进展．上海：华东师范大学出版社，2006.

23. 戴德宝．新产品开发加速方法研究．北京：经济管理出版社，2008.

24. 张晓冬，杨育．以人为中心的产品开发过程重组：提升产品竞争力的新视角．北京：科学出版社，2008.

25. 奚恺元．别做正常的傻瓜．北京：机械工业出版社，2006.

26. 王沛．广告心理效果与评价．北京：科学出版社，2008.

27. 顾晓安．个人理财原理应用案例．上海：上海财经大学出版社，2007.

28. 曾昭逸．一生的理财功课．北京：北京大学出版社，2007.

29. 张颖．个人理财教程．北京：对外经济贸易大学出版社，2007.

30. 孙国辉，李煜伟．金融企业营销管理．北京：北京大学出版社，2008.

31. 王方华，彭娟．金融营销．上海：上海交通大学出版社，2005.
32. 江林．消费者行为学．上海：上海交通大学出版社，2010.
33. 杨善华．家庭社会学．北京：高等教育出版社，2006.
34. C. K. 普拉哈拉德，文卡特·拉马斯瓦米．消费者王朝：与顾客共创价值．北京：机械工业出版社，2005.
35. 管政，魏冠明．中国企业 CRM 实施．北京：人民邮电出版社，2003.
36. 迈克尔·里杰斯特．危机公关．上海：复旦大学出版社，1995.
37. 王成荣．品牌价值论：科学评价与有效管理品牌的方法．北京：中国人民大学出版社，2008.
38. 冷滨．90后的价值观、族群分类与消费行为：以运动休闲服装市场为例．广告大观（理论版），2008（3）：26－45.
39. 杨晓燕．中国消费者行为研究综述．经济经纬，2003（1）：56－58.
40. 罗纪宁．消费者行为研究进展评述：方法论和理论范式．山东大学学报（哲学社会科学版），2004（4）：98－104.
41. 刘洪程．顾客忠诚度与客户关系管理的整合．当代经济，2004（8）：26－27.
42. 张为栋．略论品牌的情感定位与顾客忠诚度的维系．商业研究，2004（4）：112－114.
43. 刘凤军．品牌：市场边界与竞争制高点．经济管理，2001（6）：47－51.
44. 王连森．基于符号学的“整体品牌”概念．北京工商大学学报（社会科学版），2004（5）：72－76.
45. 何佳讯．中国文化背景下品牌情感的结构及对中外品牌资产的影响效用．管理世界，2008（6）：95－108.
46. 刘建平，杨铖，杨菁菁．论品牌的心理效应．社会心理科学，2006（4）：45－49.
47. 袁登华．品牌忠诚和品牌转换的心理动因探讨．心理科学，2009，32（1）：130－133.
48. 丁夏齐，马谋超，王詠，樊春雷．品牌忠诚：概念、测量和相关因素．心理科学进展，2004（4）：594－600.
49. 周志民，李蜜．西方品牌社群研究述评．外国经济与管理，2008（1）：46－51.
50. 刘凤军，雷丙寅，王艳霞．体验经济时代的消费需求及营销战略．中国工业经济，2002（8）：81－86.
51. 黄领霞．浅议“四二一”家庭结构．牡丹江大学学报，2008（11）：105－106.
52. 费孝通．三论中国家庭结构的变动．北京大学学报（哲学社会科学版），1986（3）：3－7.
53. 杨学成，郭国庆，汪晓凡，陈栋．服务补救可控特征对顾客口碑传播意向的影响．管理评论，2009，21（7）：56－64.
54. 代祺，胡培，周庭锐．参照群体压力下的不从众与反从众消费行为的实证研究．消费经济，2007（6）：80－85.
55. 吴锦华．消费者网上购物的心理特征与营销策略．兰州学刊，2007（2）：91－93.
56. CNNIC 发布《第十八次中国互联网络发展状况统计报告》 中国互联网“三大差距”在缩小．中国计算机用户，2006（28）：13.

57. 李忠艳．电子商务中的消费心理浅析．商业研究，2004（11）：135－137.

58. 邓夏丹，王全胜．网络消费者购买决策类型的定量判定：利用点击流数据信息判断电子零售模式下消费者类型．管理现代化，2005（3）：11－13.

59. 田月龙，林红．电子商务时代的网络营销策略．商场现代化，2008（22）：66.

60. 赵平，裘晓东．品牌价值评估方法．中外管理导报，2002（5）：44－45.

61. 郑晓莹，彭泗清，彭璐珞．"璐达"则兼济天下？社会比较对亲社会行为的影响及心理机制．心理学报，2015，47（2）：243－250.

62. 井绍平．绿色营销及其对消费者心理与行为影响的分析．管理世界，2004（5）：145－146.

63. 聂锐，宁波．从环境知觉型消费者行为看绿色营销．市场周刊·理论研究，2006（1）：3－4.

64. 王勃林，张桂荣，郭立宏．绿色消费群体心理特征分析及其启示．商场现代化，2008（4）：29－30.

65. 张旭，杨金香．绿色消费的特点及实施对策．河北经贸大学学报（综合版），2006（3）：80－83.

66. 云虹，王喜荣．基于生命周期理论的个人理财策略研究．会计之友（下旬刊），2009（5）：47－48.

67. 程希明，蒋学雷，陈敏，吴国富．中国股市板块羊群效应的实证研究．系统工程理论与实践，2004（12）：34－38，48.

68. 师文睿，薛耀文．浅析股市中的羊群效应．中北大学学报（社会科学版），2008（2）：56－58.

69. 迈克尔·R. 所罗门，卢泰宏．消费者行为学：第6版·中国版．北京：电子工业出版社，2006.

70. 德尔·I. 霍金斯，等．消费者行为学：原书第12版．北京：机械工业出版社，2014.

71. 理查德·H. 泰勒，卡斯·R. 桑斯坦．助推：事关健康、财富与快乐的最佳选择．北京：中信出版社，2009.

72. 库恩，约翰·O. 密特偌．心理学导论：思想与行为的认识之路．北京：中国轻工业出版社，2014.

73. 特伦斯·A. 辛普．整合营销传播：广告、促销与拓展．北京：北京大学出版社，2005.

74. 韦恩·D. 霍依尔，德波拉·J. 麦克依尼斯．消费者行为学：第4版．北京：中国市场出版社，2008.

75. 迈克尔·R. 所罗门．消费者行为：购买、拥有与存在．北京：经济科学出版社，2003.

76. 菲利普·科特勒，凯文·莱恩·凯勒．营销管理：第15版．上海：格致出版社，2016.

77. 利昂·希夫曼，莱斯利·拉扎尔·卡努克．消费者行为学：第10版．北京：清华大学出版社，2017.

78. 多米尼克·夏代尔，拉祖．消费者行为学：概念、应用和案例．北京：中国财政经济出版社，2007.

79. 亚伯拉罕·马斯洛．动机与人格．江西：江西美术出版社，2021.

80. B. 约瑟夫·派恩，詹姆斯·H. 吉尔摩．体验经济．北京：机械工业出版社，2016.

81. 斯科特·麦克凯恩．商业秀．北京：中信出版社，2004.

82. 贝恩德·H. 施密特．体验营销：如何增强公司及其品牌的亲和力．北京：清华大学出版社，2004.

83. 丹尼尔·夏克特．找寻逝去的自我．长春：吉林人民出版社，2011.

84. 罗杰·J. 贝斯特．营销管理：提升顾客价值和利润增长的战略．北京：清华大学出版社，2010.

85. 杰格迪什·N. 谢斯，本瓦利·米托．消费者行为学：管理视角：原书第2版．北京：机械工业出版社，2004.

86. 肯尼思·E. 克洛，唐纳德·巴克．广告、促销与整合营销传播：第3版．北京：清华大学出版社，2007.

87. 唐·E. 舒尔茨，菲利普·J. 凯奇．全球整合营销传播．北京：机械工业出版社，2012.

88. 保罗·J. 彼得，杰里·C. 奥尔森．消费者行为与营销战略：第9版．大连：东北财经大学出版社，2015.

89. 埃弗雷特·M. 罗杰斯．创新的扩散．北京：电子工业出版社，2016.

90. 杰克·R. 卡普尔，李·R. 德拉贝，罗伯特·J. 休斯．个人理财：理财技能培养方法．北京：中国人民大学出版社，2013.

91. 郑浦阳．国内外消费者行为研究综述．价值工程，2020，39（16）：253－257.

92. 约翰·安德森．认知心理学及其启示．北京：人民邮电出版社，2012.

93. 迈克尔·所罗门．消费者行为学：第12版．北京：中国人民大学出版社，2018.

94. 周欣悦．消费者行为学．2版．北京：机械工业出版社，2021.

95. 杜伟宇，许伟清．中国情境下权力对炫耀性产品购买意愿的影响：面子意识的中介效应．南开管理评论，2014，17（5）：83－90.

96. 菲利普·津巴多．津巴多普通心理学．北京：人民邮电出版社，2022.

97. 黄春萍，王芷若，马苓，等．跨界营销：源起、理论前沿与研究展望．商业经济研究，2021（4）：80－82.

98. 黄希庭，郑涌．心理学导论．北京：人民教育出版社，2015.

99. 黎静仪，李先国，黄元豪，等．人脸识别对消费者自我提升类产品偏好的影响研究．南开管理评论，2023，26（5）：181－191.

100. 徐婕，周影辉．社交媒体上真人和虚拟影响者的脸部特征对消费者关注行为的影响．营销科学学报，2023，3（3）：43－62.

101. 徐震南，刘茜，刘桂林．个人品牌型虚拟数字人的打造：情感实践的策略．营销科学学报，2023，3（4）：123－143.

102. 张慧，江晓东．越忙碌越要面子?：忙碌感与消费者面子产品偏好关系研究．营销科学学报，2022，2（3）：136－155.

103. 郭国庆．市场营销通论．9 版．北京：中国人民大学出版社，2022.

104. 罗子明．消费者心理学．4 版．北京：清华大学出版社，2017.

105. 李志兰．数智时代新型消费发展调查研究．北京：经济管理出版社，2024.

106. 王永贵，项典典．数字营销：新时代市场营销学．北京：高等教育出版社，2023.

107. 张宇东，张会龙．消费领域的元宇宙：研究述评与展望．外国经济与管理，2023，45（8）：118－136.

108. Alshura M S，Zabadi A，Abughazaleh M. Big data in marketing arena，big opportunity，big challenge，and research trends：an integrated view. Management and Economics Review，2018，3（1）：75－84.

109. Arvidsson A. Brand value. Journal of Brand Management，2006，13（3）：188－192.

110. Ashforth B E，Mael F. Social identity theory and the organization. Academy of Management Review，1989，14（1）：20－39.

111. Barrera K G，Shah D. Marketing in the metaverse：conceptual understanding，framework，and research agenda. Journal of Business Research，2023，155：113420.

112. Bell L，Vogt J，Willemse C，Routledge T，Butler L T，Sakaki M. Beyond self-report：a review of physiological and neuroscientific methods to investigate consumer behavior. Frontiers in Psychology，2018（9）：1655.

113. Bettman J R，Luce M F，Payne J W. Constructive consumer choice processes. Journal of Consumer Research，1998，25（3），187－217.

114. Bowen J T，Chen S L. The relationship between customer loyalty and customer satisfaction. International Journal of Contemporary Hospitality Management，2001，13（5）：213－217.

115. Bratu S，Sabău R I. Digital commerce in the immersive metaverse environment：cognitive analytics management，real-time purchasing data，and seamless connected shopping experiences. Linguistic and Philosophical Investigations，2022（21）：170－186.

116. Chen H，Rao A R. When two plus two is not equal to four：errors in processing multiple percentage changes. Journal of Consumer Research，2007，34（3）：327－340.

117. Corbetta M，Shulman G L. Control of goal-directed and stimulus-driven attention in the brain. Nature Reviews Neuroence，2002，3（3）：201－215.

118. DeRuyter K，Bloemer J. Customer loyalty in extended service settings：the interaction between satisfaction，value attainment and positive mood. International Journal of Service Industry Management，1999，10（3）：320－336.

119. Dwivedi Y K，Hughes L，Wang Y C，et al. Metaverse marketing：how the metaverse will shape the future of consumer research and practice. Psychology & Marketing，2023，40（4）：750－776.

120. Ferber R，Lee L C. Husband-wife influence in family purchasing behavior.

Journal of Consumer Research, 1974, 1 (1): 43 - 50.

121. Fornell C, Johnson M D, Anderson E W, Cha J, Bryant B E. The American customer satisfaction index: nature, purpose, and findings. Journal of Marketing, 1996, 60 (4): 7 - 18.

122. Fornell C. A national customer satisfaction barometer: the Swedish experience. Journal of Marketing, 1992, 56 (1): 6 - 21.

123. Gobeka H H, Gülyeşil, F F, Yozgat Z, et al. Quality assessment and comparison of two-and three-dimensional YouTube videos as additional educational tools for cataract surgery: "METAVERSE" . Irish Journal of Medical Science, 2022 (12): 1 - 7.

124. Gordon R P. Information overload in the information age: a review of the literature from business administration, business psychology, and related disciplines with a bibliometric approach and framework development. Business Research, 2019 (12): 479 -522.

125. Gronholdt L, Martensen A, Kristensen K. The relationship between customer satisfaction and loyalty: cross-industry differences. Total Quality Management, 2000, 11 (4 - 6): 509 - 514.

126. Hennig-Thurau T, Ognibeni B. Metaverse marketing. NIM Marketing Intelligence Review, 2022, 14 (2): 43 - 47.

127. Keller K L, Lehmann D R. Brands and branding: research findings and future priorities. Marketing Science, 2006, 25 (6): 740 - 759.

128. Lee H, Xu Y J, Porterfield A. Antecedents and moderators of consumer adoption toward AR-enhanced virtual try-on technology: a stimulus-organism response approach. International Journal of Consumer Studies, 2022, 46 (4): 1319 - 1338.

129. Liu W. Focusing on desirability: the effect of decision interruption and suspension on preferences. Journal of Consumer Research, 2008, 35 (4): 640 - 652.

130. Montfort K V, Masurel E I, Rijn I V. Service satisfaction: an empirical analysis of consumer satisfaction in financial services. Service Industries Journal, 2000, 20 (3): 80 - 94.

131. Murphy P E, Staples W A. A modernized family life cycle. Journal of Consumer Research, 1979, 6 (1): 12 - 22.

132. Opreana A, Vinerean S. A new development in online marketing: introducing digital inbound marketing. Expert Journal of Marketing, 2015, 3 (1): 29 - 43.

133. Raghunathan R, Pham M T, Corfman K P. Informational properties of anxiety and sadness, and displaced coping. Journal of Consumer Research, 2006, 32 (4): 596 - 601.

134. Schlosser A E, Levy E. Helping others or oneself: how direction of comparison affects prosocial behavior. Journal of Consumer Psychology, 2016, 4 (26): 461 - 473.

135. Schmitt B H. Experience management: a revolutionary approach to connecting with your customers. John Wiley & Sons, Hoboken, NJ, 2010.

136. Simonson I. Choice based on reasons: The case of attraction and compromise effects. Journal of Consumer Research, 1989, 16 (2), 158 - 174.

137. Stein J P, Ohler P. Venturing into the uncanny valley of mind—the influence of mind attribution on the acceptance of human-like characters in a virtual reality setting. Cognition, 2017 (160): 43 - 50.

138. Sung E C. The effects of augmented reality mobile app advertising: viral marketing via shared social experience. Journal of Business Research, 2021, 122: 75 - 87.

139. Wong A. Integrating supplier satisfaction with customer satisfaction. Total Quality Management, 2000, 11 (4 - 6): 427 - 432.

140. Xi N N, Chen J, Gama F, et al. The challenges of entering the metaverse: an experiment on the effect of extended reality on workload. Information Systems Frontiers, 2023, 25 (2): 659 - 680.

141. Xu Y, Huang J S. Factors influencing cart abandonment in the online shopping process. Social Behavior and Personality: An International Journal, 2015, 43 (10): 1617 - 1627.

142. Zhou X, Yan X, Jiang Y. Making sense? the sensory-specific nature of virtual influencer effectiveness. Journal of Marketing, 2024, 88 (4): 84 - 106.

143. Zhu M, Ratner R K. Scarcity polarizes preferences: the impact on choice among multiple items in a product class. Journal of Marketing Research, 2015, 52 (1): 13 - 26.

图书在版编目（CIP）数据

消费者心理与行为：数字教材版/丁瑛，江林编著．8版．-- 北京：中国人民大学出版社，2025.5.
（新编21世纪市场营销系列教材）. -- ISBN 978-7-300-34050-0

Ⅰ.F713.55

中国国家版本馆CIP数据核字第2025T6Y094号

高等教育国家级教学成果奖一等奖
“十二五”普通高等教育本科国家级规划教材
北京高等教育精品教材
新编21世纪市场营销系列教材

消费者心理与行为（第8版·数字教材版）

丁　瑛　江　林　编著

Xiaofeizhe Xinli yu Xingwei

出版发行	中国人民大学出版社		
社　　址	北京中关村大街31号	**邮政编码**	100080
电　　话	010－62511242（总编室）		010－62511770（质管部）
	010－82501766（邮购部）		010－62514148（门市部）
	010－62511173（发行公司）		010－62515275（盗版举报）
网　　址	http://www.crup.com.cn		
经　　销	新华书店		
印　　刷	涿州市星河印刷有限公司	**版　　次**	1997年4月第1版
开　　本	787 mm×1092 mm　1/16		2025年5月第8版
印　　张	22.5 插页1	**印　　次**	2025年5月第1次印刷
字　　数	513 000	**定　　价**	62.00元

中国人民大学出版社　管理分社

教师教学服务说明

中国人民大学出版社管理分社以出版工商管理和公共管理类精品图书为宗旨。为更好地服务一线教师，我们着力建设了一批数字化、立体化的网络教学资源。教师可以通过以下方式获得免费下载教学资源的权限：

- ★ 在中国人民大学出版社网站 www.crup.com.cn 进行注册，注册后进入“会员中心”，在左侧点击“我的教师认证”，填写相关信息，提交后等待审核。我们将在一个工作日内为您开通相关资源的下载权限。

- ★ 如您急需教学资源或需要其他帮助，请加入教师 QQ 群或在工作时间与我们联络。

中国人民大学出版社　管理分社

教师 QQ 群：648333426（工商管理）　114970332（财会）　648117133（公共管理）
教师群仅限教师加入，入群请备注（学校＋姓名）

联系电话：010-62515782，82501868，82501048，62514760

电子邮箱：glcbfs@crup.com.cn

通讯地址：北京市海淀区中关村大街甲 59 号文化大厦 1501 室（100872）

管理书社　　人大社财会　　公共管理与政治学悦读坊